Ausführliches Verzeichnis der

Guttentagschen Sammlung

Deutscher Reichs-
und Preußischer Gesetze

Text-Ausgaben mit Anmerkungen, Taschenformat,

welches alle wichtigeren Gesetze in absolut zuverlässigen Gesetzestexten und in mustergültiger Weise erläutert enthält, befindet sich hinter dem Sachregister.

Guttentagsche Sammlung
Nr. 20. Deutscher Reichsgesetze. Nr. 20.
Text-Ausgaben mit Anmerkungen.

Krankenversicherungsgesetz.

Text-Ausgabe
mit Einleitung, Anmerkungen, Anhang und Sachregister

von

weil. Dr. E. v. Woedtke,
Direktor im Reichsamte des Innern.

Zehnte umgearbeitete Auflage

herausgegeben von

Dr. Georg Eucken-Addenhausen,
Geh. Regierungsrat u. vortr. Rat im Reichsamte des Innern.

Berlin 1903.
J. Guttentag, Verlagsbuchhandlung,
G. m. b. H.

Vorwort zur ersten Auflage.

In dem Vorworte zu seinem Kommentar des Krankenversicherungsgesetzes hat der Verfasser sein Bestreben näher dargelegt, die Kenntnis dieses schwierigen und doch so ungemein wichtigen Gesetzes, bei dessen Zustandekommen er in amtlicher Eigenschaft tätig gewesen ist, zu erleichtern und dadurch seinerseits zur richtigen und rechtzeitigen Ausführung dieses ersten Werkes auf dem Gebiete der sozialen Reformen beizutragen.

Die vorliegende Textausgabe mit Anmerkungen, welche sich als ein kurzer, nur das Notwendigste enthaltender Auszug aus dem Kommentar darstellt, ist dazu bestimmt, die Bekanntschaft mit dem Gesetz auch in weitere, insbesondere in solche Kreise des Deutschen Volkes hineinzutragen, welche statt eines ausführlichen Kommentars ein wohlfeiles Handbuch brauchen. In diesem Sinne soll die Ausgabe ergänzend neben den Kommentar treten. Insbesondere die Beteiligten selbst, deren Förderung alleiniger Zweck der von Seiner Majestät dem Kaiser und den verbündeten Regierungen in so hochherziger Weise eingeschlagenen Sozialpolitik und speziell des vorliegenden Gesetzes ist, sollen nach der Absicht des Verfassers in diesem Büchlein dasjenige erläutert finden, was für sie das nächste Interesse bietet.

Auch an dieser Stelle aber wendet sich der Verfasser an alle wahren Freunde des Volkes mit der Bitte, auch ihrerseits mit dem Gesetze sich bekannt zu machen und dann dazu mitzuwirken, daß in den Beteiligten das Verständnis für die zu ihren Gunsten unternommenen Maßregeln der Gesetzgebung, dankbare Erkenntlichkeit gegen Kaiser und Reich und Vertrauen zu den weiteren Schritten auf dem Gebiete der sozialen Reformen geweckt werde. Auch an dieser Stelle wiederholt der Verfasser, daß wir alle, ohne Unterschied von Stand und Stellung, unserem herrlichen Kaiser und den verbündeten Regierungen dafür verantwortlich sind, daß dies grundlegende Gesetz in Fleisch und Blut des Volkes übergeht, und daß seine Segnungen dem letzteren nicht nur voll und in der von dem Gesetzgeber gewollten Form zugeführt, sondern als solche auch verstanden werden. Arbeiten wir alle, jeder innerhalb seines Kreises, in diesem Sinne mit an der sozialen Reform!

Berlin, im Juli 1883.

v. Woedtke.

Vorwort zur zehnten Auflage.

Gern habe ich, im Andenken an den um die Förderung der sozialen Reform hochverdienten Herrn Verfasser, es übernommen diese seine schon in neun, mehrfach verbesserten Auflagen erschienene Arbeit fortzuführen, da ich bei den Vorbereitungen für die jetzige Fassung des Krankenversicherungsgesetzes amtlich mitzuwirken Gelegenheit hatte. Die Ausführungen des Herrn Verfassers sind tunlichst beibehalten, soweit nicht durch die neuere Gesetzgebung oder Rechtsprechung Ergänzungen oder Abänderungen geboten waren.

Um die Entwicklung des Krankenversicherungsgesetzes zu zeigen, sind die Abänderungen des ursprünglichen Gesetzestextes durch den Druck gekennzeichnet, und zwar die auf der wesentlichsten Umgestaltung vom Jahre 1892 beruhenden Abänderungen durch stärkeren Druck, die wenigen, nur auf die Versicherung der Hausgewerbetreibenden sich beziehenden Abänderungen vom Jahre 1900 durch gesperrten Druck und die tiefgreifenden, wenngleich nicht zahlreichen Abänderungen vom Jahre 1903 durch Cursivdruck. Daraus ergibt sich ohne weiteren Zusatz, auf welche der verschiedenen Gesetzesbegründungen und Kommissionsberichte die einzelnen Anmerkungen sich beziehen.

Berlin, im Juli 1903.

Dr. Eucken-Addenhausen.

Abkürzungen.

KVG. = Krankenversicherungsgesetz.
GO. = Gewerbeordnung.
GUVG. = Gewerbe-Unfallversicherungsgesetz.
IVG. = Invalidenversicherungsgesetz.
HKG. = Hilfskassengesetz.
BGB. = Bürgerliches Gesetzbuch.
AN. = Amtliche Nachrichten des Reichs-Versicherungsamts.

Inhalt.

Einleitung.

„Schon im Februar d. J. haben Wir Unsere Überzeugung aussprechen lassen, daß die Heilung der sozialen Schäden nicht ausschließlich im Wege der Repression sozialdemokratischer Ausschreitungen, sondern gleichmäßig auf dem der positiven Förderung des Wohles der Arbeiter zu suchen sein werde. Wir halten es für Unsere Kaiserliche Pflicht, dem Reichstage diese Aufgabe von neuem ans Herz zu legen, und würden Wir mit um so größerer Befriedigung auf alle Erfolge, mit denen Gott Unsere Regierung sichtlich gesegnet hat, zurückblicken, wenn es Uns gelänge, dereinst das Bewußtsein mitzunehmen, dem Vaterlande neue und dauernde Bürgschaften seines inneren Friedens und den Hilfsbedürftigen größere Sicherheit und Ergiebigkeit des Beistandes, auf den sie Anspruch haben, zu hinterlassen. In Unseren darauf gerichteten Bestrebungen sind Wir der Zustimmung aller verbündeten Regierungen gewiß und vertrauen auf die

Unterstützung des Reichstags ohne Unterschied der Parteistellungen.

In diesem Sinne wird zunächst der von den verbündeten Regierungen in der vorigen Session vorgelegte Entwurf eines Gesetzes über die Versicherung der Arbeiter gegen Betriebsunfälle mit Rücksicht auf die im Reichstage stattgehabten Verhandlungen über denselben einer Umarbeitung unterzogen, um die erneute Beratung desselben vorzubereiten. Ergänzend wird ihm eine Vorlage zur Seite treten, welche sich eine gleichmäßige Organisation des gewerblichen Krankenkassenwesens zur Aufgabe stellt. Aber auch diejenigen, welche durch Alter oder Invalidität erwerbsunfähig werden, haben der Gesamtheit gegenüber einen begründeten Anspruch auf ein höheres Maß staatlicher Fürsorge, als ihnen bisher hat zu teil werden können.

Für diese Fürsorge die rechten Mittel und Wege zu finden, ist eine schwierige, aber auch eine der höchsten Aufgaben jedes Gemeinwesens, welches auf den sittlichen Fundamenten des christlichen Volkslebens steht. Der engere Anschluß an die realen Kräfte dieses Volkslebens und das Zusammenfassen der letzteren in der Form korporativer Genossenschaften unter staatlichem

Schutz und staatlicher Förderung werden, wie Wir hoffen, die Lösung auch von Aufgaben möglich machen, denen die Staatsgewalt allein in gleichem Umfange nicht gewachsen sein würde. Immerhin aber wird auch auf diesem Wege das Ziel nicht ohne die Aufwendung erheblicher Mittel zu erreichen sein."

Mit diesen herrlichen Worten deutete Se. Majestät der in Gott ruhende Kaiser Wilhelm I. in der Allerhöchsten Botschaft vom 17. November 1881, durch welche die erste Session der 5. Legislaturperiode des Deutschen Reichstags eröffnet wurde, die nächsten Ziele der auf Anraten des Reichskanzlers Fürsten v. Bismarck im Reich eingeschlagenen Sozialpolitik an, welche sich als eine Forderung des christlichen Staatslebens die Verbesserung der materiellen Lage der arbeitenden Klassen zur Aufgabe stellt.

„Daß der Staat sich in höherem Maße als bisher seiner hilfsbedürftigen Mitglieder annehme, ist nicht bloß eine Pflicht der Humanität und des Christentums, von welchen die staatlichen Einrichtungen durchdrungen sein sollen, sondern auch eine Aufgabe staatserhaltender Politik, welche das Ziel zu verfolgen hat, auch in den besitzlosen Klassen der Bevölkerung, welche zugleich die zahlreichsten und am wenigsten unterrichteten sind, die Anschauung zu pflegen, daß der Staat nicht bloß eine notwendige, sondern auch eine wohltätige Einrichtung sei. Zu dem Ende müssen sie durch erkennbare direkte

Vorteile, welche ihnen durch gesetzgeberische Maßregeln zu teil werden, dahin geführt werden, den Staat nicht als eine lediglich zum Schutze der besser situierten Klassen der Gesellschaft erfundene, sondern als eine auch ihren Bedürfnissen und Interessen dienende Institution aufzufassen.“ (Aus den Motiven des Gesetzentwurfs über die Unfallversicherung der Arbeiter, R.T.Dr.S. 1882 Nr. 19 S. 31.)

Der erste Schritt zur Erreichung des gesteckten Zieles sollte die Abwendung der wirtschaftlichen Folgen von Unfällen und Krankheiten der Arbeiter sein. Die in der Allerhöchsten Botschaft vom 17. November 1881 angekündigten Gesetzentwürfe über die Krankenversicherung (Nr. 14 der Drucksachen 1882) und die Unfallversicherung (Nr. 19 der Drucksachen 1882) der Arbeiter, von denen der letztere an einen schon früher vorgelegten aber nicht Gesetz gewordenen ähnlichen Entwurf sich anschloß, waren im Preußischen Volkswirtschaftsrat vorberaten worden und hatten dort freudige Zustimmung gefunden. Beide waren derart mit einander in Verbindung gebracht, daß die Entschädigung für Unfälle während der ersten 13 Wochen von den Organisationen der Krankenversicherung, bei längerer Erwerbsunfähigkeit aber sowie im Fall des Todes aus der Unfallversicherung geleistet werden, daß jeder gegen Unfall zu Versichernde auch gegen Krankheit versichert sein sollte, und daß für die Aufbringung der Lasten eine gewisse Wechselbeziehung zwischen beiden Versicherungen stattzufinden habe. Ein liberaler Jurist,

D. Bähr, bezeichnete diese Verbindung als einen durchaus glücklichen Gedanken und nannte die vorgelegte Arbeit ein Riesenwerk, in welchem eine Fülle des Stoffes bewältigt sei, wie kaum in irgend einem andern Gesetz, und die um so schwieriger gewesen sei, als man völlig neu habe aufbauen müssen.

Erschien hiernach die Krankenversicherung als notwendige Voraussetzung der Unfallversicherung, so war ihre Durchführung doch auch unabhängig von der letzteren erforderlich, um die wirtschaftliche Lage der Arbeiter zu verbessern, weil letztere gerade durch Krankheit, während deren der Lohnbezug aufhört, in oft verhängnisvoller Weise gefährdet wird.

Im Reichstag wurden die ersten Lesungen beider Gesetzentwürfe mit einander vereinigt, worauf beide an eine und dieselbe (achte) Kommission verwiesen wurden. Letztere hat im Beisein mehrerer Regierungskommissare, insbesondere des damaligen Direktors im Reichsamte des Innern Dr. Bosse*) und des damaligen Geh. Ober-Regierungsrats Lohmann,**) welcher die Entwürfe verfaßt hat, unter dem Vorsitz des Frhrn. von und zu Franckenstein zunächst den Gesetzentwurf über die Krankenversicherung in 50 Sitzungen überaus gründlich durchgearbeitet, und in der Überzeugung, daß

*) Später Staatssekretär des Reichs-Justizamts, sodann Preußischer Minister der geistlichen, Unterrichts- und Medizinal-Angelegenheiten.

**) Jetzt Unterstaatssekretär im Preuß. Ministerium für Handel und Gewerbe.

es ihr nicht gelingen werde, in derselben Session auch noch den zweiten noch schwierigeren Entwurf des Unfallversicherungsgesetzes fertig zu stellen, zunächst nur diesen einen Entwurf mittels umfangreichen, von dem Referenten Frhrn. v. Maltzahn-Gültz*) mit seltener Sorgfalt und Hingebung verfaßten schriftlichen Berichts (Nr. 211 der Drucksachen) wieder an das Plenum gebracht. Es geschah dies, nachdem über den Gesetzentwurf unter Annahme der grundlegenden Bestimmungen der Regierungsvorlage in fast allen Punkten eine Übereinstimmung erzielt und durch Entfernung der Beziehungen zur Unfallversicherung die Möglichkeit gegeben worden war, daß die Krankenversicherung selbständig, und ohne an die gleichzeitige Einführung der Unfallversicherung gebunden zu sein, ins Leben treten konnte. Nach weiteren eingehenden Verhandlungen im Plenum wurde das Gesetz „betr. die Krankenversicherung der Arbeiter" in der Sitzung vom 31. Mai 1883 mit der imposanten Mehrheit von 216 gegen 99 Stimmen (Sten. Ber. 1883 S. 2696) in namentlicher Abstimmung angenommen, nachdem zuvor von dem Stellvertreter des Reichskanzlers die Erklärung abgegeben worden war, daß das Gesetz nach seiner Loslösung von der Unfallversicherung, welche nach wie vor wichtiger und für die Abhilfe berechtigter Klagen dringender erscheine, und ohne gleichzeitige Verabschiedung der Unfallversicherung für den von allen verfolgten Zweck einer Verbesserung der Lage der

*) Später Staatssekretär des Reichs-Schatzamts.

Arbeiter zwar sehr viel weniger biete, als die verbündeten Regierungen nach ihren Vorlagen gewünscht und zu erreichen gehofft hätten, daß die letzteren aber trotz mancher Bedenken doch bereit seien, für jetzt auch mit dem Weniger sich zufrieden zu geben (Sten. Ber. 1883 S. 2513).

Wenn das Erreichte zunächst auch nur verhältnismäßig wenig bot, so war doch eine Grundlage für weitere Maßnahmen geschaffen, ein erster Anfang gemacht. Die bis in die Reihen der damaligen liberalen Vereinigung hinreichende und auch die Volkspartei umfassende große Mehrheit, welche sich im Reichstag für diesen ersten Schritt zusammenfand, ließ schon damals erwarten, daß es trotz vieler und großer Schwierigkeiten in nicht zu ferner Zeit gelingen werde, zum Heile des deutschen Volkes die weiteren sozialen Reformen*) durchzuführen, deren Förderung der hochselige Kaiser Wilhelm I. noch in einer ferneren Allerhöchsten Botschaft vom 14. April 1883 dem Reichstag wiederholt und dringend ans Herz gelegt hatte. Wenn auch ein kleiner und schüchterner, so war es doch immer der erste überaus wichtige und folgenreiche Schritt

> „für die Verbesserung der Lage der Arbeiter, welcher, die Nation weiß es, das lebhafteste Interesse und das Herz des Kaisers zugewendet ist, und welche die verbündeten Regierungen ein-

*) Inzwischen sind die Gesetze über Unfallversicherung sowie über Invaliditäts- und Altersversicherung (Invalidenversicherung) erlassen, in Kraft getreten und bereits verbessert.

mütig beschlossen haben, im Wege der Gesetzgebung, Schritt für Schritt zwar nur, aber doch ohne jeden vermeidlichen Aufenthalt tunlichst so weit zu fördern, daß den berechtigten Klagen die Abhilfe, dem anzuerkennenden Bedürfnis die Befriedigung, dem ganzen Volk der innere Friede, Freude und Genüge an unsern Staatseinrichtungen gesichert werde." (Erklärung des Stellvertreters des Reichskanzlers zur dritten Beratung des Gesetzentwurfs, Sten. Ber. 1883 S. 2513.)

Hiernach ist das Krankenversicherungsgesetz das erste der großen sozialpolitischen Arbeiterversicherungsgesetze der Neuzeit und schon aus diesem Grunde von besonderer Bedeutung.

Eine Ergänzung erfuhr das Gesetz zunächst durch das sogenannte Ausdehnungsgesetz vom 28. Mai 1885, durch welches die Krankenversicherung auf einige weitere Betriebszweige, insbesondere auf die Transportgewerbe, ausgedehnt wurde. Demnächst wurden durch das Gesetz, betr. die Unfall- und Krankenversicherung in land- und forstwirtschaftlichen Betrieben, vom 5. Mai 1886 einige Modifikationen für die Krankenversicherung in diesem Berufszweige vorgesehen. Durch das erste Abänderungsgesetz vom 10. April 1892 wurde sodann eine umfassende Revision des Krankenversicherungsgesetzes durchgeführt, wobei namentlich die Erfahrungen berücksichtigt worden sind, welche inzwischen in der Praxis gemacht worden waren. Hierbei wurden zugleich die Bestimmungen des Ausdehnungsgesetzes in das Krankenversicherungsgesetz hineingearbeitet, so daß ersteres, soweit es sich um die Krankenversicherung handelt, außer Kraft gesetzt werden konnte. Sodann sind Zweifel, zu denen die bisherigen Vorschriften Anlaß gegeben hatten, beseitigt, die einzelnen Organisationen (Gemeinde-Krankenversicherung und Krankenkassen) dem Bedürfnis entsprechend weiter ausgebaut, auch ihr Verhältnis zu einander mehr als bisher klargestellt worden. Endlich sind die Voraussetzungen, unter denen Hilfskassen ohne Beitrittszwang neben den Zwangsorganisationen zur Durchführung der Versicherungspflicht zugelassen werden, im Interesse der Versicherten wie der Zwangskassen zum Teil anderweit nach der Richtung geregelt worden, daß die von solchen Hilfskassen zu gewährende Fürsorge ausgiebiger bemessen und der von dem Gesetzgeber für erforderlich erachteten Mindestleistung an Erkrankte mehr als bisher angepaßt worden ist.

Durch die Novelle von 1892 war der Reichskanzler ermächtigt worden, die neue Fassung des Gesetzes als „Krankenversicherungsgesetz" zu veröffentlichen. Dies ist durch die Bek. v. 10. April 1892 (RGBl. S. 417) geschehen.

Darnach sind durch die sog. Handwerker-Novelle (Innungs-Novelle) zur Gewerbeordnung (Gesetz v. 26. Juli 1897), deren bezügliche Bestimmungen am 1. April 1898 in Kraft traten, die Innungs-Krankenkassen, und durch die am 1. Oktober

1900 in Kraft getretene zweite Novelle zum Krankenversicherungsgesetze vom 30. Juni 1900 (RGBl. S. 332) die Bestimmungen über die Krankenversicherung für Hausgewerbetreibende weiter ausgebaut worden.

Endlich ist durch das am 1. Januar 1904 voll in Kraft tretende Gesetz, betreffend weitere Abänderungen des Krankenversicherungsgesetzes, vom 25. Mai 1903 (RGBl. S. 233) der zeitliche Anschluß der Krankenversicherung an die Invalidenversicherung hergestellt worden. Neben diesem Hauptzwecke der Novelle von 1903 bezeichnete bei ihrer Einbringung im Reichstage der Stellvertreter des Reichskanzlers Staatsminister Dr. Graf v. Posadowsky-Wehner als die sonstigen Ziele des Entwurfs eine Erweiterung der Fürsorge für Wöchnerinnen und eine Bekämpfung der Ausbreitung von Geschlechtskrankheiten. Im übrigen ist es nicht die Tendenz der letzten Novelle gewesen, eine Gesamtrevision des Krankenversicherungsgesetzes vorzunehmen. Graf v. Posadowsky erklärte vielmehr am 27. Februar 1903 im Reichstage: „Ich bitte dieses Gesetz lediglich als eine weitere Etappe auf dem Wege der Fortführung der Sozialreform anzusehen. Dieser Reichstag hat sich bereits das hohe Verdienst erworben, sowohl die Invalidenversicherungs- wie die Unfallversicherungsgesetze im Interesse der Arbeiter wesentlich zu verbessern, und ich glaube, es wird ein schöner Ruhmestitel für diesen in den nächsten Wochen auseinandergehenden Reichstag sein, wenn es gelingt, auch in der Krankenversicherung die von den verbündeten Regierungen vorgeschlagenen Verbesserungen noch durchzusetzen. Je mehr sich das hohe Haus beschränkt auf den Inhalt dieses Gesetzes, und je kürzer die Beratungen sich gestalten, desto mehr wächst die Hoffnung, daß dieser, wenn auch kurze, so doch sachlich wichtige Entwurf noch in dieser Tagung zur Verabschiedung gelangen wird, und ich kann versichern, daß dies der dringendste Wunsch der verbündeten Regierungen ist."

Mit Rücksicht auf die bezeichnete Tendenz sind überall die früheren Citate im Gesetzestexte absichtlich unverändert stehen geblieben. Dagegen enthält die Novelle von 1903 noch die Ausdehnung der gesetzlichen Versicherungspflicht auf Handlungsgehilfen und -Lehrlinge mit einem Verdienste bis zu jährlich 2000 ℳ, sowie mehrere Bestimmungen, welche nach der Begründung dringend erforderlich sind, um Unzuträglichkeiten bei der Anwendung des Krankenversicherungsgesetzes zu beseitigen, insbesondere: Vor der Festsetzung des Betrags des ortsüblichen Tagelohns werden neben der Gemeindebehörde künftig auch Vertreter der Arbeitgeber und der Versicherungspflichtigen zur Begutachtung herangezogen werden. Es ist außer Zweifel gestellt, daß die Hinterbliebenen von Unfallverletzten das Sterbegeld nicht doppelt, nämlich von der Krankenkasse und von der Berufsgenossenschaft, beanspruchen können. Finanziellen Schädigungen der Kassen und der Versicherten durch willkürlich oder unredlich handelnde Kassenorgane wird tunlichst vorgebeugt.

Die Vorschriften über Übertragung, Verpfändung, Pfändung und Aufrechnung der Unterstützungsansprüche werden den in der reichsgesetzlichen Invalidenversicherung und Unfallversicherung geltenden Bestimmungen angepaßt. Die Ersatzansprüche aus § 57 Abs. 5, § 57a Abs. 4 des Krankenversicherungsgesetzes werden zulänglicher als sie bisher sind geregelt. Der Sonderstellung der berggesetzlichen Knappschaftsvereine wird durch Aufnahme einiger Vorschriften Rechnung getragen. Die für den Unterstützungsberechtigten günstigeren Bestimmungen der Gesetzesnovelle sollen auch auf die bei ihrem Inkrafttreten noch nicht beendeten Unterstützungen Anwendung finden. Außerdem sind die Krankenkassen zur Einführung einer Schwangeren-Unterstützung ermächtigt. Endlich sind die angenommenen Lohnsätze und die regelmäßigen Beitragshöchstsätze entsprechend hinaufgesetzt worden.

Der wesentlichste Inhalt des Gesetzes, wie es vom 1. Januar 1904 ab gilt, läßt sich bei Übergehung aller weniger wichtigen Bestimmungen in folgenden Sätzen kurz skizzieren: Das Gesetz geht davon aus, daß die Bemühungen zur Verbesserung der Lage der Arbeiter zunächst darauf gerichtet sein müssen, der Not tunlichst vorzubeugen, in welche bei dem häufigen Falle vorübergehender Krankheit (wohin auch die Folgen von Unfällen gehören) und einer dadurch bedingten Erwerbsunfähigkeit der auf seinen Lohn angewiesene Arbeiter mit seiner Familie geraten muß. Denn sobald nicht eine besondere Fürsorge für ihn eintritt, wird ein erkrankter Arbeiter aus Mangel an den nötigen Mitteln die rechtzeitige und ausgiebige Zuziehung des Arztes unterlassen, dadurch seinen Zustand verschlimmern, die geringen Ersparnisse aufzehren, Hab und Gut veräußern und schließlich der öffentlichen Armenpflege mit ihren Folgen anheimfallen. Eine Fürsorge, welche würdig und zugleich geeignet ist, diese Folgen tunlichst abzuwenden oder doch zu mildern — aus der Welt schaffen läßt sich die Not nicht, die Fürsorge kann nur dahin gerichtet sein, sie erträglich zu machen und tunlichst abzuschwächen —, kann nur bei einer unter staatlicher Autorität und unter Beteiligung der Arbeitgeber eintretenden allgemeinen Versicherung gefunden werden, und aus ihrer öffentlich-rechtlichen Notwendigkeit ergibt sich wiederum das Bedürfnis, diese Versicherung überall da zu erzwingen, wo der Zwang angezeigt und durchführbar ist. Die frühere Gesetzgebung überließ in gewissem Umfange den Gemeinden und weiteren Kommunalverbänden die Einführung solchen Zwanges; von dieser Befugnis ist aber in so seltenen Fällen Gebrauch gemacht worden, daß die Versicherung früher keineswegs in ausreichendem Maße durchgeführt war. Dies führte zur Aufstellung des gesetzlichen Versicherungszwanges für fast alle in dauerndem Arbeitsverhältnisse stehenden Arbeiter in der Industrie, dem Handel und dem Handwerk, sowie für die den Arbeitern in wirtschaftlicher Beziehung gleichstehenden unteren Betriebsbeamten u. s. w. (bis zu 2000 ℳ

Gehalt) und zur Gestattung eines statutarischen Versicherungszwanges für solche Personenkreise, für welche das Versicherungsbedürfnis nicht ohne weiteres allgemein, d. h. ohne Rücksicht auf besondere örtliche Verhältnisse, vorhanden ist (insbesondere für unständig beschäftigte Personen, für Arbeiter in der Land- und Forstwirtschaft und für Hausindustrielle). Eine unselbständige Beschäftigung ist die Grundlage und die Voraussetzung des Versicherungszwanges derart, daß gewerblich selbständige Personen mit alleiniger Ausnahme der eine Übergangsstufe bildenden Hausindustriellen demselben nicht unterworfen werden können. Neben der Verpflichtung begründet das Gesetz aber auch die Berechtigung solcher Arbeiter und Betriebsbeamten mit Einkommen bis zu 2000 Mark, für welche die Verpflichtung nicht besteht, an der durch das Gesetz geordneten Versicherung freiwillig sich zu beteiligen, und zwar durch freiwilligen Eintritt in die Versicherung. Eine freiwillige Fortsetzung des Versicherungsverhältnisses gestattet das Gesetz für den Fall, daß die frühere Grundlage der Versicherung, nämlich die unselbständige Beschäftigung als Arbeiter 2c., fortgefallen sein sollte. Die Versicherungs-Berechtigung ist auch dem Gesinde gegeben worden und darf durch statutarische Bestimmung auch anderen Personen mit Einkommen bis zu 2000 Mark eingeräumt werden.

Dem Versicherungszwang entspricht es, daß überall Organisationen vorhanden sein müssen, in welchen die Versicherungspflichtigen ihrer mit der Tatsache der Beschäftigung eintretenden Verpflichtung zur Versicherung genügen können. Zu diesem Zwecke sieht das Gesetz ein weitverzweigtes System von Zwangskassen vor, welche, auf berufsgenossenschaftlicher Grundlage errichtet, die Versicherten je nach Ort und Art ihrer Beschäftigung aufzunehmen haben, und subsidiär eine besondere kommunale Einrichtung, die Gemeinde-Krankenversicherung.

Für jede versicherungspflichtige Beschäftigung besteht in dem betreffenden örtlichen Bezirk nur eine Zwangskasse, so daß der einzelne Versicherte keine Wahl hat, welcher von mehreren Zwangskassen er angehören will. Dagegen darf er den Zwangsorganisationen dieses Gesetzes überhaupt fern bleiben, wenn er einer freien Hilfskasse ohne Beitrittszwang, welche wenigstens die Mindestleistungen, also die Leistungen der Gemeinde-Krankenversicherung seines Beschäftigungsortes gewährt, angehört. Insofern kann man sagen, das Gesetz begründe Kassenzwang, aber keine Zwangskassen; die einzelnen Zwangsorganisationen aber schließen einander aus.

Was nun die Abgrenzung der verschiedenen Zwangsorganisationen gegen einander betrifft, so ist in erster Reihe eine Versicherung auf Gegenseitigkeit angestrebt, und zwar in korporativen, auf Selbstverwaltung beruhenden Verbänden der Berufsgenossen, weil dieselbe (nach den Motiven)

1. bei der relativen Gleichheit der Krankheitsgefahr die rationellste ist;
2. durch die bei ihr am leichtesten durchzuführende Selbstverwaltung einen wohltätigen moralischen Einfluß ausübt;
3. durch die nahen Beziehungen der Kassenmitglieder zu einander die zur Bekämpfung der Simulation unentbehrliche Kontrolle erleichtert.

Zur Durchführung dieser gegenseitigen Krankenversicherung der Berufsgenossen sind mit gewissen Modifikationen zunächst diejenigen Arten (organisierter) Krankenkassen in Wirksamkeit belassen, welche bereits auf Grund der früheren Gesetzgebung errichtet werden durften, nämlich

1. die Knappschaftskassen, welche auf Grund berggesetzlicher Vorschriften der Einzelstaaten bestehen;
2. die für die Gesellen, Lehrlinge und Arbeiter von Innungsmitgliedern errichteten, durch das Reichsgesetz vom 18. Juli 1881 (RGBl. S. 233) geregelten und durch die Handwerker-Novelle zur Gewerbeordnung vom 26. Juli 1897 selbständiger ausgestalteten Innungs-Krankenkassen.

Versicherungspflichtige, welche nach Maßgabe ihrer Beschäftigung einer dieser Kassen nicht angehören, sind in lokale, nach Berufszweigen derart einzurichtende Krankenkassen einzureihen, daß diese tunlichst die Arbeiter (Beamten) nur eines und desselben Gewerbszweiges (einer und derselben Betriebsart) innerhalb gewisser lokaler Bezirke oder die Arbeiter (Beamten) einer einzelnen gewerblichen Unternehmung (Fabrik u. s. w.) umfassen. Zu dem Zwecke wurden neben den oben erwähnten Kassen, in Anlehnung an bereits bestehende, früher aber dem Belieben der Gemeinden oder Betriebsunternehmer überlassene Organisationen, vorgesehen:

3. Orts-Krankenkassen für die in einzelnen Gemeinden oder Bezirken beschäftigten Versicherungspflichtigen, und zwar derart, daß im Grundsatz für die verschiedenen an dem Ort oder in dem Bezirke vertretenen Gewerbszweige und Betriebsarten — soweit dies unbeschadet der Leistungsfähigkeit geschehen kann — je eine besondere Orts-Krankenkasse errichtet werden soll, während jedoch auch mehrere und selbst alle Gewerbszweige und Betriebsarten eines Bezirks in einer Kasse vereinigt werden dürfen;
4. Betriebs- (Fabrik-) Krankenkassen für die Arbeiter je eines größeren Unternehmens (wie sie schon früher üblich waren und bei guter Leitung sich bewährt haben) mit der Maßgabe, daß ein Unternehmer, welcher mehrere gewerbliche Etablissements hat, für dieselben nur eine einzige Krankenkasse zu errichten braucht;
5. Bau-Krankenkassen für größere, vorübergehende Bauunternehmungen mit vorwiegend fluktuierender Arbeiterschaft.

Aber auch die Orts-, Betriebs- (Fabrik-) und Bau-

Krankenkassen können noch nicht alle Versicherungspflichtigen ohne Ausnahme aufnehmen. Es hat vielmehr noch weitere Fürsorge für solche Arbeiter (Beamte) getroffen werden müssen, welche in den Orts-, Betriebs- (Fabrik-), Bau-, Innungs-Krankenkassen und Knappschaftskassen keine Stelle finden können, sei es um deswillen, weil diese Kassen nach ihrer Bestimmung sie nicht aufnehmen können, sei es weil und solange diese Kassen trotz der Vorschrift des Gesetzes nicht zustande kommen. Insbesondere trifft dies zu:

a) Bei Versicherten, welche in so kleinen Gemeinden beschäftigt sind, daß die Zahl der in einem oder mehreren Gewerben, ja selbst der in allen Gewerben Beschäftigten zur Bildung einer lebensfähigen Krankenkasse mit besonderem Verwaltungsapparate nicht ausreicht, und welche auch mit Versicherten in anderen Gemeinden behufs Bildung gemeinsamer Krankenkassen nicht vereinigt werden können;
b) bei denjenigen Klassen von Versicherten in größeren Gemeinden, welche bei Bildung der Orts-Krankenkassen ohne Gefährdung ihres berufsgenossenschaftlichen Charakters nicht berücksichtigt werden konnten, sondern übrig geblieben sind.

Um für diesen Rest der Versicherungspflichtigen den Versicherungszwang durchzuführen, bedurfte es zur Ergänzung des Systems noch einer Form der Krankenversicherung, welche subsidiär und überall möglich ist.

Diese subsidiäre Form der Krankenversicherung ist

6. die Gemeinde-Krankenversicherung, keine Krankenkasse, sondern eine kommunale Einrichtung, welche für alle Gemeinden ohne Ausnahme soweit nicht für die zu Versichernden anderweit gesorgt wird, obligatorisch ist, und welche die Gemeinden unmittelbar kraft des Gesetzes und unabhängig von jeder durch eine Mitwirkung der Beteiligten bedingten Organisation verpflichtet, gegen Erhebung eines gesetzlich bemessenen Versicherungsbeitrags

„jedem in ihrem Bezirk beschäftigten, dem Krankenversicherungszwange unterworfenen Arbeiter, welcher (aus irgend einem Grunde) keiner der vorgesehenen organisierten Krankenkassen zuzuweisen ist, für den Fall der durch Krankheit bedingten Erwerbsunfähigkeit eine nach Höhe und Dauer gesetzlich bemessene Unterstützung zu gewähren" (Motive).

Diese Einrichtung lehnt sich an eine bayerische Institution an, stellt sich aber nicht als Ausfluß der öffentlichen Armenpflege, sondern als gesetzlich geregelte, auf dem Versicherungsprinzip beruhende Krankenunterstützung dar.

Ältere Zwangskassen gelten fortan als Orts-, Betriebs- (Fabrik-), Bau-, Innungs-Krankenkassen nach Maßgabe dieses Gesetzes; sie hatten die Verpflichtung, ihre Statuten binnen bestimmter Frist nach den Vorschriften des letzteren zu revidieren.

Neben diese Zwangsorganisationen treten, wie bereits angedeutet wurde, für solche Versicherungspflichtige, welche der für sie errichteten Organisation sich nicht anschließen mögen, die auf freier Übereinkunft beruhenden Hilfskassen ohne Beitrittszwang, und zwar in doppelter Form:

a) die eingeschriebenen Hilfskassen nach Maßgabe des Reichsgesetzes vom 7. April 1876 (RGBl. S. 125) in der Fassung der Novelle vom 1. Juni 1884 (RGBl. S. 54),
b) sonstige freie, auf landesrechtlichen Bestimmungen beruhende Hilfskassen.

In diesen Hilfskassen können aber Versicherungspflichtige ihrer gesetzlichen Versicherungspflicht nur dann genügen, wenn diese Kassen mindestens dasselbe gewährleisten, was der betr. Versicherte von der Gemeinde-Krankenversicherung seines Beschäftigungsorts im Krankheitsfall zu beanspruchen haben würde. Vgl. § 75 KVG. Landesrechtliche Hilfskassen sind außerdem nur dann als ausreichend anzusehen, wenn ihre Statuten behördlich genehmigt sind. Hilfskassen, welche diesen Voraussetzungen nicht genügen, bleiben als Zuschußkassen in Wirksamkeit, d. h. ihre Mitglieder müssen zwar der für ihren Bezirk geltenden Zwangsorganisation auch noch angehören, erhalten dafür aber im Krankheitsfall auch höhere Leistungen (aus beiden Kassen). In gleicher Weise können auch solche freie Hilfskassen, welche den obigen Voraussetzungen genügen, also an sich ausreichend sind, von Versicherungspflichtigen als Zuschußkassen benutzt werden. Um einer Überversicherung vorzubeugen, kann aber der Gesamtbezug an Krankengeld auf den Betrag des vollen Lohns herabgesetzt werden. Vgl. § 26 a Abs. 1 KVG.

Der Umstand, daß das Gesetz zunächst die subsidiäre Gemeinde-Krankenversicherung, demnächst die Orts-, die Betriebs- (Fabrik-) und die Bau-Krankenkassen und erst zum Schluß die Innungs-, Knappschafts- und Hilfskassen abhandelt, hat nur redaktionelle Bedeutung. Dabei ist in Betracht zu ziehen, daß für die organisierten, auf Grund älterer Gesetze bestehenden Innungs-, Knappschafts-, eingeschriebenen und freien Hilfskassen nur einzelne Vorschriften zu dem Zwecke zu geben waren, um dieselben in das System einzufügen und den im Interesse der gleichmäßigen Regelung der Versicherung getroffenen Bestimmungen anzupassen, während die letzteren selbst bei denjenigen Einrichtungen darzulegen waren, welche zwangsweise und insofern neu vorgeschrieben werden mußten.

Erwägt man, daß die Innungs-Krankenkassen und Knappschaftskassen nur für gewisse Berufsarten, Bau-Krankenkassen nur für gewisse, nach der Dauer der Bauten bemessene Zeit in Betracht kommen, die Hilfskassen aber auf dem Prinzip der Freiwilligkeit beruhen, so ergibt sich, daß das Schwergewicht des Gesetzes, welches die Zwangsversicherung für alle Arbeiter, soweit die letzteren einem durchführbaren allgemeinen

Zwange überhaupt unterworfen werden können, ausspricht, in die Organisation der Orts- und der Betriebs- (Fabrik-) Krankenkassen fällt, während die Gemeinde-Krankenversicherung dazu berufen ist, die Lücken auszufüllen, welche das System der organisierten Krankenkassen bestehen läßt. Durch das ganze Gesetz zieht sich denn auch das Bestreben, die Orts- und die Betriebs- (Fabrik-) Krankenkassen in den Vordergrund zu stellen, bei denselben die Mitwirkung der Beteiligten so ausgiebig wie möglich zu gestalten, die Leistungen so hoch und vielseitig wie möglich zu bemessen, überhaupt diese Kassen nach jeder Richtung hin tunlichst auszugestalten und das Interesse an ihrer Errichtung und Erhaltung zu erhöhen. Insbesondere die Orts-Krankenkassen sollen gleichsam das Gerippe der Gesamtorganisation sein und die Regel bilden.

Die Verschiedenartigkeit der durch das Gesetz zugelassenen Formen der Krankenversicherung und die große Zahl der durch das System gebotenen Krankenkassen mag vielleicht die örtliche Übersicht und wenigstens für den Anfang die Orientierung im Gesetz erschweren. Die Organisation vermeidet aber den Charakter des Schablonenhaften und bietet namentlich dadurch, daß sie den verschiedenen Lebensstellungen, Beschäftigungen und örtlichen Verhältnissen Rechnung trägt, sowie dadurch, daß in den zahlreichen kleineren Kassen die Beteiligung der Arbeitnehmer an der Verwaltung und deren Selbstkontrolle gegen Ausbeutung durch schlechte Elemente im allgemeinen leichter und besser zu ermöglichen ist als in einer großen Kasse, unverkennbare und sonst nicht erreichbare Vorteile. Wenn das Gesetz grundsätzlich die Bildung kleinerer Kassen begünstigt, so ist doch deren dauernde Leistungsfähigkeit durch die den Behörden bei der Errichtung und dem Bestehen der Kassen eingeräumten Befugnisse, insbesondere durch das Recht und die Pflicht zur Schließung lebensunfähiger Organisationen, sowie dadurch ausreichend sichergestellt, daß den Gemeinden die eventuelle Verpflichtung zu Vorschüssen für die Gemeinde-Krankenversicherung und den Fabrikbesitzern, Bauherren und Innungen die eventuelle Verpflichtung zu Zuschüssen für ihre Betriebs- (Fabrik-), Bau- oder Innungs-Krankenkassen auferlegt ist. Immerhin ist auch die Errichtung von Kassen mit größerem Umfange für solche Verhältnisse, in denen dies zweckmäßig und ausführbar ist, nicht ausgeschlossen, und auch die Zusammenschließung mehrerer Kassen zu umfassenden Verbänden behufs gemeinschaftlicher Bestreitung gewisser Bedürfnisse wird durch das Gesetz zugelassen.

Das Versicherungsverhältnis soll den Versicherten bei mäßigen Beiträgen, deren Höhe in allen durch dieses Gesetz begründeten Zwangsorganisationen gesetzlich beschränkt ist, in den Grenzen des Erreichbaren eine allzeit sichere und, wenn auch nicht reichliche, so doch auskömmliche Unterstützung in Krankheitsfällen (wohin auch die Folgen von Unfällen gehören) gewähren. Für die Unterstützung ist ein Mindestbetrag vorgeschrieben, es sind ihr auch gewisse Obergrenzen gezogen.

Die Mindestleistungen müssen bei allen Kasseneinrichtungen einschl. der Gemeinde-Krankenversicherung bestehen a) in freier ärztlicher Behandlung, freier Arznei und kleinen Heilmitteln (Brillen, Bruchbändern 2c.), und zwar für Versicherungspflichtige immer vom Beginn der Krankheit ab, außerdem aber b) im Falle der Erwerbsunfähigkeit, jedoch erst vom dritten Tage nach Eintritt der Krankheit ab, in einem Krankengeld von mindestens 50 Prozent desjenigen Lohns, nach welchem die Beiträge bemessen werden. An die Stelle dieser Leistungen kann freie Kur und Verpflegung in einem Krankenhause treten, neben welcher unter Umständen ein Teil des Krankengeldes zu verabreichen ist. Nur in einem einzigen Ausnahmefall, nämlich bei außerhalb wohnenden freiwilligen Kassenmitgliedern, kann statt der freien ärztlichen Behandlung, Arznei und Heilmittel eine Geldsumme gewährt werden; vgl. aber auch § 75 Abs. 3. Die Krankenunterstützung währt bis zur Beendigung der Krankheit, aber höchstens 26 Wochen nach dem Beginn der Erwerbsunfähigkeit. Zu den Mindestleistungen der Ortskrankenkassen und anderen organisierten Kassen gehört außerdem c) ein Sterbegeld im 20fachen Betrage desjenigen Lohns, nach welchem die Beiträge bemessen werden, so daß die organisierten Krankenkassen zugleich den Charakter von Sterbekassen annehmen, ferner d) während sechs

Wochen nach der Niederkunft eine Wöchnerinnen-Unterstützung an solche Wöchnerinnen, welche während des Wochenbetts nicht eigentlich krank sind und während des letzten Jahres schon mindestens sechs Monate hindurch versichert waren, in Höhe des Krankengeldes.

Weitergehende Leistungen können bei der Gemeinde-Krankenversicherung durch Gemeindebeschluß (§§ 6a, 10), bei den organisierten Kassen innerhalb bestimmter Grenzen durch die Kassenstatuten vorgesehen werden (§§ 21, 26a); auch für erkrankte Familienangehörige der Kassenmitglieder können freie ärztliche Behandlung und bestimmte sonstige Leistungen gewährt werden. Andere Arten von Unterstützungen, insbesondere Invaliden-, Witwen- und Waisenpensionen, sind aber in den organisierten Kassen durchaus unzulässig und von älteren, als Krankenkassen fortbestehenden Kassen eventuell abzuzweigen. Derjenige, dem diese Leistungen nicht genügen, kann sich durch Doppelversicherung (Zuschlagsversicherung) bei Hilfskassen eine höhere Unterstützung, Krankengeld in der Regel aber nur bis zum Betrage des eigenen Durchschnittsverdienstes, freiwillig sichern.

Die Mindestleistungen dürfen für versicherungspflichtige Mitglieder von einer weitergehenden Karenzzeit nicht abhängig gemacht werden; für freiwillige Mitglieder aber (welche außerdem bei Krankheiten, die schon zur Zeit der Beitrittserklärung eingetreten waren, keine Unterstützung erhalten) darf auch hinsichtlich der Mindestleistungen eine kurze Karenzzeit durch Gemeindebeschluß oder Kassenstatut eingeführt werden.

Die Kassenbeiträge sind für die Knappschaftskassen und für die Hilfskassen ohne Beitrittszwang durch dieses Gesetz nicht fixiert, weil bei den ersteren an den landesgesetzlichen Bestimmungen so wenig wie möglich geändert werden sollte, und für die letzteren der Beitrittszwang fehlt, welcher die Beschränkung der Beiträge als Äquivalent des Zwanges erforderlich machen würde. Im übrigen aber beschränkt das Gesetz die Beiträge, und zwar zu der Gemeinde-Krankenversicherung, deren Mindestleistungen geringer sind als die der organisierten Kassen, für Arbeitgeber und Arbeitnehmer zusammen auf höchstens 3 Prozent des ortsüblichen Tagelohns gewöhnlicher Tagearbeiter, dagegen zu den Orts-, Betriebs- (Fabrik-), Bau- und Innungs-Krankenkassen für die Arbeitnehmer allein (der Beitrag der Arbeitgeber tritt mit 50 Prozent des Beitrags der Arbeitnehmer hinzu) auf höchstens 4 Prozent (falls nicht behufs Deckung der Minimalleistungen ein höherer Beitrag zu dem Zweck bewilligt wird, um bestehende Kassen vor der Schließung zu bewahren) des Durchschnittslohns derjenigen Klasse von Arbeitern, für welche die Kasse errichtet ist. Der Durchschnittslohn darf klassenweise abgestuft, auch darf an dessen Stelle der Individuallohn gesetzt werden; der Durchschnittslohn kommt bis zum Betrage von täglich 4 Mark oder bei klassenweiser

Abstufung bis zum Betrage von täglich 5 Mark, der Individuallohn bis zu täglich 5 Mark in Anrechnung. Von den Beiträgen hat bei Versicherungspflichtigen der Arbeitgeber 1/3 aus eigenen Mitteln aufzubringen. In dem gleichen Verhältnis (1/3 : 2/3) sind Arbeitgeber und Versicherte bei der Verwaltung der Kasse im Vorstand und in der Generalversammlung beteiligt. Bei Innungs-Krankenkassen ermöglicht § 90 des Gesetzes v. 26. Juli 1897 die Beteiligung der Arbeitgeber an der Kassen-Verwaltung zu 1/2, wenn sie in diesem Verhältnis auch bei Aufbringung der Beiträge sich beteiligen. Ganz kleine Arbeitgeber, deren wirtschaftliche Lage von der ihrer wenigen Arbeiter sich nicht unterscheidet, können von der Entrichtung eigener Beiträge befreit werden. Nichtversicherungspflichtige Mitglieder haben die vollen Beiträge selbst zu tragen. Eintrittsgelder sind nur in beschränktem Umfange zulässig; dieselben trägt ausschließlich der Versicherte. Reichen die Höchstbeiträge nicht aus, so sind die Folgen verschieden. Bei der Gemeinde-Krankenversicherung muß die Gemeinde die erforderlichen Deckungsmittel, vorbehaltlich ihres gesetzlich festgelegten Erstattungsanspruchs, vorschießen; bei Betriebs- (Fabrik-) Krankenkassen muß der Fabrikherr, bei Innungs-Krankenkassen die Innung, bei Bau-Krankenkassen der Bauherr oder, falls dessen Verpflichtung mit behördlicher Genehmigung auf den Bauunternehmer übertragen worden ist, der letztere die erforderlichen Mittel ohne Anspruch auf demnächstige Erstattung zuschießen; Orts-Krankenkassen endlich müssen im Fall der Insuffizienz geschlossen werden.

Die Verwaltungskosten trägt bei der Gemeinde-Krankenversicherung die Gemeinde, im übrigen die Kasse, bei den Betriebs- (Fabrik-) und den Bau-Krankenkassen jedoch z. T. der Fabrik- und der Bauherr (event. der Bauunternehmer).

Für Eingehung und Aufrechterhaltung des Versicherungsverhältnisses hat der Versicherungspflichtige selbst insofern gar nichts zu tun, als er sich nicht zu melden und die Beiträge selbst nicht einzuzahlen braucht. Er tritt mit dem Beginn der die Versicherung begründenden Beschäftigung kraft Gesetzes von selbst in die Versicherung bei derjenigen Kasse ein, welche für Ort und Art seiner Beschäftigung errichtet ist; befreit hiervon ist er nur so lange, wie er einer die Mindestleistungen gewährenden Hilfskasse angehört, und dies letztere muß er allerdings dem Arbeitgeber nachweisen. Dagegen hat zur Kontrolle der Durchführung der Versicherung jeder Arbeitgeber, für dessen Arbeiter eine Orts-Krankenkasse oder die Gemeinde-Krankenversicherung zuständig ist, die Verpflichtung zur Anmeldung und Abmeldung aller seiner Arbeiter, die nicht einer die Mindestleistungen gewährenden Hilfskasse angehören. (Bei Betriebs- [Fabrik-] und Bau-Krankenkassen bedarf es einer solchen Verpflichtung nicht, weil der Arbeitgeber für die erforderliche Meldung bei der für seinen eigenen Betrieb errichteten Kasse schon im eigenen Interesse sorgen wird; bei Innungs-Krankenkassen kann sie durch das Nebenstatut begründet werden.) Die Meldung muß im allgemeinen innerhalb dreier Tage seit dem Beginn der Beschäftigung erfolgen, vgl. aber § 75 Abs. 2. Arbeitgeber, welche die Meldung vorsätzlich oder fahrlässig unterlassen, sind strafbar und außerdem für etwaige Aufwendungen, welche die Kasse bei Erkrankung der nicht gemeldeten Person hat machen müssen, civilrechtlich verantwortlich. Wenn während der Dauer der Beschäftigung nachträglich die Versicherung bei der Hilfskasse fortfällt und demgemäß die Zugehörigkeit zu einer Zwangsorganisation eintritt, so besteht eine Meldepflicht der Hilfskasse. Die Einzahlung der Beiträge liegt, soweit es sich um Versicherungspflichtige handelt, dem Arbeitgeber ob; bei der Lohnzahlung rechnet er den Versicherungspflichtigen den auf sie entfallenden Anteil ab.*) Die Beitragspflicht wird auf diese Weise den Versicherungspflichtigen kaum merkbar sein; sie treten in nähere Berührung mit der Kasse erst dann, wenn es sich um ihre Unterstützung im Fall einer

*) Ob diese Bestimmungen auch bei der statutarischen Erstreckung der Versicherungspflicht auf unständige Arbeiter und Hausgewerbetreibende gelten sollen, ist durch die statutarische Bestimmung zu regeln (§ 54); dabei kann bestimmt werden, daß die Beiträge für Hausgewerbetreibende und deren Hilfspersonen, sofern deren Beschäftigung durch Zwischenmeister vermittelt wird, nicht durch diese als die direkten Arbeitgeber, sondern durch die Fabrikanten als indirekte Arbeitgeber eingezahlt und zu $^1/_3$ getragen werden.

Krankheit, oder wenn es sich um die Beteiligung an der Kassenverwaltung handelt, welche mit Ausnahme der Gemeinde-Krankenversicherung, die keine selbständige Kasse ist, und der Knappschaftskassen, bezüglich deren es bei den Landesgesetzen bewendet, der Selbstverwaltung der Versicherten, unter einer ihrer Beitragspflicht im allgemeinen entsprechenden Mitwirkung der Arbeitgeber und unter Aufsicht der Behörden, untersteht. —

Auf den Vorwurf, daß hier eine Klassengesetzgebung vorliege — ein nichtssagendes Schlagwort, welches ebenso wenig oder ebenso sehr berechtigt ist, wie wenn man die Gewerbeordnung, das Handelsgesetzbuch, die Rechtsanwaltsordnung und andere Gesetze, welche vorzugsweise die Rechte und Pflichten einzelner Kategorieen der Bevölkerung regeln, Klassengesetze nennen wollte —, ist seitens des damaligen Geh. Ober-Regierungsrats Lohmann*) Folgendes ausgeführt worden (Sten. Ber. 1883 S. 2032):

> „Das ist ja gerade das Eigentümliche unserer modernen Entwickelung, daß sich daraus für die ganze Arbeiterklasse Verhältnisse ergeben haben, welche den Staat dazu nötigen, mit einer speziellen Gesetzgebung in diese Verhältnisse einzugreifen, wenn er nicht erleben will, daß sie zum völligen Ruin führen. Aus dieser Notwendigkeit ist bereits eine ganze Zahl von Reichs-

*) Jetzt Unterstaatssekretär im Preußischen Ministerium für Handel und Gewerbe.

gesetzen hervorgegangen. Ich mache Sie nur aufmerksam auf das Gesetz, betr. die Beschlagnahme des Arbeits- und Dienstlohnes, auf das Haftpflichtgesetz, auf die Bestimmungen der Gewerbeordnung über das Trucksystem, ebenso auf die Bestimmungen der Gewerbeordnung über die Beschäftigung jugendlicher Arbeiter. Alle diese Gesetze enthalten eine Beschränkung des freien Arbeitsvertrags, und das ist gerade das Wesen dieser ganzen neueren Gesetzgebung, daß sie dasjenige, was der Herr Abgeordnete Dr. Hirsch die Grundlage unserer modernen Wirtschaftsordnung nennt, nämlich den freien Arbeitsvertrag, wieder beschränkt, weil die konsequente Durchführung dieser Grundlage der modernen Wirtschaftsordnung eben zum Ruin der beteiligten Klassen führen würde."

Krankenversicherungsgesetz.

Wir **Wilhelm**, von Gottes Gnaden Deutscher Kaiser, König von Preußen ꝛc.

verordnen im Namen des Reichs, nach erfolgter Zustimmung des Bundesrats und des Reichstags, was folgt:

A. Versicherungszwang.

§ 1.

I. Personen, welche gegen Gehalt oder Lohn beschäftigt sind:

1. in Bergwerken, Salinen, Aufbereitungsanstalten, Brüchen und Gruben, in Fabriken und Hüttenwerken, beim Eisenbahn-, **Binnenschiffahrts- und Baggerei**betriebe, auf Werften und bei Bauten,
2. **im Handelsgewerbe,** im Handwerk und in sonstigen stehenden Gewerbebetrieben,

2a. **in dem Geschäftsbetriebe der Anwälte, Notare und Gerichtsvollzieher, der Krankenkassen, Berufsgenossenschaften und Versicherungsanstalten,**

3. in Betrieben, in denen Dampfkessel oder durch elementare Kraft (Wind, Wasser, Dampf, Gas, heiße Luft u. s. w.) bewegte Triebwerke zur Verwendung kommen, sofern diese Verwendung nicht

ausschließlich in vorübergehender Benutzung einer nicht zur Betriebsanlage gehörenden Kraftmaschine besteht,

sind mit Ausnahme **der Gehilfen und Lehrlinge in Apotheken, sowie** der im § 2 unter Ziffer 2 bis 6*) aufgeführten Personen, sofern nicht die Beschäftigung **durch die** Natur **ihres Gegenstandes** oder im voraus durch den Arbeitsvertrag auf einen Zeitraum von weniger als einer Woche beschränkt ist, nach Maßgabe der Vorschriften dieses Gesetzes gegen Krankheit zu versichern

Dasselbe gilt von Personen, welche in dem gesamten Betriebe der Post- und Telegraphenverwaltungen, sowie in den Betrieben der Marine- und Heeresverwaltungen gegen Gehalt oder Lohn beschäftigt sind und nicht bereits auf Grund der vorstehenden Bestimmungen der Krankenversicherungspflicht unterliegen. II

Die Besatzung von Seeschiffen, auf welche die Vorschriften der §§ 48 und 49 der Seemannsordnung vom 27. Dezember 1872 (Reichs-Gesetzbl. S. 409)†) Anwendung finden, unterliegt der Versicherungspflicht nicht. III.

Als Gehalt oder Lohn im Sinne dieses Gesetzes gelten auch Tantiemen und Naturalbezüge. **Für die** letzteren **wird der** Durchschnitts**wert** in Ansatz **gebracht; dieser Wert wird von der unteren Verwaltungsbehörde festgesetzt.** IV.*)

*) Durch die Novelle von 1903 sind der frühere Abs. 4 des § 1 und die Ziffer 5 des § 2 in Fortfall gekommen. Der frühere Abs. 4 des § 1 lautete: „Handlungsgehilfen und -Lehrlinge unterliegen der Versicherungspflicht nur, sofern durch Vertrag die ihnen nach

Artikel 60 (jetzt § 63) des Deutschen Handelsgesetzbuchs zustehenden Rechte aufgehoben oder beschränkt sind." Vgl. Anm. 3 unter a.

†) An die Stelle der §§ 48, 49 der Seemannsordnung vom 27. Dezember 1872 sind seit 1. April 1903 die §§ 59 bis 61 der Seemannsordnung vom 2. Juni 1902 (RGBl. S. 175) getreten. Vgl. §§ 137, 138 der letzteren.

Zu § 1.

1. Die §§ 1 bis 3b „enthalten das Grundprinzip des Gesetzes, den Krankenversicherungszwang für die unter das Gesetz fallenden Arbeiterklassen, und bezeichnen zugleich diejenigen Kategorieen von Arbeitern, auf welche dasselbe kraft Gesetzes oder statutarischer Bestimmung Anwendung finden soll". (Komm.Ber. S. 4.) Der Versicherungszwang ist entweder ein unbedingter gesetzlicher (§ 1) oder ein solcher, welcher auf Grund des Gesetzes durch behördliche oder statutarische Anordnung eingeführt werden kann (§§ 2, 2a). Dem unbedingten gesetzlichen Versicherungszwang sind unterworfen:

a) alle Berg- und Fabrikarbeiter im weiteren Sinne, sowie die bei Bauten und in Transportbetrieben des Binnenlandes beschäftigten Personen;

b) die im Handwerk beschäftigten Gesellen, Gehilfen und Lehrlinge;

c) Personen, welche in sonstigen stehenden Gewerbebetrieben, sowie in sonstigen mit Dampfkesseln oder elementaren Triebwerken arbeitenden Betrieben beschäftigt sind;

d) Handlungsgehilfen und -Lehrlinge, soweit sie nicht in Apotheken beschäftigt sind;

e) Personen in dem Geschäftsbetriebe gewisser publizistischer Stellen (Anwälte, Notare, Krankenkassen u. s. w.)

unter den Voraussetzungen, daß

1. ihre Beschäftigung eine relativ dauernde ist (die Beschäftigung darf nicht durch die Natur ihres Gegenstandes oder im voraus durch den Arbeitsvertrag auf weniger als eine Woche beschränkt sein),

2. die Beschäftigung gegen Lohn oder Gehalt stattfindet,
3. nicht ausnahmsweise eine Befreiung eintritt. Diese Befreiung findet entweder kraft Gesetzes oder auf Grund besonderen Antrags statt. Kraft Gesetzes sind Personen des Soldatenstandes und solche fiskalische und kommunale Arbeitskräfte befreit, für welche in Krankheitsfällen durch Reich, Staat oder Gemeinde anderweit genügend gesorgt ist (§ 3). Auf Antrag können befreit werden Arbeitskräfte von Privatpersonen, insbesondere Lehrlinge, für welche in Krankheitsfällen durch den Arbeitgeber genügend gesorgt ist (§§ 3a, 3b), Insassen von Arbeiterkolonieen (§ 3b) sowie chronisch Kranke (§ 3a).

Unter den gleichen Voraussetzungen kann der Versicherungszwang durch behördliche Anordnung erstreckt werden (§ 2a)

auf die in Betrieben oder im Dienste des Reichs oder eines Bundesstaats beschäftigten Personen, soweit sie der Krankenversicherungspflicht nicht bereits kraft gesetzlicher Vorschrift unterliegen.

Ferner darf der Versicherungszwang unter den Voraussetzungen zu 2 und 3 durch statutarische Bestimmung weiterer oder engerer Kommunalverbände erstreckt werden (§ 2) auf

a) die vorübergehend Beschäftigten,
b) Bedienstete von Kommunalverbänden, soweit sie der Krankenversicherungspflicht nicht bereits kraft Gesetzes unterliegen,
c) die Familienangehörigen des Unternehmers, deren Beschäftigung in dem Betriebe nicht auf Grund eines Arbeitsvertrags stattfindet,
d) Hausgewerbetreibende (s. Anm. 6 zu § 2),
e) Bedienstete (nicht Dienstboten) in der Land- und Forstwirtschaft.

Der Versicherungszwang besteht für die in den oben genannten Betrieben u. s. w. (und zwar seit der Novelle von 1892 ohne Unterschied, ob die Beschäftigung innerhalb oder außerhalb der Betriebsstätte stattfindet, vgl.

Anm. 3 zu § 2) gegen Entgelt beschäftigten Hilfspersonen, d. h.

1. für die „gewerblichen Arbeiter" (Gesellen, Gehilfen, Lehrlinge, Fabrikarbeiter) ohne Rücksicht auf die Höhe des Arbeitslohns, welcher bei ihnen nur für die Grenze der Versicherung, d. h. für die Höhe der Krankenunterstützung und für die Höhe der Beiträge, eine Rolle spielt (§§ 6, 9, 10, 20, 22, 31, 47, 65), sowie
2. für die „Betriebsbeamten, Werkmeister und Techniker", soweit diese nach ihrer wirtschaftlichen Stellung den Arbeitern gleichstehen. Dies wird angenommen, wenn sie nicht mehr als $6^2/_3$ Mark für den Arbeitstag bezw. 2000 Mark jährlich an Lohn oder Gehalt bekommen (§ 2 b).

Den „Betriebsbeamten" sind in letzterer Hinsicht die nach § 2 Ziffer 2, § 2a eventuell für versicherungspflichtig erklärten kommunalen und fiskalischen Beamten, die Bediensteten der Anwälte, Notare, Krankenkassen u. s. w. sowie die Handlungsgehilfen und -Lehrlinge gleichgestellt (§ 2 b).

Im übrigen unterliegen Beamte nach dem Reichsgesetze der Versicherungspflicht nicht. Ebensowenig besteht die letztere nach dem Reichsgesetze für solche Bedienstete, welche nicht zu dem gewerblichen Hilfspersonal im obigen Sinne, sondern ausschließlich zu dem „Gesinde" (Dienstboten) gehören, d. h. gegen den Arbeitgeber nur zu häuslichen oder hauswirtschaftlichen Diensten ohne regelmäßige Nebenbeschäftigung in seinem Gewerbebetriebe sich verpflichtet haben. Städtisches und ländliches Gesinde ist vielmehr nach dem Reichsgesetze nur berechtigt, nicht aber verpflichtet, in die Gemeinde-Krankenversicherung, aber auch nur in diese, einzutreten (§ 4); doch können auch organisierte Krankenkassen den Dienstboten zugänglich gemacht werden (§ 26a Abs. 2 Ziffer 5). Anträge, welche darauf abzielten, das Gesinde dem statutarischen Versicherungszwange zu unterwerfen, sind bei den Verhandlungen im Reichstag abgelehnt worden; man hielt z. T. eine entsprechende Änderung der landesrechtlichen Gefindeordnungen für zweckmäßiger.*) Keine Anwendung ferner findet der Versicherungszwang nach dem Reichsgesetz auf „selbständige Gewerbetreibende“; nur die Hausgewerbetreibenden, welche eine Übergangsstufe von den unselbständigen Arbeitern zu den selbständigen Gewerbsleuten bilden, können nach § 2 dem Versicherungszwange statutarisch unterstellt werden. Der Versicherungszwang besteht endlich nicht für den „Arbeiterstand“ als solchen, sondern nur für solche Personen, welche tatsächlich in Arbeit stehen, „beschäftigt“ sind, „hinsichtlich deren ein Arbeitgeber für die Eingehung und Aufrechthaltung des Versicherungszwanges verantwortlich gemacht werden kann“ (Motive). Abweichende Bestimmungen von Landesgesetzen, durch welche Dienstboten und andere der Versicherungspflicht unterworfen werden, bleiben unberührt.

2. Neben dem Versicherungszwange kennt das Gesetz eine freiwillige Beteiligung an der Versicherung, und zwar sowohl einen freiwilligen Eintritt in dieselbe, wie eine freiwillige Fortsetzung des Versicherungsverhältnisses nach Aufhören der Beschäftigung, auf Grund welcher dasselbe anfänglich eingetreten war, vgl. §§ 4, 11, 19, 27, 63, 72, 73. Wegen der zum freiwilligen Beitritt berechtigten Kategorieen siehe Anm. 5 zu § 4.

---

*) Seit dem Inkrafttreten des Bürgerlichen Gesetzbuchs (1. Januar 1900) haben Dienstboten, soweit sie in die häusliche Gemeinschaft aufgenommen sind und nach Landesrecht nicht weitergehende Ansprüche haben (Art. 95 Einf.-Ges. zum BGB.), bei Krankheiten, die sie nicht selbst durch Vorsatz oder grobe Fahrlässigkeit herbeigeführt haben, Anspruch auf Verpflegung sowie ärztliche und arzneiliche Behandlung (event. in einer Krankenanstalt) bis zu 6 Wochen; die Kosten müssen sie sich auf den Lohn anrechnen lassen. Eine vertragsmäßige Vorausbeschränkung dieser Vorschrift ist unzulässig. Diese Verpflichtung des Dienstherrn tritt nicht ein, wenn für Verpflegung und ärztliche Behandlung des Dienstboten durch eine Versicherung oder durch eine Einrichtung der öffentlichen Krankenpflege Vorsorge getroffen ist (§ 617 BGB.). Vgl. Anm. 5 zu § 26a, Anm. 2 zu § 56.

3. Durch die Novelle von 1892 sind die Vorschriften des früheren Ausdehnungsgesetzes (Ges., betr. die Ausdehnung der Unfall- und Krankenversicherung, v. 28. Mai 1885, RGBl. S. 159) — durch welche die Unfallversicherung auf Transport- und andere Betriebe ausgedehnt und für diese gleichzeitig auch die Krankenversicherung begründet wurde, soweit die letztere für jene Betriebe noch nicht galt — in das Krankenversicherungsgesetz hineingearbeitet worden. Hieraus erklärt sich insbesondere der Absatz 2. Vgl. Anhang I.

Ferner ist die Versicherungspflicht erstreckt worden:

a) Allgemein auf Handlungsgehilfen und -Lehrlinge mit einem Verdienst bis zu jährlich 2000 Mark (vgl. § 2 b). Bis zur Novelle von 1903 unterlagen diese der unbedingten gesetzlichen Versicherungspflicht nur, sofern ihre Ansprüche gegen den Prinzipal aus § 63 des Handelsgesetzbuchs (früher Artikel 60) vertragsmäßig beschränkt waren, anderenfalls der statutarischen Versicherungspflicht. Ursprünglich konnten diese Personen auch in dem ersteren Falle nur durch statutarische Bestimmung versicherungspflichtig gemacht werden. Für Gehilfen und Lehrlinge in Apotheken besteht keine Versicherungspflicht mehr.

b) Auf Personen im Geschäftsbetriebe der Anwälte, Notare, Krankenkassen u. s. w., bei denen ein Gewerbebetrieb im allgemeinen nicht in Frage kommt.

Außerdem ist die ursprüngliche Vorschrift über die vorübergehenden Dienstleistungen etwas modifiziert, ferner in Abs. 3 auf die in der Seemannsordnung geregelte Krankenfürsorge für Seeleute hingewiesen und in Abs. 4 (bis zur Novelle von 1903: Abs. 5) festgesetzt worden, daß die Naturalbezüge nach dem Durchschnittswert, nicht nach Durchschnittspreisen anzusetzen sind. Vgl. § 3 Abs. 1 JVG.

4. Die Bestimmung des ursprünglichen Abs. 2 — Beschränkung der Versicherungspflicht von Betriebsbeamten auf einen Verdienst von $6^2/_3$ Mark bezw. 2000 Mark — steht jetzt im § 2b.

5. Unter die sonstigen stehenden Gewerbebetriebe gehören insbesondere die gewerblichen Kleinbetriebe, soweit sie weder als Handwerk noch als Fabrik anzusehen sind, die Fischerei und die Apotheken (ausgenommen von der Versicherungspflicht sind aber die Apothekergehilfen und -Lehrlinge). Ferner gehören hierher die in der Hausindustrie beschäftigten unselbständigen Arbeiter (Gesellen und Lehrlinge z. B. eines Hauswebers), während die Hausindustriellen selbst unter § 2 Ziffer 4 fallen. Die Beschäftigung im Wandergewerbe begründet keine Versicherungspflicht.

6. Die Betriebsbeamten und Arbeiter in der Land- und Forstwirtschaft unterliegen reichsrechtlich nicht dem allgemeinen, sondern nur dem statutarischen Versicherungszwange gemäß § 2 Ziffer 6. Hieran ist auch durch § 133 des Ges., betr. die Unfall- und Krankenversicherung der in land- und forstwirtschaftlichen Betrieben beschäftigten Personen, vom 5. Mai 1886 (RGBl. S. 132) nichts geändert. Vgl. Anhang II.

Die obligatorische Versicherung der land- und forstwirtschaftlichen Arbeiter durch das Krankenversicherungsgesetz erschien insbesondere um deswillen nicht ratsam, weil diese in einzelnen Gegenden schon jetzt besser gestellt sind, als sie durch dieses Gesetz gestellt werden würden, weil also die obligatorische Anwendung dieses Gesetzes nicht durchweg die Verbesserung der Lage dieser Arbeiterkategorieen zur Folge haben würde, während doch eine solche Verbesserung der alleinige Zweck dieses Gesetzes ist. Wo die Verhältnisse so liegen, daß die Zwangsversicherung der land- und forstwirtschaftlichen Arbeiter zweckmäßig ist, kann sie durch statutarische Bestimmung eingeführt werden; die Entschließung hierzu wird dadurch erleichtert, daß durch das Gesetz vom 5. Mai 1886 für die Krankenversicherung dieses Berufszweiges besondere Bestimmungen zu dem Zwecke erlassen worden sind, um auch im Falle der Krankenversicherung die in der Land- und Forstwirtschaft vielfach bestehende und für alle Beteiligten vorteilhafte Naturalwirtschaft aufrecht erhalten zu können.*) Die Beschäftigung in den besonderen landwirtschaftlichen Nebenbetrieben (Brennereien u. s. w.) hat, wenn die letzteren als Fabriken anzusehen sind oder doch mit Dampf, Gas ꝛc. arbeiten, den allgemeinen gesetzlichen Versicherungszwang zur Folge. Vgl. v. Woedtke, Komm. zum KVG. Anm. 14 zu § 1, Anm. 16 zu § 2. Ohne Einfluß sind hierauf die Bestimmungen der Unfallversicherungsgesetze darüber, inwieweit land- und forstwirtschaftliche Nebenbetriebe unter das Gewerbe-Unfallversicherungsgesetz oder unter das Gesetz, betr. die Unfallversicherung für Land- und Forstwirtschaft fallen (vgl. § 1 Abs. 2, 3 des Unfallversicherungsgesetzes für Land- und Forstwirtschaft, RGBl. 1900 S. 641).

7. Krankheit ist jeder (anormale) Zustand, welcher objektiv ärztliche Behandlung, Arznei oder Heilmittel erforderlich macht. Auf die Ursache oder Heilbarkeit kommt es nicht an; die Krankheit kann äußere oder innere Ursachen haben. So sind denn auch die Folgen eines Betriebsunfalles Krankheiten im Sinne dieses Gesetzes. Nach den Unfallversicherungsgesetzen sind auch die durch einen Betriebsunfall Verletzten während der ersten dreizehn Wochen nach dem Unfall im allgemeinen auf die Krankenkassen angewiesen, und erst nach Ablauf dieser Zeit oder von dem früheren Eintritt des Todes ab treten die Berufsgenossenschaften ein. Als durch die Novelle von 1903 die Unterstützungspflicht der Krankenkassen von 13 auf 26 Wochen ausgedehnt wurde, ist das Verhältnis der Krankenkassen zu den Berufsgenossenschaften in der Begründung S. 8 wie folgt gekennzeichnet worden: „In Erkrankungsfällen, welche durch einen nach den Reichsgesetzen über Unfallversicherung zu entschädigenden Unfall herbeigeführt

) Seit dem Inkrafttreten des Bürgerlichen Gesetzbuchs (1. Januar 1900) finden die Vorschriften des § 617 BGB. über die Pflege in Krankheitsfällen auf die land- und forstwirtschaftlichen Arbeiter, soweit sie in die häusliche Gemeinschaft aufgenommen sind (Knechte ꝛc.), Anwendung. Vgl. Anm. 1).

werden, sind die Berufsgenossenschaften verpflichtet, spätestens vom Beginne der 14. Woche nach Eintritt des Unfalls das Heilverfahren auf ihre Kosten zu übernehmen und dem Verletzten Rente zu gewähren. Hiernach haben die Krankenkassen in ihrem Verhältnisse zu den Berufsgenossenschaften aus eigenen Mitteln nur diejenige Fürsorge zu leisten, zu welcher sie in den ersten 13 Wochen nach dem Eintritte des den Verletzten schädigenden Betriebsereignisses verpflichtet sind. Nach Ablauf dieser Zeit hat in allen Fällen die Berufsgenossenschaft einzutreten, gleichviel wie sich die Fürsorge für den Verletzten bis dahin tatsächlich gestaltet hat, insbesondere unabhängig davon, ob, für welchen Zeitraum und in welchem Umfange seitens der Krankenkasse Leistungen an den Verletzten wirklich erfolgt sind (AN. 1888, S. 244). An dieser Verpflichtung der Berufsgenossenschaften wird auch durch den Entwurf nichts zu ändern sein, weil die Fürsorge der Berufsgenossenschaften, mindestens soweit die Gemeinde-Krankenversicherungen in Frage kommen, ergiebiger ist als diejenige der Krankenversicherung. Eine ähnliche Rechtslage, wie sie hiernach künftig eintreten wird, nämlich das Nebeneinanderbestehen von Fürsorgepflichten der Krankenkassen und der Berufsgenossenschaften war schon bisher da vorhanden, wo Krankenkassen statutarisch die Unterstützungsdauer über 13 Wochen hinaus verlängert hatten. Für den Verletzten bietet die im Entwurfe vorgesehene Verlängerung der Unterstützungspflicht der Krankenkassen den Vorteil, daß Fälle, in welchen die Fürsorgepflicht der Krankenkasse beendet und diejenige der Berufsgenossenschaft noch nicht festgestellt ist, sich wesentlich vermindern, wahrscheinlich völlig aufhören werden. Denn die Verpflichtung der Krankenkasse zur Gewährung der Unterstützung wird nicht durch die Annahme aufgehoben, daß die Erwerbsunfähigkeit durch einen Unfall herbeigeführt worden sei. Hat künftig hiernach eine Krankenkasse Unterstützung für die Zeit vom Beginne der 14. Woche nach Eintritt des Unfalls geleistet, so steht ihr der in den Unfallversicherungsgesetzen geordnete

Ersatzanspruch gegen die Berufsgenossenschaft zu (§ 25 des Gewerbe-Unfallversicherungsgesetzes, § 30 des Unfallversicherungsgesetzes für Land- und Forstwirtschaft, § 9 des Bau-Unfallversicherungsgesetzes, § 29 des See-Unfallversicherungsgesetzes). Die Berechtigung der Berufsgenossenschaften, gemäß §§ 76 c, 76 d des Krankenversicherungsgesetzes schon vor dem Beginn ihrer gesetzlichen Verpflichtung das Heilverfahren zu übernehmen, bleibt bestehen." Vgl. auch v. Woedtke-Caspar, Komm. z. GUVG. Anm. 1, 2 zu § 13.

8. Die auf Grund der Versicherung gewährte Unterstützung gilt nicht als öffentliche Armenunterstützung, § 77. Die Anwendung der Bestimmungen dieses Gesetzes darf zum Nachteil des Versicherten durch die Arbeitgeber nicht ausgeschlossen oder beschränkt werden; dergl. Reglements oder Übereinkünfte sind straffällig und nichtig, §§ 80, 82.

9. Ausf.Best.: Preußen Ziffer 3 Anw. v. 10. Juli 1892; Bayern Art. 1 Ges. v. 26. Mai 1892, Ziffer 1 Min.Bek. v. 15. Oktbr. 1892; Sachsen Min.Verf. v. 6. Mai 1892; Württemberg § 8 Verf. v. 2. Novbr. 1892; Baden § 3 Verf. v. 3. Septbr. 1892, Ges. v. 17. Juli 1902, Bek. v. 31. Juli 1902; Hessen § 3 Verf. v. 5. Novbr. 1892, Art. 17 Ges. v. 10. Mai 1902.

§ 2.

I. Durch statutarische Bestimmung einer Gemeinde für ihren Bezirk, oder eines weiteren Kommunalverbandes für seinen Bezirk oder Teile desselben, kann die Anwendung der Vorschriften des § 1 erstreckt werden:

1. auf diejenigen im § 1 bezeichneten Personen, deren Beschäftigung **durch die Natur ihres Gegenstandes** oder im voraus durch den Arbeitsvertrag auf einen Zeitraum von weniger als einer Woche beschränkt ist,
2. **auf die in Kommunalbetrieben und im Kommunaldienste beschäftigten Personen, auf welche die An-**

wendung des § 1 nicht durch anderweite reichsgesetzliche Vorschriften erstreckt ist,

3. **auf diejenigen Familienangehörigen eines Betriebsunternehmers, deren Beschäftigung in dem Betriebe nicht auf Grund eines Arbeitsvertrages stattfindet,**
4. auf selbständige Gewerbetreibende, welche in eigenen Betriebsstätten im Auftrage und für Rechnung anderer Gewerbetreibender mit der Herstellung oder Bearbeitung gewerblicher Erzeugnisse beschäftigt werden (Hausindustrie), **und zwar auch für den Fall, daß sie die Roh- und Hilfsstoffe selbst beschaffen, und auch für die Zeit, während welcher sie vorübergehend für eigene Rechnung arbeiten,**
5.*)
6. auf die in der Land- und Forstwirtschaft beschäftigten Arbeiter **und Betriebsbeamten.**

Die auf Grund dieser Vorschrift ergehenden statutarischen Bestimmungen müssen die genaue Bezeichnung derjenigen Klassen von Personen, auf welche die Anwendung der Vorschriften des § 1 erstreckt werden soll, **und in den Fällen der Ziffern 1 und 4** Bestimmungen über die Verpflichtung zur An- und Abmeldung, sowie über die Verpflichtung zur Einzahlung der Beiträge enthalten. II.

Sie bedürfen der Genehmigung der höheren Verwaltungsbehörde und sind in der für Bekanntmachungen der Gemeindebehörden vorgeschriebenen oder üblichen Form zu veröffentlichen. III.

IV. Auf die im Abs. 1 Ziffer 4 bezeichneten Gewerbetreibenden kann die Anwendung der Vorschriften des § 1 auch durch Beschluß des Bundesrats erstreckt werden. Die Anordnung kann auch für bestimmte Gewerbszweige und für örtliche Bezirke erfolgen.

*) Durch die Novelle von 1903 sind der frühere Abs. 4 des § 1 und die Ziffer 5 des § 2 in Fortfall gekommen. Die Ziffer 5 des § 2 lautete: „5. auf Handlungsgehilfen und -Lehrlinge, soweit dieselben nicht nach § 1 versicherungspflichtig sind." Vgl. § 1 Anm. 3. unter a.

Zu § 2.

1. Vgl. Anm. zu § 1. Der Gemeinde stehen die selbständigen Gutsbezirke und Gemarkungen gleich, § 83.

2. Die vorstehend aufgeführten Klassen von Arbeitern sind dem allgemeinen gesetzlichen Versicherungszwange um deswillen nicht unterworfen worden, weil ein solcher nicht für alle diesen Klassen angehörenden Personen gerechtfertigt (Ziffer 2, 3, 6) oder nicht ohne besondere örtliche Regelung durchführbar (Ziffer 1, 4) erscheint. Die Frage, ob der Krankenversicherungszwang gerechtfertigt oder durchführbar ist, hängt in diesen Fällen vielfach von örtlichen Verhältnissen ab.

Es brauchen im gegebenen Falle nicht sämtliche hier aufgeführte Kategorieen, sondern es können auch einzelne, sogar nur Teile einzelner Kategorieen dem Versicherungszwang unterstellt werden (z. B. bloß die Hoftagelöhner oder Deputanten, Hausgewerbetreibende einzelner bestimmter Berufszweige).

Der Teil obiger Klassen, auf den die statutarischen Bestimmungen Anwendung finden sollen, darf aber nur ein begrifflicher, nicht ein individueller sein. Der statutarische Versicherungszwang muß sich vielmehr innerhalb desjenigen Bezirks, für welchen er eingeführt wird, auf alle Personen erstrecken, welche den in dem Statut genannten Kategorieen angehören. Ausnahmen für einzelne, diesen Klassen oder

Kategorieen angehörende Personen oder Betriebe sind unzulässig.

3. In der ursprünglichen Fassung führte § 2 unter Ziffer 2 die Handlungsgehilfen und -Lehrlinge sowie die Gehilfen und Lehrlinge in Apotheken, in Ziffer 3 die Personen in anderen als den im § 1 bezeichneten Transportbetrieben, in Ziffer 4 diejenigen Personen auf, welche von Gewerbetreibenden außerhalb ihrer Betriebsstätten beschäftigt werden. Bezüglich der Handlungsgehilfen und -Lehrlinge, sowie der in Transportbetrieben beschäftigten Personen vgl. § 1 Anm. 3. Durch die Novelle von 1892 sind die außerhalb der Betriebsstätte beschäftigten Arbeiter (Heimarbeiter) den innerhalb der Betriebsstätte beschäftigten Arbeitern gleichgestellt und deshalb dem gesetzlichen Versicherungszwang unterworfen worden. Vgl. aber Anm. 6.

4. Die Bediensteten der Kommunalverbände unterliegen, soweit es sich um für Rechnung der Kommune geführte Gewerbebetriebe handelt, der allgemeinen gesetzlichen Versicherungspflicht nach § 1; im übrigen können sie statutarisch in der gleichen Weise für versicherungspflichtig erklärt werden (Ziffer 2) wie gleichartige Bedienstete des Reichs und der Bundesstaaten durch behördliche Anordnung (§ 2a). Wegen der Beschränkung auf 2000 Mark Arbeitsverdienst vgl. § 2b.

Familienangehörige eines Betriebsunternehmers, welche im Betriebe des Hausherrn auf Grund eines Arbeitsvertrages (gegen Lohn) beschäftigt werden, unterliegen der gesetzlichen Versicherungspflicht des § 1; besteht ein solcher Arbeitsvertrag nicht, so ist die statutarische Erstreckung des Versicherungszwanges zulässig (Ziffer 3). Das Statut muß den Kreis der Familienangehörigen, der nicht auf die Ehefrau und die Kinder beschränkt zu werden braucht, genau bestimmen. Eine Fürsorge für die (nicht selbst versicherungspflichtigen) Familienangehörigen ermöglichen übrigens auch § 6a Abs. 1 Ziffer 5, § 21 Abs. 1 Ziffer 5, 7.

5. Zur Genehmigung der statutarischen Bestimmung, die für alle (auch außerhalb wohnhaften) Arbeitgeber der

im Bezirke des betr. Verbandes beschäftigten Versicherten rechtsverbindlich ist, sind in Preußen berufen der Bezirksausschuß (Beschwerde an den Provinzialrat), für Berlin und bei statutarischen Bestimmungen von Provinzialverbänden der Oberpräsident (Beschwerde an die Minister des Innern und für Handel und Gewerbe).

6. Der Abs. 4 ist durch die Novelle von 1900 zugefügt worden. Besondere Bestimmungen für Hausgewerbetreibende in § 54; vgl. auch § 16 Anm. 1, sowie die Anm. zum Schlußartikel des Abänderungsgesetzes von 1900. — Die selbständigen Hausgewerbetreibenden unterscheiden sich von den unselbständigen Heimarbeitern (s. Anm. 3) durch ihre persönliche Unabhängigkeit gegenüber dem Arbeitgeber (AN. 1891, S. 181 und 1896, S. 317, 361); wirtschaftlich ist ihre Lage oft von der der Heimarbeiter nicht zu unterscheiden.

7. Ausf. Best.: Preußen Ziffer 1, 2, 8 bis 10 Anw. v. 10. Juli 1892; Bayern Art. 2 Ges. v. 26. Mai 1892, §§ 1—3 Verf. v. 8. Juni 1892, Ziffer 2—4 Min. Bek. v. 15. Oktbr. 1892; Sachsen § 1 Verordn. v. 28. Septbr. 1883; Württemberg §§ 1, 3 Verf. v. 2. Novbr. 1892; Baden Ges. v. 7. Juli 1892, §§ 2, 5, 10 Verf. v. 3. Septbr. 1892, Ges. v. 17. Juli 1902, Bek. v. 31. Juli 1902; Hessen Ziffer 3 Anw. v. 5. Novbr. 1892, §§ 1, 2, 9 Verf. v. 5. Novbr. 1892, Art. 17 Ges. v. 10. Mai 1902.

§ 2a.

Die Anwendung der Vorschriften des § 1 kann auch auf solche in Betrieben oder im Dienste des Reichs oder eines Staates beschäftigte Personen erstreckt werden, welche der Krankenversicherungspflicht nicht bereits nach gesetzlichen Bestimmungen unterliegen. Die Erstreckung erfolgt durch Verfügung des Reichskanzlers beziehungsweise der Zentralbehörde.

Zu § 2a.

1. Der § 2a entspricht den für Kommunalbetriebe er-

lassenen Bestimmungen des § 2 Abs. 1 Ziffer 2, vgl. Anm. 4 zu § 2. Wegen der Beschränkung auf 2000 Mark Jahresarbeitsverdienst vgl. § 2b. — Vgl. Kommissionsbericht von 1891 S. 51 und Kommissionsbericht von 1903 S. 10.

2. Ausf. Best.: Bayern Art. 1 Ges. v. 26. Mai 1892, § 6 Verordn. v. 8. Juni 1892, Min.Bek. v. 22. Oktbr. 1892; Württemberg § 1 Verordn. v. 2. Novbr. 1892; Hessen Verordn. v. 3. Dez. 1901.

§ 2b.

Betriebsbeamte, **Werkmeister und Techniker, Handlungsgehilfen und Lehrlinge, sowie die unter § 1 Absatz 1 Ziffer 2a fallenden Personen** unterliegen der Versicherungspflicht nur, wenn ihr Arbeitsverdienst an Lohn oder Gehalt sechszweidrittel Mark für den Arbeitstag **oder, sofern Lohn oder Gehalt nach größeren Zeitabschnitten bemessen ist, zweitausend Mark für das Jahr gerechnet,** nicht übersteigt. I.

Dasselbe gilt von anderen unter § 2 Absatz 1 Ziffer 2 und § 2a fallenden Personen, soweit sie Beamte sind. II.

Zu § 2b.

1. Der § 2b enthält die Bestimmungen des früheren Abs. 2 des § 1 unter entsprechender Ausdehnung auf die den Betriebsbeamten gleichgestellten Kategorieen. 2000 Mark jährlich sind gleich 300×6⅔ Mark. — „Techniker" vgl. § 133a GO.

2. Ausf. Best.: Bayern Art. 1 Ges. v. 26. Mai 1892.

§ 3.

Personen des Soldatenstandes sowie solche in Betrieben oder im Dienste des Reichs, eines Staates oder Kommunalverbandes beschäftigte Personen, welche dem Reiche, Staate oder Kommunalverbande gegenüber in Krankheitsfällen Anspruch auf Fortzahlung des Ge-

halts oder des Lohnes oder auf eine den Bestimmungen des § 6 entsprechende Unterstützung mindestens für dreizehn Wochen nach der Erkrankung *und bei Fortdauer der Erkrankung für weitere dreizehn Wochen Anspruch auf diese Unterstützung oder auf Gehalt, Pension, Wartegeld oder ähnliche Bezüge mindestens im anderthalbfachen Betrage des Krankengeldes haben,* **sind von der Versicherungspflicht ausgenommen.**

Zu § 3.

1. Vgl. Anm. zu § 1. Der § 3 ist an die Stelle des § 3 Abs. 1 der ursprünglichen Fassung, nach welcher nur die mit festem Gehalt angestellten Betriebsbeamten des Reichs u. s. w. von der Versicherungspflicht befreit waren, gesetzt worden; er ist dem § 15 Abs. 2 des früheren Ausdehnungsgesetzes v. 28. Mai 1885 nachgebildet und bezieht sich sowohl auf Betriebsbeamte, wie auf Arbeiter. — „Gegen die einfache Erstreckung des Anspruchs auf Fortzahlung des Gehalts von 13 auf 26 Wochen sprechen schwerwiegende dienstliche Gründe; sie würde die Pensionierung eines Beamten, der von Anfang der Erkrankung an für dauernd dienstunfähig zu erachten war, vor Ablauf eines halben Jahres, unter Umständen noch länger, und die Wiederbesetzung der Stelle unmöglich machen können." (Motive von 1903 S. 11.) — Unter dem „Krankengeld" ist hier das Krankengeld der Gemeinde-Krankenversicherung (§ 6) zu verstehen.

Der § 3 Abs. 2 der ersten Fassung ist fortgefallen und durch die §§ 3a und 3b ersetzt worden, vgl. daselbst.

2. Zu den Personen des Soldatenstandes gehören auch die Personen der Marine.

3. Ausf.Best.: Württemberg § 12 Verordn. v. 2. Novbr. 1892.

§ 3a.

I. **Auf ihren Antrag sind von der Versicherungspflicht zu befreien:**

1. Personen, welche infolge von Verletzungen, Gebrechen, chronischen Krankheiten oder Alter nur teilweise oder nur zeitweise erwerbsfähig sind, wenn der unterstützungspflichtige Armenverband der Befreiung zustimmt,
2. Personen, welchen gegen ihren Arbeitgeber für den Fall der Erkrankung ein Rechtsanspruch auf eine den Bestimmungen des § 6 entsprechende oder gleichwertige Unterstützung zusteht, sofern die Leistungsfähigkeit des Arbeitgebers zur Erfüllung des Anspruchs gesichert ist.

Wird der Antrag auf Befreiung von der Verwal- II.
tung der Gemeinde-Krankenversicherung oder von dem Vorstande der Krankenkasse, welcher der Antragsteller angehören würde, abgelehnt, so entscheidet auf Anrufen des Antragstellers die Aufsichtsbehörde endgültig.

In dem Falle zu 2 gilt die eingeräumte Befreiung III.
nur für die Dauer des Arbeitsvertrages. Sie erlischt vor Beendigung des Arbeitsvertrages:

a) wenn sie von der Aufsichtsbehörde wegen nicht genügender Leistungsfähigkeit des Arbeitgebers von Amts wegen oder auf Antrag eines Beteiligten aufgehoben wird,
b) wenn der Arbeitgeber die befreite Person zur Krankenversicherung anmeldet. Die Anmeldung ist ohne rechtliche Wirkung, wenn die befreite Person zur Zeit derselben bereits erkrankt war.

Insoweit im Erkrankungsfalle der gegen den Arbeit- IV.
geber bestehende Anspruch nicht erfüllt wird, ist auf

Antrag der befreiten Person von der Gemeinde-Krankenversicherung oder von der Krankenkasse, welcher sie im Nichtbefreiungsfalle angehört haben würde, die gesetzliche oder statutenmäßige Krankenunterstützung zu gewähren. Die zu dem Ende gemachten Aufwendungen sind von dem Arbeitgeber zu erstatten.

Zu § 3a.

1. Vgl. Anm. zu §§ 1, 3. Der § 3a gestattet die Befreiung von der Krankenversicherungspflicht für solche Personen,

a) welche chronisch krank oder alt sind,

b) für welche in Krankheitsfällen ein leistungsfähiger Arbeitgeber genügend sorgt.

Die letzteren Bestimmungen sind dem § 136 des landw. Unfall- und Krankenversicherungsgesetzes vom 5. Mai 1886 (s. Anhang II) nachgebildet, doch ist der Befreiungsantrag vom Arbeiter, nicht (wie im Gesetz vom 5. Mai 1886) vom Arbeitgeber zu stellen. — „Gleichwertige Unterstützung" ist auch die im § 7 Abs. 1 u. 2 beschriebene.

2. Die Befreiung chronisch kranker oder alter Personen ist zu dem Zwecke gestattet worden, um diesen Personen die Erlangung einer Beschäftigung und eines Arbeitsverdienstes zu erleichtern. Denn wenn solche Personen während der Dauer einer gelegentlichen Beschäftigung versichert werden müssen, so erhalten sie nach den bisherigen Erfahrungen schwer eine Arbeit, „weil die Arbeitgeber die Krankenkasse nicht mit der hohen Krankheitsgefahr solcher Personen belasten wollen" (Mot. von 1890 S. 37); sie fallen dann trotz noch vorhandener teilweiser Erwerbsfähigkeit der Armenpflege zur Last. „Die Armenverwaltung hat daher ein Interesse daran, daß diese Personen durch Befreiung von der Versicherungspflicht wenigstens noch teilweise erwerbsfähig erhalten werden und auf diese Weise an die Stelle der Verpflichtung zur vollen Armenunterstützung nur die Gefahr der Unterstützungspflicht in Krankheitsfällen tritt" (Mot. a. a. O.).

Deshalb soll die Armenverwaltung bei derartigen Befreiungsanträgen zugezogen werden; es wird in der Regel in ihrem wohlverstandenen finanziellen Interesse liegen, zur Verminderung ihrer Ausgaben dem Befreiungsantrage zuzustimmen.

3. Über das Verfahren bei Anträgen auf Erstattung verauslagter Krankenunterstützung (Abs. 4) vgl. § 58 Abs. 2.

4. Ausf.Best.: Bayern Art. 1 Ges. v. 26. Mai 1892, §§ 2, 4 Verordn. v. 8. Juni 1892, Ziffer 5 Min.Bek. v. 15. Oktbr. 1892; Württemberg §§ 9—12 Verordn. v. 2. Novbr. 1892; Baden §§ 11, 13 Verordn. v. 3. Septbr. 1892.

§ 3b.

Auf den Antrag des Arbeitgebers sind von der Versicherungspflicht zu befreien Lehrlinge, welchen durch den Arbeitgeber für die während der Dauer des Lehrverhältnisses eintretenden Erkrankungsfälle der Anspruch auf freie Kur oder Verpflegung in einem Krankenhause auf die im § 6 Absatz 2 bezeichnete Dauer gesichert ist. Gleiches gilt von Personen, welche im Falle der Arbeitslosigkeit in einer die Versicherungspflicht begründenden Art in Wohltätigkeitsanstalten beschäftigt werden, deren Zweck darin besteht, arbeitslosen Personen vorübergehend Beschäftigung zu gewähren (Arbeiterkolonieen und dergl.). I.

Die Bestimmungen des § 3a Absatz 2 bis 4 finden entsprechende Anwendung. II.

Zu § 3b.

1. Vgl. Anm. zu §§ 1, 3. Die Mot. S. 38 begründen diese Bestimmung insbesondere damit, daß der Lehrling meist keinen Lohn, sondern entweder nur Unterkunft und Verpflegung oder statt dessen ein geringes Kostgeld erhält. Im ersten Falle müßte der Meister die vollen Krankenver-

sicherungsbeiträge zahlen, weil er dem Lehrling ja bares Geld nicht abziehen kann, wenn er nicht durch den Lehrvertrag andere Bestimmungen trifft. Dieser Unbilligkeit sowie weiteren unter diesen Verhältnissen sich ergebenden Unzuträglichkeiten soll durch den § 3b vorgebeugt werden. Vgl. § 126b Abs. 1 Ziffer 3 GO.

2. Die Erwähnung der in Arbeiterkolonieen beschäftigten Personen soll dazu dienen, die wohltätigen Arbeiterkolonieen von der Entrichtung von Beiträgen für solche Leute, sofern sie überhaupt versicherungspflichtig sind, zu befreien.

3. Über das Verfahren bei Anträgen auf Erstattung verauslagter Krankenunterstützung (Abs. 2) vgl. § 58 Abs. 2.

4. Ausf.Best.: Bayern Art. 1 Ges. v. 26. Mai 1892, §§ 2, 4 Verordn. v. 8. Juni 1892, Ziffer 5 Bek. v. 15. Oktbr. 1892; Württemberg §§ 11, 13 Verordn. v. 2. Novbr. 1892; Baden §§ 11, 13 Verordn. v. 3. Septbr. 1892.

B. Gemeinde-Krankenversicherung.*)

§ 4.

I. Für alle versicherungspflichtigen Personen, welche nicht

einer Orts-Krankenkasse (§ 16),
einer Betriebs- (Fabrik-) Krankenkasse (§ 59),
einer Bau-Krankenkasse (§ 69),
einer Innungs-Krankenkasse (§ 73),
einer Knappschaftskasse (§ 74)

angehören, tritt, **vorbehaltlich der Bestimmung des § 75,** die Gemeinde-Krankenversicherung ein.

II. Personen der in §§ 1 bis 3 bezeichneten Art, welche der Versicherungspflicht nicht unterliegen **und deren jährliches Gesamteinkommen zweitausend Mark**

*) Vgl. auch die gemeinsamen Bestimmungen der §§ 49 bis 58.

nicht übersteigt, sowie Dienstboten sind berechtigt, der Gemeinde-Krankenversicherung der Gemeinde, in deren Bezirk sie beschäftigt sind, beizutreten. **Durch statutarische Bestimmung (§ 2) kann auch anderen nichtversicherungspflichtigen Personen die Aufnahme in die Gemeinde-Krankenversicherung gestattet oder das Recht des Beitritts eingeräumt werden, sofern ihr jährliches Gesamteinkommen zweitausend Mark nicht übersteigt.**

Der Beitritt **der Berechtigten** erfolgt durch schriftliche III. oder mündliche Erklärung beim Gemeindevorstande, gewährt aber keinen Anspruch auf Unterstützung im Falle einer bereits zur Zeit dieser Erklärung eingetretenen Erkrankung. **Die Gemeinde ist berechtigt, nichtversicherungspflichtige Personen, welche sich zum Beitritt melden, einer ärztlichen Untersuchung unterziehen zu lassen, und, wenn diese eine bereits bestehende Krankheit ergibt, von der Versicherung zurückzuweisen.**

Freiwillig Beigetretene, welche die Versicherungs- IV. beiträge (§ 5) an zwei aufeinander folgenden Zahlungsterminen nicht geleistet haben, scheiden damit aus der Gemeinde-Krankenversicherung aus.

Zu § 4.

1. Die durch die Novelle von 1892 bewirkten Abänderungen des Gesetzes bestehen im wesentlichen in einer Umstellung des Citats § 75 (vgl. Anm. 4), ferner in der (früher nur den Orts-Krankenkassen zugestandenen) Ermächtigung, auch die Gemeinde-Krankenversicherung anderen nichtversicherungspflichtigen Personen mit einem Jahreseinkommen bis zu 2000 Mark zur freiwilligen Versicherung zugänglich zu machen, endlich in der Ermächtigung

der Kommunalverbände, freiwillig Beitretende ärztlich untersuchen zu lassen und abzuweisen, wenn sie bereits krank befunden werden. Vgl. Anm. 5 zu § 26a.

2. Die Gemeinde-Krankenversicherung ist keine „Kasse“ mit besonderem Verwaltungsapparat, also kein selbständiges Rechtssubjekt, sondern eine für die Gemeinde als den Träger der Versicherung von dem Gemeindevorstande verwaltete Gemeinde-Einrichtung, welche allerdings eine eigene Kasse besitzen muß (§ 9). Jede Gemeinde muß eine Gemeinde-Krankenversicherung (entweder für sich selbst oder mit anderen Gemeinden zusammen) haben. Durch die Novellen ist die Gemeinde-Krankenversicherung mehr und mehr ausgebaut worden, nachdem sie in der Praxis tatsächlich einen größeren als den anfänglich beabsichtigten Umfang angenommen hatte. Über die subsidiäre Natur der Gemeinde-Krankenversicherung vgl. die Einleitung.

Besonderer „Statuten“ für die GKV. bedarf es nicht notwendig, weil Leistungen und Beiträge direkt aus dem Gesetze sich ergeben. Trotzdem ist die Aufstellung solcher Statuten zweckmäßig. Anhaltepunkte dafür ergeben die in Anm. 2 zu § 12 erwähnten Statuten einer gemeinsamen GKV.

3. Der Abs. 1 des § 4 regelt die obligatorische Zugehörigkeit zur Gemeinde-Krankenversicherung; Abs. 2 bis 4 behandeln den freiwilligen Eintritt in dieselbe. Die freiwillige Fortsetzung des Versicherungsverhältnisses in der Gemeinde-Krankenversicherung durch solche Personen, welche derselben einmal angehört, die Beschäftigung aber, welche die Voraussetzung dieses Verhältnisses war, aufgegeben und eine andere Beschäftigung nicht aufgenommen haben, regelt § 11.

4. Obligatorisch gehören der Gemeinde-Krankenversicherung alle versicherungspflichtigen Personen an, welche

a) nicht Mitglieder einer Orts-, Betriebs- (Fabrik-), Bau-, Innungs- oder Knappschaftskasse sind,

b) nicht Mitglieder einer die Mindestleistungen gewährenden Hilfskasse (§ 75) sind.

Über den Einfluß der Begründung eines neuen Versicherungsverhältnisses auf „schwebende" Unterstützungsansprüche vgl. Hahn im Verwaltungsarchiv 5 S. 259ff.

5. Zu den nach Abs. 2 zum freiwilligen Beitritt Berechtigten gehören insbesondere:

a) die in den bei §§ 1, 2, 2a aufgeführten Betrieben u. s. w. ohne Gehalt oder Lohn (§ 1 Abs. 4) beschäftigten Personen;

b) Personen des Soldatenstandes (§ 3), sowie die in § 3 aufgeführten, von der Versicherungspflicht wegen anderweiter ausreichender Fürsorge befreiten Bediensteten der Reichs-, der Staats- und der Kommunalverwaltungen;

c) die im § 2 aufgeführten Kategorieen, falls und solange deren Zwangsversicherung durch statutarische Bestimmungen nicht eingeführt wird;

d) die auf Antrag des Lehrherrn von der Versicherungspflicht befreiten Lehrlinge sowie die Insassen von Arbeiterkolonieen (§ 3b).

Dazu treten für die Gemeinde-Krankenversicherung

e) das gesamte Gesinde (vgl. Anm. 1 zu § 1 und Anm. 5 zu § 26a), welches der Zwangsversicherung auf Grund dieses Gesetzes niemals unterliegen kann,

f) solche anderweiten Personen bis zu 2000 Mark Einkommen, denen die Gemeinde-Krankenversicherung durch Beschluß der Gemeinde zugänglich gemacht ist. Vgl. Anm. 5 zu § 26a.

Früher gehörten hierher auch Betriebsbeamte, Handlungsgehilfen und -Lehrlinge mit mehr als 2000 Mark Jahreseinkommen. Diese haben aber die Beitrittsberechtigung nicht mehr, seitdem letztere auf ein Einkommen von 2000 Mark beschränkt ist. Früher erworbene freiwillige Mitgliedschaft bleibt ihnen erhalten.

Für die freiwilligen Mitglieder hat der Arbeitgeber keine Verpflichtungen; sie zahlen die Gesamtbeiträge einschl. des

Beitrags der Arbeitgeber, „weil der freiwillige Akt des Arbeiters, durch welchen dieser, ohne gesetzlich verpflichtet zu sein, Versicherung nimmt, nach der Meinung der Kommission unmöglich den Arbeitgeber zu Leistungen verpflichten kann" (Komm.Ber.). Eintrittsgeld zur Gemeinde-Krankenversicherung wird nach dem Gesetz nicht entrichtet. Vgl. auch Anm. zu § 19.

6. Ausf. Best.: Preußen Ziffer 2, 5, 8, 11 ff., 43 Anw. v. 10. Juli 1892; Bayern Art. 1, 2 Ges. v. 26. Mai 1892, Ziffer 6, 7 Min.Bek. v. 15. Oktbr. 1892; Württemberg §§ 1, 15, 16, 18, 81 Verordn. v. 2. Novbr. 1892, §§ 1—5, 9 Verordn. v. 29. Dezbr. 1886; Baden §§ 10, 16 Verordn. v. 3. Septbr. 1892; Hessen Ziffer 3 Anw. v. 5. Novbr. 1892.

§ 5.

I. Denjenigen Personen, für welche die Gemeinde-Krankenversicherung eintritt, ist von der Gemeinde, in deren Bezirk sie beschäftigt sind, im Falle einer Krankheit oder durch Krankheit herbeigeführten Erwerbsunfähigkeit Krankenunterstützung zu gewähren.

II. Von denselben hat die Gemeinde Krankenversicherungsbeiträge (§ 9) zu erheben.

Zu § 5.

1. Die Krankenunterstützung ist von derjenigen Gemeinde zu gewähren, in deren Bezirk die Beschäftigung des erkrankten Arbeiters stattfindet; weder der Wohnsitz noch der Aufenthaltsort noch derjenige Ort entscheidet, an welchem die Krankheit ausbricht oder an welchem der Grund zur Krankheit gelegt ist. „Die Verhandlung ergab, daß die Kommission in ihrer Majorität den Grundgedanken der Vorlage, die Verpflegung des erkrankten Arbeiters möglichst nahe an die Stelle zu rücken, wo der gesunde seine Kräfte zur Arbeit eingesetzt hat, für richtig hielt." (Komm.Ber. S. 22.) Nähere Bestimmungen darüber, welcher Ort in besonderen Fällen als Beschäftigungsort anzusehen ist, enthält § 5a.

2. Die Krankenunterstützung ist nach Abs. 1 zu gewähren:

a) im Falle der Krankheit (vgl. Anm. 7 zu § 1),

b) im Falle einer durch Krankheit herbeigeführten Erwerbsunfähigkeit,

also auch dann, wenn die Krankheit selbst gehoben, aber als Folge derselben eine Erwerbsunfähigkeit verblieben ist. Hiernach ist die Krankenunterstützung während der gesetzlichen Dauer (§ 6) auch bei Siechtum und in der Rekonvaleszenz zu gewähren, wenn und solange mit diesen Zuständen Erwerbsunfähigkeit verbunden ist. Erwerbsunfähigkeit im Sinne dieses Gesetzes ist nicht gleich Erwerbslosigkeit (§ 28); erstere liegt vor, wenn der Versicherte unfähig ist, ohne Verschlimmerung der Krankheit seinem bisherigen Erwerbe nachzugehen (Berufsinvalidität); völlige und teilweise Erwerbsunfähigkeit werden in diesem Gesetze nicht unterschieden, jedoch erlischt der Anspruch auf Krankengeld, wenn der Erkrankte seine Erwerbstätigkeit wieder aufnimmt. Für das verwandte Gebiet der Invalidenversicherung vgl. § 5 Abs. 4, § 15 Abs. 2, § 16, § 30 Abs. 2 JVG.; für dasjenige der Unfallversicherung vgl. §§ 9, 75, 95 GUVG. — Schwangerschaft und ein normal verlaufendes Wochenbett gelten nicht als Krankheit; eine besondere Berücksichtigung finden Schwangere und Wöchnerinnen bei den Vorschriften über die organisierten Krankenkassen §§ 20 ff.; vgl. aber auch für die Gemeinde-Krankenversicherung § 10 Anm. 1.

3. Die Beiträge der Versicherungspflichtigen sind im allgemeinen vom Arbeitgeber einzuzahlen (§§ 51 ff.). Die Verpflichtung, Beiträge zur Gemeinde-Krankenversicherung zu erheben, fällt in selbständigen Gutsbezirken und Gemarkungen fort (§ 83).

4. Ob der Versicherte während der Erkrankung seinen Lohn weiterbezieht oder nicht, ist für den Anspruch auf Krankenunterstützung unerheblich. Jedoch bestimmt § 616 BGB. dispositiv, daß der Dienstverpflichtete bei unverschuldeter Behinderung von verhältnismäßig nicht erheblicher Dauer den Dienstvergütungsanspruch behalten, aber darauf sich den Betrag anrechnen lassen soll, der ihm für die Zeit der Behinderung „aus einer auf Grund gesetzlicher Verpflichtung

bestehenden Kranken- oder Unfallversicherung zukommt". Vgl. Hahn in Zeitschr. f. JAV. 6 S. 86.

5. Ausf. Best.: Bayern Art. 1, 2 Ges. v. 26. Mai 1892, Ziffer 8 bis 12 Min.Bek. v. 15. Oktbr. 1892.

§ 5a.*)

I. **Für Personen, welche in Gewerbebetrieben beschäftigt sind, deren Natur es mit sich bringt, daß einzelne Arbeiten an wechselnden Orten außerhalb der Betriebsstätte ausgeführt werden, gilt auch für die Zeit, während welcher sie mit solchen Arbeiten beschäftigt sind, als Beschäftigungsort der Sitz des Gewerbebetriebes.**

II. **Werden versicherungspflichtige Personen von einer öffentlichen oder privaten Betriebsverwaltung mit Arbeiten beschäftigt, welche an wechselnden, in verschiedenen Gemeindebezirken belegenen Orten auszuführen sind, so gilt, falls nicht nach Anhörung der beteiligten Verwaltungen und Gemeinden oder weiteren Kommunalverbänden von der höheren Verwaltungsbehörde etwas anderes bestimmt wird, als Beschäftigungsort diejenige Gemeinde, in welcher die mit der unmittelbaren Leitung jener Arbeiten betraute Stelle ihren Sitz hat.**

III. **Für Personen, welche in der Land- oder Forstwirtschaft zur Beschäftigung an wechselnden, in verschiedenen Gemeindebezirken belegenen Orten angenommen sind, gilt als Beschäftigungsort der Sitz des Betriebes (§ 44 des Gesetzes vom 5. Mai 1886,**) Reichs-Gesetzbl. S. 132).**

*) Dieser Paragraph gilt auch für Orts-Krankenkassen (§ 16 Abs. 2).

**) Vgl. Anm. 1 unten.

Zu § 5a.

1. Absatz 1 bezieht sich auf Gewerbebetriebe, welche

einzelne Arbeiten abwechselnd „bald in diesem, bald in jenem Ort, und zwar sowohl innerhalb, als auch außerhalb des Gemeindebezirks, in dem ihre Betriebsstätte belegen ist, ausführen lassen" (Mot.). Beispiel: Gewerbebetrieb eines Zimmermeisters, Schornsteinfegermeisters. Hier soll immer der Sitz des Gewerbebetriebes als Beschäftigungsort gelten. Absatz 2 bezieht sich zunächst auf öffentliche Reichs-, Staats- und Kommunalverwaltungen, welche sich über größere Bezirke erstrecken, in denen die einzelnen Arbeiter ohne bestimmte, dauernde Arbeitsstätte wechselnd beschäftigt werden, z. B. Wegebau, Wasserbau, Telegraphenverwaltung. Ähnlich steht die Sache aber auch bei Privatbahnen u. s. w. Hier soll vorbehaltlich besonderer Regelung derjenige Ort als Beschäftigungsort gelten, in welchem die mit der unmittelbaren Betriebsleitung betraute Stelle ihren Sitz hat. Absatz 3 bezieht sich auf land- und forstwirtschaftliche, über mehrere Gemeindebezirke sich erstreckende Betriebe. Hier gilt bei Arbeitern, die für den Gesamtbetrieb ohne Beschränkung auf dessen einzelne örtliche Teile angenommen sind, als Beschäftigungsort der Sitz des Betriebes gemäß § 65 des Unfallvers.-Gesetzes für Land- und Forstwirtschaft (RGBl. 1900 S. 641), welcher an die Stelle des (im wesentlichen gleichlautenden) bisherigen § 44 des Gesetzes, betr. die Unfall- und Krankenversicherung in land- und forstwirtschaftlichen Betrieben, getreten ist; vgl. § 1 Abs. 3 des Ges., betr. die Abänderung der Unfallversicherungsgesetze (RGBl. 1900 S. 573) und Anm. 3 unten.

2. Arbeiter in den im Abs. 1 bezeichneten (Bau- 2c.) Betrieben sind (vorbehaltlich des § 75) sämtlich und immer in der für den Betriebssitz des Unternehmers zuständigen Kankenkasse, nicht aber in den Krankenkassen derjenigen wechselnden auswärtigen Orte versichert, an denen einzelne Bauarbeiten durch den betr. Betriebsunternehmer ausgeführt werden. (Vgl. § 57a.)

Betriebsstätte ist nicht die wechselnde Arbeitsstätte, sondern derjenige Ort, an welchem sich der bleibende Sitz und Mittelpunkt des Betriebes befindet. Er wird in der Regel mit dem Betriebssitz zusammenfallen. Indessen können alle drei z. B. bei einem Zimmermeister auch sehr wohl örtlich auseinanderfallen: Betriebsstätte etwa als der Zimmerplatz, Betriebssitz als der Geschäftsraum, von welchem aus der Betrieb geleitet wird, Arbeitsstätten aber als die einzelnen Bauausführungen, welche von dem Zimmermeister übernommen sind. Ein besonderer weiterer Betriebssitz wird nicht schon dadurch begründet, daß an einer bestimmten Arbeitsstelle ein besonderer Arbeiterstamm gehalten wird und daß die einzelnen Arbeiten nach Umfang und Dauer von erheblicher Bedeutung sind; mehrere Betriebssitze hat vielmehr ein Bauunternehmer nur insoweit, als er die selbständige Leitung auswärtiger Bauten in technischer und wirtschaftlicher Beziehung von dem regelmäßigen Sitze seines Gewerbebetriebes nach dem Ort der auswärtigen Arbeitsstätte verlegt hat.

3. Der § 65 des landw. Unfallvers.-Gesetzes lautet, soweit er hier in Betracht kommt:

Abs. 2. „Eine Gesamtheit von Grundstücken eines Unternehmers, für deren landwirtschaftlichen Gesamtbetrieb gemeinsame Wirtschaftsgebäude bestimmt sind, gilt im Sinne dieses Gesetzes als ein einziger Betrieb. Als Sitz eines landwirtschaftlichen Betriebs, welcher sich über die Bezirke mehrerer Gemeinden erstreckt, gilt diejenige Gemeinde, in deren Bezirke die gemeinsamen Wirtschaftsgebäude belegen sind. Dabei entscheiden diejenigen Wirtschaftsgebäude, welche für die wirtschaftlichen Hauptzwecke des Betriebs bestimmt sind. Die beteiligten Gemeinden und Unternehmer können sich über einen anderen Betriebssitz einigen."

Abs. 3. „Mehrere forstwirtschaftliche Grundstücke eines Unternehmers, welche derselben unmittelbaren Betriebsleitung (Revierverwaltung) unterstellt sind, gelten als ein einziger Betrieb. Forstwirtschaftliche Grundstücke verschiedener Unternehmer gelten als Einzelbetriebe, auch wenn sie zusammen derselben Betriebsleitung unterstellt sind. Als Sitz eines forstwirtschaftlichen Betriebs, welcher sich über mehrere Gemeindebezirke erstreckt, gilt diejenige Gemeinde, in deren Bezirke der größte Teil der Forstgrundstücke belegen ist, sofern nicht die beteiligten Gemeinden und der Unternehmer sich über einen anderen Betriebssitz einigen."

4. Ausf.Best.: Preußen Ziffer 2 Anw. v. 10. Juli 1892; Bayern Art. 1, 2 Ges. v. 26. Mai 1892, §§ 1, 3 Verordn. v. 8. Juni 1892; Württemberg §§ 1, 15, 16 Verordn. v. 2. Novbr. 1892.

§ 6.*)

Als Krankenunterstützung ist zu gewähren: I.

1. vom Beginne der Krankheit ab freie ärztliche Behandlung, Arznei, sowie Brillen, Bruchbänder und ähnliche Heilmittel;
2. im Falle der Erwerbsunfähigkeit vom dritten Tage nach dem Tage der Erkrankung ab für jeden Arbeitstag ein Krankengeld in Höhe der Hälfte des ortsüblichen Tagelohnes gewöhnlicher Tagearbeiter.

Die Krankenunterstützung endet spätestens mit dem II. Ablaufe der *sechsundzwanzigsten* Woche nach Beginn der Krankheit, **im Falle der Erwerbsunfähigkeit spätestens mit dem Ablaufe der *sechsundzwanzigsten* Woche nach Beginn des Krankengeldbezugs. Endet der Bezug des Krankengeldes erst nach Ablauf der *sechsundzwanzigsten* Woche nach dem Beginne der Krankheit, so endet mit dem Bezuge des Krankengeldes zugleich auch der Anspruch auf die im Abs. 1 unter Ziffer 1 bezeichneten Leistungen.**

III. Das Krankengeld ist **nach Ablauf jeder Woche** zu zahlen.

*) Dieser Paragraph gilt (mit gewissen Modifikationen) auch für Orts-, Betriebs- (Fabrik-), Bau-, Innungs-Krankenkassen und Knappschaftskassen (§§ 20, 64, 72, 73, 74).

Auch diejenigen eingeschriebenen und freien Hilfskassen ohne Beitrittszwang, deren Mitgliedschaft von der Zugehörigkeit zu einer anderen organisierten Kasse oder zur Gemeinde-Krankenversicherung befreien soll, müssen diesen Paragraph beachten (§ 75).

Zu § 6.

1. Die Leistungen der Gemeinde-Krankenversicherung sollen, ohne daß etwaige Beschlüsse der Gemeinde erforderlich wären, unmittelbar auf Grund des Gesetzes beansprucht werden dürfen. Sie sind daher gesetzlich fixiert; nur ihre Erhöhung, sowie die zugelassenen Beschränkungen bedürfen besonderer Gemeindebeschlüsse (§§ 6a, 10 Abs. 3). Die gesetzliche Dauer der Krankenunterstützung beträgt seit der Novelle von 1903 sechsundzwanzig (bisher 13) Wochen, in die der erste Tag der ärztlichen Behandlung nicht einzurechnen ist. Tritt aber Erwerbsunfähigkeit erst im Laufe der Krankheit ein, so verlängert sich die Unterstützungsdauer, indem dann die 26 Wochen, nach deren Ablauf die Unterstützung aufhört, erst vom Beginn des Krankengeldbezuges ab gerechnet werden. Vgl. § 78a und die Ausführungen Hahn's in „Arb.-Vers." 1903 S. 383 ff. über die Berechnung der Unterstützungsdauer. — Im Anschluß hieran vgl. § 16 JVG. (im Anhang IV). — Für die Übergangszeit vgl. unten Art. III der Novelle vom 25. Mai 1903.

Die Leistungen der Gemeinde-Krankenversicherung bilden die Grundlage auch für die Leistungen der organisierten Krankenkassen. Bei der Gemeinde-Krankenversicherung sind die Mindestleistungen, dementsprechend freilich auch die Beiträge, geringer. Es fehlt ihr die eigene Selbständigkeit mit Selbstverwaltung.

Die Krankenunterstützung besteht a) in freier ärztlicher Behandlung, Arznei und kleinen Heilmitteln, außerdem b) in Krankengeld.

a) Freie ärztliche Behandlung, freie Arznei und freie kleine Heilmittel sind für alle Formen der gesetzlichen Krankenversicherung obligatorisch, und zwar auch in Hilfskassen ohne Beitrittszwang, sofern deren Mitglieder von der Zugehörigkeit zu einer Zwangskasse oder zu der Gemeinde-Krankenversicherung frei sein sollen (§ 75). Nur freiwillig verbliebenen Mitgliedern organisierter Krankenkassen (§ 27 Abs. 3) kann statt dieser Leistungen eine Vergütung in Geld gewährt werden; vgl. auch § 75 Abs. 3. „Ärztliche" Behandlung kann grundsätzlich nur Behandlung durch einen approbierten Arzt oder Behandlung nach dessen Verordnung bedeuten (§ 29 GO.). „Arznei" ist jedes in der Kaiserl. Verordnung v. 22. Okt. 1901 (RGBl. S. 380) bezeichnete Heilmittel. Über „ähnliche Heilmittel" im Sinne des § 6 vgl. Komm.Ber. von 1903 S. 11 bis 14.

Was die Leistung in den einzelnen Erkrankungsfällen betrifft, so sind freie ärztliche Behandlung, freie Arznei und freie kleine Heilmittel im allgemeinen vom Beginn der Mitgliedschaft und vom Beginn der Krankheit ab zu gewähren, nämlich dann, wenn versicherungspflichtige und solche Personen, welche freiwillig in dem Versicherungsverhältnis verblieben sind (§§ 11, 27), erkranken. Dies gilt auch für Krankheiten, welche durch Trunkfälligkeit u. s. w. entstanden sind, sowie unter gewissen Beschränkungen für solche Erkrankungsfälle, welche als Folge derselben Krankheitsursache in kurzen Zwischenräumen auf einander folgen (§ 6a Abs. 1 Ziffer 3, § 26a Abs. 2 Ziffer 3). Ausnahmsweise sind dagegen freie ärztliche Behandlung u. s. w.

α) erst einige Zeit nach dem Beginn der Mitgliedschaft (nach Ablauf einer Karenzzeit) zu leisten an freiwillig eingetretene Personen, sofern dies durch Gemeindebeschluß oder durch das Kassenstatut angeordnet ist (§ 6a Abs. 1 Ziffer 1, § 26a Abs. 2 Ziffer 4, vgl. auch § 26 Anm. 2, 3), β) gar nicht zu leisten, und zwar auf Grund des Gesetzes, an freiwillig beigetretene Personen, falls die Krankheit schon zur Zeit der Beitrittserklärung eingetreten war (§ 4 Abs. 3, § 19 Abs. 3).

b) Das Krankengeld wird

α) immer nur gewährt im Falle der Erwerbsunfähigkeit (§ 5 Anm. 2),

β) in der Regel erst gewährt vom dritten vollen Tage nach dem Tage der Erkrankung (also, wenn die Erkrankung am Montag eintritt, erst vom Donnerstag ab) und nur für jeden Arbeitstag, sofern nicht auf Grund besonderer Gemeindebeschlüsse oder von Kassenstatuten etwas anderes bestimmt ist (§ 6a Abs. 1 Ziffer 4, § 21 Abs. 1 Ziffer 1a). „Arbeitstag" ist nicht immer gleich „Wochentag", z. B. bei Kellnern kann der Sonntag ein Arbeitstag sein.

Außerdem kommt das Krankengeld in Fortfall bei freiwillig eingetretenen Personen,

γ) auf Grund des Gesetzes (§ 4 Abs. 3, § 19 Abs. 3), falls die Krankheit schon zur Zeit der Beitrittserklärung eingetreten war, und zwar im vollen Betrage,

δ) auf Grund entsprechender Beschlüsse der Gemeinden oder auf Grund der Kassenstatuten zeitweise, insofern hierdurch bei freiwillig eingetretenen Personen auch hinsichtlich des Krankengeldes, ebenso wie bei der Gewährung von freier ärztlicher Behandlung u. s. w., eine Karenzzeit eingeführt werden kann (§ 6a Abs. 1 Ziffer 1, § 26a Abs. 2 Ziffer 4, vgl. auch § 26 Anm. 2, 3).

Ferner kann das Krankengeld durch Gemeindebeschluß oder Kassenstatut in Fortfall gebracht werden (im vollen Betrag oder teilweise)

ε) bei Personen, welche die Gemeinde-Krankenversicherung oder Krankenkasse durch strafbares Verhalten geschädigt oder sich die Krankheit vorsätzlich, durch schuldhafte Beteiligung bei Schlägereien oder durch

Trunkfälligkeit zugezogen haben (§ 6a Abs. 1 Ziffer 2, § 26a Abs. 2 Ziffer 2).

2. Die Krankenunterstützung ist in der Regel nur dem Versicherten (Arbeiter u. s. w.) selbst zu gewähren; durch besondere Beschlüsse der Gemeinde oder durch Kassenstatuten kann jedoch angeordnet werden, daß Krankenunterstützung unter bestimmten Voraussetzungen auch den nicht selbst versicherungspflichtigen Familienangehörigen zu gewähren ist (§ 6a Abs. 1 Ziffer 5, § 9 Abs. 1, § 21 Abs. 1 Ziffer 5, § 22 Abs. 2).

3. Der Fortfall des Krankengeldes für die ersten Tage nach dem Eintritte der Erkrankung ist zur Bekämpfung der Simulation vorgesehen. Jedoch ist gestattet worden, diese Karenzzeit zu beseitigen (§ 6a Abs. 1 Ziffer 4, § 21 Abs. 1 Ziffer 1a).

4. Das Krankengeld sowie die Beiträge sollen im allgemeinen nach Quoten eines angenommenen Lohnsatzes berechnet werden. Bei der Gemeinde-Krankenversicherung ist dies der ortsübliche Tagelohn gewöhnlicher Tagearbeiter (§ 8), weil bei der Gemeinde-Krankenversicherung alle möglichen Kategorieen von Arbeitern mit sehr verschiedenen Lohnbeträgen vertreten sein können; bei den nach Berufszweigen gebildeten organisierten Krankenkassen ist dagegen der (auf 4 bezw. 5 Mark begrenzte) durchschnittliche Tagelohn derjenigen Klassen von Personen maßgebend, für welche die Krankenkasse errichtet ist, oder auch der Individuallohn der Versicherten bis zu 5 Mark täglich.

Das Krankengeld beträgt bei der Gemeinde-Krankenversicherung 50 Prozent (§ 6 Ziffer 2), bei den organisierten Krankenkassen 50 bis 75 Prozent (§ 20 Ziffer 1, § 21 Ziffer 2) des der Bemessung zu Grunde liegenden Lohnbetrages. Bezüglich der durch Betriebsunfall herbeigeführten Krankheit und der solchen Falls mit Beginn der fünften Woche nach dem Unfall eintretenden Erhöhung des Krankengeldes vgl. Anhang VIII.

5. Nach Abs. 2 soll die 26wöchige Dauer der Krankenunterstützung dann, wenn die Erwerbsunfähigkeit erst nach dem Beginne der Erkrankung eingetreten ist, erst vom Tage

des Krankengeldbezuges, nicht vom Beginne der Krankheit ab gerechnet werden; sie reicht dann also über die ersten 26 Wochen der Krankheit hinaus, endet aber im vollen Umfange, sobald nach dem Ablaufe der ersten 26 Wochen der Krankengeldbezug endet, auch wenn dieser insgesamt nicht volle 26 Wochen gewährt haben sollte. Die Vorschrift hat den Zweck, zu verhüten, daß bei geringfügigen Erkrankungen sofort die Arbeit niedergelegt und Erwerbsunfähigkeit vorgegeben wird.

6. Seit der Novelle von 1903 bestehen infolge der Ausdehnung der Dauer der Krankenfürsorge von 13 auf 26 Wochen in solchen Erkrankungsfällen, in welchen mit Beginn der vierzehnten Woche nach Eintritt des Betriebsunfalls die Entschädigungspflicht der Berufsgenossenschaft beginnt, umfangreiche Fürsorgepflichten der Krankenkassen und der Berufsgenossenschaften nebeneinander. Darüber vgl. § 1 Anm. 7; außerdem s. Anhang VIII.

7. Ausf.Best.: Bayern Art. 1, 2 Ges. v. 26. Mai 1892, Ziffer 8 bis 10 Min.Bek. v. 15. Oktbr. 1892; Baden § 17 Verordn. v. 3. Septbr. 1892; Hessen Ziffer 4 Anw. v. 5. Novbr. 1892.

§ 6a.

I. Die Gemeinden sind ermächtigt, zu beschließen:

1. daß Personen, welche der Versicherungspflicht nicht unterliegen und freiwillig der Gemeinde-Krankenversicherung beitreten, erst nach Ablauf einer auf höchstens sechs Wochen vom Beitritt ab zu bemessenden Frist Krankenunterstützung erhalten;
2. daß **Versicherten, welche die Gemeinde-Krankenversicherung durch eine mit dem Verlust der bürgerlichen Ehrenrechte bedrohte strafbare Handlung geschädigt haben, für die Dauer von zwölf Monaten seit Begehung der Straftat, sowie daß Ver-**

sicherten, welche sich eine Krankheit vorsätzlich oder durch schuldhafte Beteiligung bei Schlägereien oder Raufhändeln *oder* durch Trunkfälligkeit zugezogen haben, für diese Krankheit das Krankengeld gar nicht oder nur teilweise zu gewähren ist;

3. daß Versicherten, welche von der Gemeinde die Krankenunterstützung ununterbrochen oder im Laufe eines Zeitraums von zwölf Monaten für *sechsundzwanzig* Wochen bezogen haben, bei Eintritt eines neuen Unterstützungsfalls, sofern dieser durch die gleiche nicht gehobene Krankheitsursache veranlaßt worden ist, im Laufe der nächsten zwölf Monate Krankenunterstützung nur für die Gesamtdauer von dreizehn Wochen zu gewähren ist;

4. daß Krankengeld allgemein oder unter bestimmten Voraussetzungen schon vom Tage des Eintritts der Erwerbsunfähigkeit ab, sowie für Sonn- und Festtage zu zahlen ist;

5. daß Versicherten auf ihren Antrag die im §. 6 Absatz 1 Ziffer 1 bezeichneten Leistungen auch für ihre dem Krankenversicherungszwange nicht unterliegenden Familienangehörigen zu gewähren sind;

6. daß die ärztliche Behandlung, die Lieferung der Arznei und die Kur und Verpflegung nur durch bestimmte Ärzte, Apotheken und Krankenhäuser zu gewähren sind und die Bezahlung der durch Inanspruchnahme anderer Ärzte, Apotheken und Krankenhäuser entstandenen Kosten, von dringenden Fällen abgesehen, abgelehnt werden kann.

Die auf Grund dieser Bestimmung abgeschlossenen Verträge sind der Aufsichtsbehörde mitzuteilen.

Die Gemeinden sind ferner ermächtigt, Vorschriften
II. **über die Krankenmeldung, über das Verhalten der Kranken und über die Krankenaufsicht zu erlassen und zu bestimmen, daß Versicherte, welche diesen Vorschriften oder den Anordnungen des behandelnden Arztes zuwiderhandeln, Ordnungsstrafen bis** *zum dreifachen Betrage des täglichen Krankengeldes für jeden einzelnen Übertretungsfall* **zu erlegen haben. Vorschriften dieser Art bedürfen der Genehmigung der Aufsichtsbehörde.**

Zu § 6a.

1. Der § 6a enthält zum Teil (im Abs. 1 Ziffer 1 und 2) den ursprünglichen Abs. 3 des § 6, im übrigen einen weiteren Ausbau der Gemeinde-Krankenversicherung in Anlehnung an die gleichartigen, für die organisierten Krankenkassen geltenden Bestimmungen der §§ 21, 26a.

2. Falls eine Karenzzeit gemäß Ziffer 1 beschlossen ist, tritt für eine innerhalb der Karenzzeit erfolgte Erkrankung auch nach Ablauf der Frist die Krankenunterstützung nicht ein. — Trunkfälligkeit ist gewohnheitsmäßiges übermäßiges Trinken berauschender Getränke. „Bei den durch Trunkfälligkeit verursachten Erkrankungen werde es sich in der Mehrzahl der Fälle um Deliranten handeln, für die ein Bedürfnis, sie vor der Ortsarmenpflege zu bewahren, am allerwenigsten vorliege.“ (Komm.Ber. S. 47.)

Der Ausschluß des Krankengeldes bei geschlechtlichen Ausschweifungen war bis zur Novelle von 1903 zugelassen. Indes „die schnelle und wirksame Heilung von Geschlechtskrankheiten gehört zu den dringendsten Erfordernissen der allgemeinen Wohlfahrt. Diese Krankheiten haben eine solche Ausbreitung erlangt, daß dadurch der allgemeine

Gesundheitszustand, der Wohlstand und die Wehrhaftigkeit der Bevölkerung in immer größerem Umfange gefährdet werden. Die bisherigen Bestimmungen des Krankenversicherungsgesetzes im § 6a Abs. 1 Ziffer 2 und im § 26a Abs. 2 Ziffer 2 haben zur Unterdrückung der Seuche nicht nur nicht beigetragen, sondern oft vielmehr zur Verschleppung geschlechtlicher Erkrankungen geführt. Insbesondere ist die zu ihrer wirksamen Bekämpfung nötige Anstaltsbehandlung meistens unterblieben, weil die Krankenkassen bei freier ärztlicher Behandlung ohne die bisher oft ausgeschlossene Krankengeldzahlung finanziell weniger zu leisten brauchten als bei der Anstaltsbehandlung. Es darf erwartet werden, daß sowohl in dieser Beziehung als auch in Bezug auf die jetzt vielfach versäumte rechtzeitige Einleitung des Heilverfahrens eine wesentliche Besserung eintreten wird, wenn die zu Ungunsten der Geschlechtskranken bestehende Ausnahmebestimmung fortfällt und grundsätzlich eine Gleichstellung der Geschlechtskranken mit den übrigen Kranken bezüglich der ihnen zu gewährenden Leistungen eintritt." (Mot. 1903 S. 9 f.)

3. „Die Bestimmung unter 3 soll die Möglichkeit gewähren, der mehrfach hervorgetretenen Gefahr einer ungerechtfertigten Ausbeutung der Gemeinde-Krankenversicherung durch Personen, welche mehr invalid als krank sind, entgegenzutreten" (Mot. 1890 S. 41, 1903 S. 11).

4. Für die Unterstützung von Familienangehörigen muß die Gemeinde-Krankenversicherung einen besonderen Beitrag erheben (§ 9 Abs. 1). Den organisierten Kassen dagegen ist Familienunterstützung auch ohne besonderen Beitrag gestattet (§ 22 Abs. 2). Vgl. § 52b.

5. In Abs. 1 Ziffer 6 ist die Befugnis ausgesprochen, für die Leistungen der Gemeinde-Krankenversicherung ausschließlich besondere Kassenärzte u. s. w. zu bestimmen, eine Befugnis, die vor der Novelle von 1892 zum Teil bezweifelt worden ist, nach der richtigen Meinung aber damals ohne besonderen Beschluß der Gemeinde bestand. Die Bestellung derartiger Kassenärzte u. s. w. erfordert jetzt einen besonderen Gemeinde-

beschluß, sowie einen besonderen Vertrag, welcher letztere seit der Novelle von 1903 der Aufsichtsbehörde mitzuteilen ist. Sofern ein derartiger Beschluß gefaßt ist, brauchen Hilfsleistungen anderer Ärzte u. s. w. nur dann entschädigt zu werden, wenn sie „in dringenden Fällen" gewährt worden sind; in dringenden Fällen aber darf trotz der Bestellung besonderer Kassenärzte u. s. w. die Bezahlung anderweiter Ärzte u. s. w. nicht verweigert werden. Sind besondere Kassenärzte nicht bestellt, so wird die Dienstleistung jedes Arztes u. s. w., der die Kranken behandelt hat, nach den üblichen Taxen bezahlt werden müssen.

Soweit „ärztliche" Behandlung nötig ist, muß sie durch approbierte Ärzte (§ 29 GO.) gewährt werden; soweit „Arzneien" nötig sind, müssen sie durch inländische Apotheken gewährt werden. Vgl. § 6 Anm. 1 unter a.

Wegen Vermehrung der Kassenärzte u. s. w. vgl. § 56a. — Die nach Ziffer 6 Schlußsatz mit rückwirkender Kraft vorgeschriebene Mitteilung der vom 1. Januar 1904 ab in Geltung befindlichen Verträge soll die Möglichkeit gewähren, für eine etwaige künftige Abänderung der Beziehungen der Ärzte und der Apotheker zur reichsgesetzlichen Krankenversicherung das sachliche Material zu sammeln (Komm.Ber. S. 17); vgl. § 45 Abs. 1.

6. Nur die in Abs. 2 bezeichneten Beschlüsse müssen behördlich genehmigt werden; für die in Abs. 1 bezeichneten Beschlüsse ist eine solche Genehmigung nicht vorgeschrieben (vgl. aber Abs. 1 Ziffer 6 a. E.).

7. Bei Verstößen gegen die gemäß Abs. 2 gefaßten Beschlüsse ist außer der Ordnungsstrafe, welche durch die Novelle von 1903 neu geregelt worden ist und in die Kasse der Gemeinde-Krankenversicherung fließt, auch zwangsweise Unterbringung im Krankenhause zulässig (§ 7). Gegen die Auferlegung von Ordnungsstrafen ist die Beschwerde an die Aufsichtsbehörde gegeben (§ 76e). Die Ordnungsstrafe darf auf das Krankengeld angerechnet werden (§ 56).

8. Ausf.Best.: Preußen Ziffer 2, 11, 12 Anw. v. 10. Juli 1892; Bayern Art. 1, 2 Ges. v. 26. Mai 1892; §§ 2, 4 Verordn. v. 8. Juni 1892, Ziffer 8—10 Min.Bek.

v. 15. Oktbr. 1892; Württemberg §§ 1, 18 ff. Verordn. v. 2. Novbr. 1892; Baden §§ 17, 19 Verordn. v. 3. Septbr. 1892; Hessen Ziffer 4—6 Anw. v. 5. Novbr. 1892.

§ 7.*)

An Stelle der im § 6 vorgeschriebenen Leistungen kann freie Kur und Verpflegung in einem Krankenhause gewährt werden, und zwar: I.

1. für diejenigen, welche verheiratet sind, **oder eine eigene Haushaltung haben, oder Mitglieder der Haushaltung ihrer** Familie sind, mit ihrer Zustimmung, oder unabhängig von derselben, wenn die Art der Krankheit Anforderungen an die Behandlung oder Verpflegung stellt, welchen in der Familie des Erkrankten nicht genügt werden kann, **oder wenn die Krankheit eine ansteckende ist oder wenn der Erkrankte wiederholt den auf Grund des § 6a Absatz 2 erlassenen Vorschriften zuwider gehandelt hat, oder wenn dessen Zustand oder Verhalten eine fortgesetzte Beobachtung erfordert;**
2. für sonstige Erkrankte unbedingt.

Hat der in einem Krankenhause Untergebrachte Angehörige, deren Unterhalt er bisher aus seinem Arbeitsverdienste bestritten hat, so ist neben der freien Kur und Verpflegung die Hälfte des im § 6 **als Krankengeld festgesetzten Betrages für diese Angehörigen zu zahlen. Die Zahlung kann unmittelbar an die Angehörigen erfolgen.** II.

***) Dieser Paragraph gilt auch für Orts-, Betriebs- (Fabrik-), Bau-, Innungs-Krankenkassen (§§ 20, 64, 72, 73), Knappschaftskassen (§ 74) und solche Hilfskassen ohne Beitrittszwang, deren Mitgliedschaft**

von der Zugehörigkeit zu einer anderen organisierten Krankenkasse oder zur Gemeinde-Krankenversicherung befreien soll (§ 75).

Zu § 7.

1. Motive S. 34: „Nach dem Vorgange des Hilfskassengesetzes wird im § 7 vorgeschrieben, daß an die Stelle der im § 6 festgesetzten Unterstützung die Verpflegung in einem Krankenhause treten kann. Es erscheint indessen billig, daß diese Art der Unterstützung solchen, welche bei ihren Familien leben, gegen ihren Willen nicht aufgedrungen werden kann, wenn es nicht im Interesse der Heilung notwendig erscheint.“ Ein Recht ist hier also nur der Kasse, nicht dem Versicherten gegeben. Etwa notwendige Transportkosten hat die Kasse zu tragen. Für die Dauer ungerechtfertigter Weigerung verliert der Versicherte den im § 6 bezeichneten Unterstützungsanspruch.

2. Durch die Novelle von 1892 sind die Gründe einer zwangsweisen Unterbringung in ein Krankenhaus erweitert worden; insbesondere kann letztere zum Schutze der Gemeinde-Krankenversicherung auch gegen solche Kranke angeordnet werden, welche die Vorschriften über die Krankmeldung und über das Verhalten während der Krankheit (§ 6a Abs. 2) wiederholt übertreten haben.

3. Die Unterstützung der Angehörigen gemäß Abs. 2 fällt nicht unter die Vorschrift des § 6a Ziffer 2. Anspruchsberechtigt ist der Versicherte, falls er den Unterhalt seiner Angehörigen im wesentlichen aus seinem Arbeitsverdienste bestritten hat. Unter den Begriff „Angehörige“ fallen nicht überall nur die Ehefrau und die Kinder.

4. Ausf.Best.: Bayern Art. 1, 2 Ges. v. 26. Mai 1892, Ziffer 8 bis 10 Min.Bek. v. 15. Oktbr. 1892.

§ 8.*)

I. Der Betrag des ortsüblichen Tagelohns gewöhnlicher Tagearbeiter wird, nach Anhörung der Gemeindebehörde *und nachdem Vertretern der beteiligten*

Arbeitgeber und der beteiligten Versicherungspflichtigen Gelegenheit zu einer Äusserung gegeben worden ist, von der höheren Verwaltungsbehörde festgesetzt und durch das für ihre amtlichen Bekanntmachungen bestimmte Blatt veröffentlicht. Änderungen der Festsetzung treten erst sechs Monate nach der Veröffentlichung in Kraft.

Die Festsetzung findet für männliche und weibliche, für Personen über und unter sechzehn Jahren besonders statt. Für Personen unter sechzehn Jahren (jugendliche Personen) kann die Festsetzung getrennt für junge Leute zwischen vierzehn und sechzehn Jahren und für Kinder unter vierzehn Jahren vorgenommen werden. Für Lehrlinge gilt die für junge Leute getroffene Feststellung. II.

*) Vgl. §§ 20, 64, 72, 73, 74.

Zu § 8.

1. Motive von 1882 S. 33: „Da die Gemeinde bei der Gemeinde-Krankenversicherung selbstbeteiligtes Subjekt ist, so kann die Feststellung der Durchschnittslöhne nicht, wie nach dem Hilfskassengesetz, der Gemeindebehörde überlassen werden. Dieselbe wird daher der höheren Verwaltungsbehörde zu übertragen sein, welche dieselbe in geeigneten Fällen statt für jede einzelne Gemeinde auch für ganze Bezirke, nach Anhörung der Behörden der beteiligten Gemeindeorgane, wird vornehmen können." Motive von 1903 S. 11: „Die Neuerung, daß vor einer Festsetzung des ortsüblichen Tagelohns auch Vertretern der beteiligten Arbeitgeber und der beteiligten Versicherungspflichtigen Gelegenheit zu einer Äußerung gegeben werden soll, entspricht einem vielfach laut gewordenen Wunsche, welchem die Berechtigung nicht ver-

sagt werden kann. Nach dem Entwurfe soll es der höheren Verwaltungsbehörde freistehen, zu bestimmen, in welcher Weise sie Vertretern der Beteiligten Gelegenheit zu einer Äußerung geben will. Sie kann z. B. die Gemeindebehörde mit der Auswahl und Anhörung der Vertreter beauftragen, kann aber auch selbst oder durch die untere Verwaltungsbehörde beides vornehmen." Vgl. Komm.Ber. von 1903 S. 19. — „Beteiligt" ist jede krankenversicherungspflichtige Person des Ermittlungsbezirks, bezw. ihr Arbeitgeber.

Abstufungen in der Festsetzung sind zugelassen und Veröffentlichungen der letzteren insbesondere zu dem Zwecke angeordnet worden, um den Hilfskassen ohne Beitrittszwang gemäß § 75 ihre Verpflichtung zu erleichtern, welche dahin geht, daß die Kassenleistungen nach dem ortsüblichen Tagelohn der einzelnen Orte, über welche die Kasse sich erstreckt, zu bemessen sind.

Von Reichswegen werden die ortsüblichen Tagelöhne zusammengestellt und veröffentlicht, Centralbl. f. d. Deutsche Reich 1901 Nr. 54. Die Festsetzung der ortsüblichen Tagelöhne erfolgt nach einheitlichen Gesichtspunkten.

Nach den Verhandlungen im Reichstag ist es das Recht und die Pflicht der höheren Verwaltungsbehörde, mit Rücksicht auf die wandelbare Höhe der Löhne in entsprechenden Perioden die Feststellung von neuem vorzunehmen (Sten. Ber. 1883 S. 2558). Veränderungen treten erst nach Ablauf von 6 Monaten in Kraft.

2. „Die Bestimmung, daß für Lehrlinge die für junge Leute getroffenen Feststellungen gelten sollen, ist deshalb erforderlich, weil der Lohn der Lehrlinge häufig nicht in barem Gelde, sondern in freier Station besteht, welche nach § 1 Abs. 5 (jetzt 4) genügt, um die Versicherungspflicht zu begründen" (Komm.Ber. S. 26).

3. Der auf Grund dieses Paragraphen behördlich festgesetzte „ortsübliche Tagelohn gewöhnlicher Tagearbeiter" im Gegensatze zum Durchschnittslohn einer bestimmten Klasse von Arbeitern (§ 20) hat eine über die Krankenversicherung hinaus-

gehende Bedeutung, insbesondere bei der Unfallversicherung (§ 10 GUVG.), bei der Invalidenversicherung (§ 34 JVG.), in der Gewerbeordnung (§ 124 b GO.) und bei Festsetzung der Unterstützungen der Angehörigen der zu Friedensübungen einberufenen Wehrpflichtigen (Gesetz vom 10. Mai 1892, RGBl. S. 661).

4. In Preußen erfolgt die Festsetzung des ortsüblichen Tagelohns durch den Regierungspräsidenten, für Berlin durch den Oberpräsidenten.

5. Ausf.Best.: Preußen Ziffer 6 Anw. v. 10. Juli 1892; Bayern Art. 1, 2 Ges. v. 26. Mai 1892, §§ 2, 3 Verordn. v. 8. Juni 1892, Ziffer 13 Min.Bek. v. 15. Oktbr. 1892; Sachsen Min.Verf. v. 13. Mai und 3. Oktbr. 1892; Württemberg § 17 Verordn. v. 2. Novbr. 1892; Baden §§ 5, 18 Verordn. v. 3. Septbr. 1892; Hessen Ziffer 1 Anw. v. 5. Novbr. 1892.

§ 9.

Die von der Gemeinde zu erhebenden Versicherungs- I.
beiträge sollen, solange nicht nach Maßgabe des § 10 etwas anderes festgesetzt ist, einundeinhalb Prozent des ortsüblichen Tagelohnes (§ 8) nicht übersteigen und sind mangels besonderer Beschlußnahme in dieser Höhe zu erheben. **In Fällen der Gewährung der im § 6a Absatz 1 Ziffer 5 bezeichneten besonderen Leistungen sind besondere von der Gemeinde-Krankenversicherung allgemein festzusetzende Zusatzbeiträge zu erheben.**

Die Beiträge fließen in eine besondere Kasse, aus wel- II.
cher auch die Krankenunterstützungen zu bestreiten sind.

Die Einnahmen und Ausgaben dieser Kasse sind III.
getrennt von den sonstigen Einnahmen und Ausgaben der Gemeinde festzustellen und zu verrechnen. Die Verwaltung der Kasse hat die Gemeinde unentgeltlich

zu führen. Ein Jahresabschluß der Kasse nebst einer Übersicht über die Versicherten und die Krankheitsverhältnisse ist alljährlich der höheren Verwaltungsbehörde einzureichen.

IV. Reichen die Bestände der Krankenversicherungskasse nicht aus, um die fällig werdenden Ausgaben derselben zu decken, so sind aus der Gemeindekasse die erforderlichen Vorschüsse zu leisten, welche ihr, vorbehaltlich der Bestimmungen des § 10, demnächst aus der Krankenversicherungskasse mit ihrem Reservefonds zu erstatten sind.

Zu § 9.

1. Das Gesetz verlangt für die Gemeinde-Krankenversicherung die Erhebung besonderer Beiträge für Familienunterstützung, vgl. Anm. 4 zu § 6a, sowie § 52b.

1 ½ Prozent des ortsüblichen Tagelohns gewöhnlicher Tagearbeiter sind hier als Regel gesetzlich vorgeschrieben und treten kraft des Gesetzes überall und solange ein, als nicht wegen günstiger oder ungünstiger örtlicher Verhältnisse auf Grund besonderer Beschlüsse oder Anordnungen ein anderer Prozentsatz eingeführt ist. Vgl. v. Woedtke, Kommentar z. KVG. Anm. 2 zu § 9.

Eine Erhöhung der Beiträge ist nur bis auf 3 Prozent zulässig (vgl. §§ 10, 13). Bis zur Novelle von 1903 war eine Erhöhung hier nur bis zu 2 Prozent vorgesehen; hinsichtlich der organisierten Klassen vgl. §§ 31, 47 und die Anm. 2 zu § 9.

Ein wesentlicher Faktor für die Bemessung der Beiträge ist der, daß die ganzen Verwaltungskosten der Gemeinde allein zufallen (Abs. 3), so daß nur die Unterstützungen selbst und die Rücklagen zur Ansammlung des Reservefonds aus den Beiträgen zu bestreiten sind.

Da die Arbeitgeber im allgemeinen ein Drittel des

Gesamtbeitrags aus eigenen Mitteln zu leisten haben (§ 51), so beträgt der Normalbeitrag des Arbeiters zur Gemeinde-Krankenversicherung nur 1 Prozent, sein Maximalbeitrag zu derselben nur 2 Prozent des ortsüblichen Tagelohns. Dagegen hat der Arbeiter für diesen geringen Abzug die Sicherheit, daß er im Krankheitsfalle das Notwendige erhält. Nur wenig ungünstiger stellt sich die Rechnung für die freiwilligen Mitglieder (§ 4 Abs. 2, § 11).

Bei organisierten Krankenkassen (ausschließlich der Hilfskassen ohne Beitrittspflicht, deren Beiträge gesetzlich nicht fixiert sind) wird neben etwas höherer Krankenunterstützung mindestens auch die Unterstützung von Wöchnerinnen und erwerbslosen ehemaligen Mitgliedern, sowie ein nicht unerhebliches Sterbegeld gewährt; auch haben diese Kassen vermöge der ihnen eingeräumten Selbstverwaltung die Verwaltungskosten zu tragen, vgl. jedoch § 64 Ziffer 3, 4, § 65 Abs. 2, §§ 72, 73). Dementsprechend werden für organisierte Krankenkassen höhere Beiträge der Kassenmitglieder zugelassen, und zwar bis zu 4 Prozent des auf 4 bezw. 5 Mark angenommenen Durchschnittslohns der betr. Arbeiterklasse, §§ 31, 47, 64, 65, 72, 73, wozu dann noch die Anteile der Arbeitgeber hinzutreten. Vgl. auch § 26a Ziffer 6.

2. Zu beachten ist die verschiedene Ausdrucksweise im Gesetze. Bei der Gemeinde-Krankenversicherung wird das Maximum der „zu erhebenden Versicherungsbeiträge", d. h. der Gesamtbeiträge, angegeben; der Anteil des Arbeitgebers ist also abzuziehen, wenn man die Belastung der Arbeiter darstellen will. Bei den organisierten Krankenkassen wird dagegen das Maximum der Kassenbeiträge, „soweit sie den Kassenmitgliedern selbst zur Last fallen", oder der Höchstbetrag „für die Versicherten" angegeben (§§ 31, 47, 65); der Anteil der Arbeitgeber ($^1/_3$ des Gesamtbeitrags, also $^1/_2$ des Arbeiterbeitrags) ist also hinzuzufügen, wenn man die Gesamtbeiträge darstellen will, vgl. die Ausführungen in der Einleitung.

3. Die Verpflichtung der Gemeinden zu Vorschüssen und zu

der ihnen auferlegten unentgeltlichen Verwaltung der Gemeinde-Krankenversicherung dient dazu, ihnen Anregung zu geben, organisierte Krankenkassen, korporative Verbände mit Selbstverwaltung der Berufsgenossen, ins Leben zu rufen (§ 16). Zwar hat die Gemeinde auch die Möglichkeit, gemeinsame Gemeinde-Krankenversicherung durch Zusammenlegung mit anderen Gemeinden anzustreben (§§ 12, 13), doch wird sie auf diesem Wege von ihrer Verantwortlichkeit und Vertretungsverbindlichkeit nicht völlig frei, weil auch der gemeinsamen Gemeinde-Krankenversicherung die Verpflichtung zu unentgeltlicher Verwaltung und zu Vorschüssen obliegt.

4. Als höhere Verwaltungsbehörde gilt in Preußen der Regierungspräsident, für Berlin und da, wo ein Provinzialverband für die Gemeinde-Krankenversicherung an die Stelle der demselben angehörenden Gemeinden gesetzt ist, der Oberpräsident.

5. Über die Höhe und Ansammlung des Reservefonds vgl. § 10; über den Jahresabschluß und die Übersichten vgl. § 79 sowie Bek. des Reichskanzlers v. $\frac{\text{16. Novbr. 1892}}{\text{26. Novbr. 1897}}$ (Anhang VII).

6. Ausf.Best.: Preußen Ziffer 2, 11, 13, 14 Anw. v. 10. Juli 1892; Bayern Art. 1, 2 Ges. v. 26. Mai 1892, §§ 2, 3 Verordn. v. 8. Juni 1892, Ziffer 11, 12 Min.Bek. v. 15. Oktbr. 1892; Sachsen § 1 Verordn. v. 28. Septbr. 1883; Württemberg § 21 Verordn. v. 2. Novbr. 1892; Baden §§ 19, 20 Verordn. v. 3. Septbr. 1892; Hessen Anw. v. 26. März 1891, Ziffer 5, 6, 10 Anw. v. 5. Novbr. 1892, Anw. v. 18. Jan. 1893 und v. 27. Juli 1899.

§ 10.

I. Ergibt sich aus den Jahresabschlüssen, daß die gesetzlichen Krankenversicherungsbeiträge zur Deckung der gesetzlichen Krankenunterstützungen nicht ausreichen, so können mit Genehmigung der höheren Verwaltungsbehörde die Beiträge bis zu *drei* Prozent des ortsüblichen Tagelohnes (§ 8) erhöht werden.

Überschüsse der Einnahmen über die Ausgaben, II.
welche nicht zur Deckung etwaiger Vorschüsse der Gemeinde in Anspruch genommen werden, sind zunächst zur Ansammlung eines Reservefonds zu verwenden. *Solange Beiträge über zwei Prozent des ortsüblichen Tagelohns erhoben werden, findet eine Rückerstattung von Vorschüssen nicht statt.*

Ergeben sich aus den Jahresabschlüssen dauernd III.
Überschüsse der Einnahmen aus Beiträgen über die Ausgaben, *so hat* nach Ansammlung eines Reservefonds im Betrage **der durchschnittlichen Jahresausgabe der letzten drei Jahre** *die Gemeinde zu beschliessen, ob* eine Herabsetzung der Beiträge oder eine Erhöhung **oder Erweiterung** der Unterstützungen eintreten soll. Erfolgt eine Beschlußnahme nicht, so kann die höhere Verwaltungsbehörde die Herabsetzung der Beiträge verfügen.

Zu § 10.

1. Reicht der Beitrag von insgesamt (vgl. Anm. 2 zu § 9) 3 Prozent nicht aus, so ist die Gemeinde, wenn sie es nicht vorzieht, Orts-Krankenkassen zu errichten, zum Antrag auf Vereinigung mit anderen Gemeinden zu gemeinsamer Gemeinde-Krankenversicherung (§ 13) berechtigt. Bei Bemessung des Höchstbetrags, welcher durch die Novelle von 1903 von 2 % auf 3 % hinaufgesetzt worden ist, ist auch auf eine Erhöhung der ärztlichen Honorare Rücksicht genommen (Motive 1903 S. 23). — Der Schlußsatz des Abs. 2 hat den Zweck, die Gemeinden hinsichtlich der Erstattung etwa geleisteter Vorschüsse weder besser noch schlechter zu stellen, als sie vor der Novelle von 1903 gestellt waren.

Eine Verminderung der gesetzlichen Unterstützungen ist unstatthaft. Eine Erhöhung oder Erweiterung der Leistungen ist durch den Abs. 3 in der Fassung der Novelle von 1903 erleichtert worden. Die Erhöhung oder Erweiterung ist hier nicht auf die Grenzen des § 21 gesetzlich eingeschränkt.

2. Ein Reservefonds braucht bei der Gemeinde-Krankenversicherung erst angesammelt zu werden, wenn Überschüsse vorhanden sind. Anders bei den organisierten Kassen §§ 32, 64, 72, 73.

3. Wegen der höheren Verwaltungsbehörde in Preußen s. Anm. 4 zu § 9.

4. Auf die besonderen Zusatzbeiträge bei Familienunterstützung (§ 6a Abs. 1 Ziffer 5, § 9 Abs. 1) bezieht sich § 10 nicht.

5. Ausf.Best.: Preußen Ziffer 2, 11 Anw. v. 10. Juli 1892; Bayern Art. 1, 2 Ges. v. 26. Mai 1892, §§ 2, 3 Verordn. v. 8. Juni 1892; Sachsen § 1 Verordn. v. 28. Septbr. 1883; Württemberg § 21 Verordn. v. 2. Novbr. 1892; Baden §§ 19, 20 Verordn. v. 3. Septbr. 1892; Hessen Ziffer 5, 6 Anw. v. 5. Novbr. 1892.

§ 11.

Personen, für welche die Gemeinde-Krankenversicherung eingetreten ist, behalten, wenn sie aus der dieselbe begründenden Beschäftigung ausscheiden und nicht zu einer Beschäftigung übergehen, vermöge welcher sie nach Vorschrift dieses Gesetzes Mitglieder einer Krankenkasse werden, den Anspruch auf Krankenunterstützung, solange sie die Versicherungsbeiträge fortzahlen und entweder im Gemeindebezirk ihres bisherigen Aufenthaltes verbleiben, oder in dem Gemeindebezirk ihren Aufenthalt nehmen, in welchem sie zuletzt beschäftigt wurden.

Zu § 11.

1. Der § 11 gestattet im Gegensatze zum § 4 Abs. 2, welcher den freiwilligen Eintritt nicht versicherungspflichtiger Personen in die Gemeinde-Krankenversicherung zuläßt, die freiwillige Fortsetzung des Versicherungsverhältnisses seitens derjenigen Personen, für welche dasselbe kraft Gesetzes

(§ 4 Abs. 1) oder kraft freiwilligen Beitritts (§ 4 Abs. 2) einmal begründet gewesen ist, demnächst aber mit dem Aufhören der Beschäftigung fortfallen würde. — Der Inhalt des § 11 ist durch den § 54a zu Gunsten des Versicherten abgeändert worden. Vgl. v. Schicker, Komm. z. KVG. Anm. 4, 5 zu § 11.

Geht ein Mitglied der Gemeinde-Krankenversicherung zu einer Beschäftigung über, für welche eine organisierte Krankenkasse (Orts-, Betriebs- [Fabrik-], Bau-, Innungs-, Knappschaftskasse) besteht, so darf dasselbe der Gemeinde-Krankenversicherung nicht länger angehören, auch wenn es wollte und auch wenn es seine Beiträge anbietet. Ein so beschäftigter Versicherungspflichtiger wird vielmehr kraft Gesetzes Mitglied der seiner Beschäftigung entsprechenden Krankenkasse, neben welcher die Gemeinde-Krankenversicherung fortfällt. Wer dagegen einer eingeschriebenen oder freien Hilfskasse gemäß § 75 sich anschließt, ist zwar zum Ausscheiden aus der Gemeinde-Krankenversicherung berechtigt (§ 4), darf aber auch das frühere Verhältnis zu derselben fortsetzen. Vgl. Anm. 3 zu § 19.

2. „Durch die Diskussion wurde außer Frage gestellt, daß hier wie im Falle des § 23 (jetzt § 27) diejenigen Beiträge, durch deren Fortzahlung der bisher versichert gewesene Arbeiter sich die Fortdauer der Versicherung sichern kann, die vollen Beiträge sind, so daß derselbe nicht nur die von ihm gemäß §§ 9 und 10 bisher gezahlten Beiträge, sondern außerdem noch diejenigen 50 Prozent mehr zu entrichten hat, welche während der Dauer der Versicherungspflicht gemäß § 47 (jetzt § 51) von seinem Arbeitgeber gezahlt wurden." (Komm. Ber. S. 30.)

3. Ausf. Best.: Bayern Art. 1, 2 Ges. v. 26. Mai 1892, §§ 2, 3 Verordn. v. 8. Juni 1892.

§ 12.

Mehrere Gemeinden können sich durch übereinstimmende Beschlüsse zu gemeinsamer Gemeinde-Krankenversicherung vereinigen. I.

II. Durch Beschluß eines weiteren Kommunalverbandes kann dieser für die Gemeinde-Krankenversicherung an die Stelle der demselben angehörenden einzelnen Gemeinden gesetzt oder die Vereinigung mehrerer ihm angehörender Gemeinden zu gemeinsamer Gemeinde-Krankenversicherung angeordnet werden.

III. Wo weitere Kommunalverbände nicht bestehen, kann die Vereinigung mehrerer benachbarter Gemeinden zu gemeinsamer Gemeinde-Krankenversicherung durch Verfügung der höheren Verwaltungsbehörde angeordnet werden.

IV. Derartige Beschlüsse und Verfügungen müssen über die Verwaltung der gemeinsamen Gemeinde-Krankenversicherung Bestimmung treffen.

V. Die Beschlüsse bedürfen der Genehmigung der höheren Verwaltungsbehörde; gegen die Verfügung der letzteren, durch welche die Genehmigung versagt oder erteilt oder die Vereinigung mehrerer Gemeinden angeordnet wird, steht den beteiligten Gemeinden und Kommunalverbänden innerhalb vier Wochen die Beschwerde an die Zentralbehörde zu.

Zu § 12.

1. Die §§ 12—14 behandeln die Zusammenlegung mehrerer Gemeinden zu gemeinsamer Gemeinde-Krankenversicherung. Der § 12 betrifft die freiwillige sowie die auf Anordnung weiterer Kommunalverbände eintretende Vereinigung; für diese sind besondere Voraussetzungen nicht vorgeschrieben, sondern es wird nur die Genehmigung der höheren Verwaltungsbehörde erfordert. Der § 13 gestattet dagegen unter gewissen Voraussetzungen

(geringe Anzahl der Versicherten, fortdauerndes Mißverhältnis zwischen Einnahme und Ausgabe trotz Erhebung der Maximalbeiträge), aber auch dann nur auf Antrag der notleidenden Gemeinde und unter Ausschluß der selbständigen Gutsbezirke und Gemarkungen (§ 83), eine solche Zusammenlegung durch Anordnung der höheren Verwaltungsbehörde. § 14 behandelt sodann die Wiederauflösung dieser Vereinigungen.

Die §§ 12 bis 14 gelten nicht in Bayern, § 15 KVG. und Art. 1 Bayer. Ausf.Ges. v. 28. Febr. 1884 (jetzt Bayer. Ges. v. 26. Mai 1892). Ähnliche Vereinigungen bestehen dort in den distriktiven Krankenhausverbänden.

2. Eine Mustersatzung für eine gemeinsame Gemeinde-Krankenversicherung, von der ehemaligen Kgl. Landdrostei in Hannover für die gemeinsame, sämtliche Gemeinden des Amtsverbandes umfassende Gemeinde-Krankenversicherung der dortigen Amtsverbände entworfen, ist mit den zugehörigen Formularen in der „Arbeiter-Versorgung" Nr. 10 für 1884 S. 187 veröffentlicht. Amtliche Mustersatzungen sind ferner erlassen für Württemberg (Min.Bek. v. 20. Septbr. 1892, Min.Amtsbl. S. 289) und für Baden (Reichs- und Landesgesetze über die Krankenversicherung, amtliche Ausgabe 1892 S. 209; „Inval. u. Altersvers." Zeitschr. v. Fey u. Zeller in Darmstadt 1892 S. 41 ff.). Vgl. auch die empfehlenswerte Arbeit von Schilling: „Die gemeinsame Gemeinde-Krankenversicherung".

3. Sofern eine gemeinsame Gemeinde-Krankenversicherung eingerichtet ist, gilt für deren Verwaltung dasselbe, was für die Verwaltung der Gemeinde-Krankenversicherung in Einzelgemeinden vorgesehen ist. An die Stelle der „Gemeinde" tritt dann die Verwaltung der gemeinsamen Gemeinde-Krankenversicherung, bezw. der weitere Kommunalverband.

4. Darüber, daß den nach Abs. 2, 3 gefaßten Beschlüssen der weiteren Kommunalverbände oder der an die Stelle fehlender weiterer Kommunalverbände tretenden höheren

Verwaltungsbehörden auch die selbständigen Gutsbezirke und Gemarkungen unterworfen sind, vgl. v. Woedtke, Komm. z. KVG. Anm. 5a zu § 12.

5. Vgl. Anm. 4 zu § 9.

6. Ausf.Best.: Preußen Ziffer 1, 2, 5, 11 bis 13 Anw. v. 10. Juli 1892; Bayern Art. 1 Ges. v. 26. Mai 1892; Sachsen § 1 Verordn. v. 28. Septbr. 1883; Württemberg §§ 18ff. Verordn. v. 2. Novbr. 1892; Baden §§ 21 bis 28 Verordn. v. 3. Septbr. 1892; Hessen Ziffer 7 Anw. v. 5. Novbr. 1892.

§ 13.

I. Sind in einer Gemeinde nicht mindestens fünfzig Personen vorhanden, für welche die Gemeinde-Krankenversicherung einzutreten hat, oder ergibt sich aus den Jahresabschlüssen (§ 9 Absatz 3) einer Gemeinde, daß auch nach Erhöhung der Versicherungsbeiträge auf *drei* Prozent des ortsüblichen Tagelohnes (§ 8) die Deckung der gesetzlichen Krankenunterstützung fortlaufend Vorschüsse der Gemeindekasse erfordert, so kann auf Antrag der Gemeinde deren Vereinigung mit einer oder mehreren benachbarten Gemeinden zu gemeinsamer Krankenversicherung durch die höhere Verwaltungsbehörde angeordnet werden.

II. Trifft diese Voraussetzung für die Mehrzahl der einem weiteren Kommunalverbande angehörenden Gemeinden zu, so kann die höhere Verwaltungsbehörde anordnen, daß der weitere Kommunalverband für die Gemeinde-Krankenversicherung der ihm angehörenden Gemeinden an die Stelle der einzelnen Gemeinden zu treten hat.

über die Verwaltung der Gemeinde-Krankenversicherung sind in diesen Fällen die erforderlichen Vorschriften nach Anhörung der beteiligten Gemeinden und Verbände zu erlassen. III.

Gegen die auf Grund der vorstehenden Bestimmungen von der höheren Verwaltungsbehörde erlassenen Anordnungen und Vorschriften steht den beteiligten Gemeinden und Kommunalverbänden innerhalb vier Wochen die Beschwerde an die Zentralbehörde zu. IV.

Gemeinden von mehr als zehntausend Einwohnern können ohne ihre Einwilligung nur dann mit kleineren Gemeinden vereinigt werden, wenn ihnen die Verwaltung der gemeinsamen Gemeinde-Krankenversicherung übertragen wird. V.

Zu § 13.

1. Vgl. die Anm. 1, 2, 4 zu § 12.
2. Nach § 83 gilt dieser Paragraph nicht für die selbständigen Gutsbezirke und Gemarkungen.
3. Ausf.Best. wie bei § 12.

§ 14.

Eine auf Grund des § 12 oder des § 13 herbeigeführte Vereinigung kann auf demselben Wege wieder aufgelöst werden, auf welchem sie herbeigeführt ist. I.

Durch Beschluß des weiteren Kommunalverbandes oder Verfügung der höheren Verwaltungsbehörde kann die Auflösung nur auf Antrag einer der beteiligten Gemeinden herbeigeführt werden. II.

III. Über die Verteilung eines etwa vorhandenen Reservefonds ist, falls die Auflösung durch Beschluß erfolgt, durch diesen, falls sie von der höheren Verwaltungsbehörde angeordnet wird, in der die Auflösung anordnenden Verfügung Bestimmung zu treffen.

IV. Gegen die Verfügung der höheren Verwaltungsbehörde, durch welche die Genehmigung zu einer beschlossenen Auflösung erteilt oder versagt wird, oder durch welche die Auflösung angeordnet wird, steht den beteiligten Gemeinden und Kommunalverbänden innerhalb vier Wochen die Beschwerde an die Zentralbehörde zu.

Zu § 14.

1. Komm.Ber. S. 34: Die Auflösung soll nur dann zugelassen werden, „wenn veränderte Umstände oder die durch Erfahrung gewonnene richtigere Beurteilung der bestehenden Verhältnisse den zur Entscheidung berufenen Instanzen die Überzeugung geben, daß der Zweck des Gesetzes durch die Auflösung der Organisation besser erreicht werden würde".

2. Vgl. Anm. 4 zu § 9 und Anm. 1 zu § 12.

3. Ausf.Best.: Preußen, Bayern, Sachsen wie zu § 12; Württemberg §§ 22, 23 Verordn. v. 2. Novbr. 1892; Baden § 28 Verordn. v. 3. Septbr. 1892; Hessen Ziffer 8, 9 Anw. v. 5. Novbr. 1892.

§ 15.

Für Gemeinden, welche nach den Landesgesetzen den nach Vorschrift dieses Gesetzes versicherungspflichtigen Personen Krankenunterstützung gewähren und dagegen zur Erhebung bestimmter Beiträge berechtigt sind, gilt die landesgesetzlich geregelte Krankenversicherung als Gemeinde-Krankenversicherung im Sinne dieses Gesetzes, sofern die Unterstützung den Anforderungen dieses Gesetzes genügt und höhere Beiträge, als nach demselben zulässig sind, nicht erhoben werden. Eine hiernach etwa erforderliche Erhöhung der Unterstützung oder Ermäßigung der Beiträge muß spätestens bis zum Ablauf eines Jahres nach Inkrafttreten dieses Gesetzes herbeigeführt werden.

Zu § 15.

1. Dieser Paragraph berücksichtigt die Verhältnisse in Bayern.
2. Ausf.Best.: Bayern Ges. v. 26. Mai 1892.

Die übrigen Bestimmungen für die Gemeinde-Krankenversicherung (Pflicht der Arbeitgeber zur An- und Abmeldung ihrer Arbeiter sowie zur Beitragsleistung, Verrechnung des Arbeiterbeitrags bei den Lohnzahlungen, Beitreibung und Vorrechte der Beiträge, Verhältnis der im Wege der Armenpflege und anderweit gewährten oder zu gewährenden Unterstützungen zu der Krankenversicherung, Behandlung von Streitigkeiten) siehe im Abschnitt D (§§ 49 bis 58).

C. Orts-Krankenkassen.*)

§ 16.

Die Gemeinden sind berechtigt, für die in ihrem 1.
Bezirke beschäftigten versicherungspflichtigen Personen Orts-Krankenkassen zu errichten, sofern die Zahl der in der Kasse zu versichernden Personen mindestens einhundert beträgt.

*) Vgl. auch die gemeinsamen Bestimmungen der §§ 49 bis 58.

II. **Die Vorschriften des § 5a finden auch hier Anwendung.**

III. Die Orts-Krankenkassen sollen in der Regel für die in einem Gewerbszweige oder in einer Betriebsart beschäftigten Personen errichtet werden.

IV. Die Errichtung gemeinsamer Orts-Krankenkassen für mehrere Gewerbszweige oder Betriebsarten ist zulässig, wenn die Zahl der in den einzelnen Gewerbszweigen und Betriebsarten beschäftigten Personen weniger als einhundert beträgt.

V. Gewerbszweige oder Betriebsarten, in welchen einhundert Personen oder mehr beschäftigt werden, können mit anderen Gewerbszweigen oder Betriebsarten zu einer gemeinsamen Orts-Krankenkasse nur vereinigt werden, nachdem den in ihnen beschäftigten Personen Gelegenheit zu einer Äußerung über die Errichtung der gemeinsamen Kasse gegeben worden ist. Wird in diesem Falle Widerspruch erhoben, so entscheidet über die Zulässigkeit der Errichtung die höhere Verwaltungsbehörde.

Zu § 16.

1. Die Orts-Krankenkassen sind korporative, mit Selbstverwaltung ausgestattete Verbände von Berufsgenossen, also juristische Personen [vgl. § 25 Anm. *)], welche Eigenschaft auch den Betriebs- (Fabrik-) und Bau-Krankenkassen (vgl. auch HKG. § 5) zukommt, während die Innungs-Krankenkassen nicht selbständige Rechtssubjekte, sondern Einrichtungen der Innung sind. Die Orts-Krankenkassen sollen die regelmäßige Form der Krankenversicherung bilden, vgl. Einleitung.

„In der Regel werden die Bezirke der für Berufsgenossen zu errichtenden Krankenkassen am zweckmäßigsten so abgegrenzt werden, daß sie mit den Bezirken der Gemeinden zusammenfallen. Daher sollen die Gemeinden, welche auch ein Interesse daran haben, daß die Aufgabe der Gemeinde-Krankenversicherung durch Errichtung von organisierten Krankenkassen möglichst eingeschränkt wird, zur Errichtung der Orts-Krankenkassen berechtigt und ... (unter Umständen, § 17) ... auch verpflichtet sein. Auch hinsichtlich der Orts-Krankenkassen wird indessen, wie hinsichtlich der Gemeinde-Krankenversicherung, die Möglichkeit vorzusehen sein, Recht und Pflicht der Gemeinden auf eine Vereinigung mehrerer Gemeinden oder auf einen größeren Verband zu übertragen. Von dieser Übertragung (§ 43) wird namentlich da Gebrauch zu machen sein, wo gewisse gleichartige Gewerbebetriebe über örtliche Bezirke verbreitet sind, welche mit den Gemeindebezirken nicht zusammenfallen." (Motive.)

„Die Orts-Krankenkassen werden ihre nächste Aufgabe am besten erfüllen und eine moralische Wirkung auf ihre Mitglieder am sichersten ausüben, wenn ihre Mitglieder lediglich aus Berufsgenossen bestehen. Sie sollen daher, soweit dies möglich ist, für die in einem Gewerbe, eventuell für die in mehreren verwandten Gewerben beschäftigten Arbeiter gebildet werden. Jedoch soll, wenn die örtlichen Verhältnisse sonst eine Kassenbildung nicht ermöglichen, auch die Vereinigung verschiedenartiger und nötigenfalls selbst aller Gewerbe zu einer Krankenkasse nicht ausgeschlossen sein, da auch die verschiedenartige Elemente zusammenfassenden organisierten Krankenkassen ihre Aufgabe immer noch vollkommener erfüllen dürften als die äußerstenfalls subsidiär eintretende Gemeinde-Krankenversicherung." (Motive.) Die Regel des Abs. 3 erleidet die in Abs. 4, 5, § 17 Abs. 2, §§ 85, 86 vorgesehenen Ausnahmen.

Die §§ 16 bis 18a behandeln die Errichtung von Orts-Krankenkassen einzelner Gemeinden, die §§ 43, 43a die Bildung gemeinsamer Orts-Krankenkassen für mehrere Gemeinden; über die Vereinigung mehrerer Orts-Krankenkassen zu Verbänden für gewisse gemeinsame Maßregeln vgl. § 46. Der § 16 erörtert das Recht, § 17 die Pflicht der Gemeinde zur Errichtung; der § 18 gestattet eine Ausnahme von der Regel des § 16, und § 18a regelt eine Erweiterung bestehender Orts-Krankenkassen.

Die Frage, ob als eine „Betriebsart" im Sinne des dritten Absatzes auch der hausgewerbliche Betrieb anzusehen ist, kann bejaht werden, so daß auch Orts-Krankenkassen ausschließlich für Hausgewerbetreibende (§ 2 Abs. 1 Ziffer 4), sei es eines bestimmten Gewerbszweiges oder mehrerer oder aller Gewerbszweige, gebildet werden können (Hahn in „Arb. Vers." 1902 S. 716, 1903 S. 244; dagegen Krause das. 1903 S. 101). — Eine Verweisung der Handlungsgehülfen und -Lehrlinge in besondere Orts-Krankenkassen ist unzulässig.

Den Gemeinden stehen die Gutsherren und Gemarkungsberechtigten in selbständigen Gutsbezirken und Gemarkungen gleich, § 83.

2. Über die Beteiligung nicht versicherungspflichtiger, in den betr. Gewerbszweigen u. s. w. beschäftigter Personen vgl. § 19, § 4 Anm. 5; über die Beteiligung von Personen, welche in den betr. Gewerbszweigen die Beschäftigung aufgegeben haben, aber nicht zu einer die Mitgliedschaft in einer andern Krankenkasse begründenden Beschäftigung übergegangen sind, vgl. § 27; über die Berechtigung, durch das Kassenstatut auch andere als die in den §§ 1 bis 3 genannten Personen als Mitglieder zuzulassen, vgl. § 26a Abs. 2 Ziffer 5.

3. Ausnahmen für solche Fälle, in denen Kassen durch Vermögen, Zuwendungen u. s. w. in der Lage sich befinden, trotz geringerer Mitgliederzahl ihren Verpflichtungen gerecht zu werden, siehe in § 18.

4. Die Mitgliedschaft in der Kasse richtet sich auch hier nach der Beschäftigung; die Vorschriften des § 5a darüber, welcher Ort als „Beschäftigungsort" gelten soll, haben nach dem zweiten Absatz auch hier Geltung.

5. In Preußen entscheidet als höhere Verwaltungsbehörde der Regierungspräsident, für Berlin der Oberpräsident.

6. Ausf.Best.: Preußen Ziffer 2, 4, 5, 16, 31 Anw. v. 10. Juli 1892, Ziffer 4 Min.Verf. v. 30. Mai 1903; Bayern §§ 2, 3 Verordn. v. 8. Juni 1892, Ziffer 14—16 Min.Bek. v. 15. Oktbr. 1892; Sachsen § 1 Verordn. v. 28. Septbr. 1892; Württemberg §§ 4 ff. Verordn. v. 2. Novbr. 1892; Baden § 29 Verordn. v. 3. Septbr. 1892; Hessen Ziffer 11 Anw. v. 5. Novbr. 1892.

§ 17.

Durch Anordnung der höheren Verwaltungsbehörde kann die Gemeinde verpflichtet werden, für die in einem Gewerbszweig oder in einer Betriebsart beschäftigten Personen eine Orts-Krankenkasse zu errichten, wenn dies von Beteiligten beantragt wird und diesem Antrage, nachdem sämtlichen Beteiligten zu einer Äußerung darüber Gelegenheit gegeben ist, mehr als die Hälfte derselben und mindestens einhundert beitreten. I.

Dasselbe gilt von der Errichtung einer gemeinsamen Orts-Krankenkasse für mehrere Gewerbszweige oder Betriebsarten, wenn dem Antrage mehr als die Hälfte der in jedem Gewerbszweig oder in jeder Betriebsart beschäftigten Personen und im ganzen mindestens einhundert beitreten. II.

Gegen die Verfügung der höheren Verwaltungsbehörde, durch welche die Errichtung einer gemeinsamen Orts-Krankenkasse angeordnet wird, steht der Gemeinde innerhalb vier Wochen die Beschwerde an die Zentralbehörde zu. III.

Gemeinden, welche dieser Verpflichtung innerhalb der von der höheren Verwaltungsbehörde zu bestimmenden Frist nicht nachkommen, dürfen von denjenigen Per- IV.

sonen, für welche die Errichtung einer Orts-Krankenkasse angeordnet ist, Versicherungsbeiträge zur Gemeinde-Krankenversicherung (§ 5 Absatz 2) nicht erheben.

Zu § 17.

1. Vgl. die Anmerkungen zu § 16.

2. Ausf.Best.: Preußen Ziffer 2, 4, 5, 18, 19 Anw. v. 10. Juli 1892; Bayern §§ 3, 6 Verordn. v. 8. Juni 1892, Ziffer 16 Min.Bek. v. 15. Oktbr. 1892; Sachsen § 1 Verordn. v. 28. Septbr. 1883; Württemberg §§ 26 ff. Verordn. v. 2. Novbr. 1892; Baden § 30 Verordn. v. 3. Septbr. 1882; Hessen Ziffer 14 Anw. v. 5. Novbr. 1892.

§ 18.

Beträgt die Zahl der in einem Gewerbszweig oder einer Betriebsart beschäftigten Personen weniger als einhundert, so kann die Errichtung einer Orts-Krankenkasse gestattet werden, wenn die dauernde Leistungsfähigkeit der Kasse in einer von der höheren Verwaltungsbehörde für ausreichend erachteten Weise sichergestellt ist.

Zu § 18.

1. Die Sicherstellung geschieht durch alles, was der höheren Verwaltungsbehörde die Überzeugung von der dauernden Leistungsfähigkeit der Kasse zu geben geeignet ist. Vgl. Anm. 3 zu § 16, § 85.

2. Vgl. Anm. 2 zu § 16.

3. Ausf.Best.: Preußen Ziffer 2, 21, 31 Anw. v. 10. Juli 1892; Bayern § 3 Verordn. v. 8. Juni 1892, Sachsen § 1 Verordn. v. 28. Septbr. 1883; Württemberg §§ 26 ff. Verordn. v. 2. Novbr. 1892.

§ 18a.

I. **Die Gemeinden sind berechtigt, Gewerbszweige oder Betriebsarten, für welche eine Orts-Krankenkasse nicht**

besteht, einer bestehenden Orts-Krankenkasse nach Anhörung derselben, und nachdem den beteiligten Versicherungspflichtigen Gelegenheit zu einer Äußerung darüber gegeben worden ist, zuzuweisen. Die Zuweisung soll tunlichst an eine für verwandte Gewerbszweige oder Betriebsarten bestehende Orts-Krankenkasse erfolgen.

Gegen den Bescheid, durch welchen die Zuweisung II. **ausgesprochen wird, steht der Kasse innerhalb vier Wochen nach der Zustellung die Beschwerde an die höhere Verwaltungsbehörde zu.**

Zu § 18a.

1. Dieser Paragraph ist eingefügt worden, um insbesondere neu entstehende Gewerbszweige in die nach § 16 von der Gemeinde geregelte Organisation der Orts-Krankenkassen auch wider den Willen der letzteren einbeziehen zu können, ist aber auf derartige Fälle nicht beschränkt. Für gemeinsame Orts-Krankenkassen mehrerer Gemeinden trifft § 43a gleichartige Vorschriften. Die nach solcher Zuweisung erforderliche Änderung des Kassenstatuts (vgl. § 19 Abs. 1) kann nach § 48a Abs. 2 auch gegen den Willen der Kasse vorgenommen werden. Vgl. § 57b.

2. Ausf.Best.: Preußen Ziffer 2, 23, 31, 33 Anw. v. 10. Juli 1892; Bayern §§ 2, 3 Verordn. v. 8. Juni 1892, Ziffer 17 Min.Bek.v.15.Oktbr.1892; Württemberg §§ 26 ff. Verordn. v. 2. Novbr. 1892; Baden § 31 Verordn. v. 3. Septbr. 1892; Hessen Ziffer 24, 25 Anw. v. 5. Novbr. 1892.

§ 19.*)

Die Gewerbszweige und Betriebsarten, für welche I. eine Orts-Krankenkasse errichtet wird, sind in dem Kassenstatut (§ 23) zu bezeichnen.

Die in diesen Gewerbszweigen und Betriebsarten II.

beschäftigten Personen werden, soweit sie versicherungspflichtig sind, **vorbehaltlich der Bestimmung des § 75,** mit dem Tage, an welchem sie in die Beschäftigung eintreten, Mitglieder der Kasse, sofern sie nicht **vermöge ihrer Beschäftigung einer der in §§ 59, 69, 73, 74 bezeichneten** Kassen angehören.

III. Soweit sie nicht versicherungspflichtig sind, haben sie das Recht, der Kasse beizutreten, **sofern ihr jährliches Gesamteinkommen zweitausend Mark nicht übersteigt.** Der Beitritt erfolgt durch schriftliche oder mündliche Anmeldung bei dem Kassenvorstand oder der auf Grund des § 49 Absatz 5 errichteten Meldestelle, gewährt aber keinen Anspruch auf Unterstützung im Falle einer bereits zur Zeit dieser Anmeldung eingetretenen Erkrankung. **Die Kasse ist berechtigt, nichtversicherungspflichtige Personen, welche sich zum Beitritte melden, einer ärztlichen Untersuchung unterziehen zu lassen und ihre Aufnahme abzulehnen, wenn die Untersuchung eine bereits bestehende Krankheit ergibt.**

IV. **Sind mehrere Gewerbszweige oder Betriebsarten zu einem Betriebe vereinigt, so gehören die in diesem beschäftigten versicherungspflichtigen Personen derjenigen Orts-Krankenkasse an, welche für den Gewerbszweig oder die Betriebsart errichtet ist, in denen die Mehrzahl dieser Personen beschäftigt ist. Im Zweifel entscheidet, nach Anhörung des Betriebsunternehmers, der Vorstände der beteiligten Kassen und der Aufsichtsbehörde, die höhere Verwaltungsbehörde endgültig.**

V. Der Austritt ist versicherungspflichtigen Personen

mit dem Schlusse des Rechnungsjahres zu gestatten, wenn sie denselben spätestens drei Monate zuvor bei dem Vorstande beantragen und vor dem Austritte nachweisen, daß sie Mitglieder einer der im § 75 bezeichneten Kassen geworden sind.

Die Mitgliedschaft nichtversicherungspflichtiger Per- VI.
sonen erlischt, wenn sie die Beiträge an zwei auf einander folgenden Zahlungsterminen nicht geleistet haben.

*) Abs. 5 gilt auch für Innungs-Krankenkassen (§ 73). Im übrigen entspricht dem § 19 der § 63, welcher gleichartige Vorschriften für Betriebs-(Fabrik-)Krankenkassen und nach § 72 auch für Bau-Krankenkassen trifft.

Zu § 19.

1. Durch die Novelle von 1892 sind in Abs. 2, 4 diejenigen Abänderungen vorgenommen, welche erforderlich waren, um das Verhältnis der verschiedenen Kassen zu einander zweifelloser als nach der früheren Fassung festzustellen (vgl. Anm. 3, 4). Außerdem ist im Abs. 3, entsprechend dem § 4 Abs. 3, die freiwillige Versicherung beschränkt, auch der Kasse das Recht eingeräumt, freiwillig Beitretende ärztlich untersuchen zu lassen und ihren Beitritt abzulehnen, wenn sie sich dabei als krank erweisen. Endlich ist durch Abs. 4 die Frage der Kassenzugehörigkeit gemischter Betriebe geregelt.

2. Analog dem § 4 regelt dieser Paragraph den obligatorischen sowie den freiwilligen Eintritt in die Orts-Krankenkasse und den Austritt aus derselben. Die freiwillige Fortsetzung des Versicherungsverhältnisses durch solche Personen, welche gezwungen oder freiwillig der Orts-Krankenkasse beigetreten waren, demnächst aber die Voraussetzung dieses Verhältnisses (die Beschäftigung in dem Betriebe) ohne Übertritt zu einer die Mitgliedschaft in einer anderen Krankenkasse bedingenden anderen Beschäftigung aufgegeben haben, regelt dagegen § 27.

3. Nach den Bestimmungen des § 19 gehören versicherungspflichtige Personen, welche in den einer Orts-

Krankenkasse zugewiesenen Gewerbszweigen oder Betriebsarten beschäftigt sind, kraft Gesetzes dieser Orts-Krankenkasse an; nur dann ist dies nicht der Fall, wenn sie entweder Mitglieder einer die Mindestleistungen gewährenden Hilfskasse sind (§ 75) oder vermöge ihrer Beschäftigung einer Betriebs- (Fabrik-), Bau-, Innungs- oder Knappschaftskasse anzugehören haben (Abs. 2). Versicherungspflichtige Personen, welche hiernach Mitglieder der Orts-Krankenkasse sind, bleiben so lange Mitglieder, bis sie nach Maßgabe des Abs. 5 ihren Übertritt zu einer Hilfskasse vollziehen oder die die Mitgliedschaft begründende Beschäftigung aufgeben. Sobald letzteres geschieht, scheiden sie aus, dürfen aber freiwillig in der Kasse weiter verbleiben, falls sie nicht in eine Beschäftigung eintreten, durch welche sie obligatorisches Mitglied einer anderen organisierten Kasse werden (§ 27). Vgl. Anm. 3, 4 zu § 27.

Nichtversicherungspflichtige, in den betr. Gewerbszweigen oder Betriebsarten beschäftigte Personen (Anm. 5 zu § 4) bis zu 2000 Mark Jahreseinkommen, sowie die durch Kassenstatut zum freiwilligen Beitritt zugelassenen sonstigen Personen bis zu 2000 Mark Jahreseinkommen (§ 26a Abs. 2 Ziffer 5) dürfen der Orts-Krankenkasse freiwillig beitreten (Abs. 3); ihre Mitgliedschaft erlischt, sofern sie vermöge ihrer Beschäftigung Zwangsmitglieder einer anderen organisierten Krankenkasse werden oder freiwillig bezw. gemäß Abs. 6 durch Nichtentrichtung der Beiträge ausscheiden.

4. Ein Versicherungspflichtiger kann niemals gleichzeitig zwei organisierten Krankenkassen oder einer organisierten Krankenkasse und der Gemeinde-Krankenversicherung angehören. (Vgl. Anm. 1 zu § 11.) Wohl aber kann er gleichzeitig einer organisierten Krankenkasse bezw. einer Gemeinde-Krankenversicherung und einer oder mehreren Hilfskassen angehören, doch hat er in solchem Fall unter Umständen eine Kürzung des Krankengeldes zu erwarten, vgl. § 26a Abs. 1.

5. Über den Einfluß der Begründung eines neuen Versicherungsverhältnisses auf „schwebende" Unterstützungsansprüche vgl. Hahn im Verwaltungsarchiv 5 S. 259ff.

6. Ausf.Best.: Bayern §§ 3, 4 Verordn. v. 8. Juni 1892, Ziffer 18 Min.Bek. v. 15. Oktbr. 1892.

§ 20.*)

Die Orts-Krankenkassen sollen mindestens gewähren: I.

1. **im Falle einer Krankheit oder durch Krankheit herbeigeführten Erwerbsunfähigkeit** eine Krankenunterstützung, welche nach §§ 6, 7, 8 mit der Maßgabe zu bemessen ist, daß der **durchschnittliche** Tagelohn derjenigen Klassen der Versicherten, für welche die Kasse errichtet wird, soweit er *vier* Mark für den Arbeitstag nicht überschreitet, an die Stelle des ortsüblichen Tagelohnes gewöhnlicher Tagearbeiter tritt;
2. eine Unterstützung **in Höhe des Krankengeldes** an Wöchnerinnen, **welche innerhalb des letzten Jahres, vom Tage der Entbindung ab gerechnet, mindestens sechs Monate hindurch einer auf Grund dieses Gesetzes errichteten Kasse oder einer Gemeinde-Krankenversicherung angehört haben,** auf die Dauer von *sechs* Wochen nach ihrer Niederkunft;
3. für den Todesfall eines Mitgliedes ein Sterbegeld im zwanzigfachen Betrage des **durchschnittlichen** Tagelohnes **(Ziffer 1).**

Die Feststellung des durchschnittlichen Tagelohnes II. kann auch unter Berücksichtigung der zwischen den Kassenmitgliedern hinsichtlich der Lohnhöhe bestehenden Verschiedenheiten klassenweise erfolgen. Der durchschnittliche Tagelohn einer Klasse darf in diesem Falle nicht über den Betrag von *fünf* Mark festgestellt werden.

III. **Verstirbt ein als Mitglied der Kasse Erkrankter nach Beendigung der Krankenunterstützung, so ist das Sterbegeld zu gewähren, wenn die Erwerbsunfähigkeit bis zum Tode fortgedauert hat und der Tod infolge derselben Krankheit vor Ablauf eines Jahres nach Beendigung der Krankenunterstützung eingetreten ist.**

IV. **Das Sterbegeld ist zunächst zur Deckung der Kosten des Begräbnisses bestimmt und in dem aufgewendeten Betrage demjenigen auszuzahlen, welcher das Begräbnis besorgt. Ein etwaiger Überschuß ist dem hinterbliebenen Ehegatten, in Ermangelung eines solchen den nächsten Erben auszuzahlen. Sind solche Personen nicht vorhanden, so verbleibt der Überschuß der Kasse.**

V. *In den Fällen, in welchen auf Grund der Reichsgesetze über Unfallversicherung gleichfalls ein Anspruch auf Sterbegeld begründet ist, ist der Kasse bis zur Höhe des von ihr gewährten Sterbegeldes durch Überweisung des auf Grund der Unfallversicherungsgesetze zu gewährenden Sterbegeldes Ersatz zu leisten.*

*) § 20 gilt auch für Betriebs- (Fabrik-) und Bau-Krankenkassen (§§ 64, 72), sowie für Innungs-Krankenkassen (§ 73) und Knappschaftskassen (§ 74), der Abs. 5 des § 20 auch für die im § 75 bezeichneten Hilfskassen ohne Beitrittszwang (§ 76).

Zu § 20.

1. Die Orts-Krankenkassen haben, ebenso wie nach § 5 die Gemeinde-Krankenversicherungen, die Krankenunterstützung nicht nur im Falle der Krankheit, sondern auch im Fall einer „durch Krankheit herbeigeführten Erwerbsunfähigkeit“ zu ge-

währen. Über den Begriff „Erwerbsunfähigkeit" vgl. § 5 Anm. 2. Die Wöchnerinnenunterstützung ist erhöht worden; ebenso der angenommene Lohnsatz in Abs. 1 Ziffer 1, Abs. 2. Für das Sterbegeld ist der durchschnittliche Tagelohn (nach Ziffer 1), anstatt früher des ortsüblichen Tagelohns (§ 8), maßgebend; die Gewährung von Sterbegeld ist unter Umständen auch über die Dauer der Krankenunterstützung hinaus angeordnet und die Auszahlung des Sterbegeldes geregelt; auch ist festgestellt worden, „daß die Absicht nicht bestanden hat, den Hinterbliebenen von Unfallverletzten doppeltes Sterbegeld, nämlich von der Krankenkasse und von der Berufsgenossenschaft, zu gewähren. Nachdem aus der Fassung der §§ 15, 25 des Gewerbe-Unfallversicherungsgesetzes Zweifel hergeleitet worden sind, ob ihr Wortlaut dieser gesetzgeberischen Absicht entsprechend gewählt ist, stellt der Entwurf klar, daß die Berufsgenossenschaft für das Sterbegeld gemäß § 15 a. a. O. haftet und den Betrag des Sterbegeldes der Krankenkasse zu erstatten hat, soweit diese jenen Betrag hat zahlen müssen." (Mot. von 1903 S. 12; vgl. die zutreffende Ausführung in v. Woedtke-Caspar, Komm. z. GUVG., Anm. 1 zu § 25).

2. Der § 20 bestimmt die Mindestleistungen der Orts-Krankenkassen, § 21 die zulässigen Erhöhungen und Erweiterungen, §§ 26, 26a die in einzelnen besonderen Fällen statthaften Änderungen der Kassenleistungen. Die Kassenleistungen müssen bei den organisierten Krankenkassen innerhalb der gesetzlichen Grenzen durch ein Statut festgestellt werden, während sie bei der Gemeinde-Krankenversicherung, die auch ohne besondere Beschlüsse der Gemeinden sofort durchführbar ist, schon auf Grund des Gesetzes feststehen und nur in wenigen Punkten modifiziert, aber nach § 10 wesentlich erhöht oder erweitert werden dürfen.

Der Mindestbetrag der von den organisierten Krankenkassen zu gewährenden Krankenunterstützung entspricht demjenigen, was die Gemeinde-Krankenversicherung zu leisten hat, „jedoch mit der durch die in höherem oder geringerem Grade vorhandene Gleichartigkeit der Kassenmitglieder gerechtfertigten Modifikation, daß an die Stelle des ortsüblichen Tagelohnes gewöhnlicher Tagearbeiter der Durchschnittstagelohn derjenigen Klasse von Versicherten tritt, für welche die Kasse errichtet ist". (Vgl. auch § 26a Ziffer 6!) „Mit Rücksicht auf die bisherige Entwickelung des Krankenkassenwesens soll den organisierten Krankenkassen allgemein zugleich die Funktion von Sterbekassen übertragen werden. Von jeher ist die Krankenversicherung der Regel nach mit Sterbegeldversicherung verbunden gewesen. Auch die Gesetzgebung hat diese Verbindung bisher stets, wenn auch meist nur als fakultative, aufrecht erhalten, und die unteren Volksklassen legen erfahrungsmäßig auf die Sicherung eines anständigen Begräbnisses einen gleich hohen, ja meist einen höheren Wert, als auf die Sicherung einer Unterstützung in Krankheitsfällen. Die Befugnis zur Erhöhung und Erweiterung der Kassenleistungen wird so zu begrenzen sein, daß die Leistungsfähigkeit der Kassen dadurch nicht gefährdet und ihre Wirksamkeit nicht auf Versicherungen ausgedehnt werden kann, für welche ihre Organisation nicht ausreicht und ein Zwang in dieser Form nicht gerechtfertigt erscheint." (Motive S. 36.)

Zu den Mindestleistungen der organisierten Krankenkassen gehört ferner die Unterstützung von selbst versicherten Wöchnerinnen, welche im Wochenbett nicht eigentlich krank sind. Man will dadurch ein zu frühes, der Gesundheit schädliches Arbeiten der Wöchnerinnen verhindern, vgl. § 137 Abs. 5 GO., jedoch erlischt der Anspruch auf Wöchnerinnen-Unterstützung nicht, wenn die Wöchnerin ihre Erwerbstätigkeit wiederaufnimmt (anders § 21 Ziffer 4). Gestaltet sich das Wochenbett zu einer Krankheit, so tritt die Bestimmung der Ziffer 1 (d. h. volle Krankenunterstützung) ein, wie der Kommissionsbericht ausdrücklich konstatiert. Für die nicht selbst versicherungspflichtigen Ehefrauen der Kassenmitglieder gehört außer der Krankenbehandlung eine der Wöchnerinnen-Unterstützung gleiche Schwangeren-Unterstützung sowie freie Gewährung der erforderlichen Hebammendienste und freie ärztliche Behandlung der Schwangerschaftsbeschwerden zu den statutarisch zulässigen Leistungen, § 21 Abs. 1 Ziffer 5. — Die Dauer der Wöchnerinnen-Unterstützung ist durch die Novelle von 1903 im § 20 Ziffer 2 allgemein auf 6 Wochen verlängert worden, und zwar ohne Rücksicht auf die Arbeitsfähigkeit der Wöchnerin.

3. Der durchschnittliche Tagelohn (Ziffer 1) wird bei Orts-Krankenkassen auch der Bemessung der Beiträge zu Grunde gelegt (§§ 22, 31). Übersteigt er den Betrag von täglich 4 oder bei klassenweiser Abstufung (Abs. 2) von täglich 5 Mark, so kommt der diesen Betrag übersteigende Teil desselben nicht in Rechnung.

Der für die Krankenversicherung festgesetzte durchschnittliche Tagelohn der Mitglieder von Orts- und anderen organisierten Krankenkassen ist auch für deren Beiträge und Renten in der Invalidenversicherung maßgebend, §§ 34, 35 JVG.

4. An Stelle des „durchschnittlichen Tagelohns" kann der Individuallohn der einzelnen Versicherten bis zu täglich 5 Mark gesetzt werden, vgl. § 26a Abs. 2 Ziffer 6; dieser ist dann ebenfalls maßgebend für die Beiträge und Renten der betr. Kassenmitglieder bei der Invalidenversicherung, §§ 34, 35 JVG.

5. Durch Abs. 3 ist eine Streitfrage, die sich aus der ältern Fassung ergab, erledigt. Es soll ein Sterbegeld für Personen, welche als Kassenmitglieder erkrankt und während der vorgeschriebenen Zeit unterstützt sind, auch dann gewährt werden, wenn sie nach Beendigung der Krankenunterstützung versterben, aber nur unter der Voraussetzung, daß 1. die Erwerbsunfähigkeit bis zum Tode fortgedauert hat, 2. der Tod die Folge derselben Krankheit war und 3. der Tod vor Ablauf eines Jahres seit Beendigung der Krankenunterstützung eingetreten ist.

6. Wegen Absatz 5 vgl. Anm. 1 a. E.

7. Für die Übergangszeit vgl. unten Art. III der Novelle vom 25. Mai 1903.

8. Ausf.Best.: Preußen Ziffer 7, 20, 21, 23 Anw. v. 10. Juli 1892, Ziffer 2e Min.Verf. v. 30. Mai 1903; Bayern Ziffer 19 Min.Bek. v. 15. Oktbr. 1892; Sachsen § 1 Verordn. v. 28. Septbr. 1883; Baden § 32 Verordn. v. 3. Septbr. 1892; Hessen Ziffer 2 Anw. v. 5. Novbr. 1892.

§ 21.*)

I. Eine Erhöhung und Erweiterung der Leistungen der Orts-Krankenkassen ist in folgendem Umfange zulässig:

1. Die Dauer der Krankenunterstützung kann auf einen längeren Zeitraum als *sechsundzwanzig* Wochen bis zu einem Jahre festgesetzt werden.

1a. **Das Krankengeld kann allgemein oder unter bestimmten Voraussetzungen schon vom Tage des Eintritts der Erwerbsunfähigkeit ab, sowie für Sonn- und Festtage gewährt werden, sofern dieses sowohl von der Vertretung der zu Beiträgen verpflichteten Arbeitgeber (§ 38) als auch von derjenigen der Versicherten beschlossen wird, oder sofern der Betrag des gesetzlich vorgeschriebenen Reservefonds erreicht ist.**

2. Das Krankengeld kann auf einen höheren Betrag, und zwar bis zu drei Viertel des durchschnittlichen Tagelohnes (§ 20) festgesetzt werden; neben freier ärztlicher Behandlung und Arznei können auch andere als die im § 6 bezeichneten Heilmittel gewährt werden.

2a. *Neben freier Kur und Verpflegung in einem Krankenhause kann, falls der Untergebrachte Angehörige hat, deren Unterhalt bisher aus seinem Arbeitsverdienste bestritten wurde, ein Krankengeld bis zur Hälfte des durchschnittlichen Tagelohns (§ 20) bewilligt werden.*

3. Neben freier Kur und Verpflegung in einem Krankenhause kann Krankengeld bis zu einem *Viertel* des durchschnittlichen Tagelohnes (§ 20)

auch solchen bewilligt werden, welche nicht den Unterhalt von Angehörigen aus ihrem Lohne bestritten haben.

3a. **Für die Dauer eines Jahres von Beendigung der Krankenunterstützung ab kann Fürsorge für Rekonvaleszenten, namentlich auch Unterbringung in einer Rekonvaleszentenanstalt gewährt werden.**

4. *Schwangeren, welche mindestens sechs Monate der Kasse angehören, kann eine der Wöchnerinnen-Unterstützung gleiche Unterstützung wegen der durch die Schwangerschaft verursachten Erwerbsunfähigkeit bis zur Gesamtdauer von sechs Wochen gewährt werden. Auch kann freie Gewährung der erforderlichen Hebammendienste und freie ärztliche Behandlung der Schwangerschaftsbeschwerden beschlossen werden.*

5. Freie ärztliche Behandlung, freie Arznei und sonstige Heilmittel können für erkrankte Familienangehörige der Kassenmitglieder, sofern sie nicht selbst dem Krankenversicherungszwange unterliegen, **auf besonderen Antrag oder allgemein** gewährt werden. Unter derselben Voraussetzung kann für Ehefrauen der Kassenmitglieder die nach **Ziffer 4** zulässige Unterstützung gewährt werden.

6. Das Sterbegeld kann auf einen höheren als den zwanzigfachen Betrag, und zwar bis zum vierzigfachen Betrage des **durchschnittlichen** Tagelohnes (§ 20) erhöht, *auch kann ein Mindestbetrag von fünfzig Mark festgesetzt* werden.

7. Beim Tode der Ehefrau oder eines Kindes eines Kassenmitgliedes kann, sofern diese Personen nicht selbst **in einem gesetzlichen Versicherungsverhältnisse stehen, auf Grund dessen ihren Hinterbliebenen ein Anspruch auf Sterbegeld zusteht,** ein Sterbegeld, und zwar für erstere im Betrage bis zu zwei Dritteln, für letztere bis zur Hälfte des für das Mitglied festgestellten Sterbegeldes gewährt werden.

II. Auf weitere Unterstützungen, namentlich auf Invaliden-, Witwen- und Waisenunterstützungen, dürfen die Leistungen der Orts-Krankenkassen nicht ausgedehnt werden.

*) Dieser Paragraph gilt auch für Betriebs- (Fabrik-), Bau- und Innungs-Krankenkassen (§§ 64, 72, 73).

Zu § 21.

1. Diese Vorschriften handeln von den statutarischen Mehrleistungen der Orts-Krankenkassen. Die Ziffer 1a entspricht dem für die Gemeinde-Krankenversicherung geltenden § 6a Ziffer 4 mit der im Interesse der Sicherheit der Kasse für erforderlich erachteten Maßgabe, daß die Beseitigung der Karenzzeit u. s. w. nur unter Zustimmung beider Gruppen von Beteiligten (§§ 37, 38, 38a), andernfalls erst nach Erreichung des gesetzlich vorgeschriebenen Reservefonds (§ 32) zulässig sein soll. — Zu Ziffer 2a vgl. § 7 Anm. 3; es muß jedoch nach dem Wortlaute der Ziffer 2a angenommen werden, daß (im Gegensatze zu § 7 Abs. 2) die Unterstützung der Angehörigen gemäß Ziffer 2a unter die Vorschrift des § 26a Ziffer 2 fällt. — „Über die Frage, ob den in Walderholungsstätten untergebrachten oder von solchen Gebrauch machenden Genesenden ein Krankengeld bezw. eine Geldunterstützung gewährt werden dürfe, ergab sich sowohl seitens der Bundesratsvertreter als der

Kommission folgende übereinstimmende Meinung: Die Rekonvaleszenten seien nicht mehr als Kranke im Sinne des Krankenversicherungsgesetzes anzusehen; daher könne ihnen ein Krankengeld in keinem Falle mehr gewährt werden; maßgebend für sie sei vielmehr das Bedürfnis der Rekonvaleszenz in jedem Einzelfalle. Zu diesem Zwecke könnten Badekuren, Luftkuren u. s. w., und wenn das Bedürfnis es erheische, auch Geldunterstützungen, auch bis zum Betrage des Krankengeldes, nur nicht als Krankengeld gewährt werden. Eine grundsätzliche Regel sei nicht aufzustellen; es müsse von Fall zu Fall darüber entschieden werden." (Komm. Bericht 1903 S. 26.)

Zufolge der neuen Ziffer 4, welche der Initiative des Reichstags entstammt, ist die Kasse befugt, ihren weiblichen Versicherten, schon vor Beginn der Wöchnerinnen-Unterstützung (§ 20 Ziffer 2) und außer dieser, eine Schwangeren-Unterstützung sowie freie ärztliche Behandlung der Schwangerschaftsbeschwerden und freie Hebammendienste zu gewähren. Voraussetzung ist, daß die Schwangere mindestens 6 Monate „der", d. h. dieser, Kasse angehört hat (anders § 20 Ziffer 2), sowie daß eine Erwerbsunfähigkeit als Folge der Schwangerschaft eingetreten ist (anders § 20 Ziffer 2). Die 6wöchige Gesamtdauer der Schwangeren-Unterstützung braucht nicht in einer ununterbrochenen Zeitfolge zu bestehen; die neben der Schwangeren-Unterstützung zulässige freie Behandlung gemäß Ziffer 4 Satz 2 ist auf eine bestimmte Zeitdauer gesetzlich nicht beschränkt worden. — Zu Ziffer 5: Nach der Regierungsvorlage zur Novelle von 1903, in welcher (wie im ganzen Gesetze alle bisherigen Citate) absichtlich die Worte „Ziffer 4" stehen geblieben waren, obgleich die bisherige Ziffer 4 wegen der Abänderung in § 20 Ziffer 2 entbehrlich wurde, war nur die Auslegung möglich, daß den nicht selbst versicherungspflichtigen Ehefrauen der Kassenmitglieder „im Falle der Entbindung" (diese Worte der bisherigen Ziffer 5 hat der Reichstag gestrichen) die nach der bisherigen Ziffer 4 zulässige Wöchnerinnen-

Unterstützung nach wie vor solle gewährt werden können. Nach dem Wortlaute der vom Reichstage dem § 21 gegebenen abgeänderten Fassung ist aber für die nicht selbst versicherungspflichtigen Ehefrauen der Kassenmitglieder die Schwangeren-Unterstützung nebst den übrigen in der jetzigen Ziffer 4 bezeichneten Leistungen an die Stelle einer Wöchnerinnen-Unterstützung getreten. Immerhin gibt die neue Fassung in vielen Fällen die Möglichkeit nicht nur gleichwertiger, sondern noch höherwertiger Leistungen. Insbesondere in der freien Hebammenhilfe sind alle für den Entbindungsakt nötigen Hebammendienste einbegriffen, also auch diejenigen, welche vor und nach der Entbindung erforderlich werden. Die Worte „unter derselben Voraussetzung" bedeuten, daß der 2. Satz der Ziffer 5 Platz greift, falls die Ehefrauen der Kassenmitglieder nicht selbst dem Krankenversicherungszwange unterliegen. Die Ziffer 5 gestattet neben der zulässigen allgemeinen Krankenfürsorge für Angehörige auch eine solche, die, wie bei der Gemeinde-Krankenversicherung (§ 6a Ziffer 5), nur auf besonderen Antrag eintritt. In Fällen der letzteren Art darf ein besonderer Zusatzbeitrag erhoben werden (§ 22 Abs. 2). — „Erwerbsunfähigkeit" im Sinne der Ziffer 5 setzt nicht voraus, daß die Ehefrau des Kassenmitglieds regelmäßig eine andere als hauswirtschaftliche Tätigkeit ausübt („Berufsinvalidität"), im übrigen vgl. § 5 Anm. 2.

2. Die Zulassung einer Versicherung von Familienangehörigen ohne besonderen Beitrag gibt, wie ein Regierungsvertreter bei den Verhandlungen über das Krankenversicherungsgesetz ausführte, einem großen Prinzip Ausdruck, nämlich dem Prinzip der Solidarität des deutschen Hauses und der deutschen Familie. (Sten. Ber. 1883 S. 2108.)

3. Wegen Invaliden-, Witwen- und Waisenunterstützungen vgl. §§ 85, 86.

4. Ausf.Best.: Preußen Ziffer 2f Min.Verf. v. 30. Mai 1903; Bayern Nr. 10 Min.Bek. I v. 15. Mai 1884; Elsaß-Lothr. Nr. II B 4 Abs. 6 Min.Verf. v. 14. März 1884.

§ 22.*)

Die Beiträge zu den Orts-Krankenkassen sind in Prozenten des durchschnittlichen Tagelohnes (§ 20) so zu bemessen, daß sie unter Einrechnung der etwaigen sonstigen Einnahmen der Kasse ausreichen, um die statutenmäßigen Unterstützungen, die Verwaltungskosten und die zur Ansammlung oder Ergänzung des Reservefonds (§ 32) erforderlichen Rücklagen zu decken. I.

Krankenkassen, welche die im § 21 Absatz 1 Ziffer 5 bezeichneten besonderen Leistungen auf Antrag gewähren, sind nach Bestimmung des Statuts befugt, für diese Leistungen von Kassenmitgliedern mit Familienangehörigen einen besonderen, allgemein festzusetzenden Zusatzbeitrag zu erheben. II.

Orts-Krankenkassen, welche für verschiedene Gewerbszweige oder Betriebsarten errichtet sind, können die Höhe der Beiträge für die einzelnen Gewerbszweige und Betriebsarten verschieden bemessen, wenn und soweit die Verschiedenheit der Gewerbszweige und Betriebsarten eine erhebliche Verschiedenheit der Erkrankungsgefahr bedingt. Festsetzungen dieser Art bedürfen der Genehmigung der höheren Verwaltungsbehörde. III.

*) Dieser Paragraph gilt auch für Betriebs- (Fabrik-), Bau- und Innungs-Krankenkassen (§§ 64, 72, 73).

Zu § 22.

1. Motive: „Selbstverständlich müssen die Beiträge der Kassenmitglieder so bemessen werden, daß dieselben zusammen mit etwa vorhandenen sonstigen Einnahmen unter allen Umständen — mag die Kasse sich auf die gesetzlichen Mindestleistungen beschränken oder darüber hinausgehen —

zur nachhaltigen Deckung der Verpflichtungen der Kasse ausreichen ... Die Entscheidung darüber, ob die Bestimmungen des Kassenstatuts in dieser Beziehung der Anforderung des Gesetzes genügen, muß der für die Genehmigung des Statuts zuständigen Behörde übertragen werden." Vgl. §§ 30 ff. Wegen der Abrundung der Lohnhöhe vgl. Anm. 4 zu § 6. Wegen „sonstiger Einnahmen" der Kassen vgl. auch § 148 Abs. 3, § 151 Abs. 2 JVG.

2. Sind die Löhne zum Zweck der Krankenunterstützung klassenweise abgestuft, so muß diese Abstufung auch für die Bemessung der Beiträge maßgebend sein. Wird das Krankengeld nach dem Individuallohn gewährt, so muß letzterer auch den Beiträgen zu Grunde gelegt werden (§ 26a Ziffer 6).

3. Wegen des Abs. 2 vgl. Anm. 1 zu § 21 sowie § 52b. Der Abs. 3 gestattet die Einführung von Gefahrenklassen.

4. Ausf.Best.: Preußen Ziffer 20 bis 23 Anw. v. 10. Juli 1892; Bayern § 3 Verordn. v. 8. Juni 1892; Württemberg §§ 30, 35, 36 Verordn. v. 2. Novbr. 1892; Baden § 33 Verordn. v. 3. Septbr. 1892; Hessen Ziffer 15, 16 Anw. v. 5. Novbr. 1892.

§ 23.*)

I. Für jede Orts-Krankenkasse ist von der Gemeindebehörde nach Anhörung der Beteiligten oder von Vertretern derselben ein Kassenstatut zu errichten.

II. Dasselbe muß Bestimmung treffen:

1. über die Klassen der dem Krankenversicherungszwange unterliegenden Personen, welche der Kasse als Mitglieder angehören sollen;
2. über Art und Umfang der Unterstützungen;
3. über die Höhe der Beiträge;
4. über die Bildung des Vorstandes und den Umfang seiner Befugnisse;

5. über die Zusammensetzung und Berufung der Generalversammlung und über die Art ihrer Beschlußfassung;
6. über die Abänderung des Statuts;
7. über die Aufstellung und Prüfung der Jahresrechnung.

Das Statut darf keine Bestimmung enthalten, welche mit dem Zwecke der Kasse nicht in Verbindung steht oder gesetzlichen Vorschriften zuwiderläuft. III.

*) Dieser Paragraph gilt vorbehaltlich der Modifikation nach § 64 auch für Betriebs- (Fabrik-) und Bau-Krankenkassen (§§ 64, 72.)

Zu § 23.

1. Motive: „Da die Gemeinden für die Begründung der Orts-Krankenkassen verantwortlich sind, so müssen ihre Organe auch zur Errichtung des Kassenstatuts berechtigt und verpflichtet sein, ohne an eine entscheidende Mitwirkung der Beteiligten, welche unter Umständen das Zustandekommen der Kasse unmöglich machen könnte, gebunden zu sein." Wegen Unklarheiten bei Bestimmung derjenigen Kategorieen, für welche die Kasse bestimmt ist (Abs. 2 Ziffer 1), vgl. §§ 57 b, 58.

2. Über weitere Punkte, die das Statut regeln muß, vgl. § 27 (gewisse Angelegenheiten freiwilliger, auswärts sich aufhaltender Kassenmitglieder), § 49 (Meldestelle), § 52 (Zahlungstermin). Vgl. auch §§ 37 ff. wegen der Vertretung in der Generalversammlung. Natürlich muß die Kasse auch einen besonderen Namen erhalten, vgl. § 25; ebenso ist eine Bestimmung über den Sitz der Kasse zu treffen, besonders wenn ihr Bezirk mehrere Gemeinden umfaßt.

3. Vom Bundesrat sind Mustersatzungen für Orts-Krankenkassen (für einen sowie für mehrere Betriebszweige) und für Betriebs-(Fabrik-)Krankenkassen beschlossen; denselben sind erläuternde Bemerkungen beigefügt (Centralblatt f. d. Deutsche Reich 1892 Nr. 29 S. 515, 1903, Nr. 30, S. 243; vgl. Anhang X

dieses Buchs). Die Kgl. Württembergische Regierung hat Mustersatzungen zu gemeinsamen Orts-Krankenkassen und zu gemeinsamen Gemeinde-Krankenversicherungen für mehrere Gemeinden ebenfalls mit erläuternden Bemerkungen veröffentlicht (Min.Bek. v. 20. Septbr. 1892, Min.Amtsbl. S. 289).

4. Ausf.Best.: Preußen Ziffer 2, 4, 36, 43, 52 Anw. v. 10. Juli 1892, Min.Verf. v. 30. Mai 1903; Bayern § 2 Verordn. v. 8. Juni 1892, Ziffer 20 Min.Bek. v. 15. Oktbr. 1892; Sachsen § 1 Verordn. v. 28. Jan. 1883; Württemberg Min.Bek. v. 20. Septbr. 1892; Baden §§ 34, 35 Verordn. v. 3. Septbr. 1892.

§ 24.*)

I. Das Kassenstatut bedarf der Genehmigung der höheren Verwaltungsbehörde. Bescheid ist innerhalb sechs Wochen zu erteilen. Die Genehmigung darf nur versagt werden, wenn das Statut den Anforderungen dieses Gesetzes nicht genügt **oder wenn die Bestimmung über die Klassen von Personen, welche der Kasse angehören sollen (§ 23 Absatz 2 Ziffer 1), mit den Bestimmungen des Statuts einer andern Kasse im Widerspruch steht.** Wird die Genehmigung versagt, so sind die Gründe mitzuteilen. Der versagende Bescheid kann im Wege des Verwaltungsstreitverfahrens, wo ein solches nicht besteht, im Wege des Rekurses nach Maßgabe der Vorschriften der §§ 20, 21 der Gewerbeordnung angefochten werden.

II. Abänderungen des Statuts unterliegen der gleichen Vorschrift.

III. **Jedes Mitglied erhält ein Exemplar des Kassenstatuts und etwaiger Abänderungen.**

IV. **Den Zeitpunkt, mit welchem die Kasse ins Leben tritt, bestimmt die höhere Verwaltungsbehörde.**

*) Die Bestimmungen dieses Paragraphen gelten auch für Betriebs- (Fabrik-) und Bau-Krankenkassen (§§ 64, 72).

Zu § 24.

1. Abs. 1 enthält die Gründe, welche zur Versagung der Genehmigung des Kassenstatuts berechtigen.

2. Der binnen sechs Wochen zu erteilende Bescheid braucht kein abschließender zu sein; vgl. v. Woedtke, Komm. z. KVG. Anm. 3 zu § 24.

3. In Preußen ist höhere Verwaltungsbehörde für die Genehmigung der Statuten der Bezirksausschuß; an diesen hat der Reg.-Präs. die von ihm instruierte Sache nach Festsetzung der Durchschnittslöhne und ihrer Abstufungen abzugeben. Diese Festsetzung sowie die Genehmigung einer verschiedenen Bemessung der Beiträge (§ 22 Abs. 3) und die Zuweisung weiterer Gewerbszweige und Betriebsarten (§§ 18a, 43a, 47 Abs. 6) sind für den Bezirksausschuß bindend. Als Rechtsmittel, wenn der Bezirksausschuß die Genehmigung des Statuts versagt oder nur unter Bedingungen erteilt, ist das Verwaltungsstreitverfahren (vor dem Bezirksausschuß vorbehaltlich der Revision) gegeben. Verordn. v. 9. Aug. 1892 (Ges.S. S. 239).

4. Die beim Mangel eines landesrechtlichen Verwaltungsstreitverfahrens maßgebenden §§ 20, 21 der Gewerbeordnung lauten:

„§ 20. Gegen den Bescheid ist Rekurs an die nächstvorgesetzte Behörde zulässig, welcher bei Verlust desselben binnen vierzehn Tagen, vom Tage der Eröffnung des Bescheids an gerechnet, gerechtfertigt werden muß.

Der Rekursbescheid ist den Parteien schriftlich zu eröffnen und muß mit Gründen versehen sein.

§ 21. Die näheren Bestimmungen über die Behörden und das Verfahren, sowohl in der ersten als in der Rekurs-Instanz, bleiben den Landesgesetzen vorbehalten. Es sind jedoch folgende Grundsätze einzuhalten:

1. In erster oder in zweiter Instanz muß die Entscheidung hörde ist befugt, Untersuchungen an Ort und Stelle

zu veranlassen, Zeugen und Sachverständige zu laden und eidlich zu vernehmen, überhaupt den angetretenen Beweis in vollem Umfange zu erheben.

2. Bildet die kollegiale Behörde die erste Instanz, so erteilt sie ihre Entscheidung in öffentlicher Sitzung, nach erfolgter Ladung und Anhörung der Parteien, auch in dem Falle, wenn zwar Einwendungen nicht angebracht sind, die Behörde aber nicht ohne weiteres durch eine kollegiale Behörde erfolgen. Diese Be- die Genehmigung erteilen will, und der Antragsteller innerhalb vierzehn Tagen nach Empfang des die Genehmigung versagenden oder nur unter Bedingungen erteilenden Bescheids der Behörde auf mündliche Verhandlung anträgt.

3. Bildet die kollegiale Behörde die zweite Instanz, so erteilt sie stets ihre Entscheidung in öffentlicher Sitzung, nach erfolgter Ladung und Anhörung der Parteien.

4. Als Parteien sind der Unternehmer (Antragsteller) sowie diejenigen Personen zu betrachten, welche Einwendungen erhoben haben.

5. Die Öffentlichkeit der Sitzungen kann unter entsprechender Anwendung der §§ 173 bis 176 des Gerichtsverfassungsgesetzes ausgeschlossen oder beschränkt werden."

5. Wegen Abänderung einer Genehmigung vgl. § 48a.

6. Ausf.Best.: Preußen Ziffer 2, 20ff., 35ff. Anw. v. 10. Juli 1892; Bayern Art. 3, 5 Ges. v. 26. Mai 1892, § 3 Verordn. v. 8. Juni 1892, Ziffer 20 bis 23 Min.Bek. v. 15. Oktober 1892; Sachsen § 1 Verordn. v. 28. Septbr. 1883; Baden §§ 36, 37 Verordn. v. 3. Septbr. 1892; Hessen §§ 7, 13 Anw. v. 5. Novbr. 1892.

§ 25.*)

I. Die Orts-Krankenkasse kann unter ihrem Namen Rechte erwerben und Verbindlichkeiten eingehen, vor Gericht klagen und verklagt werden.

Für alle Verbindlichkeiten der Kasse haftet den Kassengläubigern nur das Vermögen der Kasse. II.

*) **Die Bestimmungen dieses Paragraphen gelten auch für Betriebs- (Fabrik-) und für Bau-Krankenkassen (§§ 64, 72).**

Zu § 25.

Durch die Bestimmung im Abs. 1 ist den Orts-Krankenkassen juristische Persönlichkeit beigelegt worden.

§ 26.*)

Für sämtliche **versicherungspflichtige** Kassenmitglieder beginnt **der Anspruch** auf die **gesetzlichen** Unterstützungen der Kasse zum Betrage der gesetzlichen Mindestleistungen der Kasse (§ 20) mit dem Zeitpunkte, in welchem sie Mitglieder der Kasse geworden sind (§. 19). Von Kassenmitgliedern, welche nachweisen, daß sie bereits einer anderen Krankenkasse angehört oder Beiträge zur Gemeinde-Krankenversicherung geleistet haben, und daß zwischen dem Zeitpunkte, mit welchem sie aufgehört haben, einer solchen Krankenkasse anzugehören oder Beiträge zur Gemeinde-Krankenversicherung zu leisten, und dem Zeitpunkte, in welchem sie Mitglieder der Orts-Krankenkasse geworden sind, nicht mehr als *sechsundzwanzig* Wochen liegen, darf ein Eintrittsgeld nicht erhoben werden. I.

Kassenmitglieder, welche aus der Beschäftigung, vermöge welcher sie der Kasse angehörten, behufs Erfüllung ihrer Dienstpflicht im Heere oder in der Marine ausgeschieden sind und nach Erfüllung der Dienstpflicht in eine Beschäftigung zurückkehren, vermöge welcher sie der Kasse wieder angehören, erwerben mit dem Zeitpunkte II.

des Wiedereintritts in die Kasse das Recht auf die vollen statutenmäßigen Unterstützungen derselben und können zur Zahlung eines neuen Eintrittsgeldes nicht verpflichtet werden. Dasselbe gilt von denjenigen, welche einer Kasse vermöge der Beschäftigung in einem Gewerbszweige angehört haben, dessen Natur eine periodisch wiederkehrende zeitweilige Einstellung des Betriebes mit sich bringt, wenn sie infolge der letzteren ausgeschieden, aber nach Wiederbeginn der Betriebsperiode in eine Beschäftigung zurückgekehrt sind, vermöge welcher sie wieder Mitglieder derselben Kasse werden.

III. Soweit die vorstehenden Bestimmungen nicht entgegenstehen, kann durch Kassenstatut bestimmt werden, daß das Recht auf die Unterstützungen der Kasse erst nach Ablauf einer Karenzzeit beginnt und daß neu eintretende Kassenmitglieder ein Eintrittsgeld zu zahlen haben. Die Karenzzeit darf den Zeitraum von sechs **Monaten**, das Eintrittsgeld darf den Betrag des für sechs Wochen zu leistenden Kassenbeitrages nicht übersteigen.

*) Dieser Paragraph gilt auch für Betriebs- (Fabrik-) Bau- und Innungs-Krankenkassen (§§ 64, 72, 73), Abs. 1 sowie Abs. 2 Satz 1 auch für Knappschaftskassen (§ 74).

Zu § 26.

1. Der frühere § 26 ist durch die Novelle von 1892 in zwei Paragraphen (§§ 26 und 26a) zerlegt worden. Der jetzige § 26 enthält die Abs. 1 und 2 des früheren § 26, zwischen welche ein neuer, auf den Wiedereintritt in die Kasse nach militärischen Dienstleistungen und nach periodisch wiederkehrenden Betriebseinstellungen sich beziehender Absatz eingeschoben worden ist.

2. Der § 26 behandelt für die Orts-Krankenkassen die Frage nach der Zulässigkeit einer Karenzzeit, sowie das Eintrittsgeld. — Dabei sichert der § 26 „jedem Versicherungspflichtigen von dem Augenblick an, wo der Zwang gegen ihn wirksam wird, den Anspruch auf die gesetzliche Mindestunterstützung und schützt ihn bei eintretendem Orts- oder Berufswechsel gegen wiederholte Zahlung eines Eintrittsgeldes. Nur für den die Mindestleistung übersteigenden Teil der Unterstützung soll es gestattet sein, durch das Kassenstatut eine Karenzzeit festzustellen" (Mot. S. 38).

Die Bestimmungen über die Karenzzeit sind durch § 26a Abs. 2 Ziffer 4 ergänzt, wonach für die nichtversicherungspflichtigen, freiwilligen Mitglieder neben der obligatorischen Vorschrift des § 19 Abs. 3 eine volle Karenzzeit in dem Sinn eingeführt werden kann, daß für neue Mitglieder während der ersten sechs auf ihre Beitrittserklärung folgenden Wochen jede Krankenunterstützung ausgeschlossen sein soll.

3. Die Karenzzeit hat hier eine andere Bedeutung als in dem § 6. Dort ist obligatorisch bestimmt, daß in jedem Krankheitsfalle während der ersten beiden vollen Tage kein Krankengeld, wohl aber freie Behandlung zu gewähren ist, ohne Rücksicht darauf, wie lange das erkrankte Mitglied der Kasse angehört oder zur Gemeinde-Krankenversicherung Beiträge zahlt. (Vgl. aber auch § 6a Abs. 1 Ziffer 4 sowie § 21 Abs. 1 Ziffer 1a.) Hier dagegen wird für neue Kassenmitglieder eine statutarische Beschränkung oder Ausschließung der statutenmäßigen Leistungen bis zu 6 Monaten zugelassen, und zwar a) für versicherungspflichtige Kassenmitglieder nur hinsichtlich der Mehrleistungen (§ 21) — während ihnen die Mindestleistungen (§ 20) unverkürzt von Anfang an, jedoch auch hier (vorbehaltlich der Bestimmung des § 21 Abs. 1 Ziffer 1a) mit der Maßgabe zu gewähren sind, daß das Krankengeld in der Regel erst vom dritten Tage nach Beginn der Krankheit

gezahlt wird —, b) für nichtversicherungspflichtige, freiwillige Mitglieder außerdem für die ersten 6 Wochen ohne diese Beschränkung. Enthält das Statut eine solche Bestimmung nicht, so sind in Krankheitsfällen die vollen statutenmäßigen Kassenleistungen sofort nach dem Beginne der Mitgliedschaft — soweit nicht §§ 6, 19 Abs. 3 entgegenstehen — sämtlichen Kassenmitgliedern zu gewähren. Bei einer innerhalb der Karenzzeit eingetretenen Erkrankung entsteht kein Anspruch auf die betreffenden Leistungen, auch nicht für die Zeit nach dem Ablaufe der Karenzfrist. — Über die Karenzzeit vgl. auch v. Schicker, Komm. z. KVG. Anm. 22 zu § 26 und Hahn, Komm. z. KVG. Anm. 1a zu § 26.

4. Eintrittsgeld darf nur für solche neu eintretende Mitglieder eingeführt werden, welche während der letzten 26 Wochen vor dem Eintritt in die Kasse derselben oder einer anderen Krankenkasse (sei es auch nur einer Hilfskasse gemäß § 75 KVG.) oder der Gemeinde-Krankenversicherung nicht angehört haben, vgl. auch § 54a. Aber auch dann, wenn diese Voraussetzungen zutreffen, ist das Eintrittsgeld ausgeschlossen, sofern es sich um einen Wiedereintritt in dieselbe Kasse nach militärischen Dienstleistungen oder periodisch wiederkehrenden Betriebseinstellungen, z. B. in einer Zuckerfabrik, handelt.

Weitere Bestimmungen über das Eintrittsgeld siehe in §§ 51, 52, 52a, 53, 53a, 54, 55, 56, 58, 65. Die Gemeinde-Krankenversicherung darf Eintrittsgeld nicht erheben.

§ 26a.*)

I. Kassenmitgliedern, welche gleichzeitig anderweitig gegen Krankheit versichert sind, ist **das Krankengeld** soweit zu kürzen, als **dasselbe** zusammen mit **dem** aus anderweiter Versicherung bezogenen **Krankengelde** den vollen Betrag ihres durchschnittlichen Tagelohnes übersteigen würde. Durch das Kassenstatut kann diese Kürzung ganz oder teilweise ausgeschlossen werden.

Durch das Kassenstatut kann ferner bestimmt werden: II.

1. **daß die Mitglieder verpflichtet sind, andere von ihnen eingegangene Versicherungsverhältnisse, aus welchen ihnen Ansprüche auf Krankenunterstützung zustehen, sofern sie zur Zeit des Eintritts in die Kasse bereits bestanden, binnen einer Woche nach dem Eintritte, sofern sie später abgeschlossen werden, binnen einer Woche nach dem Abschlusse, dem Kassenvorstand anzuzeigen;**

2. daß Mitgliedern, welche die Kasse **durch eine mit dem Verluste der bürgerlichen Ehrenrechte bedrohte strafbare Handlung** geschädigt haben, **für die Dauer von zwölf Monaten seit Begehung der Straftat, sowie daß Versicherten,** welche sich **eine** Krankheit vorsätzlich oder durch schuldhafte Beteiligung bei Schlägereien oder Raufhändeln *oder* durch Trunkfälligkeit zugezogen haben, **für diese Krankheit** das statutenmäßige Krankengeld gar nicht oder nur teilweise zu gewähren ist;

2a. **daß Mitglieder, welche der gemäß Ziffer 1 getroffenen Bestimmung oder den durch Beschluß der Generalversammlung über die Krankenmeldung, das Verhalten der Kranken und die Krankenaufsicht erlassenen Vorschriften oder den Anordnungen des behandelnden Arztes zuwiderhandeln, Ordnungsstrafen bis** *zum dreifachen Betrage des täglichen Krankengeldes für jeden einzelnen Übertretungsfall* **zu erlegen haben;**

2b. **daß die ärztliche Behandlung, die Lieferung der**

Arznei und die Kur und Verpflegung nur durch bestimmte Ärzte, Apotheken und Krankenhäuser zu gewähren sind und die Bezahlung der durch Inanspruchnahme anderer Ärzte, Apotheken und Krankenhäuser entstandenen Kosten, von dringenden Fällen abgesehen, abgelehnt werden kann; *die auf Grund dieser Bestimmung abgeschlossenen Verträge sind der Aufsichtsbehörde (§ 44) mitzuteilen;*

3. daß **Mitgliedern,** welche **von dieser Krankenkasse eine** Krankenunterstützung ununterbrochen oder im Laufe **eines Zeitraums von zwölf Monaten** für *sechsundzwanzig* Wochen bezogen **haben,** bei Eintritt **eines** neuen **Unterstützungsfalls,** sofern **dieser durch die gleiche nicht gehobene Krankheitsursache veranlaßt worden ist, im Laufe der nächsten zwölf Monate Krankenunterstützung nur im gesetzlichen Mindestbetrage (§ 20) und nur für die Gesamtdauer** von dreizehn Wochen **zu gewähren ist;**
4. daß Personen, welche der Versicherungspflicht nicht unterliegen und freiwillig der Kasse beitreten, erst nach Ablauf einer auf höchstens sechs Wochen vom Beitritt ab zu bemessenden Frist Krankenunterstützung erhalten;
5. daß auch andere als die in den §§ 1 bis 3 genannten Personen als Mitglieder der Kasse aufgenommen werden können, **sofern ihr jährliches Gesamteinkommen zweitausend Mark nicht übersteigt;**
6. **daß die Unterstützungen und Beiträge statt nach den durchschnittlichen Tagelöhnen (§ 20) in Prozenten**

des wirklichen Arbeitsverdienstes der einzelnen Versicherten festgesetzt werden, soweit dieser *fünf* Mark für den Arbeitstag nicht übersteigt.

Die unter 2a bezeichneten Beschlüsse der Generalversammlung bedürfen der Genehmigung der Aufsichtsbehörde. Über Beschwerden gegen die Versagung der Genehmigung entscheidet die nächst vorgesetzte Dienstbehörde endgültig.

Abänderungen des Statuts, durch welche die bis- III.
herigen Kassenleistungen herabgesetzt werden, finden auf solche Mitglieder, welchen bereits zur Zeit der Abänderung ein Unterstützungsanspruch wegen eingetretener Krankheit zusteht, für die Dauer dieser Krankheit keine Anwendung.

*) Der § 26a gilt auch für Betriebs- (Fabrik-), Bau- und Innungs-Krankenkassen (§§ 64, 72, 73).

Zu § 26a.

1. Vgl. Anm. 1 zu § 26. Im übrigen beziehen sich die durch die Novellen von 1892 und von 1903 bewirkten Abänderungen insbesondere auf folgende Punkte:

a) Die Kürzung bei mehrfacher Versicherung betrifft nicht, wie früher, die volle Krankenunterstützung, sondern nur noch das Krankengeld;

b) Zulässigkeit einer Verpflichtung zur Anzeige anderweiter Versicherungsverhältnisse (Abs. 2 Ziffer 1), wobei gleichzeitig Ordnungsstrafe gemäß Ziffer 2a angedroht werden kann;

c) Zulässigkeit der (nach § 76e anfechtbaren und nach § 56 Abs. 3 zur Aufrechnung zugelassenen) Ordnungsstrafen gegen Erkrankte wegen Verstoß gegen die Anordnungen des Arztes u. s. w. (Ziffer 2a);

d) Bestimmung, daß besondere Kassenärzte u. s. w., entsprechend den Vorschriften des § 6a Abs. 1 Ziffer 6 für die Gemeinde-Krankenversicherung, bestellt werden dürfen, und daß die auf Grund dieser Bestimmung abgeschlossenen, also auch die am 1. Januar 1904 noch gültig schon vorhandenen Verträge der Aufsichtsbehörde mitzuteilen sind (Ziffer 2b, s. § 45 Abs. 1); vgl. § 6a Anm. 5 a. E.

e) bei Benachteiligung der Kasse und aus den übrigen gesetzlich bestimmten Gründen ist, entsprechend den gleichartigen Vorschriften für die Gemeinde-Krankenversicherung, Kürzung des Krankengeldes, nicht Ausschließung aus der Kasse, zulässig (Ziffer 2), vgl. § 6a Abs. 1 Ziffer 2 nebst Anm. dazu;

f) die Vorschriften über die teilweise Versagung der Krankenunterstützung (Ziffer 3) sind entsprechend den Vorschriften des § 6a Abs. 1 Ziffer 3 geändert worden;

g) die Aufnahme anderer Personen ist auf Personen mit einem Jahreseinkommen bis zu 2000 Mark beschränkt worden (für die Gemeinde-Krankenversicherung vgl. § 4 Abs. 2);

h) die früher nur für Betriebs- (Fabrik-) Krankenkassen geltende Vorschrift, daß die Unterstützungen statt nach dem Durchschnittslohn auch nach dem Individuallohne bemessen werden dürfen, ist auf Orts-Krankenkassen ausgedehnt worden (Ziffer 6). Dies gilt auch für Bau- und Innungs-Krankenkassen, da § 26a gemäß §§ 72, 73 auf diese Anwendung findet. Vgl. Anm. 4 zu § 20.

2. Nur durch die Bestimmungen der Statuten können für gewisse Klassen die gesetzlich zugelassenen Verschiedenheiten begründet sein; der Kassenverwaltung aber steht eine Bevorzugung einzelner Kassenmitglieder innerhalb dieser Klassen nicht zu. Vgl. darüber v. Woedtke, Komm. z. KVG. Anm. 3 zu § 26.

3. Die Doppelversicherung führt nach der gesetzlichen Regel zu einer Kürzung, soweit sie sich als Überversicherung darstellt; doch kann diese Kürzung durch das Statut ausgeschlossen werden.

Man beachte den Unterschied: Die Kürzung im Falle der Doppelversicherung tritt auf Grund des Gesetzes ein, kann aber durch das Statut ausgeschlossen werden (Abs. 1); die Kürzung bei Verschulden u. s. w. sowie bei wiederholter Erkrankung (Abs. 2 Ziffer 2, 3) tritt dagegen nur auf Grund der Statuten ein.

4. Wegen der Kassenärzte u. s. w. vgl. Anm. 5 zu § 6a sowie § 56a und wegen der Karenzzeit vgl. Anm. 2, 3 zu § 26.

5. Durch die Bestimmung des Abs. 2 Ziffer 5 wird die Möglichkeit gegeben, die Orts-Krankenkassen auch solchen Personen zugänglich zu machen, welchen das Gesetz weder die Verpflichtung noch die Berechtigung zum Beitritte beilegt. Man hat hierbei namentlich an die kleinen selbständigen Handwerksmeister gedacht, deren Verhältnisse und soziale Stellung eine Krankenversicherung oft ebenso wünschenswert machen, wie bei unselbständigen Arbeitern, Gesellen u. s. w. Auch andere selbständige Gewerbetreibende, z. B. solche Personen, welche aus der Leistung von Einzeldiensten ein Gewerbe machen, wie Dienstmänner, können hiernach beitrittsberechtigt werden, ebenso Dienstboten, welchen durch das Gesetz selbst nur das Beitrittsrecht zur Gemeinde-Krankenversicherung beigelegt ist (§ 4), vgl. Anm. *) zu § 1 Anm. 1. Selbstverständlich zahlen die auf Grund solcher statutarischen Bestimmung freiwillig beitretenden Personen ebenso wie die anderen freiwilligen Kassenmitglieder die vollen statutenmäßigen Beiträge einschließlich des Beitrags, den der Arbeitgeber für seine unselbständigen versicherungspflichtigen Arbeiter zu leisten hat, vgl. Anm. 5 zu § 4. Dadurch wird nicht ausgeschlossen, daß diese Beiträge von einem anderen übernommen werden, z. B. vom Dienstherrn für seine Dienstboten, wenn er letztere versichert. — Für die verwandten Gebiete der Unfall- und Invalidenversicherung s. § 5 GUVG., § 14 IVG.

6. Ausf.-Best.: Preußen Ziffer 11, 30 Anw. v. 10. Juli 1892, Ziffer 2e Min.-Verf. v. 30. Mai 1903; Bayern § 4 Verordn. v. 8. Juni 1892, Ziffer 15, 16 Anw. v. 5. Novbr. 1892; Hessen Ziffer 23 Anw. v. 5. Novbr. 1892.

§ 27.*)

Kassenmitglieder, welche aus der die Mitgliedschaft I.

begründenden Beschäftigung ausscheiden und nicht zu einer Beschäftigung übergehen, vermöge welcher sie Mitglieder einer anderen der in den §§ 16, 59, 69, 73, 74 bezeichneten Krankenkassen werden, bleiben so-lange Mitglieder, als sie sich im Gebiete des Deutschen Reichs aufhalten, sofern sie ihre dahin gehende Absicht binnen einer Woche dem Kassenvorstand anzeigen. Die Zahlung der vollen statutenmäßigen Kassenbeiträge zum ersten Fälligkeitstermin ist der ausdrücklichen Anzeige gleich zu erachten, **sofern der Fälligkeitstermin innerhalb der für die letztere vorgeschriebenen einwöchigen Frist liegt.**

II. Die Mitgliedschaft erlischt, wenn die Beiträge an zwei auf einander folgenden Zahlungsterminen nicht geleistet werden.

III. Durch Kassenstatut kann bestimmt werden, daß für nicht im Bezirke der **Krankenkasse oder eines für die Zwecke des § 46 Absatz 1 Ziffer 2 und 3 errichteten Kassenverbandes** sich aufhaltende Mitglieder der im ersten Absatze bezeichneten Art an die Stelle der im § 6 Absatz 1 Ziffer 1 bezeichneten Leistungen eine **Vergütung in Höhe von mindestens der Hälfte** des Krankengeldes tritt.

IV. Über die Einsendung der Beiträge, die Auszahlung der Unterstützungen und die Krankenkontrolle für die nicht im Bezirke der Gemeinde sich aufhaltenden Personen hat das Kassenstatut Bestimmung zu treffen.

*) Der § 27 gilt auch für Betriebs- (Fabrik-) und Bau-Krankenkassen vorbehaltlich der Modifikation gemäss § 64 Ziffer 5 (§§ 64, 72), sowie für Innungs-Krankenkassen (§ 73).

Zu § 27.

1. Der § 27 hat das Ausscheiden aus der Beschäftigung (mag diese die Versicherungspflicht oder das Recht freiwilligen Beitritts begründen) schlechthin und ohne Rücksicht auf eine dadurch etwa bedingte Erwerbslosigkeit, § 28 aber den speziellen Fall im Auge, daß der Ausscheidende zugleich erwerbslos wird und keine Zahlung leisten kann. Wegen des Verhältnisses zu § 19 vgl. Anm. 3 zu § 19. — Für die Gemeinde-Krankenversicherung vgl. § 11.

2. Der ersten Beitragszahlung nach dem Austritt soll die Wirkung einer ausdrücklichen Erklärung, daß die Mitgliedschaft freiwillig fortgesetzt werden soll, nur dann beiwohnen, wenn der Fälligkeitstermin für diese Beitragsleistung innerhalb der für die Anzeige vorgeschriebenen Frist von einer Woche liegt. Im Abs. 3 ist vorgesehen, daß eine Vergütung statt der ärztlichen Behandlung (darunter ist nicht etwa ein erhöhtes „Krankengeld" zu verstehen) solchen freiwilligen Mitgliedern gewährt werden darf, welche sich außerhalb des Bezirks der Gemeinde oder außerhalb des Bezirks der Kasse oder des Kassenverbandes aufhalten. Vgl. damit § 75 Abs. 3.

3. Wer nach dem Aufgeben seiner bisherigen Beschäftigung eine solche Beschäftigung aufnimmt, welche ihm die Mitgliedschaft in einer anderen Orts- oder in einer Betriebs- (Fabrik-), Bau-, Innungs- oder Knappschaftskasse sichert, ist nicht berechtigt, das Verhältnis zu der seiner bisherigen Beschäftigung entsprechenden Krankenkasse fortzusetzen. Das Verbleiben in der letzteren steht nur demjenigen Versicherten frei, welcher entweder zeitweise ohne Beschäftigung bleibt oder zu einer Beschäftigung übergeht, für welche überhaupt oder an dem betreffenden Ort eine Kasse der erwähnten Art nicht besteht, also zu einer Beschäftigung, welche ihn des Versicherungszwanges entweder ganz überhebt (z. B. indem er selbständig arbeitet) oder ihn der Gemeinde-Krankenversicherung (welche keine „Kasse" ist, vgl. Anm. 2 zu § 4) des Beschäftigungsorts zuweist. Der letzteren gehört dann der freiwillig in der Orts-Krankenkasse verbleibende Versicherungspflichtige nicht an.

4. Zu beachten ist, daß grundsätzlich die Mitgliedschaft im Sinne des KVG. nur so lange währt, wie die Beschäftigung dauert, auch wenn die Beiträge für eine längere Zeit, z. B. für die Woche, gezahlt werden. Ausnahmen in § 2 Abs. 1 Ziffer 4 a. E., §§ 27, 54 a; vgl. § 4 Abs. 4 u. § 19 Abs. 6.

5. Wer binnen einer Woche nach dem Ausscheiden aus der die Mitgliedschaft begründenden Beschäftigung erkrankt, ist (im Falle einer entsprechenden Mitteilung oder Fortzahlung der Beiträge) durch § 27 gedeckt, so daß er, falls er nicht inzwischen auf Grund seiner neuen Beschäftigung Mitglied einer anderen Krankenkasse geworden ist, aus der seiner bisherigen Beschäftigung entsprechenden Krankenkasse Unterstützung zu beanspruchen hat (Komm.Ber. S. 49, vgl. v. Woedtke, Komm. z. KVG. Anm. 4, 6 zu § 27).

6. Auch hier sind die vollen Beiträge zu zahlen. Vgl. Anm. 5 zu § 26 a.

§ 28.*)

I. **Personen, welche infolge eintretender Erwerbslosigkeit aus der Kasse ausscheiden, verbleibt der Anspruch** auf die gesetzlichen Mindestleistungen der Kasse in **Unterstützungsfällen, welche während** der Erwerbslosigkeit **und innerhalb eines Zeitraums von** drei Wochen **nach dem Ausscheiden aus der Kasse eintreten, wenn der Ausscheidende vor seinem Ausscheiden mindestens drei Wochen ununterbrochen einer auf Grund dieses Gesetzes errichteten Krankenkasse angehört hat.**

II. **Dieser Anspruch fällt fort, wenn der Beteiligte sich nicht im Gebiete des Deutschen Reichs aufhält, soweit nicht durch Kassenstatut Ausnahmen vorgesehen werden.**

*) Der § 28 gilt auch für Betriebs- (Fabrik-), Bau- und Innungs-Krankenkassen (§§ 64, 72, 73).

Zu § 28.

1. Vgl. Anm. 1 zu § 27. — Erwerbslosigkeit kann auch

bei Erwerbsfähigkeit und bei Arbeitswilligkeit bestehen, unter Umständen sogar bei vorübergehendem kleinen Nebenverdienste.

2. Durch die jetzige Fassung wird außer Zweifel gestellt (was bei richtiger Auslegung des § 28 in der alten Fassung freilich ebenfalls schon geltendes Recht war), daß einem infolge Erwerbslosigkeit ausgeschiedenen Mitgliede „ein Unterstützungsanspruch zwar nur in Fällen, welche spätestens binnen drei Wochen nach dem Ausscheiden eintreten, dann aber auch im vollen Umfange der gesetzlichen Mindestleistung . . . gewährt werden soll“ (Mot.) Außerdem ist bestimmt, daß der Ausgeschiedene vorher drei Wochen hindurch nur irgend einer auf Grund des Gesetzes (vgl. § 4 Abs. 1) errichteten Krankenkasse angehört zu haben braucht (früher mußte er diese Zeit hindurch derselben Kasse, aus der er ausschied, angehört haben), und daß eine Mitgliedschaft, welche die Dauer von drei Wochen nicht erreicht, einen solchen Anspruch nicht begründen soll.

3. Die gesetzlichen Mindestleistungen der Kasse enthält § 20. Tritt mithin innerhalb der Dauer der Krankenunterstützung der Tod ein, so erwächst auch ein Anspruch auf Sterbegeld. Dagegen ist letzteres nicht zu zahlen, wenn der Tod erst nach Beendigung der Krankenunterstützung eintritt, weil die Vorschrift des § 20 Abs. 3 nur für solche Personen gilt, die „als Mitglieder der Kasse“ erkrankt sind.

Die besonderen Rechte als Kassenmitglied (Wahlfähigkeit, Wählbarkeit) bleiben im Falle des § 28 nicht erhalten; vgl. § 27 Anm. 4.

§ 29.*)

Die Mitglieder sind der Kasse gegenüber lediglich zu den auf Grund dieses Gesetzes und des Kassenstatuts festgestellten Beiträgen verpflichtet. I.

Zu anderen Zwecken als den statutenmäßigen Unterstützungen, der statutenmäßigen Ansammlung und Ergänzung des Reservefonds und der Deckung der Verwaltungskosten dürfen weder Beiträge von Mit- II.

gliedern erhoben werden, noch Verwendungen aus dem Vermögen der Kasse erfolgen.

*) Dieser Paragraph gilt auch für Betriebs- (Fabrik-), Bau- und Innungs-Krankenkassen (§§ 64, 72, 73).

Zu § 29.

1. Was hier von den Kassenmitgliedern gesagt ist, gilt auch von ihren Arbeitgebern.

2. Zu den Verwaltungskosten gehören z. B. auch Aufwendungen, welche den Krankenkassen zufolge der Vorschriften des § 148 JVG. erwachsen, ebenfalls der Bau von Krankenhäusern und die Beitragsleistung an Diakonissenhäuser.

§ 30.*)

Entstehen Zweifel darüber, ob die im Kassenstatute vorgenommene Bemessung der Beiträge der Anforderung des § 22 entspricht, so hat die höhere Verwaltungsbehörde vor der Erteilung der Genehmigung eine sachverständige Prüfung herbeizuführen und, falls diese die Unzulänglichkeit der Beiträge ergibt, die Erteilung der Genehmigung von einer Erhöhung der Beiträge oder einer Minderung der Unterstützungen bis auf den gesetzlichen Mindestbetrag (§ 20) abhängig zu machen.

*) § 30 gilt auch für Betriebs- (Fabrik-), Bau- und Innungs-Krankenkassen (§§ 64, 72, 73).

Zu § 30.

1. Eine Erhöhung der Beiträge ist nur bis auf den gesetzlichen Höchstbetrag zulässig (§§ 31, 47). Vgl. Anm. 1 zu § 31.

2. Höhere Verwaltungsbehörde ist in Preußen der Bezirksausschuß.

3. Ausf.Best.: Preußen Ziffer 2, 30 Anw. v. 10. Juli 1892; Bayern § 3 Verordn. v. 8. Juni 1892, Ziffer 21 Min.-Bek. v. 15. Oktbr. 1892; Sachsen § 1 Verordn. v. 28. Septbr. 1883; Württemberg § 30 Verordn. v. 2. Novbr. 1892.

§ 31.*)

Bei der Errichtung der Kasse dürfen die Beiträge, so- I.
weit sie den Kassenmitgliedern selbst zur Last fallen (§ 51), nicht über *drei* Prozent **desjenigen Betrages, nach welchem die Unterstützungen zu bemessen sind (§§ 20, 26a Ziffer 6),** festgesetzt werden, sofern solches nicht zur Deckung der Mindestleistungen der Kasse (§ 20) erforderlich ist.

Eine spätere Erhöhung der Beiträge über diesen II.
Betrag, welche nicht zur Deckung der Mindestleistungen erforderlich wird, ist nur bis zur Höhe von *vier* Prozent **desjenigen Betrages, nach welchem die Unterstützungen zu bemessen sind (§§ 20, 26a Ziffer 6),** und nur dann zulässig, wenn dieselbe sowohl von der Vertretung der zu Beiträgen verpflichteten Arbeitgeber (§ 38) als von derjenigen der Kassenmitglieder beschlossen wird.

*) Dieser Paragraph gilt auch für Betriebs- (Fabrik-), Bau- und Innungs-Krankenkassen (§§ 64, 72, 73).

Zu § 31.

1. Zu den im Texte genannten Beiträgen tritt der Beitrag der Arbeitgeber mit 50 % des Beitrags der Arbeitnehmer hinzu (vgl. Anm. 2 zu § 9, sowie § 51). Die regelmäßigen Höchstsätze sind durch die Novelle von 1903 erhöht (Mot. S. 7 f., 18 ff.). Hiernach dürfen die Beiträge der versicherungspflichtigen Kassenmitglieder

a) in einer Orts-Krankenkasse, welche nur die Mindestleistungen gewähren soll (§ 20), höchstens 4 % (die Gesamtbeiträge also höchstens 6 %) des auf 4 bezw. 5 Mark angenommenen Lohns betragen (§ 31 Abs. 1, § 47);

b) in einer Orts-Krankenkasse, welche größere als die Mindestleistungen in Aussicht nimmt (§ 21), bei der Errichtung der Kasse höchstens 3 % (die Gesamtbeiträge also höchstens $4\frac{1}{2}$ %) betragen (§ 31 Abs. 1) und im weiteren Verlaufe des Bestehens der Kasse nur mit Zustimmung beider Gruppen von Beteiligten, die zu diesem Zwecke getrennt abstimmen, bis auf 4 % (die Gesamtbeiträge also bis auf 6 %) erhöht werden (§ 31 Abs. 2). Können die Kassenleistungen (statutenmäßigen Mehrleistungen) hiermit nicht gedeckt werden, so sind sie bis auf die gesetzlichen Mindestleistungen (§§ 20, 22) zu ermäßigen.

Wenn die Mindestleistungen trotz der Erhebung der hiernach zulässigen Beiträge nicht bestritten werden können, so ist die Errichtung der Orts-Krankenkasse unzulässig, eine schon bestehende Kasse aber muß geschlossen werden, falls nicht etwa mit Zustimmung beider Gruppen von Beteiligten, die zu diesem Zwecke getrennt abstimmen, eine weitere Erhöhung der Kassenbeiträge beschlossen wird, § 47. (Bei Betriebs- [Fabrik-], bei Bau- und bei Innungs-Krankenkassen tritt nicht die Schließung, sondern die Zuschußverbindlichkeit des Fabrikherrn, des Bauherrn oder der Innung ein, § 65 Abs. 2, §§ 72, 73).

2. Außer den Kassenleistungen sind bei Berechnung der Beiträge einerseits die etwaigen sonstigen Einnahmen der Kasse einzurechnen, andererseits aber auch die Verwaltungskosten und die Rücklagen zur Bildung und Ergänzung des Reservefonds in Betracht zu ziehen, §§ 22, 47 Abs. 7. Bei Bemessung des Höchstbetrags ist auch auf eine Erhöhung der ärztlichen Honorare Rücksicht genommen (Mot. 1903 S. 23).

3. Auf die besonderen Zusatzbeiträge bei Familienunterstützung (§ 22 Abs. 2) bezieht sich § 31 nicht. Vgl. § 10 Anm. 4.

4. Ausf.Best.: Elsaß-Lothr. Nr. II B 4 Min.Verf. v. 14. März 1884.

§ 32.*)

I. Die Orts-Krankenkasse hat einen Reservefonds im Mindestbetrage **der** durchschnittlichen Jahresausgabe **der letzten drei Jahre** anzusammeln und erforderlichenfalls bis zu dieser Höhe zu ergänzen.

Solange der Reservefonds diesen Betrag nicht II.
erreicht, ist demselben mindestens ein Zehntel des Jahresbetrages der Kassenbeiträge zuzuführen.

*) Dieser Paragraph gilt auch für Betriebs- (Fabrik-) und Innungs-Krankenkassen (§§ 64, 73), sowie nach Befinden der höheren Verwaltungsbehörde für Bau-Krankenkassen (§ 72).

Zu § 32.

1. Wegen der Obergrenze des Reservefonds vgl. § 33 Abs. 2. Besondere Reichtümer sollen in der Kasse nicht angesammelt werden, um nicht die Gegenwart zu Gunsten der Zukunft zu belasten.

2. Der frühere Mindestbetrag des Reservefonds in Höhe „einer durchschnittlichen Jahresausgabe" ist in der aus dem Text ersichtlichen Weise präzisiert worden.

§ 33.*)

Ergibt sich aus den Jahresabschlüssen der Kasse, I.
daß die Einnahmen derselben zur Deckung ihrer Ausgaben einschließlich der Rücklagen zur Ansammlung und Ergänzung des Reservefonds nicht ausreichen, so ist entweder unter Berücksichtigung der Vorschriften des § 31 eine Erhöhung der Beiträge oder eine Minderung der Kassenleistungen herbeizuführen.

Ergibt sich dagegen aus den Jahresabschlüssen, daß II.
die Jahreseinnahmen die Jahresausgaben übersteigen, so ist, falls der Reservefonds das Doppelte des gesetzlichen Mindestbetrages erreicht hat, entweder eine Ermäßigung der Beiträge oder unter Berücksichtigung der Vorschriften der §§ 21 und 31 eine Erhöhung **oder Erweiterung** der Kassenleistungen herbeizuführen.

Unterläßt die Vertretung der Kasse, diese Ab- III.
änderungen zu beschließen, so hat die höhere Ver-

waltungsbehörde die Beschlußfassung anzuordnen, und falls dieser Anordnung keine Folge gegeben wird, ihrerseits die erforderliche Abänderung des Kassenstatuts von Amts wegen mit rechtsverbindlicher Wirkung zu vollziehen.

IV. **Wird zur Aufrechterhaltung oder Wiederherstellung der Leistungsfähigkeit einer Kasse eine schleunige Vermehrung ihrer Einnahmen oder Verminderung ihrer Ausgaben erforderlich, so kann die höhere Verwaltungsbehörde, vorbehaltlich des vorstehend vorgeschriebenen Verfahrens, eine sofortige vorläufige Erhöhung der Beiträge oder Herabsetzung der Leistungen, letztere bis zur gesetzlichen Mindestleistung und unbeschadet der Vorschrift des § 26a Absatz 3, verfügen. Gegen diese Verfügung ist die Beschwerde an die Zentralbehörde zulässig. Dieselbe hat keine aufschiebende Wirkung.**

*) Dieser Paragraph gilt auch für Betriebs- (Fabrik-), Bau- und Innungs-Krankenkassen (§§ 64, 72, 73).

Zu § 33.

1. Vgl. die Anmerkungen zu § 31.

2. Höhere Verwaltungsbehörde ist in Preußen der Regierungspräsident, in Berlin der Oberpräsident.

3. Ausf.Best.: Preußen Ziffer 2, 28, 37 Anw. v. 10. Juli 1892; Sachsen § 1 Verordn. v. 28. Septbr. 1883; Württemberg §§ 39ff. Verordn. v. 2. Novbr. 1892; Baden § 37 Verordn. v. 3. Septbr. 1892; Hessen Ziffer 33 Anw. v. 5. Novbr. 1892.

§ 34.*)

I. Die Kasse muß einen von der Generalversammlung (§ 37) gewählten Vorstand haben. Die Wahl, welche, abgesehen von der den Arbeitgebern nach § 38 zustehenden Vertretung, aus der Mitte der Kassenmitglieder erfolgt, findet unter Leitung des Vorstandes statt. Nur die erste Wahl nach Errichtung der Kasse, sowie spätere Wahlen, bei welchen ein Vorstand nicht vorhanden ist, werden von einem Vertreter der Aufsichtsbehörde geleitet. Über die Wahlverhandlung ist ein Protokoll aufzunehmen.

Der Vorstand hat über jede Änderung in seiner II. Zusammensetzung und über das Ergebnis jeder Wahl der Aufsichtsbehörde binnen einer Woche Anzeige zu erstatten. Ist die Anzeige nicht erfolgt, so kann die Änderung dritten Personen nur dann entgegengesetzt werden, wenn bewiesen wird, daß sie letzteren bekannt war.

*) § 34 gilt auch für Betriebs- (Fabrik-) und Bau-Krankenkassen (§§ 64, 72) mit der im § 64 Ziffer 2 vorgesehenen Modifikation, sowie mit der Modifikation aus § 90 GO. auch für Innungs-Krankenkassen (§ 73 Anm. 1).

Zu § 34.

1. §§ 34ff. behandeln die innere Organisation und die Selbstverwaltung der Orts-Krankenkassen. Der Vorstand ist keine Behörde. Seine Wahlperiode, Rechte und Pflichten sind im Statut zu regeln, soweit es nicht im Gesetze geschehen ist.

2. Ergänzung des Vorstandes durch Zuwahl (Cooptation) ist nicht zulässig.

3. Ausf.Best.: Preußen Ziffer 2, 25 Anw. v. 10. Juli 1892; Bayern §§ 3, 4, 6 Verordn. v. 8. Juni 1892, Ziffer 24—26 Min.Bek. v. 15. Oktbr. 1892; Sachsen § 1 Verordn. v. 28. Septbr. 1883; Württemberg § 37 Verordn. v. 2. Novbr. 1892; Baden § 39 Verordn. v. 3 Septbr. 1892; Hessen Ziffer 19 Anw. v. 5. Novbr. 1892.

§ 34a.*)

I. **Die Mitglieder des Vorstandes verwalten ihr Amt als Ehrenamt unentgeltlich, sofern nicht durch das Statut eine Entschädigung für den durch Wahrnehmung der Vorstandsgeschäfte ihnen erwachsenden Zeitverlust und entgehenden Arbeitsverdienst bestimmt wird. Bare Auslagen werden ihnen von der Kasse ersetzt.**

II. **Die Ablehnung der Wahl zum Vorstandsmitglied ist aus denselben Gründen zulässig, aus welchen das Amt eines Vormundes abgelehnt werden kann. Die Wahrnehmung eines auf Grund der Unfallversicherung und der Invaliditätsversicherung übernommenen Ehrenamts steht der Führung einer Vormundschaft gleich. Eine Wiederwahl kann nach mindestens zweijähriger Amtsführung für die nächste Wahlperiode abgelehnt werden. Kassenmitgliedern, welche eine Wahl ohne gesetzlichen Grund ablehnen, kann auf Beschluß der Generalversammlung für bestimmte Zeit, jedoch nicht über die Dauer der Wahlperiode, das Stimmrecht in der Generalversammlung entzogen werden.**

*) Der § 34a gilt auch für Betriebs- (Fabrik-) und Bau-Krankenkassen (§§ 64, 72), sowie für Innungs-Krankenkassen (§ 73).

Zu § 34a.

1. Mit § 34a vgl. § 43 Abs. 2, 3, § 44 GUVG. sowie §§ 92, 94 IVG.

2. Über die Ablehnungsbefugnis vgl. § 1786 BGB.: „Die Übernahme der Vormundschaft kann ablehnen:
1. eine Frau;
2. wer das sechzigste Lebensjahr vollendet hat;
3. wer mehr als vier minderjährige eheliche Kinder hat;

ein von einem andern an Kindesstatt angenommenes Kind wird nicht gerechnet;

4. wer durch Krankheit oder durch Gebrechen verhindert ist, die Vormundschaft ordnungsmäßig zu führen;
5. wer wegen Entfernung seines Wohnsitzes von dem Sitze des Vormundschaftsgerichts die Vormundschaft nicht ohne besondere Belästigung führen kann;
6. wer nach § 1844 zur Sicherheitsleistung angehalten wird;
7. wer mit einem anderen zur gemeinschaftlichen Führung der Vormundschaft bestellt werden soll;
8. wer mehr als eine Vormundschaft oder Pflegschaft führt; die Vormundschaft oder Pflegschaft über mehrere Geschwister gilt nur als eine; die Führung von zwei Gegenvormundschaften steht der Führung einer Vormundschaft gleich.

Das Ablehnungsrecht erlischt, wenn es nicht vor der Bestellung bei dem Vormundschaftsgerichte geltend gemacht wird."

§ 35.*)

Der Vorstand vertritt die Kasse gerichtlich und I. außergerichtlich und führt nach Maßgabe des Kassenstatuts die laufende Verwaltung derselben. Die Vertretung erstreckt sich auch auf diejenigen Geschäfte und Rechtshandlungen, für welche nach den Gesetzen eine Spezialvollmacht erforderlich ist. Durch das Statut kann einem Mitgliede oder mehreren Mitgliedern des Vorstandes die Vertretung nach außen übertragen werden.

Zur Legitimation des Vorstandes bei allen Rechts- II. geschäften genügt die Bescheinigung der Aufsichtsbehörde, daß die darin bezeichneten Personen zur Zeit den Vorstand bilden.

Der Vorsitzende des Vorstandes hat Beschlüsse der III.

Kassenorgane, welche gegen die gesetzlichen oder statutarischen Vorschriften verstossen, unter Angabe der Gründe mit aufschiebender Wirkung zu beanstanden. Die Beanstandung erfolgt mittels Berichts an die Aufsichtsbehörde.

***) Dieser Paragraph gilt auch für Betriebs- (Fabrik-) und Bau-Krankenkassen (§§ 64, 72), sowie für Innungs-Krankenkassen (§ 73).**

Zu § 35.

1. Über die dem Kassenvorstande zugewiesenen Obliegenheiten nach §§ 11, 12, 25, 64 ff., 88, 96, 136, 144, 154 GUVG., §§ 18 ff., § 62, § 82 Abs. 2, §§ 148 ff., 166 JVG. vgl. das Wesentlichste im Anhang III, IV.

2. Zu Abs. 3 vgl. § 42 Anm. 2, ferner § 45 Abs. 1, 5.

3. Ausf.Best.: Preußen Ziffer 5, 25 Anw. v. 10. Juli 1892; Bayern § 4 Verordn. v. 8. Juni 1892, Ziffer 28 Mn.Bek. v. 15. Oktbr. 1892; Sachsen Verordn. v. 28. Septbr. 1883; Württemberg § 37 Verordn. v. 2. Novbr. 1892; Hessen Ziffer 19 Anw. v. 5. Novbr. 1892.

§ 36.*)

Soweit die Wahrnehmung der Angelegenheiten der Kasse nicht nach Vorschrift des Gesetzes oder des Statuts dem Vorstand obliegt, steht die Beschlußnahme darüber der Generalversammlung zu. Derselben muß vorbehalten bleiben:

1. die Abnahme der Jahresrechnung und die Befugnis, dieselbe vorgängig durch einen besonderen Ausschuß prüfen zu lassen;
2. die Verfolgung von Ansprüchen, welche der Kasse gegen Vorstandsmitglieder aus deren Amtsführung erwachsen, durch Beauftragte;
3. die Beschlußnahme über Abänderung der Statuten.

*) § 36 gilt auch für Betriebs- (Fabrik-) und Bau-Krankenkassen (§§ 64, 72), sowie für Innungs-Krankenkassen (§ 73).

Zu § 36.

1. Der Generalversammlung steht nur eine „Beschlußnahme" zu. Die Ausführung ihrer gesetz- und statutengemäßen Beschlüsse ist Sache des Vorstandes, im Falle der Ziffer 2 Sache eines von der Generalversammlung besonders zu bestellenden Beauftragten.

2. Vgl. § 35 Abs. 3.

§ 37.*)

Die Generalversammlung besteht nach Bestimmung des Statuts entweder aus sämtlichen Kassenmitgliedern, welche großjährig und im Besitze der bürgerlichen Ehrenrechte sind, oder aus Vertretern, welche von den bezeichneten Mitgliedern aus ihrer Mitte gewählt werden. I.

Die Generalversammlung muß aus Vertretern bestehen, wenn die Kasse fünfhundert oder mehr Mitglieder zählt. II.

Besteht die Generalversammlung aus Vertretern, so **sind diese in geheimer** Wahl unter Leitung des Vorstandes **zu wählen.** Nur die erstmalige Wahl nach Errichtung der Kasse, sowie spätere Wahlen, bei welchen ein Vorstand nicht vorhanden ist, werden von einem Vertreter der Aufsichtsbehörde geleitet. III.

*) Dieser Paragraph gilt auch für Betriebs- (Fabrik-) und Bau-Krankenkassen (§§ 64, 72), sowie für Innungs-Krankenkassen (§ 73).

Zu § 37.

1. Die versicherten Frauen und Ausländer haben gleiches Stimmrecht wie die Männer und Inländer, weil es sich nicht um politische oder kommunale, sondern um eigene wirtschaftliche Angelegenheiten handelt.

2. Die Vorschrift der „Großjährigkeit" ist nach §§ 2, 3 BGB. zu beurteilen; die Volljährigkeit tritt mit der Vollendung des 21. Lebensjahres ein.

3. Die Verhältniswahl oder Proportionalwahl ist zulässig, sofern die Wahlberechtigten weder in der Auswahl unter den wählbaren Personen noch in der Geheimheit der Wahl beschränkt werden (Sten.Ber. des Reichstags 1903 S. 9099). Akklamation und mündliche Abstimmung sind unzulässig.

4. Ausf.Best.: Preußen Ziffer 5, 24, 25, 29 Anw. v. 10. Juli 1892; Bayern § 4 Verordn. v. 8. Juni 1892, Ziffer 25 Min.Bek. v. 15. Oktbr. 1892; Sachsen § 1 Verordn. v. 28. Septbr. 1883; Württemberg § 31 Verordn. v. 2. Novbr. 1892; Baden § 39 Verordn. v. 3. Septbr. 1892; Hessen Ziffer 17, 18 Anw. v. 5. Novbr. 1892.

§ 38.*)

I. Arbeitgeber, welche für die von ihnen beschäftigten Mitglieder einer Orts-Krankenkasse an diese Beiträge aus eigenen Mitteln zu zahlen verpflichtet sind (§ 51), haben Anspruch auf Vertretung im Vorstand und der Generalversammlung der Kasse.

II. Die Vertretung ist nach dem Verhältnis der von den Arbeitgebern aus eigenen Mitteln zu zahlenden Beiträge zu dem Gesamtbetrage der Beiträge zu bemessen. Mehr als ein Drittel der Stimmen darf den Arbeitgebern weder in der Generalversammlung noch im Vorstand eingeräumt werden.

III. Die Wahlen der Generalversammlung zum Vorstande sind geheim und werden getrennt von Arbeitgebern und Kassenmitgliedern vorgenommen.

IV. Durch das Statut kann bestimmt werden, daß Arbeitgeber, welche mit Zahlung der Beiträge im

Rückstande sind, von der Vertretung und der Wahlberechtigung auszuschließen sind.

*) Dieser Paragraph gilt auch für Betriebs- (Fabrik-) und Bau-Krankenkassen (§§ 64, 72), sowie mit der Modifikation aus § 90 GO. für Innungs-Krankenkassen (§ 73 Anm. 1).

Zu § 38.

1. „Es wurde festgestellt, daß der Arbeitgeber befugt ist, auf das Recht zu verzichten oder dasselbe ruhen zu lassen, sowie daß die Arbeitgeber zwar berechtigt, aber nicht verpflichtet sind, ihre Vertreter aus dem Kreise der Kassenmitglieder zu wählen." (Komm.Ber. S. 58.) Vgl. auch § 38a und § 39 Abs. 2. — Über den Begriff „Arbeitgeber" vgl. v. Woedtke, Komm. z. KVG. Anm. 3 zu § 49. Ein Arbeitsverhältnis im Sinne des KVG. kann auch zwischen Ehegatten bestehen.

2. Unter den „Stimmen" sind alle in der Generalversammlung und im Vorstande demnächst vertretenen Stimmen, d. h. die Stimmen der Mitglieder zuzüglich der Stimmen der beitragspflichtigen Arbeitgeber, zu verstehen, so daß die Arbeitgeber, wenn sie die gesetzlich zugelassene Quote von $^1/_3$ führen, 50 Prozent der Stimmen der versicherungspflichtigen Arbeitnehmer haben, analog ihrer gesetzlichen Beitragspflicht (§ 51); vgl. aber für Innungs-Krankenkassen § 90 GO. — Arbeitgeber, die zugleich freiwillig Versicherte sind, haben sowohl als Arbeitgeber als auch als Kassenmitglied Stimmrecht.

3. Zu der Vorschrift, daß die Vorstandswahlen frei und geheim sein sollen, vgl. § 37 Anm. 3. Die Modalitäten der Wahlen kann das Statut bestimmen, soweit das Gesetz keine zwingenden Vorschriften enthält.

4. Ausf.Best.: Preußen Ziffer 24 Anw. v. 10. Juli 1892; Württemberg § 31 Verordn. v. 2. Novbr. 1892.

§ 38a.*)

Die Arbeitgeber sind berechtigt, sich in der General- I.
versammlung durch ihre Geschäftsführer oder Betriebsbeamten vertreten zu lassen. Von der Vertretung ist dem

Kassenvorstande vor Beginn der Generalversammlung Anzeige zu machen.

II. **Die Arbeitgeber sind ferner berechtigt, zu Mitgliedern der aus Vertretern bestehenden Generalversammlung und des Vorstandes Geschäftsführer oder Betriebsbeamte der zu Beiträgen verpflichteten Arbeitgeber zu wählen. Eine Vertretung der gewählten Mitglieder der Generalversammlung oder des Vorstandes findet nicht statt.**

*) Der § 38a gilt auch für Betriebs- (Fabrik-) und Bau-Krankenkassen (§§ 64, 72).

Zu § 38a.

Über die sonstigen Eigenschaften der Vertreter vgl. § 37 Abs. 1.

§ 39.*)

I. Wird die Wahl des Vorstandes von der Generalversammlung oder die Wahl der Vertreter zur Generalversammlung durch die Wahlberechtigten verweigert, so tritt an ihre Stelle Ernennung der Mitglieder des Vorstandes oder der Generalversammlung durch die Aufsichtsbehörde.

II. **Haben die Arbeitgeber auf die ihnen zustehende Vertretung in der Generalversammlung oder im Vorstande verzichtet, so können sie diese Vertretung nur mit Ablauf einer Wahlperiode wieder in Anspruch nehmen.**

*) Der § 39 gilt auch für Betriebs- (Fabrik-), Bau- und Innungs-Krankenkassen (§§ 64, 72, 73).

Zu § 39.

Ausf.Best.: Preußen Ziffer 5, 25 Anw. v. 10. Juli 1892; Bayern § 4 Verordn. v. 8. Juni 1892, Ziffer 25 Min.Bek. v. 15. Oktbr. 1892; Sachsen § 1 Verordn. v.

28. Septbr. 1883; Württemberg § 31 Verordn. v. 2. Novbr. 1892; Baden § 39 Verordn. v. 3. Septbr. 1892; Hessen Ziffer 17, 18 Anw. v. 5. Novbr. 1892.

§ 40.*)

Die Einnahmen und Ausgaben der Kasse sind von allen den Zwecken der Kasse fremden Vereinnahmungen und Verausgabungen getrennt festzustellen; ihre Bestände sind gesondert zu verwahren. I.

Wertpapiere, welche zum Vermögen der Kasse gehören und nicht lediglich zur vorübergehenden Anlegung zeitweilig verfügbarer Betriebsgelder für die Kasse erworben sind, sind bei der Aufsichtsbehörde oder nach deren Anweisung verwahrlich niederzulegen. II.

Verfügbare Gelder dürfen nur in öffentlichen Sparkassen oder wie die Gelder Bevormundeter angelegt werden. III.

Sofern besondere gesetzliche Vorschriften über die Anlegung der Gelder Bevormundeter nicht bestehen, kann die Anlegung der verfügbaren Gelder in Schuldverschreibungen, welche von dem Deutschen Reiche, von einem deutschen Bundesstaat oder dem Reichsland Elsaß-Lothringen mit gesetzlicher Ermächtigung ausgestellt sind, oder in Schuldverschreibungen, deren Verzinsung von dem Deutschen Reiche, von einem deutschen Bundesstaat oder dem Reichsland Elsaß-Lothringen gesetzlich garantiert ist, oder in Schuldverschreibungen, welche von deutschen kommunalen Korporationen (Provinzen, Kreisen, Gemeinden ꝛc.) oder von deren Kreditanstalten ausgestellt und entweder seitens der Inhaber IV.

kündbar sind, oder einer regelmäßigen Amortisation unterliegen, erfolgen. Auch können die Gelder bei der Reichsbank verzinslich angelegt werden.

V. **Die Zentralbehörde kann die Anlegung verfügbarer Gelder in anderen als den vorstehend bezeichneten zinstragenden Papieren, sowie die vorübergehende Anlegung zeitweilig verfügbarer Betriebsgelder bei anderen als den vorbezeichneten Kreditanstalten widerruflich gestatten.**

***) Dieser Paragraph gilt auch Betriebs- (Fabrik-) und für Bau-Krankenkassen (§§ 64, 72), sowie für Innungs-Krankenkassen (§ 73).**

Zu § 40.

1. Die Bestimmungen in Abs. 4, welche mit einigen durch die Verhältnisse der betreffenden Teile des Deutschen Reichs gebotenen Kürzungen der Preuß. Vormundschaftsordnung v. 5. Juli 1875 nachgebildet waren, haben seit 1. Januar 1900 ihre Bedeutung verloren, weil seitdem die reichsgesetzlichen Bestimmungen der **§§ 1806 ff. BGB.** über die Anlegung von Mündelgeldern allgemeine Geltung erlangt haben. Vgl. auch Art. 212 des Einführungsgesetzes zum BGB., wonach die vor dem 1. Januar 1900 landesgesetzlich als mündelsicher bezeichneten Wertpapiere auch ferner zur Anlegung von Mündelgeld für geeignet erklärt sind, sowie Art. 73 bis 76 des Preuß. Ausführungsgesetzes z. BGB., wo für Preußen die Bestimmungen über die Sicherheitsgrenzen mündelsicherer Hypotheken, Rentenbriefe, landsch. Pfandbriefe u. s. w. gegeben sind. Die §§ 1806 bis 1808 BGB. lauten:

„§ 1806. Der Vormund hat das zum Vermögen des Mündels gehörende Geld verzinslich anzulegen, soweit es nicht zur Bestreitung von Ausgaben bereit zu halten ist.

§ 1807. Die im § 1806 vorgeschriebene Anlegung von Mündelgeld soll nur erfolgen:

1. in Forderungen, für die eine sichere Hypothek an einem inländischen Grundstücke besteht, oder in sicheren

Grundschulden oder Rentenschulden an inländischen Grundstücken;

2. in verbrieften Forderungen gegen das Reich oder einen Bundesstaat sowie in Forderungen, die in das Reichsschuldbuch oder in das Staatsschuldbuch eines Bundesstaats eingetragen sind;
3. in verbrieften Forderungen, deren Verzinsung von dem Reich oder einem Bundesstaate gewährleistet ist;
4. in Wertpapieren, insbesondere Pfandbriefen, sowie in verbrieften Forderungen jeder Art gegen eine inländische kommunale Körperschaft oder die Kreditanstalt einer solchen Körperschaft, sofern die Wertpapiere oder die Forderungen von dem Bundesrate zur Anlegung von Mündelgeld für geeignet erklärt sind;
5. bei einer inländischen öffentlichen Sparkasse, wenn sie von der zuständigen Behörde des Bundesstaats, in welchem sie ihren Sitz hat, zur Anlegung von Mündelgeld für geeignet erklärt ist.

Die Landesgesetze können für die innerhalb ihres Geltungsbereichs belegenen Grundstücke die Grundsätze bestimmen, nach denen die Sicherheit einer Hypothek, einer Grundschuld oder einer Rentenschuld festzustellen ist.

§ 1808. Kann die Anlegung den Umständen nach nicht in der im § 1807 bezeichneten Weise erfolgen, so ist das Geld bei der Reichsbank, bei einer Staatsbank oder bei einer anderen durch Landesgesetz dazu für geeignet erklärten inländischen Bank oder bei einer Hinterlegungsstelle anzulegen."

Wegen Zuwiderhandlung gegen die Bestimmungen des § 40 vgl. § 42.

2. Der 5. Absatz findet sich entsprechend auch in § 164 Abs. 2 JVG.

3. Ausf.Best.: Preußen Ziffer 5 Anw. v. 10. Juli 1892; Bayern §§ 4, 6 Verordn. v. 8. Juni 1892, Ziffer 27 Min.Bek. v. 25. Oktbr. 1892; Sachsen § 1 Verordn. v. 28. Septbr. 1883; Württemberg § 38 Verordn. v. 2. Novbr. 1892; Baden § 40 Verordn. v. 3. Septbr. 1892.

§ 41.*)

I. Die Kasse ist verpflichtet, in den vorgeschriebenen Fristen und nach den vorgeschriebenen Formularen Übersichten über die Mitglieder, über die Krankheits- und Sterbefälle, über die vereinnahmten Beiträge und die geleisteten Unterstützungen, sowie einen Rechnungsabschluß der Aufsichtsbehörde einzureichen.

II. Die höhere Verwaltungsbehörde ist befugt, über Art und Form der Rechnungsführung Vorschriften zu erlassen.

*) Dieser Paragraph gilt auch für Betriebs- (Fabrik-), für Bau- und für Innungs-Krankenkassen (§§ 64, 72, 73).

Zu § 41.

1. Dieses Material ergibt die Unterlage für die Beurteilung der Vermögenslage der Kasse und für die damit zusammenhängenden Anordnungen der höheren Verwaltungsbehörden wegen Erhöhung oder Ermäßigung der Beiträge und Leistungen, sowie wegen etwaiger Schließung der Kasse, vgl. §§ 33, 47. Wegen der statistischen Verarbeitung des Materials vgl. § 79. Die entsprechenden Vorschriften für die Gemeinde-Krankenversicherung befinden sich in § 9 Abs. 3.

2. Die Fristen und Formulare für die Übersichten und den Rechnungsabschluß (Abs. 1) hat der Bundesrat (§ 79) festgestellt; vgl. Bek. d. Reichskanzlers v. 16. Novbr. 1892 und die abändernde Bek. dazu v. 26. Novbr. 1897 im Anhang VII.

Zu den Vorschriften über die Art und Form der Rechnungsführung (Abs. 2) hat der Bundesrat den Regierungen ein bestimmtes Muster empfohlen.

3. Ausf.Best.: Preußen Ziffer 2, 5, 29 Anw. v. 10. Juli 1892; Bayern §§ 3, 4 Verordn. v. 8. Juni 1892, Ziffer 28 Min.Bek. v. 15. Oktbr. 1892; Sachsen § 1 Verordn. v. 28. Septbr. 1883; Württemberg §§ 39 ff. Verordn. v. 2. Novbr. 1892; Hessen Ziffer 22 Anw. v. 5. Novbr. 1892.

§ 42.*)

Die Mitglieder des Vorstandes, sowie Rechnungs- und Kassenführer haften der Kasse für pflichtmäßige Verwaltung wie Vormünder ihren Mündeln. I.

Verwenden sie verfügbare Gelder der Kasse in ihrem Nutzen, so können sie unbeschadet der strafrechtlichen Verfolgung durch die Aufsichtsbehörde angehalten werden, das in ihrem Nutzen verwendete Geld von Beginn der Verwendung an zu verzinsen. Den Zinsfuß bestimmt die Aufsichtsbehörde nach ihrem Ermessen auf acht bis zwanzig vom Hundert. II.

Handeln sie absichtlich zum Nachteile der Kasse so unterliegen sie der Bestimmung des § 266 des Strafgesetzbuchs. III.

Ist ein Vorstandsmitglied, ein Rechnungs- oder Kassenführer infolge gerichtlicher Anordnung in der Verfügung über sein Vermögen beschränkt oder ist gegen eine dieser Personen auf Verlust der Fähigkeit zur Bekleidung öffentlicher Ämter oder auf Verlust der bürgerlichen Ehrenrechte erkannt oder werden hinsichtlich einer dieser Personen Tatsachen bekannt, welche sich als grobe Verletzung der Amtspflichten in bezug auf die Kassenführung darstellen, so kann der Betreffende, nachdem ihm und dem Kassenvorstande Gelegenheit zur Äusserung gegeben worden ist, durch die Aufsichtsbehörde seines Amtes enthoben werden. IV.

Ist gegen ein Vorstandsmitglied, einen Rechnungs- oder Kassenführer das Hauptverfahren wegen eines Verbrechens oder Vergehens eröffnet, das die Aberken- V.

nung der bürgerlichen Ehrenrechte oder der Fähigkeit zur Bekleidung öffentlicher Ämter zur Folge haben kann, so kann der Betreffende bis zur Beendigung des Strafverfahrens durch die Aufsichtsbehörde seines Amtes enthoben werden.

VI. *Die Entscheidung der Aufsichtsbehörde kann binnen vier Wochen nach der Zustellung derselben auf dem im § 58 Abs. 3 Satz 2 bezeichneten Wege angefochten werden. Die Anfechtung hat keine aufschiebende Wirkung.*

*) Dieser Paragraph gilt auch für Betriebs- (Fabrik-) und Bau-Krankenkassen vorbehaltlich der Modifikation in § 64 Ziffer 3 (§§ 64, 72), sowie für Innungs-Krankenkassen (§ 73).

Zu § 42.

1. § 266 StrGB. lautet, soweit er hier in Betracht kommt:

„Wegen Untreue werden mit Gefängnis, neben welchem auf Verlust der bürgerlichen Ehrenrechte erkannt werden kann, bestraft:

1. Vormünder . . ., wenn sie absichtlich zum Nachteile der ihrer Aufsicht anvertrauten Personen oder Sachen handeln; . . .

Wird die Untreue begangen, um sich oder einem anderen einen Vermögensvorteil zu verschaffen, so kann neben der Gefängnisstrafe auf Geldstrafe bis zu dreitausend Mark erkannt werden."

2. Die auf der Novelle von 1903 beruhenden Vorschriften des § 35 Abs. 3, § 42 Abs. 4—6 sind im öffentlichen Interesse zum Zwecke der Sicherheit der Krankenkassen getroffen und sind neben den für Vorstandsmitglieder, Rechnungs- u. Kassenführer geltenden Vertragsbestimmungen kraft Gesetzes maßgebend. „Je größer der Umfang der Krankenversicherung wird, desto mehr erhöht sich das Interesse der Allgemeinheit an einer Vermeidung der vorgekommenen finanziellen Schädigungen.

Vor solchen Nachteilen müssen auch die Kassen selbst geschützt werden, denn mit dem Wachsen ihrer Aufgaben ist die Gefahr vergrößert worden, daß sie und mittelbar die Versicherten und deren Arbeitgeber Schaden erleiden. Jetzt schon sind manche Krankenkassen im Besitz umfangreicher Verwaltungen, einzelne sogar von bedeutenden Vermögenswerten, z. B. von Grundstücken. Außerdem sind nach § 148 des Invalidenversicherungsgesetzes viele Kassen, über ihren ursprünglichen Krankenversicherungszweck hinaus, Einzugsstellen für die Beiträge zur Invalidenversicherung geworden. Dazu werden durch den Entwurf die Verpflichtungen der Kasse gegenüber ihren Mitgliedern in Erkrankungs- und Erwerbsunfähigkeitsfällen noch erhöht. Deshalb ist ein Schutz sowohl der Kassen selbst als auch der an ihr Beteiligten, vor allem der Versicherten, gegen willkürliches, eigenmächtiges oder unredliches Verhalten von Vorstandsmitgliedern und von Rechnungs- und Kassenführern erforderlich. Diesem Zwecke dienen die vorgeschlagenen Zusätze" (Mot. 1903 S. 12). Vgl. auch Sten.Ber. des Reichstags 1903 S. 9135. Ähnliche Fassungen in § 47 GUVG., §§ 75, 91 JVG. Der Entwurf enthielt statt der Worte „Verletzung der Amtspflichten in bezug auf die Kassenführung" (Abs. 4) das Wort „Pflichtverletzung". Schon nach den mitgeteilten Motiven kam diese hier nur in bezug auf die Kassenführung seitens „einer dieser Personen", also sowohl der Vorstandsmitglieder als auch der Kassen- und Rechnungsführer, jedoch nicht in bezug auf ihr Privatleben in Betracht; vgl. auch Sten.Ber. des Reichstags 1903 S. 9192.

3. Ausf.Best.: Preußen Ziffer 5, 28 Anw. v. 10. Juli 1892; Bayern § 4 Verordn. v. 8. Juni 1892, Ziffer 30 Min.Bek. v. 15. Oktbr. 1892; Sachsen § 1 Verordn. v. 28. Septbr. 1883.

§ 43.

Mehrere Gemeinden können sich durch übereinstimmende Beschlüsse zur Errichtung gemeinsamer Orts-Krankenkassen für ihre Bezirke vereinigen. I.

II. Durch Beschluß eines weiteren Kommunalverbandes kann für dessen Bezirk oder für Teile desselben die Errichtung gemeinsamer Orts-Krankenkassen angeordnet werden.

III. Wo weitere Kommunalverbände nicht bestehen, kann die Errichtung gemeinsamer Orts-Krankenkassen durch Verfügung der höheren Verwaltungsbehörde für einzelne Teile ihres Verwaltungsbezirks angeordnet werden.

IV. Derartige Beschlüsse und Verfügungen müssen zugleich Bestimmungen darüber treffen, für welche Gewerbszweige oder Betriebsarten die gemeinsamen Orts-Krankenkassen errichtet und von welcher Behörde für die letzteren die den Gemeindebehörden übertragenen Obliegenheiten wahrgenommen werden sollen.

V. Die Beschlüsse bedürfen der Genehmigung der höheren Verwaltungsbehörde. Diese kann vor Erteilung der Genehmigung den bei der Errichtung der gemeinsamen Krankenkassen beteiligten Personen zu einer Äußerung darüber Gelegenheit geben und die Genehmigung versagen, wenn aus der Mitte der Beteiligten Widerspruch dagegen erhoben wird.

VI. Gegen die Verfügung der höheren Verwaltungsbehörde, durch welche die Genehmigung versagt oder erteilt oder die Errichtung einer gemeinsamen Orts-Krankenkasse angeordnet wird, steht den beteiligten Gemeinden und Kommunalverbänden innerhalb vier Wochen die Beschwerde an die Zentralbehörde zu.

Zu § 43.

1. Wie nach § 12 die Zusammenlegung mehrerer Gemeinden zu gemeinsamer Gemeinde-Krankenversicherung zulässig ist, so gestattet § 43 die Bildung gemeinsamer Orts-Krankenkassen für mehr als eine Gemeinde, einschl. der selbständigen Gutsbezirke und Gemarkungen, § 83. Die Vereinigung, welche alsdann eine organisierte „Orts-Krankenkasse" mit juristischer Persönlichkeit darstellt, ist, wie auch bei der Gemeinde-Krankenversicherung (§ 12), zulässig auf Grund:

a) freiwilliger Beschlüsse mehrerer Gemeinden (Abs. 1),
b) Anordnung eines weiteren Kommunalverbandes für seinen Bezirk (Abs. 2),
c) Anordnung eines weiteren Kommunalverbandes für Teile seines Bezirks

(wo weitere Kommunalverbände nicht bestehen, tritt die höhere Verwaltungsbehörde an deren Stelle), während eine direkte Zwangsbefugnis der höheren Verwaltungsbehörde, wie sie unter gewissen Einschränkungen für die gemeinsame Gemeinde-Krankenversicherung zugelassen worden ist (§ 13), nach den die Regierungsvorlage abändernden Beschlüssen des Reichstags hier versagt wird. Die höhere Verwaltungsbehörde kann aber ihre betr. Wünsche durch Einwirkung auf die kommunalen Organe zur Geltung bringen. (Vgl. darüber v. Woedtke, Komm. z. KVG. Anm. 1 zu § 43.)

Wegen der Wiederauflösung dieser Vereinigungen vgl. § 48 Abs. 3 und 4.

Verschieden hiervon ist die Errichtung von Verbänden mehrerer Kassen innerhalb des Bezirks einer Aufsichtsbehörde zur gemeinsamen Betreibung gewisser Angelegenheiten. Diese Kassenverbände behandeln §§ 46 ff.

2. Höhere Verwaltungsbehörde, § 84. In Preußen ist es für Berlin und, soweit es sich um Beschlüsse eines Provinzialverbandes (in Hessen-Nassau der Landeskommunalverbände) handelt, der Oberpräsident, im übrigen der Regierungspräsident; Beschwerde an den Minister für Handel und Gewerbe. — Wenn der Kassenbezirk über das Gebiet

eines Bundesstaats hinausgeht, sind die höheren Verwaltungsbehörden der beteiligten Staaten gemeinsam zuständig.

Nach Erledigung des in diesem Paragraphen vorgeschriebenen Verfahrens richtet sich die Zuständigkeit und das Verfahren bei Errichtung des Statuts u. s. w. nach §§ 23, 24.

3. Wegen Mustersatzungen für gemeinsame OKK. vgl. Anm. 3 zu § 23.

4. Ausf.Best.: Preußen Ziffer 1, 2, 5, 16, 34, 38, 39 Anw. v. 10. Juli 1892; Bayern §§ 1 bis 3, 6 Verordn. v. 8. Juni 1892, Ziffer 29 Min.Bek. v. 15. Oktbr. 1892; Sachsen § 1 Verordn. v. 28. Septbr. 1883; Württemberg §§ 26 ff. Verordn. v. 2. Novbr. 1892; Baden §§ 41 bis 43 Verordn. v. 3. Septbr. 1892; Hessen Ziffer 12, 13 Anw. v. 5. Novbr. 1892.

§ 43a.

Durch Beschluß des weiteren Kommunalverbandes mit Genehmigung der höheren Verwaltungsbehörde oder, wo weitere Kommunalverbände nicht bestehen, durch Verfügung der höheren Verwaltungsbehörde können Klassen von Versicherungspflichtigen, für welche Orts-Krankenkassen nicht bestehen, einer bestehenden gemeinsamen Orts-Krankenkasse nach Anhörung derselben und nachdem Vertretern der beteiligten Versicherungspflichtigen Gelegenheit zu einer Äußerung gegeben worden ist, zugewiesen werden. Gegen die Verfügung der höheren Verwaltungsbehörde, durch welche die Zuweisung genehmigt oder angeordnet wird, steht der Kasse innerhalb vier Wochen nach der Zustellung die Beschwerde an die Zentralbehörde zu.

Zu § 43a.

1. Dieser Paragraph „soll für gemeinsame Orts-Krankenkassen mehrerer Gemeinden oder eines ganzen Bezirks die Zuweisung weiterer Klassen von Versicherungspflichtigen ebenso

ermöglichen, wie § 18a für die Orts-Krankenkassen einer einzelnen Gemeinde" (Mot. S. 53). Vgl. auch §§ 48a, 57b.

2. Ausf.Best.: Preußen Ziffer 1, 2, 31ff. Anw. v. 10. Juli 1892; Bayern §§ 1, 3, 6 Verordn. v. 8. Juni 1892; Württemberg §§ 26ff. Verordn. v. 2. Novbr. 1892; Baden § 43 Verordn. v. 3. Septbr. 1892; Hessen Ziffer 24, 27 Anw. v. 5. Novbr. 1892.

§ 44.*)

Unter Oberaufsicht der höheren Verwaltungsbehörde wird die Aufsicht über Orts-Krankenkassen, **welche für den Bezirk einer** Gemeinde von mehr als zehntausend Einwohnern **errichtet sind, durch** die Gemeindebehörden, **bei allen übrigen Orts-Krankenkassen durch die** seitens der Landesregierungen zu bestimmenden Behörden wahrgenommen.

*) § 44 gilt mit der aus § 84 Abs. 3 sich ergebenden Modifikation auch für Betriebs- (Fabrik-) und für Bau-Krankenkassen (§§ 66, 72).

Zu § 44.

1. In der jetzigen Fassung ist wesentlich, daß die Gemeindeaufsicht kraft Gesetzes sich nur noch auf Orts-Krankenkassen für den Bezirk der betr. Gemeinde, nicht mehr auf alle Orts-Krankenkassen in der Gemeinde zu erstrecken hat. Natürlich kann auch für andere Orts-Krankenkassen die Gemeindebehörde mit der Aufsicht betraut werden, soweit dies der Zentralbehörde zweckmäßig erscheint.

2. Zuständig sind in Preußen bei Krankenkassen für den Bezirk einer einzelnen Gemeinde von mehr als 10000 Einwohnern die Gemeindebehörde, im übrigen vorbehaltlich besonderer Anordnungen in Einzelfällen die Kommunalaufsichtsbehörden, also für das platte Land der Landrat (Oberamtmann), für Städte der Regierungspräsident. „Den letzteren bleibt jedoch überlassen, die ihnen hiernach zustehende Aufsicht in Städten von nicht mehr als 10000 Einwohnern der unteren

Verwaltungsbehörde (Landrat, Oberamtmann) oder der Gemeindebehörde, in der Rheinprovinz und in Westfalen für Gemeinden von weniger als 10000 Einwohnern in geeigneten Fällen auch dem Bürgermeister bezw. dem Amtmann zu übertragen. Die hierüber erlassenen Anordnungen sind zu veröffentlichen." (Anw. v. 10. Juli 1892 Ziffer 5 Abs. 3.) Für gemeinsame Orts-Krankenkassen mehrerer Gemeinden wird die Aufsichtsbehörde von der höheren Verwaltungsbehörde, event. vom Minister für Handel und Gewerbe bestimmt.

3. Ausf.Best.: Preußen Ziffer 5, 26 ff. Anw. v. 10. Juli 1892; Bayern §§ 2 bis 4 Verordn. v. 8. Juni 1892; Sachsen § 1 Verordn. v. 28. Septbr. 1883; Württemberg §§ 39 ff. Verordn. v. 2. Novbr. 1892; Baden §§ 4, 5 Verordn. v. 3. Septbr. 1892.

§ 45.*)

I. Die Aufsichtsbehörde überwacht die Befolgung der gesetzlichen und statutarischen Vorschriften und kann dieselbe durch Androhung, Festsetzung und Vollstreckung von Ordnungsstrafen gegen die Mitglieder des Kassenvorstandes erzwingen.

II. Sie ist befugt, von allen Verhandlungen, Büchern und Rechnungen der Kasse Einsicht zu nehmen und die Kasse zu revidieren.

III. Sie kann die Berufung der Kassenorgane zu Sitzungen verlangen und, falls diesem Verlangen nicht entsprochen wird, die Sitzungen selbst anberaumen.

IV. In den auf ihren Anlaß anberaumten Sitzungen kann sie die Leitung der Verhandlungen übernehmen.

V. Solange der Vorstand oder die Generalversammlung nicht zustande kommt oder die Organe der Kasse die Erfüllung ihrer gesetzlichen oder statutenmäßigen

Obliegenheiten verweigern, kann die Aufsichtsbehörde die Befugnisse und Obliegenheiten der Kassenorgane selbst oder durch von ihr zu bestellende Vertreter auf Kosten der Kasse wahrnehmen.

Die von der Aufsichtsbehörde auf Grund des Abs. 1 VI. *oder des Abs. 5 getroffenen Anordnungen können von dem Vorstand oder der Generalversammlung der Kasse oder von dem durch die Anordnung betroffenen Vorstandsmitgliede binnen vier Wochen nach der Zustellung auf dem im § 24 bezeichneten Wege angefochten werden, sofern die Anfechtung darauf gestützt wird, dass die getroffene Anordnung rechtlich nicht begründet und die Kasse oder das Vorstandsmitglied durch die Anordnung in einem Rechte verletzt oder mit einer rechtlich nicht begründeten Verbindlichkeit belastet sei.*

*) Der § 45 gilt auch für Betriebs- (Fabrik-) und Bau-Krankenkassen (§§ 66, 72) mit der aus § 66 Abs. 2 sich ergebenden Erweiterung. Der § 45 Abs. 5 gilt auch für Innungs-Krankenkassen (§ 73), vgl. §§ 90, 96 GO.

Zu § 45.

1. „Bei der Beratung wurde unter Zustimmung der Regierungsvertreter festgestellt, daß die hier genannte Aufsichtsbehörde diejenige des § 40 (jetzt § 44) nach den dort gefaßten Beschlüssen, also bei Kassen für größere Gemeinden die Gemeindebehörde sei, und daß der erste Absatz des § 41 (jetzt § 45) nicht aussprechen solle, daß auch solche Kassenleistungen im Aufsichtswege erzwungen werden könnten, welche zwischen den Kassenmitgliedern oder anderen Personen und der Kassenverwaltung streitig seien; auf derartige Leistungen beziehe sich der § 52“ (jetzt § 58). Komm.Ber. S. 65. Im übrigen sind die Befugnisse der Aufsichtsbehörde weder hier noch an anderen Stellen des KVG. erschöpfend aufgezählt; vielmehr

muß es als Recht und Pflicht der Aufsichtsbehörde erachtet werden, auch weitere Maßnahmen zu treffen, welche ohne Eingriff in die Selbstverwaltung der Kassen zur Durchführung der Überwachung notwendig sind und nicht im Widerspruche mit zwingenden Vorschriften stehen. — Art, Maß und Anfechtung der Ordnungsstrafen (Abs. 1) bestimmt das Landesrecht.

2. Über das Recht der Aufsichtsbehörde, die Mitglieder des Vorstandes und die Vertreter zur Generalversammlung, falls die Wahl von den Berechtigten verweigert wird, ihrerseits zu ernennen, vgl. § 39, sowie ähnlich § 46 Abs. 2.

3. Über die Frage, ob die Anfechtung (Abs. 6) im Wege des § 24 zulässig ist, haben auf fristzeitiges Anrufen die nach § 24 Abs. 1 Satz 5 zuständigen Behörden selbst nach freiem Ermessen zu entscheiden. Wird die Frage verneint oder wird die Anfechtung von vorn herein nicht gemäß Abs. 6 begründet oder handelt es sich um Anordnungen auf Grund der Absätze 2 bis 4 oder kommt eine Innungs-Krankenkasse in Frage, so steht die Beschwerde an die Oberaufsichtsbehörde offen, bei Innungs-Krankenkassen nach § 96 GO.

4. Ausf.Best.: Preußen Ziffer 26 ff. Anw. v. 10. Juli 1892, Ziffer 5 Min.Verf. v. 30. Mai 1903; Bayern § 4 Verordn. v. 8. Juni 1892, Ziffer 30, 31 Min.Bek. v. 15. Oktbr. 1892; Sachsen § 1 Verordn. v. 28. Septbr. 1883; Württemberg §§ 37, 39 ff. Verordn. v. 2. Novbr. 1892; Baden § 44 Verordn. v. 3. Septbr. 1892; Hessen Ziffer 20, 21 Anw. v. 5. Novbr. 1892.

§ 46.*)

I. Sämtliche oder mehrere **Gemeinde-Krankenversicherungen und** Orts-Krankenkassen innerhalb des **Bezirks** einer Aufsichtsbehörde **können durch** übereinstimmende Beschlüsse **der beteiligten Kommunalverbände und der** Generalversammlungen **der beteiligten Kassen sich** zu einem Verbande **vereinigen** zum Zweck:

1. der Anstellung eines gemeinsamen Rechnungs-

und Kassenführers **und anderer gemeinsamer Bediensteten,**

2. der Abschließung gemeinsamer Verträge mit Ärzten, Apotheken, Krankenhäusern und **Lieferanten von Heilmitteln und anderer Bedürfnisse der Krankenpflege,**
3. der Anlage und des Betriebes gemeinsamer Anstalten zur Heilung und Verpflegung erkrankter Mitglieder, **sowie zur Fürsorge für Rekonvaleszenten,**
4. **der gemeinsamen Bestreitung der Krankenunterstützungskosten zu einem die Hälfte ihres Gesamtbetrages nicht übersteigenden Teil.**

Die Vertretung des Kassenverbandes und die Geschäftsführung für denselben wird nach Maßgabe eines von der höheren Verwaltungsbehörde zu genehmigenden **Verbandsstatuts** durch einen **von den Verwaltungen der beteiligten Gemeinde-Krankenversicherungen und den** Vorständen der beteiligten Kassen zu wählenden oder, solange eine Wahl nicht zustande kommt, von der Aufsichtsbehörde zu ernennenden Vorstand wahrgenommen. **Im Falle der Anstellung eines gemeinsamen Rechnungs- und Kassenführers können durch das Verbandsstatut Bestimmungen über gemeinsame Verwahrung der Bestände der beteiligten Gemeinde-Krankenversicherungen und Krankenkassen getroffen werden.** II.

Der Verband kann unter seinem Namen Rechte erwerben und Verbindlichkeiten eingehen, vor Gericht klagen und verklagt werden. Die Ausgaben des Verbandes werden durch Beiträge der beteiligten **Gemeinde-** III.

Krankenversicherungen und Krankenkassen gedeckt, welche in Ermangelung anderweiter durch Übereinkommen derselben getroffener Regelung **am Schlusse jedes Rechnungsjahres nach dem Verhältnis der im Laufe des Rechnungsjahres vereinnahmten Kassenbeiträge** umgelegt werden.

IV. **Die Gemeinde-Krankenversicherungen und Krankenkassen, welche dem Verbande angehören, sind verpflichtet, auf Aufforderung des Verbandsvorstandes im Laufe des Rechnungsjahres diejenigen Vorschüsse zur Verbandskasse zu leisten, welche zur Deckung der gemeinsamen Ausgaben erforderlich sind. Die Vorschüsse sind in Ermangelung anderweiter durch das Verbandsstatut getroffener Regelung nach dem Verhältnis der im Laufe des zunächst voraufgegangenen Rechnungsjahres vereinnahmten Kassenbeiträge auszuschreiben und innerhalb zweier Wochen nach erfolgter Ausschreibung einzuzahlen. Die im Laufe des Rechnungsjahres geleisteten Vorschüsse sind bei der am Schlusse desselben erfolgenden Umlegung zur Anrechnung zu bringen.**

*) Der § 46 gilt auch für Betriebs- (Fabrik-), Bau- und Innungs-Krankenkassen (§§ 64, 72, 73).

Zu § 46.

1. Zur Bildung von Kassenverbänden (unbeschadet der fortbestehenden Selbständigkeit der einzelnen Kassen), insbesondere behufs tunlichster Verminderung der Verwaltungs- und Kurkosten, führt „die Erwägung, daß die Verwaltungskosten, welche bei kleineren Kassen leicht eine unverhältnismäßige Höhe erreichen, auf ein sehr geringes Maß zurückgeführt werden können, wenn die Rechnungs- und Kassenführung sämtlicher für den Bezirk einer Gemeinde bestehenden Orts-Krankenkassen in einer Hand vereinigt wird, und daß,

wenn mit der gemeinsamen Rechnungs- und Kassenführung auch die Funktionen der in § 44 (jetzt § 49) vorgesehenen gemeinsamen Meldestelle verbunden werden, die einfachste und sicherste Durchführung des Versicherungszwanges und der richtigen Verteilung der Versicherungspflichtigen auf die verschiedenen Kassen bei möglichst geringer Belästigung der Arbeitgeber durch die An- und Abmeldepflicht erreicht wird".

„Die Vereinigung sämtlicher oder mehrerer Orts-Krankenkassen zur Abschließung gemeinsamer Verträge mit Ärzten und Apotheken bietet unter allen Umständen die Möglichkeit, die Gewährung freier ärztlicher Behandlung und freier Arznei mit dem möglichst geringen Kostenaufwande zu beschaffen, und bildet in solchen Fällen, wo für einen größeren Bezirk mehrere Kassen mit zahlreichen örtlich zerstreuten Mitgliedern bestehen, nicht selten die notwendige Voraussetzung für die Übernahme der Gewährung freier ärztlicher Behandlung durch die Kassen, sofern die Funktionen eines Kassenarztes gegen eine für die Kasse erschwingbare Vergütung nur unter der Voraussetzung wahrgenommen werden, daß der Bezirk der Kassen in örtliche Abteilungen zerlegt wird und in jeder Abteilung ein Arzt für die Mitglieder sämtlicher Kassen die Behandlung übernimmt" (Motive).

2. Es ist durch Abs. 1 des § 46 auch der Gemeinde-Krankenversicherung, durch §§ 64, 72, 73 auch den Betriebs- (Fabrik-), Bau- und Innungs-Krankenkassen die Beteiligung an einem Kassenverband ermöglicht worden; über Hilfskassen-Verbände vgl. § 35 HKG. — Abs. 2 des § 46 ermöglicht zur Erleichterung der Kassenverwaltung die gemeinsame Verwahrung der Bestände, wogegen die Verrechnung für die einzelnen Kassen eine gesonderte bleiben muß; in Abs. 3 und 4 ist den Verbänden zur besseren Erfüllung ihrer Aufgabe rechtliche Selbständigkeit verliehen (vgl. § 25 Abs. 1), die Verpflichtung der Kassen zur vorschußweisen Einzahlung von Beiträgen ausgesprochen und als Norm für die Aufbringung der Beiträge die Höhe der im letzten Jahre vereinnahmten Kassenbeiträge oder ein durch Übereinkommen festgestellter anderweiter Maßstab hingestellt.

Nach § 58 Abs. 3, 4 sind Streitigkeiten über Ansprüche des Verbandes gegen seine Mitglieder von der Aufsichtsbehörde zu entscheiden, die Entscheidung ist vorläufig vollstreckbar.

3. Höhere Verwaltungsbehörde ist in Preußen der Regierungs-Präsident, für Berlin der Ober-Präsident.

4. Ausf.Best.: Preußen Ziffer 2, 5, 54 Anw. v. 10. Juli 1892; Bayern §§ 2 bis 4 Verordn. v. 8. Juni 1892, Ziffer 32 Min.Bek. v. 15. Oktbr. 1892; Sachsen § 1 Verordn. v. 28. Septbr. 1883; Württemberg §§ 44, 45 Verordn. v. 2. Novbr. 1892; Baden §§ 45, 46 Verordn. v. 3. Septbr. 1892; Hessen Ziffer 49 ff. Anw. v. 5. Novbr. 1892.

§ 46a.*)

I. **Ein nach § 46 Absatz 1 gebildeter Verband kann durch übereinstimmende Beschlüsse der beteiligten Kommunalverbände und der Generalversammlungen der beteiligten Krankenkassen aufgelöst werden.**

II. **Jede Gemeinde-Krankenversicherung und Krankenkasse kann nach sechs Monate vorher erfolgter Aufkündigung mit dem Schlusse des Kalenderjahres aus dem Verband austreten.**

III. **Soweit nicht durch das Verbandsstatut oder durch Übereinkommen etwas anderes bestimmt ist, wird bei der Auflösung des Verbandes oder beim Ausscheiden einer der beteiligten Kassen von dem nach Deckung der Schulden verbleibenden Vermögen des Verbandes jeder ausscheidenden Kasse derjenige Anteil überwiesen, welcher auf sie nach dem Verhältnisse der im Laufe des letzten Kalenderjahres vereinnahmten Kassenbeiträge entfällt.**

*) Der § 46a gilt auch für Betriebs- (Fabrik-), Bau- und Innungs-Krankenkassen (§§ 64, 72, 73).

Zu § 46a.

1. Dieser Paragraph regelt die Auflösung der Kassenverbände und den Austritt aus denselben einschl. der vermögensrechtlichen Folgen solcher Maßnahmen. Vgl. § 46 Anm. 2 Abs. 2.

2. Ausf. Best.: Bayern § 2 Verordn. v. 8. Juni 1892; Württemberg §§ 44, 45 Verordn. v. 2. Novbr. 1892; Baden § 47 Verordn. v. 3. Septbr. 1892; Hessen Ziffer 53 Anw. v. 5. Novbr. 1892.

§ 46b.*)

Durch die Zentralbehörde kann bestimmt werden, daß und unter welchen Voraussetzungen bereits bestehende Vereinigungen von Gemeinde-Krankenversicherungen und auf Grund dieses Gesetzes errichteter Krankenkassen, welche Zwecke der im § 46 unter Ziffer 1 bis 4 bezeichneten Art verfolgen, die Rechte der auf Grund des § 46 errichteten Verbände haben.

*) Der § 46 b gilt auch für Betriebs- (Fabrik-), Bau- und Innungs-Krankenkassen (§§ 64, 72, 73).

Zu § 46b.

1. Dieser Paragraph will Vorsorge treffen, daß solche bereits bestehenden Vereinigungen von Kassen, welche Zwecke der in § 46 bezeichneten Art verfolgen, ohne Rücksicht darauf, wie sie zustande gekommen sind und ob ihre Verwaltung den Vorschriften des § 46 entspricht, die Rechte der Kassenverbände, insbesondere deren rechtliche Selbständigkeit, erhalten können.

2. Ausf. Best.: Bayern § 6 Verordn. v. 8. Juni 1892.

§ 47.*)

Die Schließung einer Orts-Krankenkasse muß erfolgen: I.

1. wenn die Zahl der Mitglieder dauernd unter fünfzig sinkt;

2. wenn sich aus den Jahresabschlüssen der Kasse ergibt, daß die gesetzlichen Mindestleistungen auch nach erfolgter Erhöhung der Beiträge der Versicherten auf *vier* Prozent **desjenigen Betrages, nach welchem die Unterstützungen zu bemessen sind (§§ 20, 26a Ziffer 6),** nicht gedeckt werden können, und **eine** weitere Erhöhung der Beiträge **nicht auf dem im § 31 Absatz 2 vorgesehenen Wege beschlossen wird.**

II. Die Auflösung kann erfolgen, wenn sie von der Gemeindebehörde unter Zustimmung der Generalversammlung beantragt wird.

III. Die Schließung oder Auflösung erfolgt durch Verfügung der höheren Verwaltungsbehörde, welche, so**fern sie auf Schließung einer Kasse gerichtet ist, von der Generalversammlung, sofern dadurch die Auflösung einer Kasse abgelehnt wird, von der Gemeindebehörde beziehungsweise der Generalversammlung** nach Maßgabe des § 24 angefochten werden kann.

IV. Wird eine Orts-Krankenkasse geschlossen oder aufgelöst, so sind die versicherungspflichtigen Personen, für welche sie errichtet war, anderen Orts-Krankenkassen und, soweit dies nicht ohne **erhebliche** Benachteiligung anderer Orts-Krankenkassen geschehen kann, der Gemeinde-Krankenversicherung zu überweisen.

V. Das etwa vorhandene Vermögen der Kasse ist in diesem Falle zunächst zur Berichtigung der etwa vorhandenen Schulden und zur Deckung der vor der Schließung oder Auflösung bereits entstandenen Unterstützungsansprüche zu verwenden. Der Rest fällt denjenigen Orts-Krankenkassen, sowie der Gemeinde-Krankenversicherung zu, welchen die der geschlossenen oder aufgelösten Kasse angehörenden Personen überwiesen werden. **Findet eine solche Überweisung nicht statt, so ist der Rest des Vermögens in der dem bisherigen Zweck am meisten entsprechenden Weise zu verwenden.**

Die Verfügung über die Zuweisung der versicherungspflichtigen Personen, für welche die geschlossene oder aufgelöste Kasse errichtet war, an andere Krankenkassen oder die Gemeinde-Krankenversicherung, sowie über die Verteilung oder Verwendung des Restvermögens wird von der höheren Verwaltungsbehörde getroffen. Gegen diese Verfügung steht den Beteiligten innerhalb vier Wochen die Beschwerde an die Zentralbehörde zu. Die Beschwerde hat, soweit es sich um die Zuweisung der versicherungspflichtigen Personen handelt, keine aufschiebende Wirkung. VI.

Die Vorschrift des ersten Absatzes findet keine Anwendung, wenn nach dem Urteil der höheren Verwaltungsbehörde die Gewährung der gesetzlichen Mindestleistungen durch vorhandenes Vermögen oder durch andere außerordentliche Hilfsquellen gesichert ist. VII.

*) Abs. 5 des § 47 gilt im allgemeinen auch für Betriebs- (Fabrik-) Krankenkassen (§ 68 Abs. 5). Wegen der Bau-Krankenkassen vgl. § 72. Die Absätze 3 bis 6 des § 47 gelten auch für Innungs-Krankenkassen (§ 73).

Zu § 47.

1. Der § 47 behandelt die Aufhebung von Orts-Krankenkassen, und zwar sowohl diejenige von Amts wegen auf Grund der Leistungsunfähigkeit (Schließung), wie diejenige auf

Antrag (Auflösung). Er gilt für Orts-Krankenkassen aller Art; für größere Kassenorganisationen (gemeinsame Orts-Krankenkassen einer Gemeinde, gemeinsame Orts-Krankenkassen mehrerer Gemeinden, Orts-Krankenkassen für den Bezirk eines weiteren Kommunalverbandes) gibt außerdem § 48 noch weitere, die Auflösung auf Antrag sowie die Ausscheidung einzelner Bestandteile betreffende Vorschriften.

Die Schließung darf nur erfolgen wegen Leistungsunfähigkeit. Diese wird

a) erwiesen (Abs. 1 Ziffer 2), wenn die Jahresabschlüsse ergeben, daß mit dem regelmäßigen gesetzlichen Maximalbeitrage die gesetzlichen Mindestleistungen nicht mehr gedeckt werden können, anderweitiges Vermögen nicht vorhanden ist (Abs. 7) und eine Erhöhung der Beiträge über jenen Betrag hinaus nicht auf dem im § 31 Abs. 2 vorgesehenen Wege beschlossen wird;

b) auf Grund des Gesetzes und bis zum Beweise des Gegenteils vermutet (Abs. 1 Ziffer 1), wenn die Mitgliederzahl dauernd unter 50 sinkt. Der Gegenbeweis hat darzutun, daß trotz der geringen Mitgliederzahl die Gewährung der gesetzlichen Mindestleistungen anderweit gesichert ist (Abs. 7).

(Für die Gemeinde-Krankenversicherung geht eine Schließung begrifflich nicht an; für dieselbe ist daher in analogen Fällen der Leistungsunfähigkeit unter der Voraussetzung, daß die Gemeinde zur Ermäßigung ihrer Vorschußverbindlichkeit entsprechende Anträge stellt, die zwangsweise Vereinigung mehrerer Gemeinden zu gemeinsamer Gemeinde-Krankenversicherung vorgesehen worden, § 13.)

2. Durch die Novellen sind die bisherigen Bestimmungen dieses Paragraphen materiell insofern geändert worden, als einmal eine Erhöhung der Beiträge über das regelmäßige, in der Novelle von 1903 wesentlich erhöhte (vorher stand in Ziffer 2 statt 4 % : 3 %) Maximum hinaus nicht schon an dem Widerspruch eines einzelnen scheitern soll, und ferner die Zuweisung von Mitgliedern geschlossener oder aufgelöster Krankenkassen an andere Krankenkassen nur dann unterbleiben

soll, wenn sie zu einer „erheblichen“ Schädigung der letzteren führen würde. Die übrigen Abänderungen und Ergänzungen bezwecken größere Klarheit in der Zuständigkeit und im Verfahren. In letzterer Beziehung ist insbesondere der jetzige Abs. 6, welcher in § 48a seine Ergänzung findet, eingeschoben worden.

3. Höhere Verwaltungsbehörde ist in Preußen der Bezirksausschuß (vorbehaltlich des Verwaltungsstreitverfahrens vor demselben mit event. Revision, Verordn. v. 9. Aug. 1892, GS. S. 239), soweit es sich aber um die Überweisung der Kassenmitglieder und die Verwendung des Vermögens handelt, der Regierungs-Präsident (in Berlin der Ober-Präsident).

4. Ausf.Best.: Preußen Ziffer 2, 23, 28, 38ff. Anw. v. 10. Juli 1892; Bayern Art. 3, 5 G. v. 26. Mai 1892, §§ 2, 3, 6 Verordn. v. 8. Juni 1892, Ziffer 33 bis 35 Min.Bek. v. 15. Oktbr. 1892; Sachsen § 1 Verordn. v. 28. Septbr. 1883; Württemberg §§ 46ff. Verordn. v. 2. Novbr. 1892; Baden §§ 48 bis 50 Verordn. v. 3. Septbr. 1892; Hessen Ziffer 31ff. Anw. v. 5. Novbr. 1892.

§ 48.

Orts-Krankenkassen, welche auf Grund der §§ 16, I.
17 **oder 18a** für versicherungspflichtige Personen verschiedener Gewerbszweige oder Betriebsarten errichtet sind, können nach Anhörung der Gemeinde aufgelöst werden, wenn die Generalversammlung der Kasse dies beantragt.

Unter der gleichen Voraussetzung kann die Aus- II.
scheidung der demselben Gewerbszweig oder derselben Betriebsart angehörenden Kassenmitglieder aus der gemeinsamen Kasse erfolgen, wenn die Mehrzahl dieser Kassenmitglieder zustimmt.

Für Orts-Krankenkassen, welche auf Grund der III.
§§ 43 oder 43a gemeinsam für mehrere Gemeinden

oder für einen weiteren Kommunalverband errichtet sind, kann auf Antrag einer der beteiligten Gemeinden oder der Generalversammlung der beteiligten Kasse die Auflösung oder die Ausscheidung der in einer oder mehreren der beteiligten Gemeinden beschäftigten Kassenmitglieder erfolgen.

IV. Die Auflösung oder Ausscheidung erfolgt durch Verfügung der höheren Verwaltungsbehörde. **Gegen** die Verfügung, durch welche die Auflösung oder Ausscheidung angeordnet oder versagt wird, steht den Beteiligten innerhalb vier Wochen die Beschwerde an die Zentralbehörde zu. **Über** die Verwendung und Verteilung des Vermögens, sowie über die anderweitige Versicherung der versicherungspflichtigen Personen ist nach Maßgabe des § 47 Absatz 4 **bis** 6 Bestimmung zu treffen.

Zu § 48.

1. Vgl. die Anm. 1 zu § 47. Höhere Verwaltungsbehörde ist in Preußen der Bezirksausschuß, soweit es sich aber um die Überweisung der Kassenmitglieder und die Verwendung des Vermögens handelt, der Regierungs-Präsident (in Berlin der Ober-Präsident).

2. Ausf.Best.: Preußen Ziffer 2, 5, 38 ff. Anw. v. 10. Juli 1892; Bayern §§ 1 bis 3, 6 Verordn. v. 8. Juni 1892, Ziffer 33 bis 35 Min.Bek. v. 15. Oktbr. 1892; Sachsen § 1 Verordn. v. 28. Septbr. 1883; Württemberg §§ 46 ff. Verordn. v. 2. Novbr. 1892; Baden §§ 48 bis 50 Verordn. v. 3. Septbr. 1892; Hessen Ziffer 31 ff. Anw. v. 5. Novbr. 1892.

§ 48a.*)

I. **Ergibt sich, daß einem Kassenstatut nach § 24 Absatz 1 die Genehmigung hätte versagt werden müssen, so hat**

die höhere Verwaltungsbehörde die erforderliche Abänderung anzuordnen. Der die Abänderung anordnende Bescheid kann auf dem im § 24 Absatz 1 bezeichneten Wege angefochten werden.

Unterläßt die Vertretung der Kasse, die endgültig angeordnete Abänderung zu beschließen, so hat die höhere Verwaltungsbehörde die Beschlußfassung anzuordnen und, falls dieser Anordnung keine Folge gegeben wird, ihrerseits die erforderliche Abänderung des Kassenstatuts von Amts wegen mit rechtsverbindlicher Wirkung zu vollziehen. Dasselbe gilt, wenn die Vertretung der Kasse unterläßt, diejenigen Abänderungen des Kassenstatuts zu beschließen, welche durch endgültige, auf Grund der §§ 18a, 43a, 47 Absatz 6 erlassene Anordnungen erfordert werden. II.

*) Der § 48a gilt auch für Betriebs- (Fabrik-) und Bau-Krankenkassen (§§ 64, 72), der Abs. 2 auch für Innungs-Krankenkassen (§ 73).

Zu § 48a.

1. Dieser Paragraph soll insbesondere Vorsorge treffen, daß Irrtümer, die bei der Genehmigung der Kasse vorgekommen sind, nachträglich geheilt werden können. Wie die Motive der Novelle 1892 sagen (S. 58), ist es häufig vorgekommen, daß Kassenstatuten den gesetzlichen Anforderungen nicht entsprachen und aus Irrtum der Behörde doch genehmigt wurden; zahlreich seien namentlich diejenigen Fälle gewesen, in denen ein Kassenstatut genehmigt wurde, obwohl die Bestimmung desselben über die Klassen der der Kasse angehörenden Personen mit der gleichen Bestimmung anderer Kassenstatute im Widerspruche standen. Zuständigkeit in Preußen: Anordnung des Regierungs-Präsidenten (für Berlin des Ober-Präsidenten); Klage beim Ober-Verwaltungsgerichte binnen

zwei Wochen nach der Zustellung der Anordnung. (Verordn. v. 9. Aug. 1892, GS. S. 239). Das gemäß der Anordnung von der Kasse abgeänderte Statut bedarf der Genehmigung durch den Bezirksausschuß (§ 24).

2. Ausf.Best.: Preußen Ziffer 2, 36 Anw. v. 10. Juli 1892; Bayern Art. 3, 5 G. v. 26. Mai 1892, § 3 Verordn. v. 8. Juni 1892; Württemberg §§ 34, 51 Verordn. v. 2. Novbr. 1862; Hessen Ziffer 26, 29 Anw. v. 5. Novbr. 1892.

D. Gemeinsame Bestimmungen für die Gemeinde-Krankenversicherung*) und für die Orts-Krankenkassen.**)

§ 49.

I. Die Arbeitgeber haben jede von ihnen beschäftigte versicherungspflichtige Person, welche **weder einer Betriebs- (Fabrik-) Krankenkasse (§ 59), Bau-Krankenkasse (§ 69), Innungs-Krankenkasse (§ 73), Knappschaftskasse (§ 74) angehört, noch gemäß § 75 von der Verpflichtung, der Gemeinde-Krankenversicherung oder einer Orts-Krankenkasse anzugehören, befreit ist,** spätestens am dritten Tage nach Beginn der Beschäftigung anzumelden und spätestens am dritten Tage nach Beendigung **derselben** wieder abzumelden. **Veränderungen, durch welche während der Dauer der Beschäftigung die Versicherungspflicht für solche Personen begründet wird, die der Versicherungspflicht auf Grund ihrer Beschäftigung bisher nicht unterlagen, sind spätestens am dritten Tage**

*) §§ 4 bis 15.
**) §§ 16 bis 48a.

nach ihrem Eintritte gleichfalls anzumelden. Das gleiche gilt bei Änderungen des Arbeitsvertrages, welche die Verſicherungspflicht der im § 1 Abſatz 4*) bezeichneten Perſonen zur Folge haben.

Die Anmeldungen und Abmeldungen erfolgen für II.
verſicherungspflichtige Perſonen ſolcher Klaſſen, für welche Orts-Krankenkaſſen **beſtehen (§ 23 Abſatz 2 Ziffer 1),** bei den durch das Statut dieſer Kaſſen beſtimmten Stellen, **übrigens** bei der Gemeindebehörde oder einer von dieſer zu beſtimmenden Meldeſtelle.

In der Anmeldung zur Orts-Krankenkaſſe ſind auch III.
die behufs der Berechnung der Beiträge durch das Statut geforderten Angaben über die Lohnverhältniſſe zu machen. Änderungen in dieſen Verhältniſſen ſind ſpäteſtens am dritten Tage, nachdem ſie eingetreten, anzumelden.

Durch Beſchluß der Verwaltung der Gemeinde- IV.
Krankenverſicherung und durch das Kaſſenſtatut kann die Friſt für die An- und Abmeldungen bis zum letzten Werktage der Kalenderwoche, in welcher die dreitägige Friſt (Abſatz 1) abläuft, erſtreckt werden.

Die Aufſichtsbehörde, ſowie **die höhere Verwaltungs-** V.
behörde kann für ſämtliche **Gemeinde-Krankenverſicherungen und** Orts-Krankenkaſſen **ihres** Bezirks **oder einzelner Teile desſelben** eine gemeinſame Meldeſtelle errichten. Die **Aufbringung der** Koſten derſelben **erfolgt durch die beteiligten** Gemeinden und Orts-Krankenkaſſen **nach Maßgabe des § 46 Abſatz 3, 4.**

*) Der citierte Absatz 4 des § 1 ist der frühere Absatz 4 des § 1; vgl. Anm. 5 zu § 49.

Zu § 49.

1. Die gemeinsamen Bestimmungen für die Gemeinde-Krankenversicherung und die Orts-Krankenkassen regeln die An- und Abmeldung der dem Versicherungszwang unterliegenden Personen (§§ 49 bis 50), die Beitragspflicht (§§ 51, 54a), und die Einzahlungspflicht (§§ 52 bis 53) der Arbeitgeber, die Sonderstellung gewisser Kategorieen von Versicherten (§ 54), die Beitreibung rückständiger Beiträge (§ 55), die zwangsweise Anstellung weiterer Kassenärzte u. s. w. (§ 56a), die Begrenzung einer Angreifbarkeit der Unterstützungen (§ 56), das Verhältnis zur Armenpflege und zu anderweiten Unterstützungsansprüchen (§ 57), die Gewährung gegenseitiger Aushilfe in Krankheitsfällen (§ 57a) und die Entscheidung von Streitigkeiten (§§ 53a, 57b, 58).

2. Die Meldepflicht des Arbeitgebers ist zur Durchführung des Versicherungszwanges erforderlich, weil es bei dem ausgedehnten Orts- und Berufswechsel vieler Arbeiter unmöglich sein würde, den Zwang, in das Versicherungsverhältnis einzutreten und in demselben zu verbleiben, gegen die letzteren direkt anzuwenden.

Die Meldepflicht des Arbeitgebers bezieht sich nur auf die Zwangsmitglieder, nicht auf die freiwilligen Mitglieder. Wegen Begründung der Meldepflicht für die auf Grund des § 2 Ziffer 1 und 4 der Versicherungspflicht statutarisch unterstellten Personen vgl. § 54.

3. Die Anmeldung hat nur die Bedeutung der Kontrolle und der tatsächlichen Feststellung eines bereits eingetretenen Verhältnisses. Das letztere selbst aber tritt kraft Gesetzes auf Grund des Eintritts in die Beschäftigung und auf Grund der Tatsache ein, daß eine andere nach dem Gesetze zugelassene Versicherung nicht besteht. Die einzelne Kasse hat an der Meldung ein erhebliches Interesse, weil sie dadurch in den Stand gesetzt wird, die Zugehörigkeit der einzelnen Versicherten zur Kasse zu prüfen und die Beiträge von ihren Mitgliedern zu erheben. Zur Unterstützung in Krankheitsfällen ist die Kasse, unbeschadet ihres Rückgriffs an säumige Arbeitgeber (§ 50),

auch dann verpflichtet, wenn der Erkrankte nicht gemeldet war, denn derſelbe iſt kraft Geſetzes durch den Eintritt in die Beſchäftigung Mitglied geworden.

4. Nichtbeachtung der Vorſchriften dieſes Paragraphen zieht Beſtrafung nach § 81 und die Verpflichtung zur Erſtattung geleiſteter Unterſtützungen gemäß § 50 nach ſich. Über den Begriff „Arbeitgeber" vgl. § 38 Anm. 1.

5. Dieſer Paragraph hat mehrere Änderungen der anfänglichen Faſſung erhalten, welche aber nicht prinzipieller Natur ſind. Urſprünglich war durch den Wortlaut des Geſetzes die Vorſchrift, welche Arbeiter zu melden ſeien, nur indirekt ausgedrückt, indem die Vorſchrift dahin ging, es ſeien alle diejenigen verſicherungspflichtigen Perſonen an- bezw. abzumelden, „für welche die Gemeinde-Krankenverſicherung eintritt oder welche einer Orts-Krankenkaſſe angehören". Jetzt wird direkt geſagt, wer zu melden ſei, während ſachlich die Meldepflicht die gleiche geblieben iſt; es ſind nämlich jetzt wie früher alle diejenigen verſicherungspflichtigen Perſonen zu melden, welche kraft ihrer Beſchäftigung einer Betriebs- (Fabrik-), Bau-, Innungs- oder Knappſchaftskaſſe nicht angehören und auch nicht, infolge ihrer Zugehörigkeit zu einer die Mindeſtleiſtungen gewährenden freien Hilfskaſſe (§§ 75, 75a), von dem Beitritte zur Gemeinde-Krankenverſicherung oder zu der ſonſt zuſtändigen Orts-Krankenkaſſe befreit ſind. Die Regierung wollte auch die Mitglieder dieſer freien Hilfskaſſen der Meldepflicht unterwerfen und deren Befreiung von der Zugehörigkeit zur Orts-Krankenkaſſe bezw. Gemeinde-Krankenverſicherung nur auf Antrag eintreten laſſen; denn die Orts-Krankenkaſſe u. ſ. w. müſſe ſelbſt die Prüfung darüber vornehmen, ob die Befreiung der Mitglieder ſolcher Hilfskaſſen geſetzlich begründet ſei, dem Arbeitgeber aber müſſe der Anreiz, die läſtige Meldepflicht zu umgehen und deshalb nur Mitglieder von Hilfskaſſen in Arbeit zu nehmen, genommen werden, ebenſo aber auch das ſchwere Riſiko, indem er ſich bei einer etwa aus Irrtum über die Verpflichtung unterlaſſenen Meldung der Erſatzverpflichtung des § 50

aussetzt. Der Reichstag hat es aber im wesentlichen beim alten belassen.

Die Prüfung, ob die Beteiligung an einer Hilfskasse von der Zugehörigkeit zur Orts-Krankenkasse befreit, wird dadurch erleichtert, daß nach § 75 b die den freien Hilfskassen behördlich erteilten Bescheinigungen allgemein maßgebend sind. Gehört aber der Arbeiter einer Hilfskasse an, für welche er (etwa in seinem Beitragsquittungsbuch) eine Bescheinigung nach § 75 b vorweisen kann, so hat der Arbeitgeber noch festzustellen, ob das von der Hilfskasse gewährte Krankengeld mindestens so hoch ist wie die Hälfte des ortsüblichen Tagelohns des Beschäftigungsorts. Ist dies der Fall, so ist die Meldung entbehrlich; andernfalls ist sie notwendig. Im Zweifelsfalle ist sie zur Vermeidung von Weiterungen empfehlenswert.

Die Meldepflicht des Arbeitgebers besteht nur bei dem Eintritt in die versicherungspflichtige Beschäftigung. Bei Veränderungen während der Dauer der Beschäftigung hat der Arbeitgeber im allgemeinen nichts zu melden; er hat vielmehr solche Veränderungen nur dann zu melden, wenn Personen, die bisher nicht versicherungspflichtig waren, fortan versicherungspflichtig werden (z. B. wenn jemand, der bisher keinen Lohn erhielt, fortan gelohnt wird, oder wenn ein freiwilliges Mitglied versicherungspflichtig wird, oder wenn das Gehalt eines Handlungsgehilfen oder eines Betriebsbeamten auf 2000 Mark herabgesetzt wird). Der Schlußsatz des Abs. 1 ist durch die Novelle von 1903 gegenstandslos geworden. Er betraf die im früheren Abs. 4 des § 1 bezeichneten Handlungsgehilfen und -Lehrlinge; vgl. § 1 Anm. *) und § 1 Anm. 3 unter a. Veränderungen in der Kassenzugehörigkeit, d. h. die Tatsache, ob ein an sich Versicherungspflichtiger während der Dauer der Beschäftigung aus der freien Hilfskasse oder der betr. Mitgliederklasse austritt, braucht der Arbeitgeber nicht zu kontrollieren; aber die Hilfskassen selbst sind kraft Gesetzes zur Anzeige derartiger Veränderungen verpflichtet (§ 49 a).

6. Die Meldepflicht des Arbeitgebers umfaßt nach dem

Abs. 3 unter Umständen auch die Verpflichtung zu Angaben über die Lohnverhältnisse.

7. Der Abs. 4 gestattet im Interesse der Erleichterung des meldepflichtigen Arbeitgebers eine Hinausschiebung der Meldefrist bis zum letzten Werktage (im allgemeinen Sonnabend) derjenigen Kalenderwoche, in welcher die dreitägige Frist abläuft. Wegen Hinausschiebung der Meldefrist um zwei Wochen für Mitglieder von Hilfskassen vgl. § 75 Abs. 2.

8. Die Errichtung einer gemeinsamen Meldestelle kann nach Abs. 5 auch durch die höhere Verwaltungsbehörde für deren Bezirke erfolgen. Hierdurch wird die Errichtung gemeinsamer Meldestellen für größere Bezirke ermöglicht.

9. Ausf.Best.: Preußen Ziffer 2, 5, 55, 56 Anw. v. 10. Juli 1892; Bayern Art. 1, 2 Ges. v. 26. Mai 1892, §§ 2 bis 4 Verordn. v. 8. Juni 1892, Ziffer 36 Min.Bek. v. 15. Oktbr. 1892; Sachsen § 1 Verordn. v. 28. Septbr. 1883; Württemberg §§ 52 ff. Verordn. v. 2. Novbr. 1892; Baden §§ 51, 52 Verordn. v. 3. Septbr. 1892; Hessen Ziffer 54 ff. Anw. v. 5. Novbr. 1892, § 13 Verordn. v. 5. Novbr. 1892.

§ 49a.*)

Hilfskassen der im § 75 bezeichneten Art haben jedes Ausscheiden eines versicherungspflichtigen Mitgliedes aus der Kasse und jedes Übertreten eines solchen in eine niedrigere Mitgliederklasse innerhalb Monatsfrist bei der gemeinsamen Meldestelle oder bei der Aufsichtsbehörde desjenigen Bezirks, in welchem das Mitglied zur Zeit der letzten Beitragszahlung beschäftigt war, unter Angabe seines Aufenthaltsortes und seiner Beschäftigung zu dieser Zeit schriftlich anzuzeigen. I.

Für Hilfskassen, welche örtliche Verwaltungsstellen errichtet haben, ist die Anzeige von der örtlichen Verwaltungsstelle zu erstatten. II.

III. **Zur Erstattung der Anzeige ist für jede Hilfskasse, sofern deren Vorstand nicht eine andere Person damit beauftragt, der Rechnungsführer derselben, für die örtliche Verwaltungsstelle dasjenige Mitglied, welches die Rechnungsgeschäfte derselben führt, verpflichtet.**

IV. **Die Aufsichtsbehörde hat die an sie gelangenden Anzeigen der Verwaltung der Gemeinde-Krankenversicherung oder dem Vorstande der Orts-Krankenkasse, welcher die in der Anzeige bezeichnete Person nach der in derselben angegebenen Beschäftigung anzugehören verpflichtet ist, zu überweisen.**

*) Abs. 4 gilt auch für Betriebs- (Fabrik-), Bau- und Innungs-Krankenkassen (§§ 64, 72, 73).

Zu § 49a.

1. Vgl. Anm. 5 zu § 49. Wegen der gemeinsamen Meldestelle vgl. § 49 Abs. 5.

2. Unterlassung der Anzeigen ist straffällig nach § 81; § 50 dagegen findet hier keine Anwendung.

3. Ausf.Best.: Preußen Ziffer 5, 56 Anw. v. 10. Juli 1892; Bayern Art. 1, 2 Ges. v. 26. Mai 1892, § 4 Verordn. v. 8. Juni 1892; Württemberg §§ 54, 55, 78 Verordn. v. 2. Novbr. 1892; Baden § 52 Verordn. v. 3. Septbr. 1892; Hessen Ziffer 55 Anw. v. 5. Novbr. 1892.

§ 50.

I. Arbeitgeber, welche der **ihnen nach § 49 obliegenden** Anmeldepflicht **vorsätzlich oder fahrlässigerweise** nicht genügen, **haben** alle Aufwendungen, welche **eine** Gemeinde-Krankenversicherung oder eine Orts-Krankenkasse auf Grund gesetzlicher oder statutarischer Vorschrift **in einem vor der Anmeldung durch die nicht angemeldete**

Perſon veranlaßten Unterſtützungsfalle gemacht **hat**, zu erſtatten.

Die Verpflichtung zur Entrichtung von Beiträgen für die Zeit, während welcher die nicht angemeldete oder nicht angezeigte Perſon der Gemeinde-Krankenverſicherung oder der Orts-Krankenkaſſe anzugehören verpflichtet war, wird hierdurch nicht berührt. II.

Zu § 50.

1. Die Abänderungen des Abſ. 1 ſollen außer Zweifel ſtellen, daß ſich der Anſpruch auch auf das Sterbegeld erſtreckt, welches an die Hinterbliebenen eines nicht rechtzeitig angemeldeten Verſicherungspflichtigen zu zahlen war, ferner auf die Wöchnerinnen-, Rekonvaleszenten-, kurz auf alle Unterſtützungen; — Verwaltungskoſten ſind ausgeſchloſſen. Durch Abſ. 2 wird im Intereſſe der Klarſtellung ausdrücklich ausgeſprochen, daß die Verpflichtung zur Zahlung der Beiträge und Eintrittsgelder durch den etwaigen Eintritt der Erſatzpflicht nicht berührt wird.

2. Streitigkeiten über Anſprüche aus § 50 werden nach der jetzigen Faſſung des § 58 nicht ſofort im Rechtswege, ſondern zunächſt von der Aufſichtsbehörde, vorbehaltlich des Rechtsweges (event. des Verwaltungsſtreitverfahrens), entſchieden.

3. Neben den privatrechtlichen Folgen, die der § 50 ordnet, beſtehen die ſtrafrechtlichen Folgen gemäß § 81. Über beide vgl. v. Schicker, Komm. z. KVG. Anm. 11 zu § 50 und Hahn, Komm. z. KVG. Anm. 1 zu § 50.

4. Die Anſprüche aus Abſ. 1 verjähren nach § 195 BGB. in 30 Jahren, die Anſprüche aus Abſ. 2 verjähren nach § 55 KVG. — S. auch § 82a Abſ. 3.

5. Ausf.Beſt.: Bayern Art. 1, 2 Geſ. v. 26. Mai 1892.

§ 51.*)

Die Beiträge zur Krankenverſicherung entfallen bei verſicherungspflichtigen Perſonen zu zwei Dritteln auf I.

diese, zu einem Drittel auf ihre Arbeitgeber. Eintrittsgelder belasten nur die Versicherten.

II. Durch statutarische Regelung (§ 2) kann bestimmt werden, daß Arbeitgeber, in deren Betrieben Dampfkessel oder durch elementare Kraft bewegte Triebwerke nicht verwendet und mehr als zwei dem Krankenversicherungszwange unterliegende Personen nicht beschäftigt werden, von der Verpflichtung zur Leistung von Beiträgen aus eigenen Mitteln befreit sind.

*) Dieser Paragraph gilt auch für Innungs-Krankenkassen (§ 73), jedoch mit der Modifikation aus § 90 GO. Nach §§ 65, 72 gilt § 51 analog auch für Betriebs- (Fabrik-) und Bau-Krankenkassen.

Zu § 51.

1. Die jetzige Fassung des Abs. 1 soll in Verbindung mit der anderweiten Fassung des § 52 die Beitragsverpflichtung des versicherten Arbeiters schärfer zum Ausdrucke bringen, als dies früher der Fall war. Eintrittsgeld und Zusatzbeiträge (§ 52b) trägt der Versicherte allein.

2. Die Beitragspflicht der Arbeitgeber (33⅓ Prozent des Gesamtkrankenversicherungsbeitrags, also 50 Prozent desjenigen Anteils, den der Arbeitnehmer beizutragen hat [ein Betrag, welcher der früheren Preuß. Gesetzgebung und dem RG. v. 8. April 1876, betr. die Abänderung des Tit. VI der Gewerbeordnung, entspricht]), ist ein aus sozialpolitischen Gründen dem versicherungspflichtigen Arbeitnehmer auf Kosten des Arbeitgebers zugesprochener Vorteil. Derselbe war aber nur bei Personen, welche zur Versicherung verpflichtet wurden, und nur für die mit Beitrittszwang ausgestatteten Einrichtungen (die gleichartigen landesgesetzlichen Bestimmungen für Knappschaftskassen bleiben nach dem Reichsgesetz unberührt, § 74) gerechtfertigt; denn diese Einrichtungen sind so getroffen, daß jede versicherungspflichtige Person in einer dieser Organisationen der Versicherungspflicht genügen und durch

die Beteiligung an denselben der der Versicherungspflicht entsprechenden Rechtswohltat teilhaftig werden kann. Wer sich dem freiwillig entzieht und Mitglied einer neben jenen Einrichtungen zugelassenen Hilfskasse ohne Beitrittszwang (§ 75) wird, dem kann diese Rechtswohltat nicht wider seinen Willen aufgedrängt werden. Hieraus ergibt sich:

a) Zu Hilfskassen ohne Beitrittszwang (§ 75) ist kein Beitrag der Arbeitgeber zu entrichten (Hilfskassen mit Beitrittszwang gelten als Orts- u. s. w. Krankenkassen, § 85);
b) durch freiwillige Beteiligung nichtversicherungspflichtiger Personen wird eine Beitragsverpflichtung des Arbeitgebers nicht begründet, vgl. Anm. 5 zu § 4. Dies gilt sowohl für die freiwillig eintretenden (§§ 4, 19, 26a, 63, 72) als auch für die nach Aufhören ihrer Beschäftigung freiwillig bleibenden Personen (§§ 11, 27, 64, 72, 73). Diese freiwilligen Mitglieder zahlen die vollen Kassenbeiträge einschl. des Anteils der Arbeitgeber.

Das Gesetz gestattet, durch statutarische Regelung folgende Ausnahmen von der Beitragspflicht des Arbeitgebers zu begründen:

a) Für die in ganz kleinen Betrieben beschäftigten Arbeiter (§ 51 Abs. 2), weil in solchen kleinen Betrieben Arbeitnehmer und Arbeitgeber sozial oft gleichstehen und letztere durch Beiträge für die ersteren zu sehr belastet werden würden;
b) für die auf Grund des § 2 statutarisch versicherten unständigen Arbeiter und Hausgewerbetreibenden (§ 54), weil die Verhältnisse hier zu verschieden sind, als daß sich übersehen ließe, ob die Beitragsleistung der Arbeitgeber praktisch möglich und durchführbar sein wird.

Soweit Arbeitgeber von der Zahlung der Beiträge aus eigenen Mitteln befreit sind, nehmen sie an der Kassenverwaltung nicht teil (§ 38).

Wegen der weitergehenden Zuschußverbindlichkeit der Fabrikherren, der Bauherren und der Innungen bei Insuffizienz der Betriebs- (Fabrik-), der Bau- und der Innungs-Krankenkassen vgl. § 65 Abs. 2, §§ 72, 73. Bei Innungs-Krankenkassen können die Innungs-Mitglieder 50 Prozent der Gesamtbeiträge übernehmen, dann aber den Vorsitz und die hälftige Vertretung in den Kassenorganen beanspruchen, § 90 GO. (s. Anhang VI).

3. Über den Begriff „Arbeitgeber" vgl. § 38 Anm. 1.

4. Ausf.Best.: Preußen Ziffer 2, 8 bis 10 Anw. v. 10. Juli 1892; Bayern Art. 1, 2 Ges. v. 26. Mai 1892, §§ 2, 3 Verordn. v. 8. Juni 1892; Baden § 10 Verordn. v. 3. Septbr. 1892; Hessen Ziffer 3 Anw. v. 5. Novbr. 1892.

§ 52.*)

I. Die Arbeitgeber sind verpflichtet, die Beiträge **und Eintrittsgelder,** welche für die von ihnen beschäftigten Personen zur Gemeinde-Krankenversicherung oder zu einer Orts-Krankenkasse zu entrichten sind, **einzuzahlen. Die Beiträge sind an die Gemeinde-Krankenversicherung,** sofern nicht durch Gemeindebeschluß andere Zahlungstermine festgesetzt sind, wöchentlich **im voraus, an die Orts-Krankenkasse** zu den durch Statut festgesetzten Zahlungsterminen einzuzahlen. **Das Eintrittsgeld ist mit dem ersten fälligen Beitrage einzuzahlen.** Die Beiträge sind solange fortzuzahlen, bis die vorschriftsmäßige Abmeldung (§ 49) erfolgt ist, und für den betreffenden Zeitteil zurückzuerstatten, wenn die **rechtzeitig** abgemeldete Person innerhalb der Zahlungsperiode aus der bisherigen **Beschäftigung** ausscheidet.

II. **Wenn der Versicherte gleichzeitig in mehreren die Versicherungspflicht begründenden Arbeitsverhältnissen steht, so haften die sämtlichen Arbeitgeber als Gesamtschuldner für die vollen Beiträge und Eintrittsgelder.**

Durch Gemeindebeschluß mit Genehmigung der Aufsichtsbehörde oder durch Kassenstatut kann bestimmt werden, daß die Beiträge stets für volle Wochen erhoben und zurückgezahlt werden. III.

*) Dieser Paragraph gilt auch für Innungs-Krankenkassen (§ 73); analog auch für Betriebs- (Fabrik-) und Bau-Krankenkassen (§§ 65, 72).

Zu § 52.

1. Dieser Paragraph findet auf die Zusatzbeiträge keine Anwendung (§ 52 b).

2. Die Verpflichtung, die Kassenbeiträge seiner dem Versicherungszwang unterworfenen Arbeiter einzuzahlen, ist dem Arbeitgeber um deswillen auferlegt worden, weil es nicht möglich sein würde, dieselben von jedem einzelnen Arbeiter, sofern sie nicht freiwillig entrichtet werden, zwangsweise einzuziehen.

3. Darüber, daß für Personen, welche nach § 2 Ziffer 1 und 4 dem Versicherungszwange statutarisch unterstellt werden, die Einzahlungsverbindlichkeit der Arbeitgeber nach Maßgabe ihrer besonderen Verhältnisse durch eine anderweite Bestimmung ersetzt oder auch ganz in Fortfall gebracht werden kann, vgl. § 54; darüber, daß auf freiwillige Kassenmitglieder die Einzahlungsverbindlichkeit des Arbeitgebers keine Anwendung findet, vgl. Anm. 5 zu § 4. Die für die Arbeiter verauslagten Beträge kann der Arbeitgeber bei der Lohnzahlung anrechnen, § 53; wegen rückständiger fälliger Beiträge findet gegen den letzteren die Zwangsbeitreibung im Verwaltungswege, § 55, sowie event. die Ausschließung von der Vertretung und Wahlberechtigung zu den Kassenorganen statt, § 38 Abs. 4.

4. Der Regelung durch Gemeindebeschluß oder durch Kassenstatut ist es überlassen, ob die Beiträge im voraus oder nachfolgend erhoben werden sollen. Nur für den Fall, daß für die Gemeinde-Krankenversicherung eine besondere Bestimmung durch Gemeindebeschluß nicht getroffen wird, bleibt es bei der Vorauszahlung.

5. Abs. 2 regelt die Einzahlung der Beiträge für solche Versicherten, welche gleichzeitig mehrere Arbeitgeber haben — was bei den Hausgewerbetreibenden die Regel ist —, und Abs. 3 bezweckt die Erleichterung des Kassen- und Rechnungswesens.

6. Ausf.Best.: Bayern Art. 1, 2 Ges. v. 26. Mai 1892, §§ 3, 4 Verordn. v. 8. Juni 1892; Württemberg § 56 Verordn. v. 2. Novbr. 1892; Baden § 19 Verordn. v. 3. Septbr. 1892; Hessen Ziffer 5, 6 Anw. v. 5. Novbr. 1892.

§ 52a.*)

I. **Auf Antrag der Gemeinde-Krankenversicherung oder einer Orts-Krankenkasse kann die Aufsichtbehörde widerruflich anordnen, daß solche Arbeitgeber, die mit Abführung der Beiträge im Rückstande geblieben sind und deren Zahlungsunfähigkeit im Zwangsbeitreibungsverfahren festgestellt worden ist, nur den auf sie selbst als Arbeitgeber entfallenden Teil der Beiträge, welche für die von ihnen beschäftigten versicherungspflichtigen Personen zur Gemeinde-Krankenversicherung oder Orts-Krankenkasse zu entrichten sind, einzuzahlen haben.**

II. **Wird dies angeordnet, so sind die von solchen Arbeitgebern beschäftigten versicherungspflichtigen Personen verpflichtet, die Eintrittsgelder sowie den auf sie selbst entfallenden Teil der Beiträge zu den festgestellten Zahlungsterminen selbst an die Gemeinde-Krankenversicherung oder Krankenkasse einzuzahlen.**

III. **Die Anordnungen (Absatz 1) müssen diejenigen Arbeitgeber, für welche sie gelten sollen, nach Namen, Wohnort und Geschäftsbetrieb deutlich bezeichnen und sind diesen Arbeitgebern schriftlich mitzuteilen.**

IV. **Die von solchen Anordnungen betroffenen Arbeit-**

geber sind verpflichtet, dieselben den von ihnen beschäftigten, in der Gemeinde-Krankenversicherung oder Orts-Krankenkasse versicherten versicherungspflichtigen Personen durch dauernden Aushang in den Betriebsstätten bekannt zu machen und bei jeder Lohnzahlung die von ihnen beschäftigten versicherungspflichtigen Personen darauf hinzuweisen, daß diese die im Absatz 2 bezeichneten Beiträge selbst einzuzahlen haben.

Gegen die im Absatz 1 bezeichneten Anordnungen findet binnen zwei Wochen nach der Zustellung die Beschwerde an die höhere Verwaltungsbehörde statt. Die Beschwerde hat keine aufschiebende Wirkung. Die Entscheidung der höheren Verwaltungsbehörde ist endgültig. V.

*) Der § 52a gilt auch für Betriebs- (Fabrik-), Bau- und Innungs-Krankenkassen (§§ 65, 72, 73).

Zu § 52a.

1. Dieser Paragraph enthält scharfe Bestimmungen, durch welche, in Verbindung mit § 82b, einer von leistungsunfähigen Arbeitgebern namentlich im Baugewerbe zuweilen beobachteten gewissenlosen und die Kasse schädigenden Praxis ein Ende bereitet wird. Es ist vorgekommen, daß solche, trotzdem sie völlig leistungsunfähig sind, ihr Gewerbe weiter betreiben, ihren Arbeitern bei der Lohnzahlung die Krankenversicherungsbeiträge abziehen, aber weder diese noch ihren eigenen Teil an Kassenbeiträgen der Kasse zuführen, sondern diese Beträge für sich behalten. Solche Arbeitgeber werden nach § 82b bestraft, gleichzeitig aber kann auf Grund des § 52a die Kasse zu ihrem Gelde, soweit die Beiträge von den Versicherten zu entrichten sind, dadurch gebracht werden, daß die letzteren zu direkten Schuldnern der Kasse gemacht werden. Die Einbuße der Krankenkasse besteht dann, ab-

gesehen von gewissen Weiterungen, welche die Einziehung der Beiträge in zahlreichen kleinen Beträgen der versicherten Arbeiter hervorruft, nur noch in dem einen auf die Arbeitgeber entfallenden Drittel.

Vgl. die dieselbe Absicht verfolgenden Bestimmungen für die Invaliden- und die Unfallversicherung in § 142 Abs. 4 IVG. (Anhang IV) und in § 104 GUVG.

2. Ausf.Best.: Bayern Art. 1, 2 Ges. v. 26. Mai 1892, §§ 3, 4 Verordn. v. 8. Juni 1892; Württemberg § 57 Verordn. v. 2. Novbr. 1892; Baden § 53 Verordn. v. 3. Septbr. 1892.

§ 52b.*)

Auf Zusatzbeiträge der Versicherten für besondere auf Antrag zu gewährende Kassenleistungen an Familienangehörige (§ 6a Absatz 1 Ziffer 5, § 9 Absatz 1 Satz 2, § 21 Absatz 1 Ziffer 5, § 22 Absatz 2) finden die Vorschriften der §§ 51 und 52 keine Anwendung.

*) Der § 52b gilt auch für Betriebs- (Fabrik-), Bau- und Innungs-Krankenkassen (§§ 65, 72, 73).

Zu § 52b.

1. Zusatzbeiträge für Familienunterstützung werden (ebenso wie Eintrittsgelder, § 51 Abs. 1) niemals von dem Arbeitgeber eingezahlt oder anteilig getragen, sondern immer nur von dem Versicherten selbst. Denn bei Familienunterstützungen, die „auf Antrag" gewährt werden (in der Gem. Kr.Vers. [§ 6a Abs. 1 Z. 5], sowie nach Wahl der Kasse in organisierten Krankenkassen [§ 21 Abs. 1 Z. 5]), finden die von der anteiligen Übernahme der Beiträge durch die Arbeitgeber und von deren Einzahlungsverpflichtung handelnden §§ 51, 52 „keine Anwendung"; für solche Familienunterstützungen aber, die von organisierten Krankenkassen „allgemein", also ohne besonderen Antrag gewährt werden [§ 21 Abs. 1 Z. 5], dürfen Zusatzbeiträge überhaupt nicht erhoben werden (§ 22 Abs. 2).

2. Ausf.Best.: Bayern Art. 1, 2 Ges. v. 26. Mai 1892.

§ 53.*)

Die Verſicherten ſind verpflichtet die Eintrittsgelder und Beiträge, letztere nach Abzug des auf den Arbeitgeber entfallenden Drittels (§ 51), bei den Lohnzahlungen ſich einbehalten zu laſſen. Die Arbeitgeber dürfen nur auf dieſem Wege den auf die Verſicherten entfallenden Betrag wieder einziehen. Die Abzüge für Beiträge ſind auf die Lohnzahlungsperioden, auf welche ſie entfallen, gleichmäßig zu verteilen. Dieſe Teilbeträge dürfen, ohne daß dadurch Mehrbelaſtungen der Verſicherten herbeigeführt werden, auf volle zehn Pfennig abgerundet werden. Sind Abzüge für eine Lohnzahlungsperiode unterblieben, ſo dürfen ſie nur noch bei der Lohnzahlung für die nächſtfolgende Lohnzahlungsperiode nachgeholt werden. I.

Hat der Arbeitgeber Beiträge um deswillen nachzuzahlen, weil die Verpflichtung zur Entrichtung von Beiträgen zwar vom Arbeitgeber anerkannt, von dem Verſicherten, der Gemeinde-Krankenverſicherung oder Orts-Krankenkaſſe aber beſtritten wurde und erſt durch einen Rechtsſtreit (§ 58) hat feſtgeſtellt werden müſſen, oder weil die im § 49a vorgeſchriebene Anzeige erſt nach Ablauf der im Abſatz 1 bezeichneten Zeiträume oder gar nicht erſtattet worden iſt, ſo findet die Wiedereinziehung des auf den Verſicherten entfallenden Teiles der Beiträge ohne die vorſtehend aufgeführten Beſchränkungen ſtatt. II.

Arbeitgeber, deren Zahlungsunfähigkeit im Zwangsbeitreibungsverfahren feſtgeſtellt worden iſt, ſind, ſo- III.

lange für sie nicht eine Anordnung der im § 52a bezeichneten Art getroffen worden ist, verpflichtet, die im Absatz 1 zugelassenen Lohnabzüge zu machen und deren Betrag sofort, nachdem der Abzug gemacht worden ist, an die berechtigte Kasse abzuliefern.

*) Dieser Paragraph gilt auch für Betriebs- (Fabrik-), Bau- und Innungs-Krankenkassen (§§ 65, 72, 73).

Zu § 53.

1. Die in dem § 53 der früheren Fassung enthaltenen Grundsätze sind durch die Novelle von 1892 in zwei Paragraphen (53 und 53a) verteilt und weiter ausgestaltet worden.

2. Der § 53 bestimmt den Weg, auf welchem die Arbeitgeber die Eintrittsgelder und denjenigen Teil der Beiträge, welcher gemäß § 51 den Versicherten zur Last fällt, von diesen wieder einziehen können. Der erste Satz des Abs. 1 entspricht sachlich der früheren Vorschrift des § 53 Abs. 1, dreht aber die letztere, welche nur die Berechtigung des Arbeitgebers zum Abzug der Beiträge aussprach, um und macht hieraus eine Verpflichtung des Versicherten, den Abzug zu dulden. Es ist hierdurch zu besserem Ausdrucke gebracht worden, daß der Versicherte nicht den geringsten Anspruch darauf hat, daß ihm der Arbeitgeber etwa den Beitrag erläßt; irrtümliche, in der Praxis hervorgetretene Auffassungen ließen eine solche präzisere Fassung der bisherigen Vorschrift rätlich erscheinen.

Durch den zweiten Satz des ersten Absatzes wird ebenfalls nur deutlicher als früher zum Ausdrucke gebracht, daß die Abzüge nur bei der Lohnzahlung sollen erfolgen dürfen, während die weiteren Sätze Vorsorge treffen, daß die Abzüge für Beiträge gleichmäßig verteilt und nicht zum Nachteile des Versicherten in zu großen Summen auf einmal gemacht werden dürfen. Für besondere Fälle, in denen der Arbeitgeber nicht in der Lage ist, den Abzug rechtzeitig zu machen, enthält der Abs. 2 Ausnahmen. Strafvorschriften in §§ 82, 82b.

3. Der Abs. 3 enthält eine weitere Ausgestaltung des in § 52a enthaltenen Gedankens für solche Fälle, in denen die scharfen Maßregeln des § 52a noch nicht erforderlich erschienen sind. In Fällen dieser Art ist der leistungsunfähige Arbeitgeber verpflichtet (nicht bloß, wie leistungsfähige Arbeitgeber, berechtigt), den Versicherten die auf sie entfallenden Eintrittsgelder und Beitragsteile abzuziehen; er ist dann weiter zur sofortigen Abführung dieser Beträge an die Kasse verpflichtet. Strafvorschrift in § 82.

4. Ausf.Best.: Bayern Art. 1, 2 Ges. v. 26. Mai 1892.

§ 53a.*)

Streitigkeiten zwischen dem Arbeitgeber und den von ihm beschäftigten Personen über die Berechnung und Anrechnung der von diesen zu leistenden Beiträge werden nach den Vorschriften des Gesetzes, betreffend die Gewerbegerichte, vom 29. Juli 1890 (Reichs-Gesetzbl. S. 141) entschieden.†) I.

Die Vorschriften des letzteren Gesetzes finden auch auf Streitigkeiten zwischen den bezeichneten Personen über die Berechnung und Anrechnung des Eintrittsgeldes Anwendung. Zur Entscheidung dieser Streitigkeit sind auch die auf Grund des § 80 jenes Gesetzes) fortbestehenden Gewerbegerichte zuständig.** II.

*) Der § 53a gilt auch für Betriebs- (Fabrik-), Bau- und Innungs-Krankenkassen (§§ 65, 72, 73).

†) Jetzt nach den Vorschriften des Gewerbegerichtsgesetzes (RGBl. 1901 S. 353); vgl. Artikel 3 Abs. 2 des Gesetzes vom 30. Juni 1901 (RGBl. S. 249).

**) Jetzt des § 85 des Gewerbegerichtsgesetzes.

Zu § 53a.

1. Vgl. Anm. 1 zu § 53.

Streitigkeiten zwischen Arbeitgebern und Versicherten über

die Berechnung und Anrechnung der auf letztere entfallenden Eintrittsgelder und Beiträge werden verschieden behandelt, je nach der Kategorie der Beteiligten:

a) Bei Gesellen, Gehilfen, Fabrikarbeitern, Heimarbeitern, Lehrlingen (s. aber b), Betriebsbeamten, Werkmeistern, mit höheren technischen Dienstleistungen betrauten Angestellten und Hausgewerbetreibenden, auf welche sich die sachliche Zuständigkeit der Gewerbegerichte grundsätzlich erstreckt (§§ 1, 3, 5 des Gewerbegerichtsgesetzes), müssen diese Streitigkeiten in erster Instanz bei Gewerbegerichten zur Entscheidung gebracht werden, falls solche errichtet worden sind; die Berufung geht an das Landgericht, ist aber nur zulässig, wenn der Wert des Streitgegenstandes den Betrag von 100 Mark übersteigt (§ 55 a. a. O.). Sind Gewerbegerichte nicht errichtet, so findet wahlweise das Verfahren vor dem Gemeindevorsteher vorbehaltlich des Rechtsweges (§ 76 bis 80 a. a. O.) oder die sofortige Beschreitung des Rechtswegs statt.

b) Bei anderen Versicherten, insbesondere land- und forstwirtschaftlichen Arbeitern, versicherungspflichtigen Reichs-, Staats- und Kommunalbeamten, Handlungsgehilfen und -Lehrlingen sowie Arbeitern der Heeres- und der Marineverwaltung, kann wahlweise das Verfahren vor dem Gemeindevorsteher vorbehaltlich des Rechtswegs oder sofort der Rechtsweg eingeschlagen werden. (§§ 76 bis 81, 83 a. a. O.)

c) Bei Innungen sind ausschließlich zuständig die Innungen (für Streitigkeiten mit Lehrlingen, § 81a Ziffer 4 GO.) und die Innungsschiedsgerichte (für Streitigkeiten mit Gesellen, Gehilfen und Arbeitern), diese, soweit von der Befugnis, solche Innungsschiedsgerichte zu errichten, Gebrauch gemacht ist (§ 81b Ziffer 4 GO.), und zwar in beiden Fällen vorbehaltlich der Berufung auf den ordentlichen Rechtsweg (§ 91b GO., § 84 Abs. 2 des Gewerbegerichtsgesetzes). Sind Innungsschiedsgerichte nicht errichtet, so gelten für Streitigkeiten mit Gesellen, Gehilfen und Arbeitern die Bestimmungen unter a.

d) Die Zuständigkeit besonderer landesrechtlicher Gewerbegerichte bleibt unberührt (§ 85 des Gewerbegerichtsgesetzes).

2. Ausf.Best.: Bayern Art. 1, 2 Ges. v. 26. Mai 1892; Württemberg § 58 Verordn. v. 2. Novbr. 1892.

§ 54.

Ob und inwieweit die Vorschriften des § 49 Absatz 1 bis 3, § 51, § 52 Absatz 1 auf die Arbeitgeber der im § 2 Absatz 1 unter Ziffer 1 und 4 bezeichneten Personen Anwendung finden, ist durch statutarische Bestimmung zu regeln; dieselbe bedarf der Genehmigung der höheren Verwaltungsbehörde. I.

Auf dem gleichen Wege kann bestimmt werden: II.

1. **daß für diejenigen Versicherten, auf welche die Anwendung der Vorschriften des § 1 auf Grund des § 2 Absatz 1 Ziffer 4 erstreckt ist, sowie für die von ihnen beschäftigten versicherungspflichtigen Personen die Beiträge und Unterstützungen statt nach dem ortsüblichen Lohne gewöhnlicher Tagearbeiter (§ 8) in Prozenten des wirklichen Arbeitsverdienstes, soweit dieser** *fünf* **Mark für den Arbeitstag nicht überschreitet, festzustellen sind;**
2. **daß die Arbeitgeber der im § 2 Absatz 1 Ziffer 4 bezeichneten Gewerbetreibenden, sofern auf diese die Anwendung der Vorschriften des § 1 erstreckt ist, auch die Beiträge für die von diesen Gewerbetreibenden beschäftigten versicherungspflichtigen Personen einzuzahlen und zu einem Drittel aus eigenen Mitteln zu bestreiten haben;**

3. daß und inwieweit in Fällen, in welchen die Beschäftigung von Hausgewerbetreibenden (§ 2 Abs. 1 Ziffer 4) durch Zwischenpersonen (Ausgeber, Faktoren, Zwischenmeister u. s. w.) vermittelt wird, diejenigen Gewerbetreibenden, in deren Auftrag die Zwischenpersonen die Waren herstellen oder bearbeiten lassen, die Beiträge (§§ 9, 10, 22, § 26a Abs. 2 Ziffer 6, §§ 64, 73) und Eintrittsgelder (§ 26 Abs. 3) für die Hausgewerbetreibenden sowie für deren Gesellen (Gehilfen) und Lehrlinge einzuzahlen und die Beiträge zu einem Drittel aus eigenen Mitteln zu entrichten haben.

III. Auf Gewerbetreibende, für welche Anordnungen der in Abs. 2 Ziffer 3 bezeichneten Art getroffen worden sind, finden die für Arbeitgeber geltenden Vorschriften der §§ 52, 52a, 52b, 53, 53a, 57a, 80, 82, 82a, 82b entsprechende Anwendung.

IV. Die den Bestimmungen der Abs. 1, 2 entsprechenden Anordnungen können in den Fällen des § 2 Abs. 4 auch durch Beschluß des Bundesrats getroffen werden.

V. Auf dem in den Abs. 1, 4 bezeichneten Wege kann bestimmt werden, daß Eintrittsgelder (§ 26 Abs. 3) von Hausgewerbetreibenden sowie von deren Gesellen (Gehilfen) und Lehrlingen nicht erhoben werden dürfen.

Wird eine Beſtimmung der im Abſ. 2 VI.
Ziffer 2 und 3 bezeichneten Art erlaſſen, ſo ſteht den die Arbeit vergebenden Gewerbetreibenden das Recht zu, zwei Drittel der von ihnen entrichteten Beiträge von den Hausgewerbetreibenden oder, wenn ſie die Waren durch Zwiſchenperſonen herſtellen oder bearbeiten laſſen, von den Zwiſchenperſonen ſich erſtatten zu laſſen. Die Zwiſchenperſonen, welche den Gewerbetreibenden (Ziffer 3) dieſe zwei Drittel erſtattet haben, ſind befugt, dieſen Betrag von den Hausgewerbetreibenden wieder einzuziehen.

Auf Streitigkeiten finden die Beſtim- VII.
mungen des § 58 Abſ. 1 entſprechende Anwendung.

Zu § 54.

1. Die Meldepflicht des § 49 ſowie die Vorſchriften über Einzahlung und Tragung der Beiträge fanden nach der urſprünglichen Faſſung bei **allen** in § 2 bezeichneten Perſonenkategorieen nur auf beſonderen Beſchluß Anwendung. Für die land- und forſtwirtſchaftlichen Arbeiter wurde dies durch § 139 des land- und forſtwirtſchaftlichen Unfall- und Krankenverſicherungsgeſetzes geändert. Nach der jetzigen Faſſung des § 54 bleiben für dieſe beſondere Beſchlußfaſſung nur noch die vorübergehend beſchäftigten Perſonen (§ 2 Ziffer 1) und die **Hausinduſtriellen** (§ 2 Ziffer 4) übrig. Für dieſe beiden Kategorieen ſoll das nötigſte ſchon bei der Erſtreckung der Verſicherungspflicht geregelt werden (§ 2 Abſ. 2).

2. Der durch die Novelle von 1892 zugefügte Abſ. 2 Ziffer 1, 2 beabſichtigt, die Einführung und Durchführung der Krankenverſicherung in der **Hausinduſtrie** (§ 2 Ziffer 4)

zu erleichtern. Wegen der Vorschrift, daß die Arbeitgeber der Hausindustriellen auch für die von den letzteren beschäftigten Hilfspersonen zur Beitragsleistung herangezogen werden dürfen, vgl. für das verwandte Gebiet der Invalidenversicherung: § 2 Abs. 2 JVG., Bek. des Reichskanzlers v. 16. Dez. 1891 (RGBl. S. 395) — Hausgewerbetreibende der Tabakfabrikation —, Bek. des Reichskanzlers v. 1. März 1894 (RGBl. S. 324) / 9. Nov. 1895 (RGBl. S. 452) — Hausgewerbetreibende der Textilindustrie —.

3. Die durch die Novelle von 1900 (RGBl. S. 332) eingefügten und gemäß Art. II a. a. O. und Art. 16 des Gesetzes, betr. die Abänderung der Gewerbeordnung, vom 30. Juni 1900 (RGBl. S. 321) am 1. Oktober 1900 in Kraft getretenen Zusätze (Abs. 2 Ziffer 3, sowie Abs. 3 bis 7) verfolgen den Zweck, die Einführung und Durchführung der Krankenversicherung in der Hausindustrie insbesondere da, wo zwischen den Fabrikanten und den Hausgewerbetreibenden ein sog. Zwischenmeister (Faktor u. dergl.) sich einschiebt, noch mehr zu erleichtern. Für diese Fälle soll durch statutarische Bestimmung der Gemeinden ꝛc. (Abs. 1) oder durch den Bundesrat, wenn dieser die Versicherungspflicht beschlossen hat (Abs. 4), angeordnet werden dürfen, daß die Pflichten des Arbeitgebers (Abs. 3), insbesondere die Pflicht zur Einzahlung und teilweisen ($^1/_3$) Übernahme der Beiträge für die Hausgewerbetreibenden und deren Hilfspersonal (Abs. 2 Ziffer 3) von dem Fabrikanten als indirektem Arbeitgeber, statt von dem Zwischenmeister als direktem Arbeitgeber, zu erfüllen sind. Die Fabrikanten können sich dann $^2/_3$ der eingezahlten Beträge bei der Lohnzahlung (Abs. 3, 6, sowie § 53) von den Hausgewerbetreibenden direkt oder von den Zwischenmeistern erstatten lassen; wird der Zwischenmeister zur Erstattung herangezogen, so kann dieser wiederum bei der Lohnzahlung sich an den Hausgewerbetreibenden halten (Abs. 6). Zur Erleichterung dient wesentlich die Vorschrift des Abs. 2 Ziffer 1, wonach die Beiträge in diesen Fällen in Prozenten des wirk-

lichen Arbeitsverdienstes, den der Fabrikant dem Zwischenmeister und dieser dem von ihm beschäftigten Hausgewerbetreibenden zu bezahlen hat, bemessen werden dürfen, und zwar jetzt bis zu 5 (früher bis zu 4) Mark; dies ermöglicht die Beitragsentrichtung und anteilige Erstattung auch dann, wenn der Zwischenmeister oder der Hausgewerbetreibende für mehrere Fabrikanten rc. arbeitet. Die Bestimmungen des Abs. 3 gelten auch für die Fälle des Abs. 4. Endlich gestattet Abs. 5, die für die Versicherung zuständigen Krankenkassen zum Verzicht auf Eintrittsgelder für Hausgewerbetreibende und deren Hilfspersonal zu nötigen, um bei der Neueinführung der Krankenversicherung die zumeist unbemittelten Hausgewerbetreibenden nicht zu belasten (§ 51 Abs. 1 Satz 2). — Vgl. im übrigen Anm. 3 zu § 63 und die Anm. zum Schlußartikel des Abänderungsgesetzes von 1900.

4. Ausf.Best.: Preußen Ziffer 2, 8 bis 10 Anw. v. 10. Juli 1892, Min.Verf. v. 24. Novbr. 1902 (Min.Bl. der Handels- u. Gewerbeverwaltung Nr. 23 v. 27. Novbr. 1902); Bayern Art. 1, 2 Ges. v. 26. Mai 1892, §§ 1 bis 3 Verordn. v. 8. Juni 1892, Ziffer 2 bis 4 Min.Bek. v. 15. Oktbr. 1892; Sachsen § 1 Verordn. v. 28. Septbr. 1883; Baden § 10 Verordn. v. 3. Septbr. 1892; Hessen Ziffer 3 Anw. v. 5. Novbr. 1892.

§ 54a.*)

Im Falle der Erwerbsunfähigkeit werden für die Dauer der Krankenunterstützung Beiträge nicht entrichtet. Die Mitgliedschaft dauert während des Bezuges von Krankenunterstützung fort.

*) Dieser Paragraph gilt auch für Betriebs- (Fabrik-), Bau- und Innungs-Krankenkassen (§§ 65, 72, 73). Vgl. auch § 76 Anm. 3.

Zu § 54a.

1. Der § 54a soll Zweifel beseitigen, die in der Praxis hervorgetreten waren. Er bezieht sich nicht auf Zusatzbei-

träge (§ 52b) und **nicht** auf die während der Erwerbsfähigkeit bezogene Krankenunterstützung.

2. Über die Tragweite des § 54a vgl. auch Anm. 4 zu § 27, Anm. 3 zu § 76.

§ 55.*)

I. **Der Anspruch auf Eintrittsgelder und Beiträge verjährt in einem Jahre nach Ablauf des Kalenderjahres, in welchem er entstanden ist.** Rückständige **Eintrittsgelder und** Beiträge werden in derselben Weise beigetrieben, wie Gemeindeabgaben. **Die dafür bestehenden landesrechtlichen Vorschriften finden auch insofern Anwendung, als sie über die aufschiebende Wirkung etwaiger gegen die Zahlungspflicht erhobener Einwendungen Bestimmung treffen.**

II. **Die rückständigen Eintrittsgelder und Beiträge** haben das Vorzugsrecht des § 54 Ziffer 1 der Reichs-Konkursordnung vom 10. Februar 1877 (Reichs-Gesetzbl. S. 351).**)

III. **Sofern nach Gemeindebeschluß oder Kassenstatut der Einleitung des Beitreibungsverfahrens ein Mahnverfahren vorangeht, kann von Arbeitgebern, welche die Eintrittsgelder und Beiträge nicht zum Fälligkeitstermine eingezahlt haben, eine Mahngebühr erhoben und wie die Rückstände beigetrieben werden. Die Festsetzung des Betrages der Mahngebühr unterliegt der Genehmigung der Aufsichtsbehörde.**

*) Dieser Paragraph gilt auch für Betriebs- (Fabrik-), Bau- und Innungs-Krankenkassen (§§ 65, 72, 73).

**) Der § 61 Ziffer 1 der Konkursordnung ist laut Bek. v. 20. Mai 1898 (RGBl. S. 369) an die Stelle des früheren § 54 Ziffer 1 der

Reichs-Konkursordnung v. 10. 2. 77 getreten, vgl. § 1 Abs. 2 Ges. v. 17. 5. 1898 (RGBl. S. 342).

Zu § 55.

1. Durch die im Abſ. 1 vorgeſehenen Zuſätze der Novelle von 1892 iſt für rückſtändige Eintrittsgelder und Beiträge eine kurze Verjährungsfriſt beſtimmt und zur Beſeitigung entſtandener Zweifel ausdrücklich angeordnet, daß auch Eintrittsgelder (nicht die nach § 26a Ziffer 2a verhängten Ordnungsſtrafen) im Verwaltungszwangsverfahren beigetrieben werden können, und daß für letzteres insbeſondere dasjenige gilt, was im 3. Satze des Abſ. 1 geſagt iſt (hierzu vgl. jedoch § 56 Abſ. 3).

2. Durch die zugelaſſene Erhebung einer Mahngebühr wird „in vielen Fällen die Einziehung rückſtändiger Beiträge ohne Einleitung des umſtändlicheren und koſtſpieligeren Beitreibungsverfahrens ermöglicht werden". (Mot. d. Nov. von 1892). Durch außergerichtliches Mahnverfahren wird der Lauf der Verjährungsfriſt nicht unterbrochen (§§ 208 ff. BGB.).

3. Ausf.Beſt.: Preußen Ziffer 5, 11, 20 Anw. v. 10. Juli 1892; Bayern Art. 1, 2 Geſ. v. 26. Mai 1892, § 4 Verordn. v. 8. Juni 1892; Württemberg § 59 Verordn. v. 2. Novbr. 1892; Baden § 54 Verordn. v. 3. Septbr. 1892; Heſſen Ziffer 6 Anw. v. 5. Novbr. 1892.

§ 56.*)

Die Unterſtützungsanſprüche auf Grund dieſes Geſetzes verjähren in zwei Jahren vom Tage ihrer Entſtehung an. I.

Die Übertragung der dem Unterstützungsberechtigten zustehenden Ansprüche auf Dritte sowie die Verpfändung oder Pfändung hat nur insoweit rechtliche Wirkung, als sie erfolgt: II.

1. zur Deckung eines Vorschusses, welcher dem Berechtigten auf seine Ansprüche vor Anweisung der Unterstützung von dem Arbeitgeber oder einem

Organe der Kasse oder dem Mitglied eines solchen Organs gegeben worden ist;

2. zur Deckung der im § 850 Abs. 4 der Civilprozessordnung bezeichneten Forderungen.

III. *Die Ansprüche dürfen auf geschuldete Eintrittsgelder und Beiträge, auf gezahlte Vorschüsse, auf zu Unrecht gezahlte Unterstützungsbeträge und auf die von den Organen der Kassen verhängten Geldstrafen aufgerechnet werden. Die Ansprüche dürfen ferner aufgerechnet werden auf Ersatzforderungen für Beträge, welche der Unterstützungsberechtigte in den Fällen des § 57 Abs. 4 oder auf Grund der Reichsgesetze über Unfallversicherung bezogen, aber an die Kasse zu erstatten hat; Ansprüche auf Krankengeld dürfen jedoch nur bis zur Hälfte aufgerechnet werden.*

IV. *Ausnahmsweise darf der Berechtigte den Anspruch ganz oder zum Teil auf andere übertragen, sofern dies von der unteren Verwaltungsbehörde genehmigt wird.*

*) Dieser Paragraph gilt auch für Betriebs- (Fabrik-), Bau- und Innungs-Krankenkassen (§§ 65, 72, 73), die Absätze 2 bis 4 gelten auch für Knappschaftskassen und zwar auch hinsichtlich aller den Knappschaftskassen berggesetzlich obliegenden Leistungen (§ 74).

Zu § 56.

1. Durch die Novelle von 1892 ist in Abs. 1 eine kurze Verjährungsfrist für die Ansprüche auf Krankenunterstützung eingeführt worden.

Durch die Novelle von 1903 sind die Vorschriften über die Übertragung, Verpfändung, Pfändung und Aufrechnung der bezeichneten Ansprüche neu geordnet, und zwar im Anschluß an die Bestimmungen des § 96 GUVG., § 55 JVG. Insbeſondere hinſichtlich der Aufrechnung der Forderungen des Unterſtützungsberechtigten auf die von ihm geſchuldeten Leiſtungen, das ſind: Beiträge gemäß § 52a Abſ. 2, Zuſatzbeiträge und Strafgelder, ſowie alle Leiſtungen im Falle freiwilliger Verſicherung, ſagt die Begründung S. 13, 14: „Im § 56 Abſ. 2 des (bisher) geltenden KVG. iſt ausdrücklich ausgeſprochen, daß nur ſolche Beiträge aufgerechnet werden können, welche von dem Unterſtützungsberechtigten ſelbſt einzuzahlen waren. Dieſer letztere Zuſatz iſt im Abſ. 3 des Entwurfs nicht wieder aufgenommen worden. Eine materielle Änderung enthält indeſſen der Fortfall dieſes Zuſatzes nicht. Die Streichung erfolgt vielmehr um deswillen, weil nach der ausdrücklichen Vorſchrift des § 387 BGB. nur ſolche gleichartigen Leiſtungen aufrechenbar ſind, welche zwei Perſonen einander ſchulden. Für die Aufrechnung können daher nur die vom Unterſtützungsberechtigten geſchuldeten Beiträge, d. h. nur die Beiträge, welche von dem Unterſtützungsberechtigten ſelbſt einzuzahlen waren, in Betracht kommen. Es erſcheint überflüſſig, dieſe ſich aus der Sache ergebende Beſchränkung noch beſonders auszuſprechen. Im § 55 Abſ. 2 IVG. iſt gleichfalls nur von geſchuldeten Beiträgen ohne weiteren Zuſatz die Rede. — In den Fällen des § 57 Abſ. 4 KVG. geht der Entſchädigungsanſpruch des Verſicherten gegen Dritte auf die Krankenkaſſe über, welche den Verſicherten unterſtützt hat. In dieſen Fällen kann nach dem Übergange des Anſpruchs noch rechtsgültig an den Verſicherten von dem Entſchädigungspflichtigen gezahlt werden, ſolange dieſer den Übergang des Anſpruchs noch nicht kennt (§§ 407, 412 BGB.). Die beteiligte Krankenkaſſe hat aber dann einen Erſatzanſpruch gegen den Verſicherten aus deſſen ungerechtfertigter Bereicherung (§ 816 Abſ. 2 BGB.). Für dieſen Erſatzanſpruch muß der Krankenkaſſe Befriedigung durch Aufrechnung auf weiter fällig werdende Krankengeldbeträge ermöglicht werden. Ähnlich verhält es ſich in den Fällen, wenn nach § 25 GUVG. und den entſprechenden Beſtimmungen der anderen Reichsgeſetze über Unfallverſicherung ſowie dem neuen Abſ. 5 des § 20 KVG. die Krankenkaſſe gegen einen Träger der Unfallversicherung Anspruch auf Ersatz für gewährte Unterstützungen durch Überweisung von Renten und Sterbegeldern hat, die Zahlung aber an den Unfallverletzten erfolgt ist und dafür die Krankenkasse Erstattung verlangen kann, weitere zur Überweisung zu benutzende Renten jedoch nicht oder nicht in ausreichendem Maße zur Verfügung stehen. Diese Fälle sind namentlich bei der Anwendung des § 56 auf die Knappschaftskassen von Bedeutung. — Die Aufrechnung von Krankengeldansprüchen auf die im zweiten Satze des Abs. 3 bezeichneten Ersatzforderungen soll nur insoweit zulässig sein, daß dem Unterstützungsberechtigten mindestens die Hälfte der fällig werdenden Krankengeldansprüche frei bleibt. Diese Vorschrift beruht auf den gleichen Erwägungen wie die Vorschrift im § 25 Abs. 4 und 5 GUVG., welche die Überweisung nur der halben Unfallrente an die dort bezeichneten Korporationen zuläßt."

2. Nach § 616 BGB. wird der zur Dienstleistung Verpflichtete des Anspruchs auf die Vergütung nicht dadurch verlustig, daß er für eine verhältnismäßig nicht erhebliche Zeit durch einen in seiner Person liegenden Grund ohne sein Verschulden an der Dienstleistung verhindert wird. Er muß sich jedoch den Betrag anrechnen lassen, welcher ihm für die Zeit der Verhinderung aus einer auf Grund gesetzlicher Verpflichtung bestehenden Kranken- oder Unfallversicherung zukommt. — Nach § 617 BGB. fällt im Falle der Verpflegung und ärztlichen Behandlung durch eine Versicherung oder durch eine Einrichtung der öffentlichen Krankenpflege die Verpflichtung des Dienstherrn fort, dem in die häusliche Gemeinschaft aufgenommenen Bediensteten gegen Aufrechnung auf den Dienstlohn Verpflegung und ärztliche Behandlung zu gewähren. Solchen Falls darf die Aufrechnung der Unterstützung auf den Lohn nicht stattfinden, § 57 Abs. 1 KVG. Weitergehende landesgesetzliche Ansprüche des Dienstboten bleiben bestehen (Art. 95 Einf.G. z. BGB.). — Handlungsgehilfen und Lehrlinge haben, wenn sie in die häusliche Gemeinschaft aufgenommen sind, dieselben Ansprüche; im übrigen haben sie gemäß § 63 des Handelsgesetzbuchs vom 10. Mai 1897 (RGBl.

S. 219) bei unverschuldetem Unglück Anspruch auf Fortbezug von Gehalt und Unterhalt für höchstens 6 Wochen, und es darf für den Fall der Kranken- oder Unfallversicherung eine Aufrechnung der Unterstützung auf den Lohn nicht stattfinden. — Vgl. auch Anm. 3 zu § 57.

3. Der § 850 Abs. 4 der Civilprozeßordnung lautet: „In den Fällen der beiden vorhergehenden Absätze ist die Pfändung ohne Rücksicht auf den Betrag zulässig, wenn sie wegen der den Verwandten, dem Ehegatten und dem früheren Ehegatten für die Zeit nach Erhebung der Klage und für das diesem Zeitpunkte vorausgehende letzte Vierteljahr kraft Gesetzes zu entrichtenden Unterhaltsbeiträge beantragt wird. Das gleiche gilt in Ansehung der zu Gunsten eines unehelichen Kindes von dem Vater für den bezeichneten Zeitraum kraft Gesetzes zu entrichtenden Unterhaltsbeiträge; diese Vorschrift findet jedoch insoweit keine Anwendung, als der Schuldner zur Bestreitung seines notdürftigen Unterhalts und zur Erfüllung der ihm seinen Verwandten, seiner Ehefrau oder seiner früheren Ehefrau gegenüber gesetzlich obliegenden Unterhaltspflicht der Bezüge bedarf. Hierbei werden ausschließlich die Leistungen berücksichtigt, welche vermöge einer solchen Unterhaltspflicht für den nämlichen Zeitraum oder, falls die Klage zu Gunsten des unehelichen Kindes nach der Klage eines Unterhaltsberechtigten erhoben ist, für die Zeit vor dem Beginne des der Klage dieses Berechtigten vorausgehenden letzten Vierteljahrs ab zu entrichten sind."

4. Ausf.Best.: Preußen Ziffer 6 Min.Bek. v. 30. Mai 1903 (im Anhang IX dieses Buchs).

§ 56a.*)

Auf Antrag von mindestens dreißig beteiligten Versicherten kann die höhere Verwaltungsbehörde nach Anhörung der Kasse und der Aufsichtsbehörde die Gewährung der im § 6 Absatz 1 Ziffer 1 und § 7 Absatz 1 bezeichneten Leistungen durch weitere als die von der Kasse bestimmten I.

Ärzte, Apotheken und Krankenhäuser verfügen, wenn durch die von der Kasse getroffenen Anordnungen eine den berechtigten Anforderungen der Versicherten entsprechende Gewährung jener Leistungen nicht gesichert ist.

II. **Wird einer solchen Verfügung nicht binnen der gesetzten Frist Folge geleistet, so kann die höhere Verwaltungsbehörde die erforderlichen Anordnungen statt der zuständigen Kassenorgane mit verbindlicher Wirkung für die Kasse treffen.**

III. **Die nach Absatz 1 und 2 zulässigen Verfügungen sind der Kasse zu eröffnen und zur Kenntnis der beteiligten Versicherten zu bringen. Die Verfügung der höheren Verwaltungsbehörde ist endgültig.**

*) Der § 56a gilt auch für Betriebs- (Fabrik-), Bau-, Innungs- und Knappschaftskassen (§§ 65, 72, 73, 74).

Zu § 56a.

1. Durch diesen Paragraphen soll die Möglichkeit geboten werden, die Zahl der Kassenärzte u. s. w. auch gegen den Willen der Kassenorgane zu vermehren, wenn dies den berechtigten Interessen der Versicherten nach dem Ermessen der Behörde entspricht. Die letztere ist an bestimmte Formen oder an besondere weitere Voraussetzungen für ihre freie pflichtmäßige Entschließung nicht gebunden.

2. Die auf Grund des § 6a Abs. 1 Ziffer 6, § 26a Abs. 2 Ziffer 2b abgeschlossenen Verträge wegen ärztlicher Behandlung u. s. w. nur durch bestimmte Ärzte u. s. w. sind vom 1. Januar 1904 ab der Aufsichtsbehörde mitzuteilen, und zwar auch insoweit die Verträge schon vorher abgeschlossen und noch gültig sind; vgl. Anm. 5 zu § 6a.

3. Ausf.Best.: Bayern §§ 3, 4 Verordn. v. 8. Juni 1892, Ziffer 37 Min.Bek. v. 15. Oktbr. 1892; Württem-

berg § 60 Verordn. v. 2. Novbr. 1892; Baden § 55 Verordn. v. 3. Septbr. 1892.

§ 57.*)

Die auf geſetzlicher Vorſchrift beruhende Verpflichtung von Gemeinden oder Armenverbänden zur Unterſtützung hilfsbedürftiger Perſonen, ſowie die auf Geſetz, Vertrag **oder letztwilliger Anordnung** beruhenden Anſprüche der Verſicherten gegen Dritte werden durch dieſes Geſetz nicht berührt. I.

Soweit auf Grund dieſer Verpflichtung Unterſtützungen für einen Zeitraum geleiſtet ſind, für welchen dem Unterſtützten auf Grund dieſes Geſetzes ein Unterſtützungsanſpruch zuſteht, geht der letztere im Betrage der geleiſteten Unterſtützung auf die Gemeinde oder den Armenverband über, von welchen die Unterſtützung geleiſtet iſt. II.

Das gleiche gilt von den Betriebsunternehmern und Kaſſen, welche die den bezeichneten Gemeinden und Armenverbänden obliegende Verpflichtung zur Unterſtützung auf Grund geſetzlicher Vorſchrift erfüllt haben. III.

Iſt von der Gemeinde-Krankenverſicherung oder von der Orts-Krankenkaſſe Unterſtützung in einem Krankheitsfalle geleiſtet, für welchen dem Verſicherten ein geſetzlicher Entſchädigungsanſpruch gegen Dritte zuſteht, ſo geht dieſer Anſpruch in Höhe der geleiſteten Unterſtützung auf die Gemeinde-Krankenverſicherung oder die Orts-Krankenkaſſe über. IV.

In Fällen dieſer Art gilt als Erſatz der im § 6 Abſatz 1 Ziffer 1 bezeichneten Leiſtungen die Hälfte des V.

gesetzlichen Mindestbetrages des Krankengeldes, *sofern nicht höhere Aufwendungen nachgewiesen werden.*

*) Dieser Paragraph gilt auch für Betriebs- (Fabrik-), Bau- und Innungs-Krankenkassen (§§ 65, 72, 73), sowie für die im § 75 bezeichneten Hilfskassen ohne Beitrittszwang (§ 76.)

Zu § 57.

1. Der § 57 behandelt das Verhältnis der Krankenunterstützung zu Ansprüchen gegen Dritte sowie zur öffentlichen Armenpflege. Alle diese besonderen Verhältnisse werden durch die Krankenunterstützung grundsätzlich nicht berührt, nur ändern sich zum Teil die Beziehungen der Beteiligten.

Abs. 1 enthält die allgemeine Vorschrift; Abs. 2 und 3 beziehen sich auf das Zusammentreffen der Krankenunterstützung mit der öffentlichen Armenpflege (vgl. in Abs. 1 und 2 das Wort: Verpflichtung); Abs. 4 auf das Zusammentreffen mit Entschädigungsansprüchen aus dem Gesetz; Abs. 5 bezieht sich auf beide Fälle. Wegen der Zuständigkeit zur Entscheidung von Streitigkeiten vgl. § 58.

2. Die gesetzlichen Vorschriften, auf Grund deren hilfsbedürftige Personen Ansprüche auf öffentliche Armenunterstützung haben (gegen Armenverbände oder gegen diejenigen, die in den Fällen des Abs. 3 an Stelle der Armenverbände Armenunterstützung gewährt haben), insbesondere also die Vorschriften des Gesetzes über den Unterstützungswohnsitz (RGBl. 1894 S. 262), sowie die gesetzlichen Vorschriften, auf Grund deren Versicherte im Fall einer Krankheit Entschädigungsansprüche gegen Dritte haben (z. B. in den Fällen der §§ 823 ff. BGB.), bleiben bestehen. Doch soll der Versicherte in diesen Fällen nicht doppelt unterstützt bezw. entschädigt werden; die zur Entschädigung Verpflichteten aber sollen auch keinen Gewinn auf Kosten der Krankenkasse oder Beschäftigungsgemeinde, diese wiederum keinen Gewinn auf Kosten der Armenverbände machen. Deshalb soll die Gemeinde-Krankenversicherung oder die Krankenkasse, welche zur Unterstützung verpflichtet ist, innerhalb des durch Gesetz

bezw. Statut gegebenen Umfanges der Krankenunterstützung
a) die auf Grund der Armenpflege nach den Umständen des einzelnen Falles notwendige oder angemessene und deshalb gewährte Unterstützung an den betr. Armenverband erstatten;
b) den gesetzlichen Entschädigungsanspruch des Versicherten gegen Dritte (d. h. also nicht gegen Armenverbände) ihrerseits gegen diese Dritten geltend machen können.

Die Regreßnahme an die Arbeitgeber (als Dritte) ist aber durch §§ 135ff. GUVG. und durch die gleichartigen Bestimmungen der anderen Unfallversicherungsgesetze für diejenigen Fälle besonders geregelt, in welchen gegen Unfall versicherte Personen durch einen Betriebsunfall verletzt sind und zunächst von den Krankenkassen (oder der Gemeinde-Krankenversicherung) unterstützt werden müssen. Krankenkassen ꝛc., welche (durch einen Betriebsunfall) Verletzte unterstützen, haben danach den Regreß nur gegen diejenigen Personen, durch deren eigenen Vorsatz oder kriminell strafbare Fahrlässigkeit der Unfall herbeigeführt ist, § 136 a. a. O. Vgl. hierzu Anhang III und v. Woedtke-Caspar, Komm. z. GUVG. Anm. 1 zu § 135, sowie über das Verhältniß der Krankenkassen zu den Berufsgenossenschaften oben § 1 Anm. 7.

3. Ansprüche auf Fortzahlung des Lohns oder Gehalts im Krankheitsfalle, mögen dieselben auf Vertrag oder auf letztwilliger Anordnung oder auf gesetzlicher Vorschrift (z. B. in den Fällen der §§ 616, 617 BGB., § 63 des Handelsgesetzbuchs) beruhen, sind keine „Entschädigungsansprüche". Sie bleiben daher im Falle der Krankenunterstützung ebenso wie andere auf Gesetz, auf Vertrag (insbesondere Versicherungsvertrag mit Privatversicherungsgesellschaften) oder auf letztwilliger Anordnung beruhenden Ansprüche der Versicherten gegen Dritte — unbeschadet der nach § 26a Abs. 1 unter Umständen eintretenden Beschränkung im Falle

der Doppelversicherung — dergestalt unberührt, daß sie für die eine Unterstützung gewährenden Kassen ein Eintrittsrecht nicht begründen. Vgl. §§ 80, 82.

4. Die im Abs. 5 gemeinten Fälle sind diejenigen der Absätze 2, 3 und 4. Der Zusatz der Novelle von 1903 am Schlusse des Abs. 5 bezweckt, „daß dem Ersatzberechtigten in den zahlreichen Fällen, in denen die Hälfte des gesetzlichen Mindestbetrags des Krankengeldes nur einen unzureichenden Ersatz der im § 6 Abs. 1 Ziffer 1 bezeichneten Leistungen ausmacht, die nachweislich höheren Aufwendungen zu erstatten sind. Die Erfahrung hat gezeigt, daß dieser Vorschlag der Billigkeit entspricht, und deshalb ist schon z. B. im § 19 JVG. und im § 25 Abs. 3 GUVG. eine entsprechende Bestimmung aufgenommen worden" (Mot.) Vgl. §§ 3a, 3b KVG., § 11 GUVG., § 136 des Gesetzes vom 5. Mai 1886 (RGBl. S. 132).

5. Ausf.-Best.: Bayern Art. 1, 2 Ges. v. 26. Mai 1892; Württemberg § 61 Verordn. v. 2. Novbr. 1892.

§ 57a.*)

I. **Auf Erfordern einer Gemeinde-Krankenversicherung oder einer Orts-Krankenkasse ist den bei ihr versicherten Personen, welche außerhalb des Bezirks derselben wohnen, im Falle der Erkrankung von der für Versicherungspflichtige desselben Gewerbszweiges oder derselben Betriebsart bestehenden Orts-Krankenkasse oder in Ermangelung einer solchen von der Gemeinde-Krankenversicherung des Wohnortes dieselbe Unterstützung zu gewähren, welche der Erkrankte von der Gemeinde-Krankenversicherung oder Orts-Krankenkasse, der er angehört, zu beanspruchen hat. Diese haben der unterstützenden Orts-Krankenkasse oder Gemeinde-Krankenversicherung die hieraus erwachsenden Kosten zu erstatten.**

II. **Dasselbe gilt für Versicherte, welche während eines**

vorübergehenden Aufenthalts außerhalb des Bezirks der Gemeinde-Krankenverſicherung oder Orts-Krankenkaſſe, der ſie angehören, erkranken, ſofern oder ſolange ihre Überführung nach ihrem Wohnorte nicht erfolgen kann. Eines beſonderen Antrages der Gemeinde-Krankenverſicherung oder Orts-Krankenkaſſe bedarf es in dieſen Fällen nicht.

Erfolgt die Erkrankung im Auslande, ſo hat der Be- III. **triebsunternehmer dem Erkrankten, ſofern oder ſolange eine Überführung in das Inland nicht erfolgen kann, diejenigen Unterſtützungen zu gewähren, welche der letztere von der Gemeinde-Krankenverſicherung oder der Orts-Krankenkaſſe, der er angehört, zu beanſpruchen hat. Dieſe hat dem Betriebsunternehmer, die ihm hieraus erwachſenden Koſten zu erſtatten.**

Für die Erſtattung der Koſten gilt in dieſen Fällen IV. **als Erſatz der im § 6 Abſatz 1 Ziffer 1 bezeichneten Leiſtungen die Hälfte des Krankengeldes,** ***sofern nicht höhere Aufwendungen nachgewiesen werden.***

*) Die Befugnisse aus § 57a gelten auch für Betriebs- (Fabrik-), Bau- und Innungs-Krankenkassen (§§ 65, 72, 73), sowie für Knappschaftskassen (§ 74), während die Aushilfepflichten lediglich den Orts-Krankenkassen und Gemeinde-Krankenversicherungen obliegen (Sten.Ber. 1891/92 S. 4806).

Zu § 57a.

1. Dieſer Paragraph verpflichtet die Gemeinde-Krankenverſicherungen und Orts-Krankenkaſſen, für einander (ſowie für Mitglieder anderer organiſierter Krankenkaſſen, §§ 65, 72, 73, 74) einzutreten, ſoweit es ſich um „bei" ihnen verſicherten Perſonen handelt, welche außerhalb des Bezirks der eigenen Kaſſe erkranken. Dazu gehören auch die freiwillig Verſicherten, ferner die in §§ 27, 28 be-

zeichneten Personen und die bei der ersuchenden Kasse mitversicherten Familienangehörigen. — Bei Erkrankungen im Auslande soll zunächst der Unternehmer eintreten.

Streitigkeiten werden nach Maßgabe des § 58 entschieden.

2. Ansprüche auf Grund des § 57a sind nicht als Unterstützungsansprüche im Sinne des § 57 Abs. 2 anzusehen.

3. Die in Abs. 4 gemeinten Fälle sind diejenigen der Absätze 1, 2 und 3. Über den Zusatz der Novelle von 1903 am Schlusse des Abs. 4 gilt das zu § 57 in der Anm. 4 Gesagte.

4. Ausf.Best.: Württemberg § 62 Verordn. v. 2. Novbr. 1892; Baden § 56 Verordn. v. 3. Septbr. 1892.

§ 57b.*)

I. **Streitigkeiten zwischen Gemeinde-Krankenversicherungen und Orts-Krankenkassen oder zwischen Orts-Krankenkassen über die Frage, welcher von ihnen die in einem Gewerbszweige oder in einer Betriebsart oder in einem einzelnen Betriebe beschäftigten Personen angehören, werden von der höheren Verwaltungsbehörde entschieden.**

II. **Gegen die Entscheidung steht den Beteiligten nur die Beschwerde an die Zentralbehörde zu. Die Beschwerde ist binnen zwei Wochen nach der Eröffnung der Entscheidung einzulegen.**

III. **Ergeht die Entscheidung dahin, daß versicherungspflichtige Personen einer anderen Kasse, als derjenigen, bei welcher sie bisher tatsächlich versichert waren, anzugehören haben, so ist in derselben der Zeitpunkt zu bestimmen, mit welchem das neue Versicherungsverhältnis in Kraft tritt.**

*) Der § 57b gilt auch für Betriebs- (Fabrik-), Bau- und Innungs-Krankenkassen (§§ 65, 72, 73).

Zu § 57b.

1. Dieſer durch die Novelle von 1892 neu eingeſchobene Paragraph ordnet an, daß in ſolchen Fällen, in denen zwiſchen den in Betracht kommenden Kaſſen ein Streit über die Kaſſenzugehörigkeit ganzer Gewerbszweige oder Betriebsarten oder ganzer Betriebe entſteht, die Verwaltungsbehörden entſcheiden ſollen. Der Rechtsweg iſt demgemäß in ſolchen Fällen ausgeſchloſſen. Derartige Streitigkeiten betreffen meiſt Zweifel über die durch das Kaſſenſtatut getroffenen organiſatoriſchen Feſtſetzungen und erfordern die Erledigung gewerbetechniſcher Fragen. Die Entſcheidung hat daher derjenigen Stelle übertragen werden müſſen, „welche für die Genehmigung dieſer organiſatoriſchen Beſtimmungen zuſtändig iſt und die zur Beurteilung gewerbetechniſcher Fragen geeigneten Kräfte beſitzt" (Mot.). — Die letztinſtanzliche Entſcheidung auf Grund des § 57b iſt endgültig und für künftige nach § 58 ergehende Entſcheidungen maßgebend.

2. Entſteht der Streit über die Kaſſenzugehörigkeit nicht zwiſchen den einzelnen Kaſſen, ſondern zwiſchen einer Kaſſe und einem Verſicherungspflichtigen, ſo findet § 57b keine Anwendung; „die Entſcheidung über die Frage der Kaſſenzugehörigkeit bildet dann nur eine Vorfrage in dem Verfahren nach § 58 Abſ. 1" (Mot.).

3. Ausf.Beſt.: Bayern Art. 1, 2 Geſ. v. 26. Mai 1892, §§ 3, 6 Verordn. v. 8. Juni 1892; Württemberg § 63 Verordn. v. 2. Novbr. 1892.

§ 58.*)

Streitigkeiten, welche zwiſchen den auf Grund dieſes Geſetzes zu verſichernden Perſonen oder ihren Arbeitgebern einerſeits und der Gemeinde-Krankenverſicherung oder der Orts-Krankenkaſſe andererſeits **über das Verſicherungsverhältnis oder** über die Verpflichtung zur Leiſtung oder Einzahlung von **Eintrittsgeldern** I.

und Beiträgen oder über Unterstützungsansprüche entstehen, **sowie Streitigkeiten über Unterstützungsansprüche aus § 57a Absatz 3 und über Erstattungsansprüche aus § 50** werden von der Aufsichtsbehörde entschieden. **Erstreckt sich der Bezirk der Gemeinde-Krankenversicherung oder der Orts-Krankenkasse über mehrere Gemeindebezirke, so kann durch die Zentralbehörde die Entscheidung anderen Behörden übertragen werden.** Die Entscheidung **kann** binnen **vier** Wochen nach der Zustellung derselben mittels Klage **im ordentlichen** Rechtswege, **soweit aber landesgesetzlich solche Streitigkeiten dem Verwaltungsstreitverfahren überwiesen sind, im Wege des letzteren angefochten werden.**

II. Streitigkeiten über die im § 57 Absatz 2 **und** 3 bezeichneten Ansprüche, **Streitigkeiten über Erstattungsansprüche aus § 3a Absatz 4, §§ 3b und 57a, ferner Streitigkeiten zwischen Gemeinde-Krankenversicherungen und Krankenkassen über den Ersatz irrtümlich geleisteter Unterstützungen** werden im Verwaltungsstreitverfahren, wo ein solches nicht besteht, **von der Aufsichtsbehörde** entschieden. **Die Entscheidung der Aufsichtsbehörde kann binnen vier Wochen nach Zustellung derselben im Wege des Rekurses nach Maßgabe der §§ 20 und 21 der Gewerbeordnung angefochten werden.**

III. **Streitigkeiten zwischen einem Verbande und den beteiligten Kassen (§ 46) aus dem Verbandsverhältnisse werden von der Aufsichtsbehörde entschieden. Die Entscheidungen können binnen vier Wochen nach der Zu-**

ſtellung derſelben im Wege des Verwaltungsſtreitverfahrens, wo ein ſolches nicht beſteht, im Wege des Rekurſes nach Maßgabe der Vorſchriften der §§ 20 und 21 der Gewerbeordnung angefochten werden.

Die Entſcheidung **der Aufſichtsbehörde über** Unter IV.
ſtützungsanſprüche **oder über Anſprüche eines Verbandes an die beteiligten Kaſſen (Abſatz 1 und 3)** iſt vorläufig vollſtreckbar.

*) Dieser Paragraph gilt auch für Betriebs- (Fabrik-), Bau- und Innungs-Krankenkassen (§§ 65, 72, 73), der Abs. 2 ausserdem auch für die im § 75 bezeichneten Hilfskassen ohne Beitrittszwang (§ 76).

Zu § 58.

1. Die Beſtimmungen dieſes Paragraphen gelten für die Gemeinde-Krankenverſicherung nur inſoweit, als dieſelbe auf Grund dieſes Geſetzes geregelt iſt. Es iſt nach dem Komm.Ber. (S. 75) von der Kommiſſion beſchloſſen, „ausdrücklich im Bericht zu erklären, daß bei derjenigen landesgeſetzlich geregelten Gemeinde-Krankenverſicherung, für welche durch § 12 des Entwurfs (jetzt § 15) die fortdauernde Geltung der landesrechtlichen Vorſchrift ausgeſprochen iſt, auch die auf die Entſcheidung von Streitigkeiten bezüglichen landesrechtlichen Vorſchriften in Kraft bleiben ſollen."

Für Bayern vgl. wegen der Gemeinde-Krankenverſicherung Art. I §§ 2 bis 4, wegen der Krankenkaſſen Art. 3 Bayr. Ausf.Geſ. v. 28. Febr. 1884.

2. Durch die Novelle von 1892 ſind

a) einzelne, bisher nicht beſonders geregelte Streitfälle unter dieſen Paragraphen gebracht, insbeſondere Streitigkeiten über das Verſicherungsverhältnis, über Erſtattungsanſprüche aus § 3a Abſ. 4, §§ 3b, 50, 57a, über den Erſatz irrtümlich geleiſteter Unterſtützungen, ſowie Streitigkeiten aus dem Kaſſenverbandsverhältnis (§ 46). Ferner iſt

b) in den wichtigen Fällen des Abs. 1 der Rechtsweg gegen die zuerst anzurufende Entscheidung der Aufsichtsbehörde zwar belassen, indessen gestattet worden, daß subsidiär durch Landesgesetz an Stelle des Rechtswegs das Verwaltungsstreitverfahren gesetzt werden darf.

c) Für die Fälle des Abs. 2 ist neben das Verwaltungsstreitverfahren subsidiär die Entscheidung der Aufsichtsbehörde vorbehaltlich des Rekurses nach §§ 20, 21 der Gewerbeordnung getreten.

d) Die auf die Krankenkasse übergegangenen Entschädigungsansprüche des Versicherten gegen Dritte (§ 57 Abs. 4) sind nicht mehr, wie früher, im Verwaltungsstreitverfahren, sondern — da nichts besonderes gesagt wird, also die allgemeine Regel Platz greift — im ordentlichen Rechtswege zu entscheiden.

3. Man beachte demgemäß:

a) Streitigkeiten zwischen der Gemeinde-Krankenversicherung (oder Krankenkasse) und den Versicherten, oder zwischen der Gemeinde-Krankenversicherung (oder Krankenkasse) und den Arbeitgebern über
1. das Versicherungsverhältnis,
2. die Verpflichtung zur Leistung von Eintrittsgeldern und Beiträgen,
3. die Verpflichtung zur Einzahlung von Eintrittsgeldern und Beiträgen,
4. die Unterstützungsansprüche,
5. die Erstattungsansprüche gegen Arbeitgeber aus § 50

entscheidet die Aufsichtsbehörde (§ 44) vorbehaltlich des Rechtswegs; an Stelle des Rechtswegs kann landesgesetzlich das Verwaltungsstreitverfahren gesetzt werden (§ 58 Abs. 1); vorläufig vollstreckbar sind die Entscheidungen bei Unterstützungsansprüchen (§ 58 Abs. 4). Dasselbe gilt für die Fälle des § 54 Abs. 7.

b) Streitigkeiten zwischen den Arbeitgebern und den Versicherten über die Berechnung und Anrechnung der

Beiträge und Eintrittsgelder entscheiden Gewerbegerichte, event. (wahlweise) der ordentliche Richter oder der Gemeindevorsteher (vgl. Anm. 1a und b zu § 53a), bei Innungen die Innung und das Innungsschiedsgericht (vgl. Anm. 1c zu § 53a).

c) Streitigkeiten der Krankenkassen oder Gemeinde-Krankenversicherungen über Erstattungsansprüche
   1. gegenüber Arbeitgebern befreiter Personen (§ 3a Abs. 4 und § 3b),
   2. gegenüber solchen Krankenkassen, die behufs Leistung der Krankenunterstützung für die zunächst verpflichtete Kasse eingetreten sind (§ 57a), sowie mit Krankenkassen wegen irrtümlich geleisteter Unterstützungen (§ 58 Abs. 2),
   3. gegenüber den Armenverbänden u. s. w. wegen Erstattung der von den letzteren geleisteten Armenunterstützungen (§ 57 Abs. 2 und 3)

   werden im Verwaltungsstreitverfahren, event. von der Aufsichtsbehörde vorbehaltlich des Rekurses nach §§ 20, 21 der Gewerbeordnung und ohne sofortige Vollstreckbarkeit entschieden (§ 58 Abs. 2).

d) Streitigkeiten der Krankenkassen und Gemeinde-Krankenversicherungen über Erstattungsansprüche gegenüber entschädigungspflichtigen Dritten werden im ordentlichen Rechtswege entschieden (§ 57 Abs. 4); dasselbe gilt für Streitigkeiten über die im § 57 Abs. 1 bezeichneten „anderen" auf Gesetz, Vertrag oder letztwilliger Anordnung beruhenden Ansprüche der Versicherten gegen Dritte.

e) Streitigkeiten zwischen verschiedenen Krankenkassen und Gemeinde-Krankenversicherungen über die Kassenzugehörigkeit bestimmter Klassen von Personen entscheidet die höhere Verwaltungsbehörde, vorbehaltlich der Anrufung der Zentralbehörde (§ 57b).

f) Streitigkeiten zwischen dem Kassenverbande und den beteiligten Kassen aus dem Verbandsverhältnisse werden von der Aufsichtsbehörde vorbehaltlich des Verwaltungsstreitverfahrens entschieden (§ 58 Abs. 3). Die Entscheidung der Aufsichtsbehörde ist vorläufig vollstreckbar (§ 58 Abs. 4).

4. Die §§ 20, 21 der Gewerbeordnung vgl. in Anm. 4 zu § 24.

5. Der § 58 gilt nach § 14 GUVG. auch für Ersatz-Streitigkeiten zwischen Berufsgenossenschaften und Krankenkassen (oder der Gemeinde-Krankenversicherung) wegen der den letzteren seitens einer Berufsgenossenschaft übertragenen Fürsorge für Verunglückte über die ersten 13 Wochen nach dem Unfall hinaus, sowie bei Streitigkeiten über Krankenfürsorge und deren Umfang in den Fällen der §§ 11 Abs. 1, 12, 13 Abs. 3 GUVG. (s. Anh. III). — Ähnliches gilt bei Übertragung der Fürsorge an Krankenkassen seitens der Invalidenversicherungs-Anstalten (§ 23 JVG. im Anhang IV).

6. In Preußen findet in den Fällen des Abs. 1 gegen die Entscheidung der Aufsichtsbehörde nur der Rechtsweg statt; in den Fällen des Abs. 2, Abs. 3 Satz 2 ist der Bezirksausschuß vorbehaltlich der Revision zuständig.

7. Ausf.Best.: Preußen Ziffer 2, 5, 60 Anw. v. 10. Juli 1892; Bayern Art. 4, 5 Ges. v. 26. Mai 1892, §§ 3, 4, 6 Verordn. v. 8. Juni 1892; Sachsen § 1 Verordn. v. 28. Septbr. 1883; Württemberg §§ 43, 64 Verordn. v. 2. Novbr. 1892.

E. Betriebs- (Fabrik-) Krankenkassen.

§ 59.

Krankenkassen, welche für einen der im § 1 bezeichneten Betriebe oder für mehrere dieser Betriebe gemeinsam in der Weise errichtet werden, daß auf dem Wege des Arbeitsvertrages (durch Fabrikordnung, Reglement u. s. w.) die in dem Betriebe beschäftigten Personen zum Beitritte verpflichtet werden, unterliegen den nachfolgenden Vorschriften.

Zu § 59.

1. Vgl. v. Woedtke, Komm. z. KVG. Anm. 1 zu § 59. „Die in der Praxis hervorgetretenen Vorzüge der Fabrik-Krankenkassen wurden lebhaft und unter Bezugnahme auf tatsächliche Verhältnisse, z. B. im Elsaß, betont; wiederholt wurde unter Zustimmung der Majorität der Kommission der Satz ausgesprochen, daß eine gut eingerichtete und geleitete Fabrik-Krankenkasse die für den Arbeiter erwünschteste Form der Krankenversicherung sei"... „Es bestehe um der Arbeiter willen ein erhebliches Interesse an der Aufrechterhaltung der Betriebs- (Fabrik-)Krankenkassen. Mit diesen seien bedeutende Kapitalien an angesammeltem Gelde und an mancherlei humanitären Einrichtungen verbunden. Ein Zwang zur Bildung von Betriebs- (Fabrik-) Krankenkassen sei nicht zu entbehren. Es könne sonst durch die Indolenz oder Widerwilligkeit eines Fabrikinhabers der Gemeinde wider ihren Willen der ganze umständliche Apparat einer Orts-Krankenkasse oder Gemeinde-Krankenversicherung mit vielen Mitgliedern aufgedrängt werden. Auch sei ein Zusammenzwängen der Fabrikarbeiter mit den Handwerkern in eine und dieselbe Kasse bedenklich, weil es den beiderseitigen Interessen widerspreche." (Komm.Ber. S. 76.)

2. Die Bestimmungen der §§ 59ff. gelten auch für die Fälle des § 2 (z.B. für Arbeiter in der Land- und Forstwirtschaft), soweit die Anwendung der Vorschriften des § 1 auf die dortgenannten Kategorieen erstreckt worden ist. Hinsichtlich der Hausgewerbetreibenden vgl. Anm. 3 zu § 63.

3. § 59 enthält nur das Prinzip der Betriebs- (Fabrik-) Krankenkasse. Die Beitrittsverpflichtung regelt sich nach § 63; Fabrikordnungen, Reglements 2c. dürfen abweichende Bestimmungen nicht enthalten (§§ 80, 82).

4. Für mehrere Betriebe kann eine gemeinschaftliche Betriebs- (Fabrik-) Krankenkasse nur dann neu (vgl. Anm. 1 zu § 60 sowie § 85) errichtet werden, wenn die Betriebe sämtlich von einem Unternehmer betrieben werden, § 60. Vgl. aber § 67a.

5. Ausf.Best.: Baden § 56 Verordn. v. 11. Febr. 1884.

§ 60.

I. Ein Unternehmer, welcher in einem Betrieb oder in mehreren Betrieben fünfzig oder mehr dem Krankenversicherungszwang unterliegende Personen beschäftigt, ist berechtigt, eine Betriebs- (Fabrik-) Krankenkasse zu errichten.

II. Er kann dazu durch Anordnung der höheren Verwaltungsbehörde verpflichtet werden, wenn dies von der Gemeinde, in welcher die Beschäftigung stattfindet, oder von der Krankenkasse, welcher die beschäftigten Personen angehören, beantragt wird. Vor der Anordnung ist dem Unternehmer, sowie den von ihm beschäftigten Personen oder von diesen gewählten Vertretern und, falls der Antrag von einer Orts-Krankenkasse ausgegangen ist, auch der Gemeinde zu einer Äußerung darüber Gelegenheit zu geben.

Zu § 60.

1. Darüber, daß die beim Inkrafttreten des Gesetzes bestehenden Fabrik-Krankenkassen, wenn für dieselben durch Reglement, Fabrikordnung, Statut oder dergl. ein Beitrittszwang eingeführt worden ist, als solche auch dann fortbestehen, wenn sie — was für neu zu begründende Kassen dieser Art unzulässig ist, vgl. Anm. 4 zu § 59 — für die Betriebe verschiedener Unternehmer begründet worden sind, daß sie aber im übrigen den Vorschriften dieses Gesetzes auch dann unterworfen sind, wenn sie in Gestalt eingeschriebener Hilfskassen errichtet worden sind, vgl. § 85, sowie v. Woedtke, Komm. z. KVG. Anm. 2 zu § 60.

2. Zuständig ist in Preußen (abgesehen von den Staatsbetrieben, § 84) der Regierungs-Präsident, für Berlin der Ober-Präsident.

3. Ausf.Best.: Preußen Ziffer 2, 5, 44ff. Anw. v. 10. Juli 1892; Bayern §§ 2, 3, 5 Verordn. v. 8. Juni 1892, Ziffer 38 Min.Bek. v. 15. Oktbr. 1892; Sachsen § 1 Verordn. v. 28. Septbr. 1883; Württemberg § 66 Verordn. v. 2. Novbr. 1892; Baden § 57 Verordn. v. 3. Septbr. 1892; Hessen Ziffer 37ff. Anw. v. 5. Novbr. 1892.

§ 61.

Unternehmer eines Betriebes, welcher für die darin beschäftigten Personen mit besonderer Krankheitsgefahr verbunden ist, können auch dann, wenn sie weniger als fünfzig Personen beschäftigen, zur Errichtung einer Betriebs- (Fabrik-) Krankenkasse angehalten werden. I.

Unternehmern eines Betriebes, in welchem weniger als fünfzig Personen beschäftigt werden, kann die Errichtung einer Betriebs- (Fabrik-) Krankenkasse gestattet werden, wenn die nachhaltige Leistungsfähigkeit der Kasse in einer von der höheren Verwaltungsbehörde für ausreichend erachteten Weise sichergestellt ist. II.

Zu § 61.

1. Für derartige Betriebs- (Fabrik-) Krankenkassen gilt neben der für alle Betriebs- (Fabrik-) Krankenkassen vorgeschriebenen eventuellen Zuschußverbindlichkeit der Fabrikherren (§ 65 Abs. 2) auch deren Verpflichtung zu Vorschüssen im Bedarfsfall, § 64 Ziffer 4.

2. Vgl. Anm. 2 zu § 60.

3. Ausf.Best.: Preußen Ziffer 2, 5, 44ff. Anw. v. 10. Juli 1892; Bayern §§ 3, 5 Verordn. v. 8. Juni 1892, Ziffer 39 Min.Bek. v. 15. Oktbr. 1892; Sachsen § 1 Verordn. v. 28. September 1883; Württemberg § 66 Verordn. v.

2. Novbr. 1892; Baden § 58 Verordn. v. 3. Septbr. 1892; Hessen Ziffer 37ff. Anw. v. 5. Novbr. 1892.

§ 62.

I. Unternehmer, welche der Verpflichtung, eine Betriebs- (Fabrik-) Krankenkasse zu errichten, innerhalb der von der höheren Verwaltungsbehörde zu bestimmenden Frist nicht nachkommen, sind verpflichtet, für jede in ihrem Betriebe beschäftigte, dem Versicherungszwang unterliegende Person Beiträge bis zu fünf Prozent des verdienten Lohnes aus eigenen Mitteln zur Gemeinde-Krankenversicherung oder zur Orts-Krankenkasse zu leisten.

II. Die Höhe der zu leistenden Beiträge wird nach Anhörung der Gemeindebehörde von der höheren Verwaltungsbehörde endgültig festgesetzt.

Zu § 62.

1. Die Mehrbeiträge auf Grund dieses Paragraphen können von der höheren Verwaltungsbehörde (vgl. Anm. 2 zu § 60) auch dann auferlegt werden, wenn die Betriebs- (Fabrik-) Krankenkasse wegen unordentlicher Kassen- und Rechnungsführung hat geschlossen werden müssen (§ 68 Abs. 1 Ziffer 3, Abs. 2).

Auch auf diese Beiträge findet § 55 Anwendung (§ 65).

2. Vgl. § 58 Abs. 1 wegen der Entscheidung von Streitigkeiten.

3. Ausf.Best.: Preußen Ziffer 2, 44ff., 50 Anw. v. 10. Juli 1892; Bayern §§ 2, 3, 5 Verordn. v. 8. Juni 1892, Ziffer 40 Min.Bek. v. 15. Oktbr. 1892; Sachsen § 1 Verordn. v. 28. Septbr. 1883; Württemberg § 66 Verordn. v. 2. Novbr. 1892; Baden § 59 Verordn. v. 3. Septbr. 1892; Hessen Ziffer 37ff. Anw. v. 5. Novbr. 1892.

§ 63.*)

Versicherungspflichtige Personen, welche in dem Betriebe, für welchen eine Betriebs- (Fabrik-) Krankenkasse errichtet ist, beschäftigt werden, gehören **vorbehaltlich der Bestimmungen des § 75** mit dem Tage des Eintritts in die Beschäftigung der Kasse als Mitglieder an. I.

Nichtversicherungspflichtige in dem Betriebe beschäftigte Personen haben das Recht, der Kasse beizutreten, **sofern ihr jährliches Gesamteinkommen zweitausend Mark nicht übersteigt.** Der Beitritt erfolgt durch schriftliche oder mündliche Anmeldung bei dem Kassenvorstande, gewährt aber keinen Anspruch auf Unterstützung im Fall einer bereits zur Zeit dieser Anmeldung eingetretenen Erkrankung. **Die Kasse ist berechtigt, nichtversicherungspflichtige Personen, welche sich zum Beitritte melden, einer ärztlichen Untersuchung unterziehen zu lassen und ihre Aufnahme abzulehnen, wenn die Untersuchung eine bereits bestehende Krankheit ergibt.** II.

Versicherungspflichtigen Personen ist der Austritt mit dem Schlusse des Rechnungsjahres zu gestatten, wenn sie denselben mindestens drei Monate vorher bei dem Vorstande beantragen und vor dem Austritte nachweisen, daß sie einer der im § 75 bezeichneten Kassen angehören. III.

Nichtversicherungspflichtige Personen, welche die Beiträge an zwei auf einander folgenden Zahlungs- IV.

terminen nicht geleistet haben, scheiden damit aus der Kasse aus.

*) Der § 63 gilt auch für Bau-Krankenkassen (§ 72) und entspricht dem für Orts-Krankenkassen geltenden § 19.

Zu § 63.

1. Alle versicherungspflichtigen, in einer Fabrik beschäftigten Personen gehören kraft Gesetzes, ohne daß § 19 Abs. 5 Anwendung findet, der Betriebs- (Fabrik-) Krankenkasse an, falls sie nicht Mitglieder einer die Mindestleistungen gewährenden Hilfskasse (§ 75) sind (vgl. § 19 Anm. 4); sie dürfen während ihrer Beschäftigung in der Fabrik aus der für letztere errichteten Krankenkasse nach näherer Bestimmung des Abs. 3 nur dann austreten, wenn sie einer solchen Hilfskasse (§ 75) beigetreten sind. Dafür hat die Betriebs- (Fabrik-) Krankenkasse nach Maßgabe ihrer Satzungen sofort, auch hinsichtlich der noch nicht beendeten Unterstützungsfälle, an Stelle der bisherigen Zwangskasse einzutreten; vgl. jedoch Hahn im Verwaltungsarchiv 5 S. 259.

2. Durch die Novelle von 1892 ist die frühere Bestimmung in Abs. 1, wonach auch bei Beteiligung an einer der in §§ 73, 74 bezeichneten (Innungs- oder Knappschafts-) Kassen die Mitgliedschaft bei der Betriebs- (Fabrik-) Krankenkasse nicht eintreten sollte, beseitigt und die freiwillige Beteiligung, entsprechend den gleichartigen Vorschriften für die Gemeinde-Krankenversicherung (§ 4) und die Orts-Krankenkassen (§ 19), beschränkt worden.

3. Die wichtige Frage, ob die nach § 2 Ziffer 4 für versicherungspflichtig erklärten Hausgewerbetreibenden in die Betriebs- (Fabrik-) Krankenkassen gehören, ist zu bejahen (vgl. v. Frankenberg in „Arb.Vers." 1902 S. 455, Krause das. 1903 S. 97; dagegen v. Woedtke, Komm. z. KVG. Anm. 3 zu § 59, Hahn in „Arb.Vers." 1902 S. 713, 1903 S. 241).

4. Ausf.Best.: Preußen Min.Verf. v. 24. Novbr.

1902 (Min.Bl. der Handels- u. Gewerbeverwaltung Nr. 23 v. 27. Novbr. 1902).

§ 64.*)

Die für Orts-Krankenkassen geltenden Bestimmungen der §§ 20 bis 42, **46 bis 46b, 48a und 49a Absatz 4** finden auf die Betriebs-(Fabrik-)Krankenkassen mit folgenden Abänderungen Anwendung:

1. Das Kassenstatut (§ 23) ist durch den Betriebsunternehmer in Person oder durch einen Beauftragten nach Anhörung der beschäftigten Personen oder der von denselben gewählten Vertreter zu errichten.
2. Durch das Kassenstatut kann dem Betriebsunternehmer oder einem Vertreter desselben der Vorsitz im Vorstande und in der Generalversammlung übertragen werden.
3. Die Rechnungs- und Kassenführung ist unter Verantwortlichkeit und auf Kosten des Betriebsunternehmers durch einen von demselben zu bestellenden Rechnungs- und Kassenführer wahrzunehmen. Verwendungen von Kassengeldern in den Nutzen der Betriebsunternehmer fallen unter die Vorschrift des § 42 Absatz 2.
4. Reichen die Bestände einer auf Grund der Vorschrift des § 61 errichteten Betriebs-(Fabrik-) Krankenkasse nicht aus, um die laufenden Ausgaben derselben zu decken, so sind von dem Betriebsunternehmer die erforderlichen Vorschüsse zu leisten.

5. Die aus dem Betrieb ausgeschiedenen Personen, welche auf Grund der Vorschrift des § 27 Mitglieder der Kasse bleiben, können Stimmrechte nicht ausüben und Kassenämter nicht bekleiden.

*) Der § 64 gilt auch für Bau-Krankenkassen (§ 72).

Zu § 64.

1. Die ursprüngliche Ziffer 1 ist durch die Novelle von 1892 als entbehrlich gestrichen worden, weil die in derselben zugelassene Berechnung der Leistungen und Beiträge nach dem Individualverdienst nunmehr auch schon für Orts-Krankenkassen gilt (§ 26a Ziffer 6).

2. Es gelten für die Betriebs- (Fabrik-) Krankenkassen folgende für Orts-Krankenkassen erlassene Bestimmungen:

a) über die Mindest- und Höchstleistungen (§§ 20, 21, 26a) und über Kassenverbände (§§ 46 bis 46b);
b) über die Karenzzeit (§§ 20, 26, 26a), das Eintrittsgeld und die zulässigen Modifikationen bei einzelnen Mitgliedern (§ 26);
c) über die Festsetzung des durchschnittlichen Tagelohns (§ 20);
d) über den Maßstab für die Bemessung der Beiträge (§§ 22, 26a);
e) über die Höhe der Beiträge, vgl. Anm. 1 zu § 31, mit der Maßgabe, daß, wenn 4 Prozent (für Arbeitgeber und Arbeitnehmer zusammen 6 Prozent) des Lohns zur Gewährung der Mindestleistungen nicht genügen, nicht eine Schließung der Kasse stattfindet, sondern nach § 65 Abs. 2 die Zuschußverbindlichkeit des Fabrikherrn eintritt;
f) über die event. Ausgleichung bei einem Mißverhältnis zwischen Beiträgen und Leistungen (§§ 20, 31, 33), vorbehaltlich der Bestimmung des § 64 Z. 4 und des § 65 Abs. 2;
g) über den Inhalt, die Genehmigung und die etwaige zwangsweise Änderung des Statuts*) (§§ 23, 24, 30,

*) Wegen der Mustersatzungen vgl. Anm. 3 zu § 23.

48a), wogegen die Errichtung desselben nach Maßgabe des § 64 Ziffer 1, 2 erfolgt;

h) über die Korporationsrechte der Kasse (§ 25);

i) über die freiwillige Fortsetzung der Mitgliedschaft trotz Austritts aus der Fabrik (§ 27) mit der Beschränkung des § 64 Z. 5, sowie über den einstweiligen Fortbezug der Leistungen im Falle der Erwerbslosigkeit (§ 28) und über die Überweisung von Mitgliedern gemäß § 49a Abs. 4;

k) über den Reservefonds (§§ 32, 33) und die Beschränkung der Zwecke, zu denen Beiträge erhoben werden und Zahlungen aus der Kasse geleistet werden dürfen (§ 29);

l) über die Generalversammlung und den Vorstand, sowie über die Vertretung des Arbeitgebers in beiden (§§ 34 bis 39, 42) vorbehaltlich der Bestimmung des § 64 Z. 3; über die Rechnungs- und Kassenführung (§§ 40, 42) vorbehaltlich der Bestimmung des § 64 Z. 3;

m) über die der höheren Verwaltungsbehörde einzureichenden Übersichten und deren demnächstige Verarbeitung (§§ 41, 79).

Außerdem gelten für die Betriebs- (Fabrik-) Krankenkassen nach § 63:

n) im allgemeinen auch die Bestimmungen über den obligatorischen und freiwilligen Eintritt und Austritt, einschl. der im § 26a Abs. 2 Ziffer 5 nachgelassenen Erweiterung des Mitgliederkreises;

ebenso nach § 65

o) die Bestimmungen über die Einzahlung und Verrechnung der Eintrittsgelder und Versicherungsbeiträge sowie die anteilige Übernahme der letzteren durch die Arbeitgeber (§§ 51, 52, 52a, 52b, 53, 53a, 54a) mit der Strafvorschrift des § 82;

p) über die Verjährung, die administrative Zwangsvollstreckung und die Aufrechnung u. s. w. bei Unterstützungsansprüchen (§§ 55, 56);

q) über die Vermehrung der Kassenärzte (§ 56a);

r) über das Verhältnis zur Armenpflege und zu zivilrechtlichen Ansprüchen des Erkrankten gegen Dritte (§ 57);

s) über die Aushilfe-Befugnis gegen Orts-Krankenkassen, bezw. gegen Gemeinde-Krankenversicherungen (§ 57a);
t) über die Streitigkeiten (§§ 57b, 58);

sowie nach § 66 vorbehaltlich der dort enthaltenen Modifikation
u) über die Beaufsichtigung der Kassen, §§ 44, 45.

Wegen der Aufsichtsbehörde vgl. § 84.

3. Über die Folgen, welche eine Verabsäumung der Fürsorge für ordnungsmäßige Kassen- und Rechnungsführung nach sich zieht, vgl. § 68 Abs. 1 Ziffer 3, Abs. 2.

4. Außer der hier vorgesehenen Verpflichtung des Fabrikherrn, für die Betriebs- (Fabrik-) Krankenkassen gesundheitsgefährlicher und unter der Normalzahl bleibender Betriebe im Bedarfsfall erstattungsfähige Vorschüsse zu leisten, ist nach § 65 Abs. 2 jeder Betriebsunternehmer verpflichtet, für den Fall der Insuffizienz seiner Betriebs- (Fabrik-) Krankenkasse Zuschüsse aus eigenen Mitteln ohne Erstattungsanspruch zu leisten.

5. „Die Ziffer 6 (jetzt 5) des Paragraphen ist von der Kommission neu eingefügt worden, weil man anerkannte, daß aus der Arbeit ausgeschiedene Kassenmitglieder, welche durch freiwillige Fortzahlung der (vollen, vgl. Anm. 5 zu § 4) Beiträge sich die Kassenmitgliedschaft erhalten, nicht wohl einen Anspruch darauf haben dürften, an der Verwaltung der Kasse selbst weiter mitzuwirken, und daß andererseits beim Fehlen einer derartigen Bestimmung unter Umständen für die Fabrik-Krankenkassen erhebliche Übelstände dadurch hervortreten können, daß eine größere Anzahl nicht in der Fabrik beschäftigter Arbeiter Stimmrecht in Kassenangelegenheiten ausüben." (Komm.Ber. S. 82.)

Bei Orts-Krankenkassen vermochte man eine gleiche Gefahr nicht zu erkennen und lehnte daher die Ausdehnung dieser Bestimmung auf jene Kassen ab (vgl. Komm. Ber. S. 49).

6. Ausf.Best.: Preußen Ziffer 2, 5, 7 Anw. v. 10. Juli 1892; Bayern Ziffer 41 Min.Bek. v. 15. Oktbr. 1892; Württemberg § 67 Verordn. v. 2. Novbr. 1892;

Baden § 60 Verordn. v. 3. Septbr. 1892; Hessen Ziffer 37 ff. Anw. v. 5. Novbr. 1892.

§ 65.*)

Die Betriebsunternehmer sind verpflichtet, die statutenmäßigen **Eintrittsgelder und** Beiträge für die von ihnen beschäftigten versicherungspflichtigen Kassenmitglieder zu den durch das Kassenstatut festgesetzten Zahlungsterminen in die Kasse einzuzahlen und **die Beiträge** zu einem Drittel aus eigenen Mitteln zu leisten. I.

Werden die gesetzlichen Mindestleistungen der Kasse (§ 20) durch die Beiträge, nachdem diese für die Versicherten *vier* Prozent der durchschnittlichen Tagelöhne oder des Arbeitsverdienstes erreicht haben, nicht gedeckt, so hat der Betriebsunternehmer die zur Deckung derselben erforderlichen Zuschüsse aus eigenen Mitteln zu leisten. II.

Die Bestimmungen **des § 52 Absatz 3 und der §§ 52a bis 53a, 54a** bis 58 finden auch auf Betriebs- (Fabrik-) Krankenkassen **entsprechende** Anwendung. III.

*) Der § 65 gilt auch für Bau-Krankenkassen (§ 72), der Abs. 2 auch für Innungs-Krankenkassen (§ 73).

Zu § 65.

1. Der § 65 rekapituliert in Abs. 1 die wesentlichen Bestimmungen der für die Orts-Krankenkassen und für die Gemeinde-Krankenversicherung geltenden §§ 51 und 52 und erklärt in Abs. 3 die für dieselben Formen der Krankenversicherung gegebenen §§ 52a bis 58 ferner für anwendbar

15*

(mit alleiniger Ausnahme des hier nicht anwendbaren § 54), welche insbesondere von der teilweisen Wiedererstattung der Beiträge durch die Versicherten, von der Aufrechnung u. s. w. der Unterstützungsforderungen, von der Verjährung, von dem Verhältnis zur Armenpflege und zu Entschädigungsverpflichtungen Dritter, sowie von Streitigkeiten handeln. Der § 65 stellt endlich in Abs. 2 den Grundsatz auf, daß jeder Betriebsunternehmer, welcher eine Betriebs-(Fabrik-) Krankenkasse errichtet, für dieselbe aus eigenen Mitteln Zuschüsse (ohne Erstattungsanspruch) leisten muß, falls die Kassenleistungen, auf das gesetzliche Mindestmaß reduziert, mit den auch für die übrigen organisierten Krankenkassen (d. h. für Orts-, Bau- und Innungs-Krankenkassen) vorgeschriebenen regelmäßigen Maximalbeiträgen (vgl. § 31 Anm. 1) nicht bestritten werden können. Während also für Orts-Krankenkassen nach § 47 als Folge einer Insuffizienz die Schließung der Kasse eintreten muß, tritt für Betriebs- (Fabrik-) und ebenso auch für Bau- und Innungs-Krankenkassen (§§ 72, 73) statt der Schließung die Zuschußverbindlichkeit des Betriebsunternehmers ein. Man ist dabei von der Ansicht ausgegangen, daß eine Insuffizienz hier (zumal die Verwaltungskosten nach § 64 Z. 3 im allgemeinen dem Betriebsunternehmer zur Last fallen, aus den Kassenbeiträgen also nicht zu bestreiten sind, überdies auch häufig Kassenvermögen zur Verfügung stehen wird) kaum eintreten, daß aber die Möglichkeit derselben den Arbeitgeber veranlassen werde, „auf möglichste Beseitigung gesundheitsgefährlicher Einrichtungen in seiner Fabrik Bedacht zu nehmen“ (Komm.Ber. S. 83.).

2. Der ursprüngliche Abs. 2 ist als entbehrlich gestrichen worden, weil die in demselben enthaltenen Vorschriften über die Einbehaltung der auf die Versicherten entfallenden Beiträge durch das Zitat des § 53 im Abs. 3 für anwendbar erklärt sind.

3. Ausf.Best.: Preußen Ziffer 52 Anw. v. 10. Juli 1892; Württemberg §§ 65, 67 Verordn. v. 2. Novbr. 1892; Baden § 60 Verordn. v. 3. Septbr. 1892.

§ 66.*)

Auf die Beaufsichtigung der Betriebs- (Fabrik-) Krankenkassen finden die §§ 44, 45 Anwendung. I.

Die Aufsichtsbehörde ist befugt, Ansprüche, welche der Kasse gegen den Betriebsunternehmer aus der Rechnungs- und Kassenführung erwachsen (§ 64 Ziffer 3), in Vertretung der Kasse entweder selbst oder durch einen von ihr zu bestellenden Vertreter geltend zu machen. II.

*) Der § 66 gilt auch für Bau-Krankenkassen (§ 72).

Zu § 66.

1. Wegen der Betriebe des Reichs oder der Staaten vgl. auch § 84.

2. Motive S. 42: „Die Abhängigkeit der Kassenmitglieder von dem Betriebsunternehmer könnte von diesem leicht benutzt werden, um den Vorstand der Kasse dahin zu bestimmen, daß er Ansprüche der letzteren gegen den Unternehmer nicht geltend mache. Um für solche Fälle die Wahrnehmung der Kasseninteressen gegen übelwollende Betriebsunternehmer sicher zu stellen, soll die Aufsichtsbehörde durch § 60 (jetzt § 66) Abs. 2 ermächtigt werden, Ansprüche der Kasse gegen den Unternehmer in Vertretung der ersteren unabhängig von der Mitwirkung des Vorstandes geltend zu machen."

3. Ausf.Best.: Preußen Ziffer 5 Anw. v. 10. Juli 1892; Bayern §§ 4, 5 Verordn. v. 8. Juni 1892, Ziffer 42 Min.Bek. v. 15. Oktbr. 1892; Sachsen § 1 Verordn. v. 28. Septbr. 1883; Württemberg § 67 Verordn. v. 2. Novbr. 1892; Baden § 61 Verordn. v. 3. Septbr. 1892.

§ 67.*)

Wird der Betrieb oder werden die Betriebe, für welche die Kasse errichtet ist, zeitweilig eingestellt oder I.

soweit eingeschränkt, daß die Zahl der darin beschäftigten versicherungspflichtigen Personen unter die doppelte Zahl der statutenmäßigen Vorstandsmitglieder sinkt, so kann die Verwaltung von der Aufsichtsbehörde übernommen werden, welche dieselbe durch einen von ihr zu bestellenden Vertreter wahrzunehmen hat.

II. Das vorhandene Kassenvermögen, die Rechnungen, Bücher und sonstigen Aktenstücke der Kasse sind in diesem Falle der Aufsichtsbehörde auszuliefern.

III. Vorstehende Bestimmungen finden keine Anwendung, wenn die zeitweilige Einstellung oder Einschränkung eine durch die Art des Betriebes bedingte periodisch wiederkehrende ist.

*) Der § 67 gilt auch für Bau-Krankenkassen (§ 72).

Zu § 67.

1. „Man war dabei darüber einverstanden, daß, wenn die Aufsichtsbehörde einer Betriebsunterbrechung halber die Kassenverwaltung übernommen hat, die letztere bei der Wiederaufnahme des Betriebes in der früheren Weise von selbst wieder auf den Betriebsunternehmer übergehe." (Komm.Ber. S. 84.)

Die den Aufsichtsbehörden hier erteilte Befugnis findet auch auf die schon seither bestehenden Fabrikkassen Anwendung, vgl. § 85.

2. Ausf.-Best.: Preußen Ziffer 5, 48 Anw. v. 10. Juli 1892; Bayern §§ 4, 5 Verordn. v. 8. Juni 1892, Ziffer 43 Min.Bek. v. 15. Oktbr. 1892; Sachsen Verordn. v. 28. Septbr. 1883; Württemberg § 68 Verordn. v. 2. Novbr. 1892; Baden § 61 Verordn. v. 3. Septbr. 1892; Hessen Ziffer 41 Anw. v. 5. Novbr. 1892.

§ 67a.*)

Geht von mehreren Betrieben eines Unternehmers, I.
für welche eine gemeinsame Betriebs- (Fabrik-) Krankenkasse besteht, einer in den Besitz eines anderen Unternehmers über, so scheiden die in diesem Betriebe beschäftigten Personen auf den Antrag eines der beteiligten Unternehmer aus der Kasse aus.

In diesem Fall erfolgt die Teilung des Ver- II.
mögens der bisher gemeinsamen Kasse nach folgenden Bestimmungen:

1. Ergibt sich nach Berichtigung der etwa vorhandenen Schulden und Deckung der vor dem Zeitpunkte des Ausscheidens bereits entstandenen Unterstützungsansprüche ein überschießendes Vermögen, so ist der Teil desselben, welcher dem Verhältnisse der Zahl der ausscheidenden zur Gesamtzahl der bisherigen Kassenmitglieder entspricht, derjenigen Krankenkasse zu überweisen, welcher die in dem ausscheidenden Betriebe beschäftigten Personen fortan anzugehören haben.
2. Ergibt sich ein Fehlbetrag, so ist derselbe, falls der Antrag von dem Unternehmer des ausscheidenden Betriebes gestellt worden ist, von diesem in dem unter Ziffer 1 festgesetzten Verhältnisse zu decken.

Der Antrag auf Ausscheidung ist an die höhere III.
Verwaltungsbehörde zu richten. Diese bestimmt den Zeitpunkt, mit welchem die Ausscheidung stattzufinden hat, und entscheidet über die Verteilung des Vermögens.

Gegen diese Entscheidung steht den Beteiligten binnen zwei Wochen die Beschwerde an die Zentralbehörde zu.

*) Der § 67a gilt auch für Bau-Krankenkassen (§ 72).

Zu § 67a.

1. Dieser Paragraph behandelt den Fall, daß von mehreren Fabriken desselben Unternehmers, für welche eine gemeinsame Betriebs- (Fabrik-) Krankenkasse besteht, etwa durch Verkauf einzelne in die Hände anderer Unternehmer übergehen und demgemäß die Betriebs- (Fabrik-) Krankenkasse nachträglich Betriebe verschiedener Unternehmer umfassen, also dem Grundsatz des § 60 Abs. 1 nicht mehr entsprechen würde. In diesem Falle soll die Kasse weiter bestehen dürfen, aber die Ausscheidung der in andere Hände übergegangenen Betriebe aus der Kasse zulässig sein. „Die vorgeschlagene Bestimmung geht von der Annahme aus, daß der Fortbestand der Gemeinsamkeit der Krankenversicherung so lange unbedenklich ist, als die beteiligten Unternehmer darüber einverstanden sind, daß aber die Trennung ratsam erscheint, sobald einer der Unternehmer den Fortbestand der Gemeinsamkeit als einen Übelstand empfindet und demgemäß die Trennung beantragt." (Mot. z. Nov. von 1892.)

Die Weiterversicherung für den ausgeschiedenen Betrieb richtet sich demnächst nach allgemeinen Grundsätzen; die darin beschäftigten Personen fallen in die Orts-Krankenkasse, welche für den betr. Betriebszweig errichtet ist, oder in die Gemeinde-Krankenversicherung, sofern nicht etwa für den Betrieb eine neue Betriebs- (Fabrik-) Krankenkasse errichtet wird.

2. In dem Falle, daß aus einer gemeinsamen Betriebs- (Fabrik-) Krankenkasse verschiedener Unternehmer einzelne Betriebe ausscheiden, findet § 67a entsprechende Anwendung; vgl. § 60 Anm. 1.

3. Ausf.-Best.: Preußen Ziffer 2, 49ff. Anw. v. 10. Juli 1892; Bayern §§ 3, 5, 6 Verordn. v. 8. Juni 1892; Württemberg §§ 69, 70 Verordn. v. 2. Novbr. 1892; Hessen Ziffer 42ff. Anw. v. 5. Novbr. 1892.

§ 67b.*)

Bei Veränderungen in der Organisation einer öffentlichen Betriebsverwaltung kann auf deren Antrag die höhere Verwaltungsbehörde die Bezirke der für diese Verwaltung bestehenden Betriebs- (Fabrik-) Krankenkassen nach Anhörung der Kassenorgane anderweit festsetzen. Dabei finden die Vorschriften des § 67a Absatz 2 und 3 entsprechende Anwendung.

*) Der § 67b gilt auch für Bau-Krankenkassen (§ 72).

Zu § 67b.

Diese Bestimmung will insbesondere für die Staats-Eisenbahnverwaltung ermöglichen, daß bei Veränderung der Direktionsbezirke u. s. w., für welche je eine Kasse errichtet ist, die Bezirke den Kassen der neuen Direktionsbezirke ohne besondere Schwierigkeiten angepaßt werden können.

§ 67c.*)

Mehrere Betriebs- (Fabrik-) Krankenkassen für Betriebe desselben Unternehmers können mit Zustimmung ihrer Generalversammlungen zu einer Kasse vereinigt werden. I.

Die Vereinigung erfolgt durch Errichtung eines Kassenstatuts für die vereinigte Kasse nach Vorschrift des § 64 Ziffer 1 mit der Maßgabe, daß als Vertreter der beschäftigten Personen die Generalversammlungen der bestehenden Kassen gelten. II.

Mit dem Zeitpunkte, zu welchem die vereinigte Kasse ins Leben tritt, gehen auf dieselbe alle Rechte und Verbindlichkeiten der bisherigen Kassen über. III.

*) Der § 67c gilt auch für Bau-Krankenkassen (§ 72).

Zu § 67c.

1. Dieser Paragraph füllt eine ursprünglich vorhanden gewesene Lücke aus, indem er die Vereinigung mehrerer für Betriebe desselben Unternehmers bestehender Betriebs- (Fabrik-) Krankenkassen zu einer einzigen Betriebs- (Fabrik-) Krankenkasse erleichtert. Auf Betriebe mehrerer Unternehmer ist diese Vorschrift grundsätzlich nicht auszudehnen, vgl. § 60 Abs. 1 und Anm. 1.

2. Ausf.Best.: Preußen Ziffer 47 Anw. v. 10. Juli 1892; Hessen Ziffer 40 Anw. v. 5. Novbr. 1892.

§ 68.*)

I. Die Kasse ist zu schließen:

1. wenn der Betrieb oder die Betriebe, für welche sie errichtet ist, aufgelöst werden;
2. soweit nicht auf den Betrieb, für welchen die Kasse errichtet ist, die Vorschrift des § 61 Absatz 1 Anwendung findet, wenn die Zahl der in dem Betriebe beschäftigten versicherungspflichtigen Personen dauernd unter die gesetzliche Mindestzahl (§ 60) sinkt und die dauernde Leistungsfähigkeit der Kasse nicht genügend sichergestellt wird (§ 61 Absatz 2);
3. wenn der Betriebsunternehmer es unterläßt, für ordnungsmäßige Kassen- und Rechnungsführung Sorge zu tragen.

II. In dem Falle zu 3 kann gleichzeitig mit der Schließung der Kasse dem Betriebsunternehmer die im § 62 vorgesehene Verpflichtung auferlegt und die Errichtung einer neuen Betriebs- (Fabrik-) Krankenkasse versagt werden.

Die Kasse kann nach Anhörung der beteiligten III. Gemeinden aufgelöst werden, wenn der Betriebsunternehmer unter Zustimmung der Generalversammlung die Auflösung beantragt.

Die Schließung oder Auflösung erfolgt durch die IV. höhere Verwaltungsbehörde. Gegen den dieselbe aussprechenden oder ablehnenden Bescheid, in welchem die Gründe anzugeben sind, kann binnen zwei Wochen nach der Zustellung Beschwerde an die vorgesetzte Behörde erhoben werden.

Auf das Vermögen der geschlossenen oder auf- V. gelösten Kasse finden die Vorschriften des § 47 Absatz 5 **entsprechende** Anwendung. **Sind** die zur Deckung bereits entstandener Unterstützungsansprüche erforderlichen Mittel nicht vorhanden, so sind die letzteren vor Schließung oder Auflösung der Kasse aufzubringen. Die Haftung für dieselben liegt dem Betriebsunternehmer ob.

*) Der § 68 gilt auch für Bau-Krankenkassen, vorbehaltlich der im § 72 enthaltenen Modifikationen.

Zu § 68.

1. Wegen Leistungsunfähigkeit aus einem Mißverhältnisse zwischen Einnahmen und Ausgaben vgl. § 65.

Die Vorschriften dieses Paragraphen finden auch auf ältere, als Betriebs- (Fabrik-) Krankenkassen fortbestehende Fabrik-Krankenkassen mit Beitrittszwang Anwendung, auch wenn dieselben in der Form der eingeschriebenen Hilfskassen errichtet sein sollten, vgl. §§ 85, 87.

2. Die Änderung im Abs. 5 wurde durch die anderweite Fassung des dort angezogenen § 47 Abs. 5 erforderlich. Die Abs. 4, 6 des § 47 finden naturgemäß hier keine Anwendung.

3. Zuständig ist in Preußen der Regierungs-Präsident, in Berlin der Ober-Präsident; als Rechtsmittel ist nur die Beschwerde an den Minister für Handel und Gewerbe gegeben.

4. Ausf.Best.: Preußen Ziffer 50ff. Anw. v. 10. Juli 1892; Bayern §§ 3, 5 Verordn. v. 8. Juni 1892, Ziffer 44 bis 46 Min.Bek. v. 15. Oktbr. 1892; Sachsen § 1 Verordn. v. 28. Septbr. 1883; Württemberg § 71 Verordn. v. 2. Novbr. 1892; Baden § 62 Verordn. v. 3. Septbr. 1892; Hessen Ziffer 44 ff. Anw. v. 5. Novbr. 1892.

F. Bau-Krankenkassen.

§ 69.

Für die bei Eisenbahn-, Kanal-, Wege-, Strom-, Deich- und Festungsbauten, sowie in anderen vorübergehenden Baubetrieben beschäftigten Personen haben die Bauherren auf Anordnung der höheren Verwaltungsbehörde Bau-Krankenkassen zu errichten, wenn sie zeitweilig eine größere Zahl von Arbeitern beschäftigen.

Zu § 69.

1. Die §§ 69 bis 72 „handeln von den Bau-Krankenkassen, das heißt von solchen Krankenkassen, welche für die bei gewissen (größeren) Bauten beschäftigten Personen errichtet werden sollen, und deren Existenz mit der Beendigung des Baues und der Abwickelung der dann noch verbleibenden Kassengeschäfte erlischt ... Bei größeren Straßen-, Eisenbahn-, Tunnel-, Kanal-, Festungsbauten handelt es sich um eine fluktuierende, nur vorübergehend an der Arbeitsstelle tätige Arbeiterschaft, deren Glieder häufig Ausländer, namentlich Italiener, zu sein pflegen. Diese Leute etwa einer bestehenden Krankenkasse zuzuweisen, erschien auch der Kommission völlig untunlich" (Komm.Ber. S. 84). Auch größere Hochbauten von Privatunternehmern gehören hierher, vgl. Komm.Ber. S. 85.

„Wollte man den Gemeinden die Verpflichtung auferlegen, auch für diese fluktuierenden Arbeitermassen durch Errichtung von Krankenkassen oder durch die Gemeinde-Krankenversicherung zu sorgen, so würde man ihnen eine geschäftliche und finanzielle Last aufbürden, welche namentlich von kleineren Gemeinden nicht zu bewältigen wäre. Außerdem würde diese Regelung in den zahlreichen Fällen, wo Bauten der gedachten Art bei fortschreitender Ausführung sich örtlich weiter bewegen und folgeweise dieselben Arbeiter oft in raschem Wechsel in verschiedenen Gemeindebezirken beschäftigt werden, überhaupt nicht durchführbar sein." (Motive.)

Die (vorübergehenden Baubetrieben dienenden) Bau-Krankenkassen sind den (auch für ständige Baubetriebe in Frage kommenden) Betriebs-(Fabrik-)Krankenkassen nachgebildet.

2. Soweit Bau-Krankenkassen nicht errichtet werden, fallen die gegen Lohn oder Gehalt „bei Bauten" (§ 1) beschäftigten Personen in die sonst zugelassenen Formen der Krankenversicherung.

3. „Die Verpflichtung zur Errichtung dieser Kassen soll nicht dem Bauunternehmer, sondern dem Bauherrn obliegen, weil das Verhältnis zwischen Bauherrn und Bauunternehmer, zwischen diesem und dem Unter-Unternehmer ein so mannigfaltiges und oft so unklares ist, daß es in der Praxis zu den erheblichsten Zweifeln über die Person des Verpflichteten führen würde, wenn die Verpflichtung dem Bauunternehmer auferlegt werden würde. Dazu kommt, daß als Bauunternehmer in den verschiedenen Abstufungen nicht selten Personen auftreten, deren wirtschaftliche Verhältnisse die erforderliche Bürgschaft für die Erfüllung der gesetzlichen Verpflichtung vermissen lassen." (Motive.)

Wegen der unter Umständen zugelassenen Übertragung dieser Verpflichtung auf Bauunternehmer vgl. § 70; wegen der Bau-Krankenkassen für Reichs- oder Staatsbetriebe vgl. § 84.

4. In Preußen trifft die Anordnung (vorbehaltlich der Fälle des § 84 Abs. 3) der Regierungs-Präsident, für Berlin

der Ober-Präsident, vorbehaltlich der Beschwerde an den Minister für Handel und Gewerbe. Die Genehmigung des Statuts erfolgt durch den Bezirksausschuß (wie bei Orts-Krankenkassen).

5. Ausf.Best.: Preußen Ziffer 2, 5, 53 Anw. v. 10. Juli 1892; Bayern §§ 3, 5 Verordn. v. 8. Juni 1892, Ziffer 47, 48 Min.Bek. v. 15. Oktbr. 1892; Sachsen §§ 1, 2 Verordn. v. 28. Septbr. 1883; Württemberg §§ 72 ff. Verordn. v. 2. Novbr. 1892; Baden § 63 Verordn. v. 3. Septbr. 1892; Hessen Ziffer 47 Anw. v. 5. Novbr. 1892.

§ 70.

Die den Bauherren obliegende Verpflichtung kann mit Genehmigung der höheren Verwaltungsbehörde auf einen oder mehrere Unternehmer, welche die Ausführung des Baues oder eines Teiles desselben für eigene Rechnung übernommen haben, übertragen werden, wenn dieselben für die Erfüllung der Verpflichtung eine nach dem Urteile der höheren Verwaltungsbehörde ausreichende Sicherheit bestellen.

Zu § 70.

1. Vgl. Anm. 4 zu § 69.

2. Ausf.Best.: Preußen Ziffer 2 Anw. v. 10. Juli 1892; Bayern §§ 3, 5 Verordn. v. 8. Juni 1892, Ziffer 47 Min.Bek. v. 15. Okt. 1892; Sachsen §§ 1, 2 Verordn. v. 28. Septbr. 1883; Württemberg §§ 72 ff. Verordn. v. 2. Novbr. 1892; Baden § 63 Verordn. v. 3. Septbr. 1892.

§ 71.

Bauherren, welche der ihnen nach § 69 auferlegten Verpflichtung nicht nachkommen, haben den von ihnen beschäftigten Personen für den Fall einer Krankheit und im Falle des Todes derselben ihren Hinterbliebenen die im § 20 vorgeschriebenen Unterstützungen aus eigenen Mitteln zu leisten.

Zu § 71.

1. Derselbe Nachteil (zu Gunsten der betreffenden Orts-Krankenkassen bezw. der Gemeinde-Krankenversicherung) trifft die Bauherren oder Unternehmer nach § 72 Abs. 2, wenn sie (vgl. § 70) nicht für ordnungsmäßige Kassen- und Rechnungsführung Sorge tragen. — In Betracht kommen einerseits nur die beschäftigten Versicherungspflichtigen, andererseits die uneingeschränkten Mindestleistungen der Orts-Krankenkassen.

2. Wegen der aus § 71 entstehenden Streitigkeiten vgl. § 72 Abs. 4 und Anm. 2 zu § 72.

3. Ausf.Best.: Bayern Ziffer 47 Min.Bek. v. 15. Oktbr. 1892; Württemberg §§ 72 ff. Verordn. v. 2. Novbr. 1892.

§ 72.

Die in Gemäßheit des § 69 errichteten Kranken- I.
kassen sind zu schließen:

1. wenn der Betrieb, für welchen sie errichtet sind, aufgelöst wird;
2. wenn der Bauherr oder Unternehmer es unterläßt, für ordnungsmäßige Kassen- und Rechnungsführung Sorge zu tragen.

In dem Falle zu 2 trifft den Bauherrn oder Unter- II.
nehmer die im § 71 ausgesprochene Verpflichtung.

Im übrigen finden auf die in Gemäßheit des III.
§ 69 errichteten Krankenkassen die Vorschriften der §§ 63 bis 68 mit der Maßgabe Anwendung, daß über die Anwendbarkeit der Vorschrift des § 32 die höhere Verwaltungsbehörde bei Genehmigung des

Kassenstatuts, über die Verwendung des bei Schließung oder Auflösung einer Kasse verbleibenden Restes des Kassenvermögens das Kassenstatut Bestimmung treffen muß. Eine Verwendung zu Gunsten des Bauherrn oder Unternehmers ist ausgeschlossen.

IV. Auf Streitigkeiten über Unterstützungsansprüche, welche auf Grund des § 71 gegen den Bauherrn erhoben werden, findet die Vorschrift des § 58 Absatz 1 Anwendung; auf Streitigkeiten über Ersatzansprüche, welche auf Grund des § 71 und des § 57 Absatz 2 gegen den Bauherrn erhoben werden, findet die Vorschrift des § 58 Absatz 2 Anwendung.

Zu § 72.

1. Der § 72 verweist auf §§ 63 bis 68. Von diesen verweist wiederum der § 64 auf §§ 20 bis 42, 46 bis 46b, 48a, 49a Abs. 4, der § 65 auf § 52 Abs. 3, §§ 52a bis 53a, §§ 54a bis 58, der § 66 auf §§ 44, 45. Hiernach gelten, da den §§ 51, 52 Abs. 1 der für die Betriebs-(Fabrik-)Krankenkassen geltende § 65 im wesentlichen entspricht und § 49a Abs. 1 bis 3 eine allgemein geltende Verpflichtung der Hilfskassen enthält, auch für die Bau-Krankenkassen alle Bestimmungen der §§ 20 bis 68, mit Ausnahme folgender:

§ 43 (gemeinsame Orts-Krankenkassen mehrerer Gemeinden),

§ 43a (Zuweisung Versicherter an gemeinsame Orts-Krankenkassen),

§§ 47, 48 (Schließung und Auflösung der Orts-Krankenkassen),

§§ 49, 50 (Anmeldung Versicherter),

§ 52 Abs. 2 (Haftung mehrerer Arbeitgeber desselben Versicherten),

§ 54 (Ausnahmen für Hausindustrielle),

§§ 59 bis 62 (Errichtung von Betriebs-[Fabrik-]Krankenkassen),

dies jedoch nur mit den Maßgaben, daß

a) über die Bildung des Reservefonds (§ 32),

b) über die Verwendung des Vermögens bei Schließung oder Auflösung der Kasse (§ 68),

c) über die Schließungsgründe und die den Unternehmer bei verschuldeter Schließung treffenden Nachteile (§ 68)

einige Modifikationen in § 72 vorgeschrieben sind, und daß bezüglich der Streitigkeiten (§ 58) nach § 72 ein durch § 71 erforderlich gewordener Zusatz gemacht worden ist.

Mit diesen Maßgaben gilt das, was zu § 64 über die Betriebs-(Fabrik-)Krankenkassen gesagt worden ist, auch für Bau-Krankenkassen.

2. Ist eine Bau-Krankenkasse zu Unrecht nicht errichtet worden (§ 71), und werden dann von den bei der Bauausführung beschäftigten versicherungspflichtigen Personen Unterstützungsansprüche erhoben (§ 72 Abs. 4), so ist zu unterscheiden: Wird der Unterstützungsanspruch von den Unterstützungsberechtigten gegen den Bauherrn direkt erhoben, so entscheidet im Streitfalle die Aufsichtsbehörde vorbehaltlich des Rechtswegs (event. des Verwaltungsstreitverfahrens), bei sofortiger Vollstreckbarkeit ihrer Entscheidung (§ 58 Abs. 1, 4). Ist dagegen die Unterstützung bereits von anderen geleistet (verauslagt), z. B. von der Gemeinde-Krankenversicherung — solange eine besondere Krankenkasse nicht errichtet ist, fallen die Bauarbeiter nach §§ 1, 4 kraft Gesetzes der Gemeinde-Krankenversicherung derjenigen Gemeinde, in deren Bezirk sie beschäftigt werden, (§ 5a), zu —, so sieht sich der säumige Bauherr einem Ersatzanspruche gegenüber, welcher im Verwaltungsstreitverfahren, event. von der Aufsichtsbehörde, vorbehaltlich des Rekurses nach §§ 21, 22 GO., erledigt wird (§ 58 Abs. 2).

3. Ausf.Best.: Preußen Ziffer 2, 7, 53 Anw. v. 10. Juli 1892; Bayern §§ 3, 5 Verordn. v. 8. Juni 1892, Ziffer 47 Min.Bek. v. 15. Oktbr. 1892; Sachsen §§ 1, 2 Verordn. v. 28. Septbr. 1883; Württemberg

§§ 72 ff. Verordn. v. 2. Novbr. 1892; Baden § 63 Verordn. v. 3. Septbr. 1892.

G. Innungs-Krankenkassen.

§ 73.

I. Auf Krankenkassen, welche auf Grund der Vorschriften des Titels VI der Gewerbeordnung von Innungen für die Gesellen und Lehrlinge ihrer Mitglieder errichtet werden, finden die Vorschriften des § 19 Absatz 5, §§ 20 bis 22, 26 bis 33, 39 bis 42, **46, 46a, 46b, 48a Absatz 2, § 49a Absatz 4, §§** 51 bis **53a, 54a** bis 58, 65 Absatz 2 Anwendung.*)

II. **Wird für eine Innung nach Maßgabe der vorstehenden Bestimmung eine Innungs-Krankenkasse errichtet, so werden die von Innungsmitgliedern in ihrem Gewerbebetriebe beschäftigten versicherungspflichtigen Personen, vorbehaltlich der Bestimmung des § 75, soweit sie zu dem Zeitpunkte, mit welchem die Kasse ins Leben tritt, in dieser Beschäftigung stehen, mit diesem Zeitpunkte, soweit sie später in diese Beschäftigung eintreten, mit diesem Eintritte Mitglieder der Innungs-Krankenkasse.**

III. **Versicherungspflichtige Personen, deren Arbeitgeber der Innung, für welche eine Innungs-Krankenkasse errichtet ist, erst nach deren Errichtung beitreten, werden, soweit sie bisher einer Orts-Krankenkasse angehörten, mit Beginn des neuen Rechnungsjahres Mitglieder der Innungs-Krankenkasse, sofern der Arbeitgeber drei**

Monate zuvor dem Vorstande der Orts-Krankenkasse seinen Eintritt in die Innung nachgewiesen hat.

Mit dem Zeitpunkte, mit welchem versicherungs- pflichtige Personen Mitglieder einer Innungs-Krankenkasse werden, scheiden sie aus anderen auf Grund dieses Gesetzes errichteten Kassen, welchen sie bis dahin vermöge ihrer Beschäftigung angehörten, aus. IV.

Den Zeitpunkt, mit welchem eine neu errichtete Innungs-Krankenkasse ins Leben tritt, bestimmt die höhere Verwaltungsbehörde. V.

Im übrigen bleiben für diese Kassen die Vorschriften des Titels VI der Gewerbeordnung in Kraft. VI.

*) **Ausserdem finden hier Anwendung die Vorschriften der §§ 34 bis 38, § 45 Abs. 5, § 47 Abs. 3 bis 6 (vgl. § 90 GO. im Anhang VI).**

Zu § 73.

1. Die Innungs-Krankenkassen, welche auf Grund des Titels VI der Gewerbeordnung von Innungen für ihre Gesellen und Lehrlinge errichtet sind (§ 85) oder errichtet werden (vgl. Anm. 2), sind durch das Krankenversicherungsgesetz, da sie durch das Reichsgesetz vom 18. Juli 1881 neu geregelt worden waren und deshalb, ebenso wie die etwas älteren eingeschriebenen Hilfskassen, aufrecht erhalten bleiben sollten, als zulässige Form der allgemeinen Zwangsversicherung der im Handwerke beschäftigten Gehilfen, Gesellen und Lehrlinge (§ 1 Abs. 1 Ziffer 2) anerkannt worden.

Früher wurde die Zugehörigkeit zur Innungs-Krankenkasse nicht unmittelbar durch die Beschäftigung bei einem Innungsmeister, sondern nur mittelbar dadurch begründet, daß der Innungsmeister durch den Arbeitsvertrag seinen Gesellen und Lehrling zum Beitritt nötigt. Hierin hat die Novelle von 1892 eine durchgreifende Änderung eintreten lassen,

16*

indem durch die Absätze 2 bis 5, ebenso wie die Orts- und Betriebs-(Fabrik-) und Bau-Krankenkassen, „die Innungs-Krankenkassen als Zwangskassen in dem Sinne anerkannt werden, daß die Beschäftigung einer versicherungspflichtigen Person bei einem Innungsmitgliede die Zugehörigkeit derselben zu der Innungs-Krankenkasse zur unmittelbaren Folge hat“ (Mot.). Im übrigen bezwecken die Zusätze der gedachten Novelle, bestehende Orts-Krankenkassen gegen die Folgen einer plötzlichen wesentlichen Änderung ihres Mitgliederstandes, wie er durch die Errichtung einer Innungs-Krankenkasse oder durch gleichzeitigen Eintritt zahlreicher Arbeitgeber in eine mit einer Innungs-Krankenkasse ausgestattete Innung herbeigeführt werden kann, sicherzustellen.

Durch § 90 des Gesetzes, betr. die Abänderung der Gewerbeordnung, v. 26. Juli 1897 sind endlich die Innungs-Krankenkassen in dem Bestreben, den Versicherten einen größeren Einfluß auf die Kassenverwaltung einzuräumen, den Orts-Krankenkassen noch mehr genähert worden, insofern noch weitere für letztere geltende Bestimmungen, nämlich die §§ 34 bis 38, 45 Abs. 5, 47 Abs. 3 bis 6, auf die ersteren für anwendbar erklärt sind. „Jedoch kann die Kassenverwaltung ausschließlich den Gesellen (Gehilfen) und Arbeitern übertragen, und unter der Voraussetzung, daß die Innungsmitglieder die Hälfte der Kassenbeiträge aus eigenen Mitteln bestreiten, beschlossen werden, daß der Vorsitzende sowie die Hälfte der Mitglieder des Vorstandes und der Generalversammlung von der Innung zu bestellen sind.“ (§ 90 a. a. O. [Anhang VI].)

2. Der Innungs-Krankenkasse gehören nicht nur die Gesellen und Lehrlinge der Innungsmeister, sondern auch die in dem Gewerbebetriebe der letzteren etwa sonst noch beschäftigten versicherungspflichtigen Personen, z. B. Arbeiter, Handlanger und dergl., an. Es ergibt sich dies aus der Fassung des Abs. 2, welcher von der Zugehörigkeit aller von Innungsmitgliedern beschäftigten versicherungspflichtigen „Personen“ spricht.

3. Die Innungs-Krankenkassen sind den Orts-Krankenkassen nachgebildet, jedoch ist für den Fall, daß die Mindestleistungen mit den Höchstbeiträgen nicht bestritten werden können, nicht die Schließung, sondern die Zuschußverpflichtung der Arbeitgeber bezw. der Innung vorgeschrieben (wie bei Betriebs- [Fabrik-] Krankenkassen), § 65 Abs. 2, § 73 Abs. 1. Ferner kann die Kassenverwaltung ausschließlich den Gesellen (Gehilfen) und Arbeitern übertragen, oder es kann beschlossen werden, daß der Vorsitzende sowie die Hälfte (statt 1/3) der Mitglieder der Kassenorgane von der Innung bestellt werden sollen, falls die Innungsmitglieder (statt 1/3) die Hälfte der Beiträge tragen (vgl. Anm. 1 a. E.).

Hiernach gelten für Innungs-Krankenkassen alle Vorschriften für Orts-Krankenkassen, insbesondere auch die Vorschriften über die Kassenleistungen, die Beiträge und die Beitragsverpflichtung der Arbeitgeber, mit folgenden Ausnahmen:

a) Die Errichtung von Innungs-Krankenkassen und ihrer Statuten regelt sich nach § 85 GO. Die Kasse wird auf Beschluß der Innungsversammlung (§ 93 Abs. 2, Ziffer 9 GO.) dadurch errichtet, daß für sie nach den Bestimmungen des Innungsstatuts (§ 83 Abs. 2 Ziffer 13 GO.) und unter Beteiligung des Gesellenausschusses (§ 95 Abs. 2 bis 4 GO.) ein Nebenstatut aufgestellt wird; dieses unterliegt der Genehmigung der höheren Verwaltungsbehörde, deren Genehmigung nach Ermessen unter Angabe der Gründe versagt werden kann; gegen die Verfügung dieser Behörde ist nur die Beschwerde an die Landes-Zentralbehörde binnen 4 Wochen zulässig, welche endgültig entscheidet. Vor der Beschlußfassung der höheren Verwaltungsbehörde sind die Gemeindebehörde des Innungssitzes und die Aufsichtsbehörde zu hören (§ 85 GO.). Die Genehmigung des Nebenstatuts erfolgt gebühren- und kostenfrei (§ 99 GO.).

b) Die Abänderung der Nebenstatuten erfolgt nach § 36

Ziffer 3 KVG., welcher durch § 90 GO. auf Innungs-Krankenkassen für anwendbar erklärt ist, durch die Generalversammlung der Kasse (vgl. Art. 6 Nr. 3 Ges. v. 26. Juli 1897, RGBl. S. 663), unter Beobachtung der Vorschriften, die das Innungsstatut über die Art dieser Beschlußfassung der Generalversammlung der Kasse getroffen hat, § 83 Abs. 2 Ziffer 13 GO. Hinsichtlich der Genehmigung der Abänderungen und der Mitwirkung des Gesellenausschusses gelten dieselben Grundsätze wie bei der Errichtung der Nebenstatuten. Darüber, daß § 85 Abs. 1 letzter Satz GO. dem § 90 a. a. O. nicht voll entspricht, vgl. insbesondere Hoffmann, Die Organisation des Handwerks Anm. 5 zu § 85. Die Zuziehung eines Vertreters der Aufsichtsbehörde zu Abänderungsbeschlüssen ist nicht erforderlich, weil diese Beschlüsse nicht von der Innungsversammlung, sondern von der Generalversammlung der Kasse gefaßt werden und nur bei Beschlüssen der ersteren die Zuziehung eines Vertreters der Aufsichtsbehörde vorgeschrieben ist (§ 96 Abs. 6 GO.).

c) Gemeinsame Innungs-Krankenkassen sind nicht zulässig, §§ 43, 43a KVG. finden keine Anwendung.

d) Selbständige juristische Persönlichkeit hat die Innungs-Krankenkasse nicht, sie ist vielmehr eine Einrichtung der Innung, und letztere ist nach wie vor Träger der Kasse. Daran ändert der Umstand nichts, daß den Versicherten durch das Gesetz ein Einfluß auf die Kassenverwaltung eingeräumt und die Kasse in einigen Beziehungen selbständig gestellt worden ist. Der § 25 KVG. findet auf Innungs-Krankenkassen keine Anwendung; das Vermögen der Innungs-Krankenkasse bildet einen Teil des Innungsvermögens; gleichwohl gelten für die Vermögensverwaltung die für Orts-Krankenkassen gegebenen Vorschriften der §§ 34 bis 38, 39 bis 42, insbesondere der § 40 KVG.

e) Die Beaufsichtigung der Innungs-Krankenkassen

richtet sich nach den Vorschriften der Gewerbeordnung, erfolgt also durch die die Aufsicht über die Innung führende Behörde (§ 96 GO.: untere Verwaltungsbehörde, in deren Bezirk die Innung ihren Sitz hat), in Preußen: in Städten über 10000 Einwohner und in den eximierten Städten der Provinz Hannover die Gemeindebehörde, im übrigen der Landrat (Oberamtmann). Die §§ 44, 45 Abs. 1 bis 4 KVG. finden auf Innungs-Krankenkassen keine Anwendung.

Der Inhalt des Aufsichtsrechts ergibt sich aus §§ 94, 96 GO. in Verbindung mit dem auf Innungs-Krankenkassen für anwendbar erklärten § 45 Abs. 5 KVG. Wegen Anwendbarkeit des § 96 Abs. 6 GO. auf Innungs-Krankenkassen vgl. oben b.

Beschwerden über die Rechtsgültigkeit von Wahlen entscheidet die Aufsichtsbehörde endgültig (§ 94 GO.). Gegen Entscheidungen der Aufsichtsbehörde über Rechte und Pflichten der Innungsämter (wohin auch der Kassenvorstand gehört, § 96 Abs. 4 GO.) ist binnen 4 Wochen Beschwerde zulässig, welche in Preußen durch Klage beim Bezirksausschuß zu erheben ist; die Entscheidung des Bezirksausschusses ist endgültig (§ 96 Abs. 7 GO.). In allen übrigen Fällen richtet sich die Beschwerde an die vorgesetzte Behörde (in Preußen Regierungs-Präsident, für Berlin der Ober-Präsident).

Außerdem finden die Vorschriften der §§ 35, 41, 42, 45 Abs. 5 KVG. dergestalt Anwendung, daß sie den Bestimmungen der GO. vorgehen.

f) Die Kassenorgane können nach § 90 GO. anders gebildet werden, vgl. darüber den Eingang dieser Anm.

g) Über die Auflösung von Innungs-Krankenkassen enthält das Gesetz keine Bestimmungen; § 47 Abs. 2 KVG. findet auf sie keine Anwendung. Die Auflösung wird also auf demselben Wege, wie die Errichtung, erfolgen können, nämlich durch Beschluß der Innungsversammlung mit Zustimmung der höheren Verwaltungsbehörde, welche dadurch die Auflösung konstatiert (§ 47 Abs. 3 KVG.); doch wird das Nebenstatut der Kasse besondere Bestimmungen über die Initiative enthalten dürfen. Nach Preuß. Ausf.Anw. v. 1. März 1898 Ziffer 17 soll das Nebenstatut Bestimmungen über die Voraussetzung und die Form seiner Aufhebung treffen (Anhang IX b). Ist die Auflösung erfolgt, so gelten für das weitere Verfahren die für anwendbar erklärten Abs. 4 bis 6 des § 47 KVG.

h) Die Schließung von Innungs-Krankenkassen erfolgt nicht auf Grund des § 47 Abs. 1 KVG., denn dieser gilt für solche Kassen nicht, sondern nach den Bestimmungen der Gewerbeordnung. Bei freien Innungen wird im allgemeinen die Schließung der Innung auch die der Innungs-Krankenkasse zur Folge haben, da letztere keine selbständige Existenz hat und die Erteilung von Korporationsrechten nur für Unterstützungskassen, die nicht unter § 73 KVG. fallen, vorgesehen ist, § 98 Abs. 3 GO. Wird aber die freie Innung um deswillen geschlossen, weil an ihrer Stelle eine Zwangsinnung tritt, so kann die Innungs-Krankenkasse der ersteren nur dann geschlossen werden, wenn die Voraussetzungen des § 100*l* Abs. 2 GO. vorliegen (wenn sich also die Bezirke und Gewerbszweige nicht decken); andernfalls geht dann die Innungs-Krankenkasse nach § 100*l* Abs. 1 GO. mit allen Rechten und Verbindlichkeiten auf die Zwangsinnung über. Bleibt bei Errichtung einer Zwangsinnung die bisherige freie Innung um deswillen bestehen, weil letztere nur einen Teil ihrer Mitglieder an erstere abzugeben hat, so bleibt auch die mit der freien Innung verbundene Innungs-Krankenkasse bestehen, kann aber zur anteiligen Herausgabe ihres Vermögens angehalten werden, § 100 b Abs. 5, § 100 m GO. Die Absätze 3 bis 6 des § 47 KVG. finden Anwendung.

i) Über die Zwangsmitgliedschaft gelten die besonderen Bestimmungen der Absätze 2 und 3 des § 73 KVG.

k) Freiwilliger Eintritt nicht versicherungspflichtiger Personen ist nicht schon durch das Gesetz selbst gestattet; § 19 Abs. 3 KVG. findet keine Anwendung. Das Kassenstatut aber kann freiwillige Mitglieder zulassen (§ 26a Abs. 2 Ziffer 5 KVG.).

l) Eine gesetzliche Meldepflicht der Arbeitgeber besteht nicht, da § 49 KVG. nicht für anwendbar erklärt ist; das Kassenstatut ergibt das Nähere.

m) Die Beiträge der Innungsmitglieder können auf 50% des Gesamtbetrages festgestellt werden, § 90 GO.; vgl. den Eingang dieser Anm.

n) Die für Hausgewerbetreibende u. s. w. zugelassenen Ausnahmen des § 54 KVG. gelten nicht.

o) Im Falle der Insuffizienz erfolgt nicht die Schließung der Kasse, sondern die Innung wird zu Zuschüssen genötigt, § 65 Abs. 2 KVG.

p) Streitigkeiten zwischen Meister und Versicherten (Gesellen, Gehilfen, Lehrlingen, Arbeitern) über die Berechnung und Anrechnung der Eintrittsgelder und Beiträge werden, soweit es sich um Lehrlinge handelt, obligatorisch durch die Innung (§ 81a Ziffer 4 GO.), soweit es sich um andere Versicherte handelt, durch das Innungsschiedsgericht (§ 81b Ziffer 4 GO.) entschieden. Ist ein solches nicht errichtet, so sind für diese Streitigkeiten mit Gesellen und Arbeitern die Gewerbegerichte zuständig (§ 4 Ziffer 5 des Gewerbegerichtsgesetzes); falls aber auch solche nicht bestehen, findet wahlweise die Anrufung des Gemeindevorstehers vorbehaltlich des Rechtswegs (§§ 76, 77 des Gewerbegerichtsgesetzes) oder sofort der Rechtsweg statt.

Wegen der sonstigen Streitigkeiten vgl. §§ 57b, 58 KVG.

4. Die Gläubiger der Innungs-Krankenkasse haben das Recht auf abgesonderte Befriedigung, § 85 Abs. 2 letzter Satz GO.

5. Innungsverbände dürfen Krankenkassen nur für Innungsmitglieder und deren Angehörige, aber nicht für Ge-

sellen und Lehrlinge errichten, § 104i GO. Die Errichtung von Innungs-Krankenkassen im Sinne des § 73 KVG. ist ihnen also versagt. Letzteres gilt auch für Innungsausschüsse (§ 101 GO.), weil § 73 KVG. sich nur auf die Innungen selbst bezieht.

6. Wird infolge der Errichtung einer Zwangsinnung eine Innung, mit der die Innungs-Krankenkasse verbunden war, geschlossen, so geht die Innungs-Krankenkasse auf die Zwangsinnung über. Es werden dann die erforderlichen Abänderungen des Kassenstatuts bis zur anderweiten Beschlußfassung der Innungsversammlung von der höheren Verwaltungsbehörde mit rechtsverbindlicher Kraft vollzogen. Bis zu dieser Abänderung haben die bisherigen Kassenorgane die Verwaltung fortzuführen. § 100l GO.

7. Ausf.Best.: Preußen Ziffer 2, 5, 7, 53 Anw. v. 10. Juli 1892, Ziffer 2, 3, 15, 16, 25, 27, 30, 34 Anw. v. 1. März 1898; Bayern §§ 3, 4 Verordn. v. 8. Juni 1892; Württemberg § 75 Verordn. v. 2. Novbr. 1892; Baden § 64 Verordn. v. 3. Septbr. 1892; Hessen Ziffer 48 Anw. v. 5. Novbr. 1892.

H. Verhältnis der Knappschaftskassen und der eingeschriebenen und anderen Hilfskassen zur Krankenversicherung.

§ 74.

I. Für die Mitglieder der auf Grund berggesetzlicher Vorschriften errichteten Krankenkassen (Knappschaftskassen) tritt weder die Gemeinde-Krankenversicherung noch die Verpflichtung, einer nach Maßgabe der Vorschriften dieses Gesetzes errichteten Krankenkasse anzugehören, ein.

II. Die statutenmäßigen Leistungen dieser Kassen in Krankheitsfällen müssen die für die Betriebs- (Fabrik-)

Krankenkassen vorgeschriebenen Mindestleistungen erreichen.

Die Vorschriften des *§ 20 Abs. 5*, § 26 Abs. 1 **und Abs. 2 Satz 1**, *§ 56 Abs. 2 bis 4*, **§ 56a und § 57a** finden auch auf Knappschaftskassen Anwendung, ***und zwar die Vorschriften des § 56 Abs. 2 bis 4 auch hinsichtlich aller den Knappschaftskassen berggesetzlich obliegenden Leistungen.*** III.

Im übrigen bleiben die landesgesetzlichen Vorschriften über die Knappschaftskassen unberührt. IV.

Zu § 74.

1. Durch die Novelle von 1892 ist der ursprüngliche § 74 insofern gekürzt worden, als diejenigen Vorschriften der alten Fassung, welche nur eine Übergangsnatur hatten, gestrichen sind; im übrigen ist damals der Paragraph und damit die Stellung der Knappschaftskassen zur Krankenversicherung mit der Maßgabe unverändert geblieben, daß die Knappschaftskassen zur Bestellung weiterer als der bisher fungierenden Kassenärzte u. s. w. verpflichtet werden können (56a) und bei Wiedereintritt ehemaliger Mitglieder nach militärischen Dienstleistungen kein Eintrittsgeld beanspruchen dürfen (§ 26 Abs. 2 Satz 1). Auch ist den Knappschaftskassen damals das Recht eingeräumt, außerhalb ihres Bezirks erkrankende Mitglieder durch fremde Orts-Krankenkassen und Gemeinde-Krankenversicherungen unterstützen zu lassen (§ 57a). — Durch die Novelle von 1903 sind auf die Knappschaftskassen neu für anwendbar erklärt worden die Bestimmungen wegen des Erstattungsanspruchs an die Berufsgenossenschaften hinsichtlich des Sterbegeldes (§ 20 Abs. 5) und die Vorschriften des § 56 Abs. 2 bis 4 mit der Maßgabe, daß diese Vorschriften für sämtliche den Knappschaftskassen obliegenden Leistungen maßgebend sind. Die Motive von 1903 S. 15 sagen hierzu: „Nach den im Deutschen Reiche geltenden

Berggesetzen sind die Knappschaftskassen — ganz in gleicher Weise wie die durch das Krankenversicherungsgesetz, die Unfallversicherungsgesetze und das Invalidenversicherungsgesetz geschaffenen Organisationen — dem öffentlichen Rechte angehörende Zwangsversicherungen für die auf sämtlichen in Frage kommenden Betrieben beschäftigten Personen. Ferner sind die gesetzlichen Aufgaben der Knappschaftskassen ihrem Wesen nach die gleichen wie die durch die genannten sozialpolitischen Reichsgesetze festgelegten Aufgaben. Nach den geltenden Berggesetzen haben die Knappschaftskassen ihren Mitgliedern nicht nur in Krankheitsfällen die erforderliche Krankenunterstützung und im Todesfall ein Sterbegeld zu gewähren, sondern es liegt den Knappschaftskassen noch weiterhin die Verpflichtung ob, ihren Mitgliedern bei dauernder Unfähigkeit zur Berufsarbeit eine lebenslängliche Invalidenunterstützung sowie den hinterbliebenen Witwen und Waisen verstorbener Mitglieder fortlaufende Unterstützungen bis zum Tode oder bis zur Wiederverheiratung, beziehungsweise bei Waisen bis zur Erreichung eines bestimmten Lebensalters zu gewähren. Diese Gleichartigkeit des Wesens hat schon im (bisherigen) § 74 KVG. sowie namentlich auch in der Vorschrift des § 10 IVG. ihre Anerkennung gefunden, auf Grund deren Knappschaftskassen mehrfach als besondere Kasseneinrichtungen und damit als den Versicherungsanstalten im Sinne des Invalidenversicherungsgesetzes gleichwertige Träger der Reichs-Invalidenversicherung vom Bundesrate zugelassen worden sind. Diese Gleichartigkeit des Wesens begründet die Notwendigkeit, die Frage nach der Zulässigkeit der Übertragung, Verpfändung Pfändung und Aufrechnung der Kassenleistungen für die Knappschaftskassen nach denselben Grundsätzen zu regeln, welche für die Regelung dieser Frage bei Erlaß der Unfallversicherungsgesetze und des Invalidenversicherungsgesetzes sowie bei Aufstellung des vorliegenden Entwurfs zum Krankenversicherungsgesetze maßgebend gewesen sind. Die gleichartige Regelung der in Rede stehenden Fragen für sämtliche den

Knappschaftskassen gesetzlich obliegenden Leistungen entspricht zudem auch einem dringenden praktischen Bedürfnisse. Es ergibt sich dies schon aus der Erwägung, daß anderenfalls eine und dieselbe Leistung einer einzelnen Knappschaftskasse, je nachdem sie im einzelnen Falle lediglich auf Grund berggesetzlicher Vorschrift oder zugleich auch auf Grund des Krankenversicherungsgesetzes oder — bei den als besondere Kasseneinrichtung zugelassenen Knappschaftskassen — des Invalidenversicherungsgesetzes erfolgte, hinsichtlich der Übertragbarkeit, Pfändbarkeit und Aufrechenbarkeit verschiedenen Rechtsregeln unterworfen wäre. Daß eine solche Verschiedenartigkeit in der Praxis sich kaum durchführen läßt, liegt auf der Hand."

2. Die Knappschaftskassen sind den Betriebs-(Fabrik-) Krankenkassen gleichgestellt. Sie unterliegen im übrigen aber den Bestimmungen dieses Gesetzes nur darin,

a) daß sie ihren Mitgliedern wenigstens die Mindestleistungen der Betriebs-(Fabrik-)Krankenkassen (Krankenunterstützung, Unterstützung für Wöchnerinnen, Sterbegeld) gewähren müssen (§ 64) und
b) daß die Vorschriften des § 20 Abs. 5, § 26 Abs. 1 und Abs. 2 Satz 1, § 56 Abs. 2 bis 4, § 56a, § 57a auf sie nach Maßgabe des § 74 Abs. 3 Anwendung finden. Vgl. besonders § 56 Anm. 1.

Anträge, welche die Anwendung weiterer Bestimmungen dieses Gesetzes auf die Knappschaftskassen bezweckten, wurden mit Rücksicht auf den eigentümlichen Charakter der letzteren und um deswillen abgelehnt, weil man bei der Verschiedenartigkeit der bergrechtlichen Verhältnisse der Landesgesetzgebung nicht vorgreifen wollte. Insbesondere finden also auch die §§ 85, 86 auf die Knappschaftskassen keine Anwendung.

3. Vgl. die Übergangsbestimmung für die Knappschaftskassen im Artikel IV der Novelle von 1903 (hier abgedruckt am Schlusse des KVG.).

4. Ausf.Best.: Preußen Ziffer 5 Anw. v. 10. Juli 1892; Württemberg § 76 Verordn. v. 2. Novbr. 1892.

§ 75.

I. Mitglieder der auf Grund des Gesetzes*) **über die eingeschriebenen Hilfskassen** vom $\frac{\text{7. April 1876 (Reichs-Gesetzbl. S. 125)}}{\text{1. Juni 1884 (Reichs-Gesetzbl. S. 54)}}$ errichteten **Kassen sind von der Verpflichtung,** der Gemeinde-Krankenversicherung oder einer nach Maßgabe dieses Gesetzes errichteten Krankenkasse **anzugehören, befreit,** wenn die Hilfskasse, welcher sie angehören, **allen** ihren **versicherungspflichtigen** Mitgliedern **oder doch derjenigen Mitgliederklasse, zu welcher der Versicherungspflichtige gehört, im Krankheitsfalle** mindestens diejenigen Leistungen gewährt, welche nach Maßgabe **der** §§ 6 **und** 7 von der Gemeinde, in deren Bezirk **der Versicherungspflichtige beschäftigt ist,** zu gewähren sind. **Die durch Kassenstatut begründeten Beschränkungen der Unterstützungsansprüche schließen die Befreiung nicht aus, wenn sie sich innerhalb der Grenzen der den Gemeinden nach § 6a gestatteten Beschränkungen halten.**

II. **Tritt ein Mitglied einer eingeschriebenen Hilfskasse an einem Orte in Beschäftigung, an welchem das Krankengeld der Mitgliederklasse, der es bisher angehörte, hinter dem von der Gemeinde-Krankenversicherung zu gewährenden Krankengelde zurückbleibt, so gilt die Befreiung noch für die Dauer von zwei Wochen. Die Meldepflicht des Arbeitgebers (§ 49 Absatz 1) beginnt in diesen Fällen erst mit dem Ablaufe dieser zwei Wochen.**

III. **Mitgliedern einer eingeschriebenen Hilfskasse, welche**

zugleich der Gemeinde-Krankenversicherung oder einer auf Grund dieses Gesetzes errichteten Krankenkasse angehören, kann an Stelle der freien ärztlichen Behandlung und Arznei eine Erhöhung des Krankengeldes um ein Viertel des Betrages des ortsüblichen Tagelohnes (§ 8) ihres Beschäftigungsortes gewährt werden.

Die vorstehenden Bestimmungen finden auch auf IV.
Mitglieder solcher auf Grund landesrechtlicher Vorschriften errichteten Hilfskassen **Anwendung, deren Statut von einer Staatsbehörde genehmigt ist und über die Bildung eines Reservefonds den §§ 32, 33 entsprechende Bestimmungen enthält.**

*) Den Text des HKG. v. 7. April 1876 in derjenigen Fassung, welche sich aus der zu demselben erlassenen Novelle v. 1. Juni 1884 und aus Art. 32 des Gesetzes v. 10. April 1892 (RGBl. S. 379) ergibt, siehe im Anhang V.

Zu § 75.

1. Der § 75 hat durch die Novelle von 1892 durchgreifende Änderungen erfahren.

Hilfskassen ohne Beitrittszwang, welche ihre Mitglieder von der Teilnahme an der Gemeinde-Krankenversicherung, Orts-Krankenkasse u. s. w. befreien sollen, müssen:

a) allen ihren versicherungspflichtigen Mitgliedern oder doch allen Mitgliedern derjenigen Mitgliederklasse, zu welcher der zu befreiende Versicherte gehört, freie ärztliche Behandlung und Arznei in natura gewähren, während sie früher an deren Stelle ein erhöhtes Krankengeld verabreichen durften. Letzteres genügt jetzt nur noch bei solchen Mitgliedern, welche gleichzeitig der Hilfskasse und der Gemeinde-Krankenversicherung u. s. w. angehören, freien Arzt und Arznei also schon aus der letzteren erhalten (Abs. 3).

b) Die bezeichneten Kassen dürfen das Krankengeld nicht

nach dem ortsüblichen Tagelohn ihres Kassensitzes, sondern müssen dasselbe nach dem ortsüblichen Tagelohn derjenigen verschiedenen Orte, an denen die einzelnen zu befreienden Mitglieder beschäftigt sind, bemessen. „Durch die Bildung von Mitgliederklassen können die Kassen ihre Unterstützungen so bemessen, daß sie in der höchsten Mitgliederklasse für die Orte mit den höchsten ortsüblichen Tagelöhnen genügen, während für Orte mit niedrigeren ortsüblichen Tagelöhnen schon die Unterstützungssätze der unteren Mitgliederklasse ausreichen." (Mot.) Vgl. Anm. 1 zu § 8.

Wer in einer niedrigeren Mitgliederklasse versichert ist, gilt mithin nicht mehr als befreit; zur Vermeidung von Härten ist jedoch durch Abs. 2 Vorsorge getroffen, daß bei einem Wechsel des Beschäftigungsorts die bisherige Befreiung noch 2 Wochen fortdauert, damit während dieser Zeit der Eintritt in die erforderliche höhere Mitgliederklasse bewirkt und nachgewiesen und dadurch die Befreiung aufrecht erhalten werden kann.

Durch diese Bestimmungen sind die Leistungen der bezeichneten Hilfskassen auf das vom Gesetz verlangte Mindestmaß der Krankenunterstützung in der Gemeinde-Krankenversicherung gebracht worden.

Die auf Grund landesrechtlicher Vorschriften errichteten Hilfskassen sind den eingeschriebenen Hilfskassen nicht mehr, wie früher, unbedingt, sondern nur noch dann gleichgestellt, wenn Gewähr dafür besteht, daß diese Kassen die von ihnen in Aussicht gestellten Leistungen nicht nur versprechen, sondern auch wirklich gewähren können. Deshalb ist behördliche Genehmigung des Statuts und die Ansammlung eines genügenden Reservefonds gefordert (Abs. 4).

2. Will man die den Hilfskassen auferlegten Verpflichtungen als Erschwerungen bezeichnen, so stehen diesen Erschwerungen andererseits die erheblichen Erleichterungen gegenüber, welche durch §§ 75a, 75b, 76 den Hilfskassen eingeräumt

worden sind. Vgl. die Anm. zu diesen Paragraphen. Auch soll die Befreiung dadurch nicht beseitigt werden, daß Hilfskassen gleiche Anordnungen treffen, wie sie in § 6a den Gemeinden eingeräumt sind, wenn auch in derjenigen Gemeinde, in welcher das betreffende Mitglied beschäftigt ist, kommunale Anordnungen der im § 6a aufgeführten Art nicht getroffen worden sind.

Der in der Regierungsvorlage eingenommene Standpunkt, wonach jeder Versicherungspflichtige zunächst kraft Gesetzes Mitglied der für seine Beschäftigung in Betracht kommenden Zwangsorganisation (Gemeinde-Krankenversicherung, Orts-Krankenkasse u. s. w.) werde, demgemäß zur Gemeinde-Krankenversicherung oder Orts-Krankenkasse angemeldet werden müsse und nur auf seinen Antrag aus jenen Zwangsorganisationen entlassen werden könne, sofern er die Zugehörigkeit zu einer den Voraussetzungen des § 75 genügenden Hilfskasse nachweist — ist in das Gesetz nicht übergegangen. Wer also einer Kasse der letzteren Art in einer Mitgliederklasse mit ausreichenden Unterstützungssätzen angehört, fällt kraft Gesetzes nicht in die Zwangsorganisationen. Er braucht deshalb zu letzteren weder angemeldet zu werden, noch seinen Austritt aus denselben durch eigene Handlungen herbeizuführen; er genügt vielmehr seiner Versicherungspflicht durch die Zugehörigkeit zur Hilfskasse. Er ist indessen berechtigt, daneben den Zwangsorganisationen als versicherungspflichtiges Mitglied anzugehören, nicht nur freiwillig beizutreten; vgl. aber § 26a Abs. 1.

Die Kontrolle darüber, ob die Beteiligung an der Hilfskasse eine solche ist, daß sie die Befreiung nach sich zieht, wird durch Vermittelung der Arbeitgeber und der Organe der Hilfskasse geübt. Die Arbeitgeber haben bei eigener schwerer Verantwortlichkeit bei Beginn der Beschäftigung bezw. bei Beginn der Versicherungspflicht (vgl. § 49 Anm. 5) zu prüfen, ob eine Anmeldung des Hilfskassenmitgliedes erfolgen muß (§§ 49, 50, 81). Hierbei wird ihnen die Vorlegung der in §§ 75a, 75b bezeichneten Bescheinigung der höheren Verwaltungsbehörde bezw. des Reichskanzlers gute Dienste leisten; indessen bleibt für sie immer die Schwierigkeit, daß sie auch kontrollieren müssen, ob die Mitgliederklasse welcher der Versicherte in der Hilfskasse angehört, ausreicht, da die Bescheinigung vorbehaltlich einer Nachprüfung über die Höhe des Krankengeldes erfolgt (vgl. auch § 75b Abs. 1). Die Kontrolle von Veränderungen hinsichtlich der Kassenzugehörigkeit während der Dauer der Beschäftigung wird auf Grund von Anzeigen der Hilfskassen geführt, zu welchen diese gemäß § 49a verpflichtet sind. Den Orts-Krankenkassen u. s. w. aber steht, nachdem der Reichstag den Vorschlag, die Befreiung nur auf Antrag eintreten zu lassen, abgelehnt hat, eine Einwirkung auf die Prüfung der Zugehörigkeit nicht zu, obwohl diese Kassen in erster Reihe dabei interessiert sind, alle Personen, für welche sie im Falle der Erkrankung event. aufzukommen haben — die Zugehörigkeit zur Orts-Krankenkasse tritt ja, sofern nicht ein gesetzlicher Befreiungsgrund vorliegt, kraft Gesetzes ein — zu kennen und zu den Beiträgen heranzuziehen. Auf diese Unzuträglichkeit ist von den Vertretern der verbündeten Regierungen wiederholt, aber ohne Erfolg, hingewiesen worden.

3. Derjenige, welcher durch den Beitritt zu einer Hilfskasse ohne Beitrittszwang die Beteiligung an der Gemeinde-Krankenversicherung oder an einer Orts-, Betriebs- (Fabrik-), Bau- oder Innungs-Krankenkasse ablehnt, trennt sich dadurch nicht nur von seinen Mitarbeitern, mit welchen ihn gemeinsame Interessen und das Gefühl der Zusammengehörigkeit vereinigen sollten, sondern er verliert auch die wesentlichen Vorteile, welche die sog. Zwangskassen vor den eingeschriebenen und freien Hilfskassen bieten. Er büßt insbesondere die Beiträge des Arbeitgebers ein, vgl. Anm. 2 zu § 51, ebenso die Beschränkung der Beiträge auf ein gesetzliches Maximum, vgl. §§ 10, 31, 64, 65, 72, 73, denn ein solches ist bei freien Hilfskassen gesetzlich nicht vorgeschrieben. Ferner zieht er keinen Gewinn aus der Ver-

bindlichkeit der Gemeinde zu etwa nötigen Vorschüssen zur Gemeinde-Krankenversicherung (§ 9) und aus der Verbindlichkeit der Fabrikherren, der Bauherren und der Innungen zu etwa erforderlichen Zuschüssen zu den Betriebs- (Fabrik-), den Bau- und den Innungs-Krankenkassen (§§ 65, 72, 73, vgl. auch § 64 Ziffer 4). Ihm kommt ferner nicht zugut die unentgeltliche Verwaltung der Kasse, zu welcher die Gemeinden bei der Gemeinde-Krankenversicherung (§ 9) und z. T. die Betriebs- und die Bauherren bei den. Betriebs- (Fabrik-) und bei den Bau-Krankenkassen (§ 64 Ziffer 3, § 72) verpflichtet sind; und doch betragen die Verwaltungskosten oft einen sehr erheblichen Teil der Gesamtausgaben. Ferner besteht für eingeschriebene Hilfskassen ohne Beitrittszwang nicht die administrative Beitreibung fälliger Beiträge, so daß gegen säumige Mitglieder nur die gerichtliche Klage mit den daraus sich ergebenden Weiterungen übrig bleibt. Auch in Beziehung auf die Unfallversicherung und die Invalidenversicherung sind den anderen Kassen wichtige Befugnisse beigelegt, welche den Hilfskassen ohne Beitrittszwang nicht haben gewährt werden können.

Alle diese erheblichen, bei der Beteiligung an den Zwangsorganisationen gebotenen Vorteile könnten nur dann etwa aufgewogen erscheinen, wenn bei den Hilfskassen die Selbstverwaltung der Kassenmitglieder wesentlich bedeutender wäre, als bei den anderen Formen der Krankenversicherung. Das ist aber im allgemeinen nicht der Fall. Bei den Orts-, Betriebs- (Fabrik-) und Bau-Krankenkassen sowie bei den Innungs-Krankenkassen besteht volle Selbstverwaltung der Kassenmitglieder, nur bei der Gemeinde-Krankenversicherung haben die Versicherten unmittelbar keine Verwaltungsbefugnisse. Daß aber die Mitwirkung der Arbeitgeber an der Kassenverwaltung, wie sie bei den Orts- u. s. w. Krankenkassen vorgesehen ist, ein Nachteil sei gegenüber den Hilfskassen, muß mit Nachdruck bestritten werden, vielmehr ist umgekehrt auf das Zusammenwirken der Arbeitgeber und der Versicherten aus sozialpolitischen Gründen ein überwiegender Wert zu legen.

4. Ausf.Best.: Preußen Ziffer 5, 56, 59 Anw. v. 10. Juli 1892, Ziffer 3 Min.Verf. v. 30. Mai 1903; Bayern Ziffer 49 Min.Bek. v. 15. Oktbr. 1892; Württemberg §§ 52, 77 ff. Verordn. v. 2. Novbr. 1892; Baden §§ 65, 66 Verordn. v. 3. Septbr. 1892; Hessen Ziffer 57, 60 ff. Anw. v. 5. Novbr. 1892.

§ 75a.

I. **Den eingeschriebenen Hilfskassen, sowie den im § 75 Absatz 4 bezeichneten, auf Grund landesrechtlicher Vorschriften errichteten Hilfskassen ist auf ihren Antrag eine amtliche Bescheinigung darüber auszustellen, daß sie, vorbehaltlich der Höhe des Krankengeldes, den Anforderungen des § 75 genügen.**

II. **Die Bescheinigung wird ausgestellt:**

1. **für Kassen, deren Bezirk über die Grenzen eines Bundesstaates nicht hinausreicht, von der Zentralbehörde,**
2. **für Kassen, deren Bezirk über die Grenzen eines Bundesstaates hinausreicht, von dem Reichskanzler.**

III. **Wird die Bescheinigung versagt, so sind die Gründe mitzuteilen.**

IV. **Tritt in dem Statute der Kasse eine Änderung ein, so ist von Amts wegen zu prüfen, ob die Kasse den Anforderungen des § 75 auch ferner entspricht. Nach dem Ausfalle dieser Prüfung ist die Bescheinigung von neuem zu erteilen oder zu widerrufen.**

V. **Die Bescheinigung und deren Widerruf sind in dem**

Falle zu 1 durch das für die amtlichen Bekanntmachungen der Zentralbehörde bestimmte Blatt, in dem Falle zu 2 durch den Reichs-Anzeiger bekannt zu machen.

Zu § 75a.

1. Durch die „§§ 75a und 75b sollen für die Folge die Unzuträglichkeiten beseitigt werden, welche für alle Beteiligten bisher daraus entstanden sind, daß die Entscheidung über die Frage, ob eine Hilfskasse den Anforderungen des § 75 entspricht, in jedem einzelnen Streitfalle von der für dessen Entscheidung zuständigen Behörde selbständig zu ermessen war" (Mot.). Es soll deshalb die Bescheinigung von der für den Kassenbezirk zuständigen Zentralstelle ausgestellt werden und dann für alle Beteiligten bindend sein.

2. Vgl. Anm. 2 zu § 75 und Anhang V, sowie für die Übergangszeit den Art. IV des Abänderungsgesetzes v. 25. Mai 1903.

3. Ausf.Best.: Preußen Ziffer 59 Anw. v. 10. Juli 1892, Ziffer 3 Min.Verf. v. 30. Mai 1903; Bayern § 6 Verordn. v. 8. Juni 1892; Württemberg §§ 77 ff. Verordn. v. 2. Novbr. 1892; Baden § 67 Verordn. v. 3. Septbr. 1892; Hessen Ziffer 58, 59 Anw. v. 5. Novbr. 1892.

§ 75b.

Bei Streitigkeiten über die Befreiung eines Mitgliedes einer Hilfskasse von der Verpflichtung, einer Gemeinde-Krankenversicherung oder einer auf Grund dieses Gesetzes errichteten Krankenkasse anzugehören, ist für die Entscheidung der Frage, ob die Kasse den Anforderungen des § 75 genügt, vorbehaltlich der Frage, ob das Krankengeld die Hälfte des ortsüblichen Lohnes gewöhnlicher Tagearbeiter am Beschäftigungsorte des Mitgliedes erreicht, die auf Grund des § 75a ausgestellte Bescheinigung maßgebend. I.

II. **Der Nachweis der Bescheinigung wird durch Vorlegung eines Exemplars des Kassenstatuts geführt, in welchem das die Bekanntmachung enthaltende Blatt nach Jahrgang, Nummer und Seitenzahl angegeben ist.**

Zu § 75b.

Ausf.Best.: Preußen Ziffer 59 Anw. v. 10. Juli 1892; Württemberg §§ 77 ff. Verordn. v. 2. Novbr. 1892.

§ 76.

Die Bestimmungen des *§ 20 Abs. 5*, **§ 57, § 58 Abs. 2 finden auf die im § 75 bezeichneten Hilfskassen Anwendung.**

Zu § 76.

1. Dieser Paragraph hat die Bezeichnung „§ 76" erhalten, nachdem der ursprüngliche § 76, welcher die Behörden ermächtigte, die Hilfskassen ihres Bezirks zu Veränderungsanzeigen zu verpflichten, infolge der Aufnahme des § 49a, welcher solche Anzeigen allgemein anordnet, entbehrlich geworden ist.

2. „Es liegt kein Grund vor, den Gemeinden und Armenverbänden, welche versicherten Personen Unterstützungen geleistet haben, den freien Hilfskassen gegenüber nicht dasselbe Recht, wie den Zwangskassen gegenüber, zu gewähren. Ebenso entspricht es der Billigkeit, die gesetzlichen Entschädigungsansprüche der Versicherten gegen Dritte unter derselben Voraussetzung und in demselben Umfange auf die Hilfskassen übergehen zu lassen, wie sie nach § 57 auf die Zwangskassen übergehen" (Mot.).

3. Mit den in diesem Paragraphen aufgezählten Bestimmungen ist der Kreis derjenigen Vorschriften, welche bei Ausstellung der Bescheinigung für die gemäß § 75 von der Zwangsmitgliedschaft befreienden Hilfskassen zu beachten sind, nicht erschöpft, vgl. vielmehr besonders noch §§ 6, 6a, 7, 54a, 56 KVG.

J. Schluß-, Straf- und Übergangsbestimmungen.

§ 76a.

Die Verwaltungen der Gemeinde-Krankenversicherung, sowie die Vorstände der Krankenkassen und der im § 75 bezeichneten Hilfskassen sind verpflichtet, den Behörden von Gemeinden und Armenverbänden, welche auf Grund der ihnen obliegenden gesetzlichen Verpflichtung zur Unterstützung hilfsbedürftiger Personen Versicherte unterstützt haben, auf Erfordern Auskunft darüber zu erteilen, ob und in welchem Umfange diesen Personen gegen sie Unterstützungsansprüche auf Grund dieses Gesetzes zustehen. I.

Die Verwaltungen der Gemeinde-Krankenversicherung, sowie die Vorstände der Krankenkassen und der im § 75 bezeichneten Hilfskassen sind ferner verpflichtet, den auf Grund der Unfallversicherungsgesetze bestehenden Berufsgenossenschaften, sowie den auf Grund des Gesetzes, betreffend die Invaliditäts- und Altersversicherung, vom 22. Juni 1889 (Reichs-Gesetzbl. S. 97)*) bestehenden Versicherungsanstalten zu gestatten, zum Zwecke der Ermittelung der von ihren Mitgliedern beziehungsweise den Arbeitgebern ihres Bezirks beschäftigten Versicherten und deren Beschäftigungszeit und Lohnhöhe durch Beauftragte von den Büchern und Listen der Kasse in deren Geschäftsräumen während der Geschäftsstunden Einsicht zu nehmen. II.

Die Mitglieder der Verwaltungen der Gemeinde-Krankenversicherung und der Kassenvorstände können zur Erfüllung der ihnen durch vorstehende Bestimmungen III.

auferlegten Verpflichtungen von der Aufsichtsbehörde durch Geldstrafen bis zu zwanzig Mark angehalten werden.

*) Das Invalidenversicherungsgesetz vom 13. Juli 1899 (in der Fassung der Bek. v. 19. Juli 1899, R.G.Bl. S. 463) ist gemäss § 194 Abs. 3 a. a. O. an die Stelle des Gesetzes, betr. die Invaliditäts- und Altersversicherung, vom 22. Juni 1889 (RGBl. S. 97) getreten.

Zu § 76a.

1. Durch diesen Paragraphen wird den Armenverbänden einerseits sowie den Berufsgenossenschaften und Versicherungsanstalten andererseits eine Erleichterung bezw. ein Kontrollmittel gewährt. Erstere zu dem Zweck, um den Rückgriff gemäß § 57 Abs. 2 zu ermöglichen; letzteres zu dem Zweck, um die Richtigkeit der bei Umlegung der Beiträge zur Unfallversicherung gemachten Angaben der Betriebsunternehmer sowie die Richtigkeit der für die Invalidenversicherung beigebrachten Marken zu prüfen.

2. Wegen der Beschwerde gegen die Strafverfügung siehe § 76e.

3. Ausf.Best.: Bayern Art. 1, 2 Ges. v. 26. Mai 1892, §§ 2, 4, 5 Verordn. v. 8. Juni 1892.

§ 76b.

I. **Die Verwaltungen der Gemeinde-Krankenversicherung, sowie die Vorstände der Krankenkassen und der im § 75 bezeichneten Hilfskassen sind verpflichtet, jeden Erkrankungsfall, welcher durch einen nach den Unfallversicherungsgesetzen zu entschädigenden Unfall herbeigeführt ist, sofern mit dem Ablaufe der vierten Woche der Krankheit die Erwerbsfähigkeit des Erkrankten noch nicht wiederhergestellt ist, binnen einer Woche nach diesem Zeitpunkte dem Vorstande der Berufsgenossenschaft, bei welcher der Erkrankte gegen Unfall ver-**

sichert ist, anzuzeigen. Ist die Berufsgenossenschaft in Sektionen geteilt, so ist die Anzeige an den Sektionsvorstand zu richten. Zur Erstattung der Anzeige ist, sofern der Vorstand der Gemeinde oder der Krankenkasse nicht eine andere Person damit beauftragt, der Rechnungsführer, für örtliche Verwaltungsstellen der eingeschriebenen Hilfskassen dasjenige Mitglied, welches die Rechnungsgeschäfte derselben führt, verpflichtet.

Die Unterlassung der Anzeige kann von der Auf- II.
sichtsbehörde mit Ordnungsstrafe bis zu zwanzig Mark geahndet werden.

Zu § 76b.

1. In diesem Paragraphen wird den Organen der Krankenversicherung die Verpflichtung auferlegt, durch Unfälle herbeigeführte Erkrankungen den zuständigen Berufsgenossenschaften anzumelden, wenn der Erkrankte nach vier Wochen noch nicht wieder hergestellt ist. Die Berufsgenossenschaft soll dadurch in den Stand gesetzt werden, zu erwägen, ob sie von der Befugnis des § 76c Gebrauch machen will.

2. Wegen der Beschwerde gegen die Strafverfügung siehe § 76e.

3. Nach § 11 GUVG. gelten die §§ 76b bis 76d KVG. auch für Knappschaftskassen, für die Gemeinde-Krankenversicherung und für Hilfskassen, welche die im § 75a KVG. vorgesehene amtliche Bescheinigung besitzen.

§ 76c.

In Erkrankungsfällen, welche durch Unfall herbei- I.
geführt werden, ist die Berufsgenossenschaft berechtigt, das Heilverfahren auf ihre Kosten zu übernehmen. Vom Tage der Übernahme an bis zur Beendigung des

Heilverfahrens oder bis zum Ablaufe der dreizehnten Woche nach Beginn des Krankengeldbezuges geht der Anspruch des Erkrankten auf Krankengeld auf die Berufsgenossenschaft über. Auf diese gehen dagegen für denselben Zeitraum alle Verpflichtungen über, welche der Krankenkasse dem Erkrankten gegenüber obliegen.

II. **Streitigkeiten aus diesem Verhältnisse werden, soweit sie zwischen dem Erkrankten und der Berufsgenossenschaft entstehen, nach Vorschrift des § 58 Absatz 1, soweit sie zwischen der Berufsgenossenschaft und der Gemeinde-Krankenversicherung oder Krankenkasse entstehen, nach Vorschrift des § 58 Absatz 2 entschieden.**

Zu § 76c.

1. Durch diesen Paragraphen soll den Berufsgenossenschaften die Befugnis gewährt werden, die Krankenfürsorge nach einem entschädigungspflichtigen Unfall, an Stelle der Krankenkassen, selbst zu übernehmen, um das Heilverfahren möglichst intensiv zu gestalten. Viele Krankenkassen, insbesondere die kleineren, können nicht immer die bei Unfällen oft erforderlichen kostspieligen Mittel aufwenden; andererseits hat sowohl der Verletzte als auch die Berufsgenossenschaft ein erhebliches Interesse an schneller und intensiver Durchführung des Heilverfahrens, weil davon das Maß und die Dauer der Erwerbsunfähigkeit und demgemäß die Unterstützungspflicht der Berufsgenossenschaft abhängt. Die Berufsgenossenschaften haben von dieser Befugnis mit sehr gutem Erfolge Gebrauch gemacht; das Reichs-Versicherungsamt hat einen umfassenden Gebrauch der Befugnis mehrfach dringend empfohlen. Vgl. Anm. 7 zu § 1.

Ähnliche Befugnisse stehen den Versicherungsanstalten

für Invalidenversicherung gemäß § 18 IVG. zu, außerdem auch den landwirtschaftlichen Berufsgenossenschaften gegenüber den Gemeinden, welchen die Fürsorge für die ersten 13 Wochen bei dem nicht gegen Krankheit versicherten Verletzten obliegt, § 27 Unf.Vers.Ges. für Land- und Forstwirtschaft (RGBl. 1900 S. 641). Vgl. auch § 10 des Bau-Unfallversicherungsgesetzes.

2. Unabhängig hiervon ist die weitere Befugnis der Berufsgenossenschaften, den Krankenkassen die Fortführung des Heilverfahrens auch über die 13. Woche hinaus gegen Kostenerstattung zu übertragen (§ 11 GUVG.), und die Befugnis der Versicherungsanstalten für Invalidenversicherung, den Krankenkassen gegen Kostenerstattung eine Fürsorge (nach Art und Dauer) in demjenigen Umfange zur Pflicht zu machen, welchen die Versicherungsanstalt für erforderlich erachtet. Die Versicherungsanstalten für Invalidenversicherung sind hierbei insbesondere zufolge der Ausdehnung der Krankenkassen-Fürsorge von 13 auf 26 Wochen günstiger als bisher gestellt, weil sie nur diejenigen Mehrkosten zu ersetzen brauchen, welche über den Umfang der von der Kasse gesetzlich oder statutarisch zu leistenden Fürsorge hinausgehen (§ 19 IVG.).

3. Vgl. Anm. 3 zu § 76b.

§ 76d.

Den Berufsgenossenschaften stehen in Beziehung auf die Anwendung der §§ 76a, 76b, 76c das Reich, die Staaten und diejenigen Verbände gleich, welche nach den Bestimmungen der Unfallversicherungsgesetze an die Stelle der Berufsgenossenschaften treten.

Zu § 76d.

Vgl. Anm. 3 zu § 76b.

§ 76e.

Gegen die Strafverfügungen, welche auf Grund I.

der im § 6a Absatz 2 und § 26a Absatz 2 Ziffer 2a zugelassenen Bestimmungen getroffen worden sind, ist binnen zwei Wochen nach deren Eröffnung Beschwerde an die Aufsichtsbehörde zulässig. Die Entscheidung der letzteren ist endgültig.

II. **Gegen die auf Grund der §§ 76a und 76b getroffenen Strafverfügungen ist binnen zwei Wochen nach deren Eröffnung Beschwerde an die nächst vorgesetzte Behörde zulässig. Die Entscheidung der letzteren ist endgültig.**

§ 77.

Die auf Grund dieses Gesetzes gewährten Leistungen, sowie die Unterstützungen, welche nach Maßgabe des § 57 Absatz 2 und 3 ersetzt sind, gelten nicht als öffentliche Armenunterstützungen.

Zu § 77.

1. Der Charakter der öffentlichen Armenunterstützung wäre unvereinbar mit dem in diesem Gesetze durchgeführten Versicherungsprinzip; einer der wesentlichsten Zwecke des Gesetzes ist gerade der, daß die Armenunterstützung mit ihren Mängeln und Folgen von den Arbeitnehmern ferngehalten und durch eine Krankenunterstützung, welche der Betoffene selbst mit verdient, ersetzt werden soll. Dem Versicherten, welcher auf Grund dieses Gesetzes Krankenunterstützung erhält, bleiben also insbesondere seine Wahlrechte (zum Reichs- und Landtage, zur Kommunalvertretung, zu kirchlichen Verwaltungsbehörden u. s. w.) erhalten.

2. Ausf.Best.: Bayern Art. 1, 2 Ges. v. 26. Mai 1892.

§ 78.

I. Die auf Grund dieses Gesetzes **versicherten** Personen sind in Streitigkeiten über Unterstützungsansprüche vom Kostenvorschuß befreit.

Amtliche Bescheinigungen, welche zur Legitimation von Kassen- und Verbandsvorständen oder zur Führung der den **Versicherten** nach Vorschriften dieses Gesetzes obliegenden Nachweise erforderlich werden, sind gebühren- und stempelfrei. II.

Zu § 78.

Ausf.Best.: Württemberg § 80 Verordn. v. 2. Novbr. 1892.

§ 78a.

Bei der Berechnung einer in diesem Gesetze vorgesehenen Frist, welche nach Tagen bestimmt ist, wird der Tag nicht mitgerechnet, auf welchen der Zeitpunkt oder das Ereignis fällt, nach welchem der Anfang der Frist sich richten soll. I.

Eine nach Wochen oder Monaten bestimmte Frist endigt mit Ablauf desjenigen Tages der letzten Woche oder des letzten Monats, welcher durch seine Benennung oder Zahl dem Tage entspricht, an welchem die Frist begonnen hat. Fehlt dieser Tag in dem letzten Monate, so endigt die Frist mit Ablauf des letzten Tages dieses Monats. II.

Fällt das Ende einer Frist auf einen Sonntag oder allgemeinen Feiertag, so endigt die Frist mit Ablauf des nächstfolgenden Werktages. Auf die Berechnung der Dauer der Krankenunterstützung findet diese Vorschrift keine Anwendung. III.

Zu § 78a.

Vgl. §§ 187 ff. BGB. und Art. 32 des Einführungsgesetzes z. BGB.

§ 79.

Die Fristen und Formulare für die in den §§ 9, 41 vorgeschriebenen Übersichten und Rechnungsabschlüsse werden vom Bundesrate festgestellt. Mindestens von fünf zu fünf Jahren findet eine einheitliche Zusammenstellung und Verarbeitung für das Reich statt.

Zu § 79.

Vgl. Bekanntmachung des Reichskanzlers v. $\frac{\text{16. November 1892 (Centr.Bl. S. 671)}}{\text{26. November 1897 (Centr.Bl. S. 329)}}$ im Anhang VII.

§ 80.

Den Arbeitgebern ist untersagt, die Anwendung der Bestimmungen dieses Gesetzes zum Nachteile der Versicherten durch Verträge (mittels Reglements oder besonderer Übereinkunft) auszuschließen oder zu beschränken. Vertragsbestimmungen, welche diesem Verbote zuwiderlaufen, haben keine rechtliche Wirkung.

Zu § 80.

Dergleichen Abreden sind nicht nur rechtlich unwirksam, sondern auch straffällig, § 82. Vgl. auch Anm. 3 zu § 59, sowie § 82a.

§ 81.

Wer der ihm nach § 49 oder nach den auf Grund des § 2 Absatz 2 erlassenen Bestimmungen obliegenden Verpflichtung zur An- oder Abmeldung oder der ihm nach **§ 49a** obliegenden Anzeigepflicht nicht nachkommt, wird mit Geldstrafe bis zu zwanzig Mark bestraft.

Zu § 81.

1. Vgl. §§ 49, 82a, 82c.

2. Ausf.Best.: Preußen Ziffer 58 Anw. v. 10. Juli 1892; Württemberg Art. 16 Ges. vom 16. Dezbr. 1888.

§ 82.

Arbeitgeber, welche den von ihnen beschäftigten, dem Krankenversicherungszwange unterliegenden Personen bei der Lohnzahlung vorsätzlich höhere als die nach §§ 53, 65 zulässigen Beträge in Anrechnung bringen, **oder der Bestimmung des § 53 Absatz 3,** oder dem Verbote des § 80 entgegenhandeln, werden, sofern nicht nach anderen gesetzlichen Bestimmungen eine härtere Strafe eintritt, mit Geldstrafe bis zu dreihundert Mark oder mit Haft bestraft.

Zu § 82.

Vgl. §§ 82a, 82c.

§ 82a.

Die Arbeitgeber sind befugt, die Erfüllung der ihnen durch dieses Gesetz auferlegten Verpflichtungen solchen Personen zu übertragen, welche sie zur Leitung ihres Betriebes oder eines Teiles desselben oder zur Beaufsichtigung bestellt haben. I.

Sind die in diesem Gesetze gegebenen Vorschriften von solchen Personen übertreten worden, so trifft die Strafe die letzteren. Der Arbeitgeber ist neben denselben strafbar, wenn die Zuwiderhandlung mit seinem Vorwissen begangen ist, oder wenn er bei der nach den II.

Verhältnissen möglichen eigenen Beaufsichtigung des Betriebes, oder bei der Auswahl oder der Beaufsichtigung der Betriebsleiter oder Aufsichtspersonen es an der erforderlichen Sorgfalt hat fehlen lassen.

III. Für den Erstattungsanspruch aus § 50 haftet neben dem zur Anmeldung etwa verpflichteten Betriebsleiter oder Aufseher in allen Fällen auch der Arbeitgeber. Mehrere Verpflichtete haften dabei als Gesamtschuldner.

Zu § 82a.

1. Vgl. § 177 JVG.
2. Vgl. §§ 80, 81, 82.

§ 82b.

Arbeitgeber, welche den von ihnen beschäftigten Personen auf Grund des § 53 Lohnbeträge in Abzug bringen, diese Beträge aber in der Absicht, sich oder einem Dritten einen rechtswidrigen Vermögensvorteil zu verschaffen, oder die berechtigte Gemeinde-Krankenversicherung oder Krankenkasse zu schädigen, den letzteren vorenthalten, werden mit Gefängnis bestraft, neben welchem auf Geldstrafe bis zu dreitausend Mark, sowie auf Verlust der bürgerlichen Ehrenrechte erkannt werden kann. Sind mildernde Umstände vorhanden, so kann ausschließlich auf Geldstrafe erkannt werden.

§ 82c.

Die auf Grund der §§ 81, 82, 82a verhängten Geldstrafen fließen derjenigen Orts-, Betriebs- (Fabrik-), Bau- oder Innungs-Krankenkasse zu, welcher die beteiligte versicherungspflichtige Person angehört, in Er-

mangelung einer solchen Kasse der Gemeinde-Krankenversicherung.

Zu § 82c.

Ausf.Best.: Baden § 68 Verordn. v. 3. Septbr. 1892; Hessen Ziffer 63 Anw. v. 5. Novbr. 1892.

§ 83.

Die in diesem Gesetze für Gemeinden getroffenen Bestimmungen gelten auch für die einem Gemeindeverbande nicht einverleibten selbständigen Gutsbezirke und Gemarkungen (**ausmärkische Bezirke**) mit Ausnahme des § 5 Absatz 2 und des § 13. Soweit aus denselben der Gemeinde Rechte und Pflichten erwachsen, tritt an ihre Stelle der Gutsherr oder der Gemarkungsberechtigte.

Zu § 83.

1. Durch die Ausnahmebestimmungen ist einmal die Verpflichtung der Gutsherren und Gemarkungsberechtigten, für ihre versicherungspflichtigen Arbeiter Beiträge zur Gemeinde-Krankenversicherung zu erheben, beseitigt und dadurch für diese Kategorieen dasjenige wiederhergestellt worden, was die Regierungsvorlage für alle Gemeinden einschl. der Gutsbezirke und für die kommunalen Verbände in Aussicht genommen hatte; außerdem ist es der Staatsbehörde, aber nur dieser, verwehrt worden, selbständige Gutsbezirke und Gemarkungen zwangsweise mit Gemeinden zu gemeinsamer Gemeinde-Krankenversicherung zu vereinigen. Vgl. jedoch Anm. 4 zu § 12.

2. Die Worte „ausmärkische Bezirke" beziehen sich auf Bayerische Verhältnisse.

Ausf.Best.: Bayern Verordn. v. 3. Novbr. 1892.

§ 84.

Die Bestimmung darüber, welche Behörden in I.

jedem Bundesstaate unter Gemeindebehörde, höhere Verwaltungsbehörde, und welche Verbände als weitere Kommunalverbände im Sinne dieses Gesetzes zu verstehen sind, bleibt den Landesregierungen mit der Maßgabe überlassen, daß mit den von den höheren Verwaltungsbehörden wahrzunehmenden Geschäften diejenigen höheren Verwaltungsbehörden zu betrauen sind, welche nach Landesrecht die Aufsicht oder Oberaufsicht in Gemeindeangelegenheiten wahrzunehmen haben.

II. Die auf Grund dieser Vorschrift erlassenen Bestimmungen sind bekannt zu machen.

III. Bei Betriebs- (Fabrik-) und Bau-Krankenkassen, welche ausschließlich für Betriebe des Reichs oder des Staates errichtet werden, können die Befugnisse und Obliegenheiten der Aufsichtsbehörde und der höheren Verwaltungsbehörde den den Verwaltungen dieser Betriebe vorgesetzten Dienstbehörden übertragen werden.

Zu § 84.

Ausf.Best.: Preußen Ziffer 1 bis 4 Anw. v. 10. Juli 1892; Bayern §§ 1 bis 4 Verordn. v. 8. Juni 1892, Verordn. v. 3. Novbr. 1892; Sachsen Verordn. v. 28. Septbr. 1883; Württemberg §§ 1 bis 4, 65 Verordn. v. 2. Novbr. 1892; Baden §§ 1 bis 9 Verordn. v. 3. Septbr. 1892; Hessen §§ 1 ff. Verordn. v. 5. Novbr. 1892, Min.-Bek. v. 7. März 1900; Els.-Lothr. Bek. des Statth. v. 30. April 1898.

§ 85.

I. Bestehende Krankenkassen, in Ansehung deren nach den bisher geltenden Vorschriften für Personen, welche unter die Vorschrift des § 1 fallen, eine Beitrittspflicht begründet war, unterliegen den Vorschriften dieses Gesetzes.

Bisherige Leistungen dieser Kassen, welche nach den II. Vorschriften dieses Gesetzes von den Krankenkassen nicht übernommen werden dürfen, können, soweit sie nicht in Invaliden-, Witwen- und Waisenpensionen bestehen, beibehalten werden, sofern die bisherigen statutenmäßigen Kassenbeiträge mit Hilfe der Einkünfte des etwa vorhandenen Vermögens nach dem Urteil der höheren Verwaltungsbehörde zur dauernden Deckung der Kassenleistungen ausreichend sind, oder auf dem für die Abänderung des Statuts vorgeschriebenen Wege und unter Berücksichtigung der Vorschrift des § 31 Absatz 2 erhöht werden.

Im übrigen finden auf die Abänderung des III. Statuts die Vorschriften der §§ 24, 30 Anwendung.

Zu § 85.

1. Durch die Novelle von 1892 sind die ursprünglichen Abs. 2 und 3 dieses Paragraphen gestrichen worden, weil sie lediglich Übergangsbestimmungen für das Gesetz von 1883 enthalten und deshalb jetzt nicht mehr in Frage kommen.

2. Die §§ 85 und 86 behandeln ältere Zwangskassen. Der § 85 enthält die allgemeinen Vorschriften für diese älteren Zwangskassen, der § 86 trifft Bestimmungen darüber, wie es nach dem Inkrafttreten des Gesetzes mit den mit solchen Kassen hin und wieder verbundenen (Invaliden-, Witwen- und Waisen-) Pensionsversicherungen, die mit der Krankenkasse selbst fortan nicht mehr verbunden sein dürfen (§ 21 Abs. 2), gehalten werden sollte. Die Loslösung dieser letzteren Versicherungen von den Krankenkassen beruhte insbesondere auf der Erwägung, daß ein Zwang, derartige Ver-

sicherung zu übernehmen, bei den der Regel nach kleinen und daher für die Übernahme eines großen Risikos nicht leistungsfähigen Krankenkassen nicht zulässig erscheint, daß aber eine mit Beitrittszwang versehene Krankenkasse auch freiwillig derartige umfangreiche und hohe Beiträge erfordernde Risiken nicht übernehmen darf, weil eben nicht alle ähnlichen Krankenkassen solche Unterstützungen gewähren. Denn sonst würden die Kassenmitglieder ihre in Erwartung derartiger Unterstützungen gezahlten hohen Beiträge ohne Ersatz verlieren, sobald sie, was bei dem häufigen Orts- und Berufswechsel unserer Arbeiter oft vorkommt, aus der die Invaliden- u. s. w. Unterstützungen in Aussicht stellenden Krankenkasse auszuscheiden und in eine andere Krankenkasse einzutreten haben, welche solche Unterstützungen nicht gewährt. Vgl. v. Woedtke, Komm. z. KVG. Anm. 10 zu § 21, Anm. 1 zu § 85.

3. Alle Kassen, für welche in irgend einer Form ein Beitrittszwang besteht, bleiben zwar fortbestehen, fallen aber unter § 85 und damit unter dieses Gesetz, auch wenn sie in der Form der eingeschriebenen Hilfskassen errichtet sein sollten; vgl. Anm. 1 zu § 60, sowie § 87. — Eine Umwandlung solcher älterer Kassen mit Beitrittszwang, auch wenn sie als eingeschriebene Hilfskassen errichtet sein sollten, in Hilfskassen ohne Beitrittszwang (§ 75) ist unzulässig; ebenso wenig kann das Vermögen derartiger Kassen durch Beschluß der Kassenmitglieder auf andere Kassen (etwa auf eingeschriebene Hilfskassen) übertragen werden. Wenn derartige Kassen den Anforderungen dieses Gesetzes nicht genügen können, so müssen sie geschlossen werden.

4. Gelegentliche, einmalige Witwen- u. s. w. Unterstützungen können von diesen fortbestehenden Kassen beibehalten werden, sobald sie nicht den Charakter von Pensionen, also von statutarisch begründeten Ansprüchen auf fortlaufende Bezüge haben. Anders nach §§ 21, 29, 64, 72, 73 bei neu begründeten Kassen.

5. Ausf.Best.: Bayern §§ 3, 5 Verordn. v. 8. Juni

1892, Ziffer 50 Min.Bek. v. 15. Oktbr. 1892; Sachsen § 1 Verordn. v. 28. Septbr. 1883.

§ 86.

Für Kassen der im § 85 bezeichneten Art, welche I.
neben den nach den Vorschriften dieses Gesetzes zulässigen Leistungen Invaliden-, Witwen-, oder Waisenpensionen gewähren, treten folgende Bestimmungen in Kraft:

1. Die bisherige Kasse bleibt als Krankenkasse bestehen. Auf dieselbe finden die Vorschriften des § 85 Anwendung.
2. Der statutenmäßigen Vertretung der bisherigen Kasse, bei Betriebs- (Fabrik-) Krankenkassen (§ 59) jedoch nur unter Zustimmung des Betriebsunternehmers, ist gestattet, eine besondere Pensionskasse mit Beitrittszwang für diejenigen Klassen von Personen, welche der bisherigen Kasse beizutreten verpflichtet waren, zu errichten.
3. Für die neue Pensionskasse ist durch Beschluß der Vertretung der bisherigen Kasse, bei Betriebs- (Fabrik-) Krankenkassen durch den Betriebsunternehmer, nach Anhörung der Vertreter der bisherigen Kasse ein Kassenstatut zu errichten.
4. Findet die Einrichtung einer besonderen Pensionskasse statt, so erfolgt die Verwendung des Vermögens der bisherigen Kasse nach Anordnung der höheren Verwaltungsbehörde in der Weise, daß zunächst derjenige Betrag, welcher zur Deckung

der bereits entstandenen Pensionsansprüche erforderlich ist, ausgeschieden und der Pensionskasse mit der Verpflichtung, diese Ansprüche zu befriedigen, überwiesen wird. Der Rest des Vermögens wird zwischen der Krankenkasse und der Pensionskasse mit der Maßgabe verteilt, daß der Krankenkasse höchstens der zweijährige Betrag der nach Vorschrift des neuen Kassenstatuts für die derzeitigen Kassenmitglieder zu erhebenden Beiträge überwiesen wird.

5. Wird eine besondere Pensionskasse nicht errichtet, so ist nach Anordnung der höheren Verwaltungsbehörde aus dem Vermögen der bisherigen Kasse derjenige Betrag auszuscheiden, welcher erforderlich ist, um die bereits entstandenen Pensionsansprüche zu decken.

II. Für den ausgeschiedenen Vermögensteil ist von der höheren Verwaltungsbehörde eine besondere Verwaltung zu bestellen, auf welche die Verpflichtung zur Befriedigung der Pensionsansprüche übergeht.

III. Reicht das Vermögen der bisherigen Kasse nicht aus, um die bereits entstandenen Pensionsansprüche zu decken, so werden die letzteren um den nicht gedeckten Betrag pro rata ermäßigt.

IV. Der nach der Ausscheidung verbleibende Rest des Vermögens der bisherigen Kasse und der nach Befriedigung sämtlicher auf den ausgeschiedenen Vermögensteil angewiesenen Ansprüche von diesem verbleibende Rest fallen der Krankenkasse zu.

Zu § 86.

1. Zuständig ist in Preußen der Regierungs-Präsident, für Berlin der Ober-Präsident.

2. Für neue Pensionskassen vgl. § 1 des seit 1. Januar 1902 voll in Kraft befindlichen Gesetzes über die privaten Versicherungsunternehmungen vom 12. Mai 1901 (RGBl. S. 139, 489).

3. Ausf.Best.: Bayern §§ 3, 5 Verordn. v. 8. Juni 1892; Ziffer 50 Min.Bek. v. 15. Oktbr. 1892; Sachsen § 1 Verordn. v. 28. Septbr. 1883.

§ 87.

Das Gesetz, betreffend die Abänderung des Titels VIII der Gewerbeordnung, vom 8. April 1876 (Reichs-Gesetzbl. S. 134) wird aufgehoben. Die auf Grund des Artikels 1 §§ 141a, 141c, 141e desselben getroffenen statutarischen Bestimmungen treten, soweit sie den Vorschriften dieses Gesetzes zuwiderlaufen, außer Kraft. I.

Das Gesetz über eingeschriebene Hilfskassen vom 7. April 1876 (Reichs-Gesetzbl. S. 125) findet in Zukunft auf die unter die Vorschriften der Abschnitte C bis G dieses Gesetzes fallenden Kassen keine Anwendung mehr. Auf bestehende Kassen dieser Art, welche als eingeschriebene Hilfskassen zugelassen sind, finden die Vorschriften des § 85 Absatz 1 und 3 Anwendung. II.

Zu § 87.

1. Das im Abs. 1 erwähnte Gesetz ermächtigte die Gemeinden und weiteren Kommunalverbände, den Beitrittszwang für solche Krankenkassen auszusprechen, welche auf ihre Anordnung in den Formen des Hilfskassengesetzes errichtet

wurden. Die Bestimmungen desselben werden durch das Krankenversicherungsgesetz vollständig ersetzt.

2. Wegen des Hilfskassengesetzes vgl. Anm. zu § 75.

§ 88.*)

Die Bestimmungen dieses Gesetzes treten, soweit sie die Beschlußfassung über die statutarische Einführung des Versicherungszwanges, sowie die Herstellung der zur Durchführung des Versicherungszwanges dienenden Einrichtungen betreffen, mit dem 1. Dezember 1883, die übrigen mit dem 1. Dezember 1884 in Kraft.

*) Dieser Paragraph fehlt selbstverständlich in der Bekanntmachung vom 10. April 1892, betreffend die Redaktion des KVG. (RGBl. 1902 S. 417).

Urkundlich unter Unserer Höchsteigenhändigen Unterschrift und beigedrucktem Kaiserlichen Insiegel.

Gegeben Berlin, den 15. Juni 1883.

(L. S.) **Wilhelm.**

Fürst v. Bismarck.

Artikel 32 des Abänderungsgesetzes vom 10. April 1892 (RGBl. S. 379).

I. **Dieses Gesetz tritt, soweit es sich um die zu seiner Durchführung erforderlichen Maßnahmen handelt, sofort, im übrigen mit dem 1. Januar 1893 in Kraft.**

II. **Mit dem gleichen Tage treten außer Wirksamkeit die Bestimmungen des § 4 Absatz 5 des Gesetzes über die eingeschriebenen Hilfskassen vom 7. April 1876 (Reichs-Gesetzbl. S. 125) in der Fassung des Gesetzes vom 1. Juni 1884 (Reichs-Gesetzbl. S. 54), der §§ 15,**

16, 17 Absatz 2 des Gesetzes über die Ausdehnung der Unfall- und Krankenversicherung vom 28. Mai 1885 (Reichs-Gesetzbl. S. 159) und der §§ 134 Absatz 1, 135, 139, 140 des Gesetzes, betreffend die Unfall- und Krankenversicherung der in land- und forstwirtschaftlichen Betrieben beschäftigten Personen, vom 5. Mai 1886 (Reichs-Gesetzbl. S. 132).

Der Reichskanzler wird ermächtigt, den Text des III.
Gesetzes vom 15. Juni 1883, wie er sich aus den Änderungen durch gegenwärtiges Gesetz ergibt, durch das Reichs-Gesetzbl. mit der Überschrift „Krankenversicherungsgesetz" bekannt zu machen.

Urkundlich unter Unserer Höchsteigenhändigen Unterschrift und beigedrucktem Kaiserlichen Insiegel.

Gegeben Berlin, den 10. April 1892.

(L. S.) **Wilhelm.**

von Boetticher.

Zum Schlußartikel des Abänderungsgesetzes von 1892.

1. „Durch den zweiten Absatz des Artikels 25 (jetzt 32) sollen diejenigen Bestimmungen anderer Gesetze außer Kraft gesetzt werden, welche infolge der in dem Gesetzentwurfe vorgesehenen Abänderungen des Krankenversicherungsgesetzes durch Bestimmungen des letzteren ersetzt werden." (Mot.) Die übrigen auf die Krankenversicherung sich beziehenden Bestimmungen des früheren Ausdehnungsgesetzes sind durch weitere Vorschriften des KVG. gleichfalls ersetzt worden, vgl. Anhang I; wegen der Krankenversicherung land- und forstwirtschaftlicher Arbeiter vgl. Anhang II.

2. „Die große Zahl der vorgenommenen Abänderungen läßt eine amtliche Bekanntmachung des vollständigen künftigen Wortlautes des Gesetzes dringend wünschenswert erscheinen"

(Mot.). Die hiernach durch Abs. 3 zugelassene Veröffentlichung des vollständigen Textes des „Krankenversicherungsgesetzes", wie es sich nach der Novelle von 1892 gestaltet hatte, ist durch die Bek. des Reichskanzlers v. 10. April 1892, Reichs-Gesetzbl. S. 417, erfolgt.

Artikel II des Abänderungsgesetzes vom 30. Juni 1900 (RGBl. S. 332).

Dieses Gesetz tritt gleichzeitig mit dem Gesetze, betreffend die Abänderung der Gewerbeordnung, in Kraft.

Urkundlich unter Unserer Höchsteigenhändigen Unterschrift und beigedrucktem Kaiserlichen Insiegel.

Gegeben Travemünde, den 30. Juni 1900.

(L. S.) **Wilhelm.**

Graf von Posadowsky.

Zum Schlußartikel des Abänderungsgesetzes von 1900.

1. Das Inkrafttreten ist am 1. Oktober 1900 erfolgt, vgl. Anm. 3 zu § 54 KVG.

2. Bisher ist ein Beschluß des Bundesrats auf Grund der lediglich die Krankenversicherung der Hausgewerbetreibenden betreffenden Novelle von 1900 nicht ergangen. Ein vorläufiger Entwurf für die Ausdehnung der Krankenversicherung auf die Hausgewerbetreibenden ist im Reichsamte des Innern ausgearbeitet und der öffentlichen Kritik unterbreitet worden (Pr. Min.Bl. der Handels- und Gewerbeverwaltung 1902 S. 187). Vgl. die Abhandlungen von Mumm in „Soziale Praxis" 1902 S. 991, Hahn in „Arb.Vers." 1902 S. 385, Fuld in „Zeitschrift für d. ges. Vers.W." 1903 S. 157 und Weyermann in „Soziale Praxis" 1903 S. 876. — Für das verwandte Gebiet der Invalidenversicherung vgl. Anm. 2 zu § 54 KVG.

3. Ausf.Best.: Preußen Min.Verf. v. 24. Novbr. 1902 (Min.Bl. der Handels- und Gewerbeverwaltung 1902 S. 405).

Artikel II des Abänderungsgesetzes vom 25. Mai 1903 (RGBl. S. 233).

In dem Gesetze vom 5. Mai 1886, betreffend die Unfall- und Krankenversicherung der in land- und forstwirtschaftlichen Betrieben beschäftigten Personen (Reichs-Gesetzbl. S. 132), werden in § 136 Abs. 1, § 137 Abs. 1 Ziffer 2 die Worte „dreizehn Wochen" durch die Worte „sechsundzwanzig Wochen" ersetzt.

Zum Artikel II des Abänderungsgesetzes von 1903.

Der von dem Reichstag eingefügte Artikel II wurde damit begründet, daß in verschiedenen Kassenorganisationen gewerbliche und landwirtschaftliche Arbeiter vereinigt seien. (Komm.Bericht S. 48). — Vgl. Anhang II.

Artikel III des Abänderungsgesetzes vom 25. Mai 1903 (RGBl. S. 233).

In Unterstützungsfällen, bei welchen zur Zeit des völligen Inkrafttretens dieses Gesetzes die Dauer der Unterstützung nach den bisher geltenden Vorschriften noch nicht beendet ist, finden von diesem Zeitpunkt ab die Bestimmungen dieses Gesetzes Anwendung, sofern diese für den Unterstützungsberechtigten günstiger sind.

Zum Artikel III des Abänderungsgesetzes von 1903.

1. „Das Äquivalent für die Erhöhung ihrer Leistungen erhalten die Krankenkassen durch die mit dem Inkrafttreten der Novelle ermöglichte Erhöhung der Beiträge für ihre Mitglieder." (Mot. S. 16.)

2. Bestimmungen, die für den Unterstützungsberechtigten ungünstiger als die bisherigen Vorschriften sind, befinden sich z. B. im § 56 Abs. 3 KVG. in der jetzigen Fassung.

3. Über die Rückwirkung der Novelle von 1903 vgl. Fuld in „Inv.- u. Altersvers." 1903 Nr. 10.

4. Ausf.Best.: Preußen Min.Verf. v. 30. Mai 1903 (siehe Anhang IX c).

Artikel IV des Abänderungsgesetzes vom 25. Mai 1903 (RGBl. S. 233).

I. *Dieses Gesetz tritt, soweit es sich um die zu seiner Durchführung notwendigen Massnahmen handelt, sofort, im übrigen mit dem 1. Januar 1904 in Kraft.*

II. *Insoweit Knappschaftskassen in Frage kommen, kann mit Zustimmung des Bundesrats durch Kaiserliche Verordnung ein späterer Zeitpunkt für das Inkrafttreten von Vorschriften dieses Gesetzes in einzelnen Bundesstaaten oder im Reichsgebiete bestimmt werden.*

III. *Sofern bis zum Inkrafttreten dieses Gesetzes die Statuten einer Krankenkasse die nach demselben erforderlichen Abänderungen nicht rechtzeitig erfahren sollten, werden diese Abänderungen durch die Aufsichtsbehörde mit rechtsverbindlicher Wirkung von Amts wegen vollzogen.*

IV. *Die auf Grund des § 75 a des Krankenversicherungsgesetzes den Hilfskassen ausgestellten Bescheinigungen verlieren am 1. Januar 1904 ihre Gültigkeit, sofern sie nicht nach der Verkündung dieses Gesetzes von neuem erteilt worden sind.*

Urkundlich unter Unserer Höchsteigenhändigen Unterschrift und beigedrucktem Kaiserlichen Insiegel.

Gegeben Schlobitten, den 25. Mai 1903.

(L. S.) **Wilhelm.**

Graf von Posadowsky.

Zum Artikel IV des Abänderungsgesetzes von 1903.

1. „Zur Durchführung dieses Gesetzes machen sich umfassende Maßnahmen, insbesondere seitens der Kassenverwaltungen, nötig. Deshalb ist das volle Inkrafttreten der Novelle bis zum 1. Januar 1904 hinausgeschoben, während die zu ihrer Durchführung erforderlichen Bestimmungen sofort mit der Verkündung*) maßgebend werden.

Für die preußischen Knappschaftskassen ist eine besondere Vorschrift erforderlich, wonach die Bestimmungen der Novelle über Mehrleistungen u. s. w., welche eine Änderung von Statuten bedingen, erst später in Kraft gesetzt werden können, da in Preußen eine umfassende Änderung des Knappschaftstitels im Allgemeinen Berggesetz in Vorbereitung ist, welche gleichzeitig die durch die Reichsgesetzgebung eingetretenen Änderungen berücksichtigt. Beide Gesetze werden daher, schon im Hinblick auf die durch sie veranlaßte Umarbeitung der Knappschaftsstatuten, zweckmäßig für die preußischen Knappschaftsvereine gleichzeitig in Kraft treten müssen. Für ähnliche Verhältnisse in anderen Bundesstaaten empfiehlt es sich, die Sondervorschrift des Abs. 2 auf alle Knappschaftskassen im Reiche auszudehnen.

Im Abs. 3 ist eine Bestimmung vorgesehen, deren Erlaß sich nach den gemachten Erfahrungen als notwendig erwiesen hat, nämlich dahin, daß die Aufsichtsbehörde diejenigen Statutenänderungen, welche nach dem Gesetze bis zu seinem vollen Inkrafttreten erforderlich werden, aber nicht

*) Das die Novelle vom 25. Mai 1903 enthaltende Reichs-Gesetzblatt ist am 29. Mai 1903 ausgegeben worden (RGBl. S. 233).

rechtzeitig erfolgt sein sollten, mit rechtsverbindlicher Wirkung von Aufsichtswegen zu vollziehen haben; zu vgl. § 194 JVG., § 26 des Gesetzes, betreffend die Abänderung der Unfallversicherungsgesetze vom 30. Juni 1900. Aus der Natur der Sache folgt, daß die Bestimmung sich auf alle im § 4 Abs. 1 KVG. bezeichneten Organisationen erstreckt, auf die Knappschaftskassen mit der aus Artikel III Abs. 2 des Entwurfs (jetzt Artikel IV Abs. 2 der Novelle von 1903) sich ergebenden Maßgabe.

Mit dem Zeitpunkte des vollen Inkrafttretens dieses Gesetzes sind die auf Grund des § 75a KVG. vielen Hilfskassen ausgestellten Bescheinigungen nicht mehr zutreffend und deshalb nicht aufrecht zu erhalten, sofern diese Kassen nicht den erhöhten Anforderungen entsprechen und demgemäß die vorgeschriebene Bescheinigung von neuem erhalten." (Mot. S. 16, 17). Eines Widerrufs der Bescheinigung (§ 75a Abs. 4, 5) bedarf es in diesem Falle nicht.

2. Zur Erleichterung der Durchführung des KVG. in der jetzigen Fassung hat der Bundesrat die im Centralblatte f. d. Deutsche Reich 1892 Nr. 29 S. 515 veröffentlichten Mustersatzungen für Orts-Krankenkassen (für einen sowie für mehrere Betriebszweige) und für Betriebs- (Fabrik-) Krankenkassen abgeändert und ergänzt, Centralblatt f. d. Deutsche Reich 1903 Nr. 30 S. 243 (vgl. Anhang X dieses Buchs).

3. Ausf.Best.: Preußen Min.Verf. v. 30. Mai 1903 (siehe Anhang IX c).

Anhang.

I. Früheres Ausdehnungsgesetz.

Gesetz über die Ausdehnung der Unfall- und Krankenversicherung.

Vom 28. Mai 1885 (Reichs-Gesetzbl. S. 159).

(Das „Ausdehnungsgesetz" ist, **soweit es die Krankenversicherung zum Gegenstande hatte**, durch die Novelle von 1892 in das Krankenversicherungsgesetz, und soweit es die Unfallversicherung zum Gegenstand hatte, durch die Novelle von 1900 in das Gewerbe-Unfallversicherungsgesetz **hineingearbeitet** worden. Das Ausdehnungsgesetz ist demgemäß durch den Schlußartikel der Novelle von 1892 zum Krankenversicherungsgesetz [Art. 32 Ges. v. 10. April 1892 RGBl. S. 379] und durch § 1 Abs. 2 des Gesetzes, betr. die Abänderung der Unfallversicherungsgesetze, vom 30. Juni 1900 [RGBl. S. 573] seinem vollen Inhalte nach **aufgehoben** worden.)

II. Krankenversicherung in land- und forstwirtschaftlichen Betrieben.

Gesetz, betreffend die Unfall- und Krankenversicherung der in land- und forstwirtschaftlichen Betrieben beschäftigten Personen.

Vom 5. Mai 1886 (Reichs-Gesetzbl. S. 132).

(Aus den Vorschriften über die Unfallversicherung in der Land- und Forstwirtschaft [früher Abschnitt A des Gesetzes vom 5. Mai 1886, jetzt Unfallversicherungsgesetz für Land- und Forstwirtschaft, RGBl. 1900 S. 641] interessieren hier die §§ 14, 27, 29:

§ 14. Die Berufsgenossenschaft ist befugt, der Krankenkasse, welcher der Verletzte angehört oder zuletzt angehört hat, gegen Ersatz der ihr dadurch erwachsenden Kosten die Fürsorge für den Verletzten über den Beginn der vierzehnten Woche hinaus bis zur Beendigung des Heilverfahrens in demjenigen Umfange zu übertragen, welchen die Berufsgenossenschaft für geboten erachtet. Zu ersetzen ist bei Gewährung der im § 6 Abs. 1 Ziffer 1 des Krankenversicherungsgesetzes bezeichneten Leistungen die Hälfte, bei Unterbringung des Verletzten in ein Krankenhaus oder eine Anstalt für Genesende das Einundeinhalbfache des in jenem Gesetze bestimmten Mindestbetrags des Krankengeldes, sofern nicht höhere Aufwendungen nachgewiesen werden.

Streitigkeiten, welche aus Anlaß dieser Bestimmungen zwischen den Berufsgenossenschaften und den Krankenkassen entstehen, werden, sofern es sich um die Geltendmachung der den Berufsgenossenschaften eingeräumten Befugnisse handelt, von der nach § 58 Abs. 1 des Krankenversicherungsgesetzes zuständigen Aufsichtsbehörde der beteiligten Krankenkasse endgültig, sofern es sich aber um Ersatzansprüche handelt, nach § 58 Abs. 2 des Krankenversicherungsgesetzes entschieden.

Haben Krankenkassen oder Verbände von Krankenkassen Heilanstalten errichtet, in welchen ausreichende Einrichtungen für die Heilung der durch Unfall herbeigeführten Verletzungen getroffen sind, so kann die Landes-Zentralbehörde anordnen, daß die Mitglieder der betreffenden Kassen bis zum Beginne der vierzehnten Woche nach Eintritt des Unfalls nur mit Genehmigung der Vorstände dieser Kassen in andere Heilanstalten untergebracht werden dürfen.

Verletzte Personen, welche auf Veranlassung von Krankenkassen, Verbänden von Krankenkassen oder von Organen der Berufsgenossenschaften in eine Heilanstalt untergebracht sind, dürfen während des Heilverfahrens in andere Heilanstalten nur mit ihrer Zustimmung übergeführt werden. Diese Zustimmung kann durch die untere Verwaltungsbehörde des Aufenthaltsorts ergänzt werden.

Als Krankenkassen im Sinne der vorstehenden Bestimmungen sowie der §§ 76b bis 76d des Krankenversicherungsgesetzes gelten außer der Gemeinde-Krankenversicherung auch diejenigen Hilfskassen, welche die im § 75a a. a. O. vorgesehene amtliche Bescheinigung besitzen.

§ 27. Während der ersten dreizehn Wochen nach dem Unfall eines Arbeiters hat die Gemeinde, in deren Bezirke der Verletzte beschäftigt war, demselben die Kosten des Heilverfahrens in dem im § 6 Abs. 1 Ziffer 1 des Krankenversicherungsgesetzes bezeichneten Umfange zu gewähren. Diese Verpflichtung besteht nicht, insoweit die Verletzten auf Grund gesetzlicher Bestimmungen Anspruch auf eine gleiche Fürsorge haben oder nach § 136 des Gesetzes vom 5. Mai 1886 von der Versicherungspflicht befreit sind oder sich im Ausland aufhalten. Soweit aber solchen Personen die im § 6 Abs. 1 Ziffer 1 des Krankenversicherungsgesetzes bezeichneten Leistungen von den zunächst Verpflichteten nicht gewährt werden, hat die Gemeinde dieselben mit Vorbehalt des Ersatzanspruchs zu übernehmen. Die zu diesem Zwecke gemachten Aufwendungen sind von den Verpflichteten zu ersetzen.

Für außerhalb des Gemeindebezirkes (Abs. 1) wohnhafte Arbeiter hat die Gemeinde ihres Wohnorts die im Abs. 1 bezeichneten Leistungen unter Vorbehalt des Anspruchs auf Ersatz der aufgewendeten Kosten zu übernehmen.

Die Berufsgenossenschaft ist befugt, die im Abs. 1 bezeichneten Leistungen selbst zu übernehmen.

§ 29. Streitigkeiten über Unterstützungsansprüche, welche aus der Bestimmung des § 27 zwischen den Verletzten einerseits und den Gemeinden andererseits entstehen, werden von der Aufsichtsbehörde entschieden. Die Entscheidung ist vorläufig vollstreckbar. Dieselbe kann innerhalb eines Monats nach der Zustellung der Entscheidung im Verwaltungsstreitverfahren, wo ein solches nicht besteht, im Wege des Rekurses nach Maßgabe der Vorschriften der §§ 20, 21 der Gewerbeordnung angefochten werden.

Streitigkeiten über Ersatzansprüche, welche aus den Bestimmungen des § 27 entstehen, werden im Verwaltungsstreitverfahren, wo ein solches nicht besteht, von der Aufsichtsbehörde der in Anspruch genommenen Gemeinde, Gemeindekrankenversicherung oder Krankenkasse entschieden. Gegen die Entscheidung der letzteren findet der Rekurs nach Maßgabe der Vorschriften der §§ 20, 21 der Gewerbeordnung statt.

Der Landes-Zentralbehörde bleibt überlassen, vorzuschreiben, daß anstatt des Rekursverfahrens innerhalb der Rekursfrist die Berufung auf den Rechtsweg mittels Erhebung der Klage stattfinde.)

B. Krankenversicherung.

§ 133.

Werden durch die Landesgesetzgebung in der Land- oder Forstwirtschaft gegen Gehalt oder Lohn beschäftigte Personen der Krankenversicherungspflicht nach Maßgabe des Krankenversicherungsgesetzes vom 15. Juni 1883 (Reichs-Gesetzbl. S. 73) unterworfen, so findet letzteres Gesetz mit den aus den §§ 134 bis 142 dieses Gesetzes sich ergebenden Änderungen Anwendung. Dasselbe gilt, wenn durch statutarische Bestimmungen auf Grund des § 2 des Krankenversicherungsgesetzes die Anwendung der Vorschriften des § 1 des letzteren auf solche Personen erstreckt wird.

Zu § 133.

1. Es ist grundsätzlich bei der Vorschrift des Krankenversicherungsgesetzes (vgl. § 1, § 2 Abs. 1 Ziffer 5) verblieben, wonach die allgemeine Krankenversicherungspflicht für land- oder forstwirtschaftliche Arbeiter kraft Gesetzes **nicht** besteht.

Dagegen **kann** eine Versicherungspflicht für land- und forstwirtschaftliche Arbeiter begründet werden

1. durch die Landesgesetzgebung, und zwar entweder nach besonderen Grundsätzen, oder nach den reichsgesetzlichen Bestimmungen des Krankenversicherungsgesetzes; soweit letzteres geschieht, soll das Krankenversicherungsgesetz nur mit den aus den nachstehenden Vorschriften sich ergebenden Modifikationen gelten;
2. durch statutarische Bestimmung von Kommunalverbänden, § 2 KVG. In diesem Falle darf die Krankenversicherung **nur** nach den Vorschriften des Krankenversicherungsgesetzes, aber ebenfalls nur mit den aus den nachstehenden Vorschriften sich ergebenden Modifikationen, erfolgen.

Für land- und forstwirtschaftliche Dienstboten kann nach jetziger Lage der Gesetzgebung die reichsgesetzliche Krankenversicherungspflicht statutarisch nicht begründet werden, vgl. §§ 2, 4 KVG.; sie haben aber das gesetzliche Recht, in die Gemeinde-Krankenversicherung freiwillig einzutreten (§ 4 KVG.), und dürfen auch zu Orts-Krankenkassen zugelassen werden (§ 26a Ziffer 5 KVG.). Es steht nichts im Wege, daß der Dienstherr seine Dienstboten veranlaßt, von dieser Befugnis Gebrauch zu machen. Vgl. Anm. 1*), 6*) zu § 1 KVG. und Anm. 2 zu § 56 KVG.

2. Die in den §§ 134 bis 142 aufgeführten Modifikationen haben den Zweck, den eigentümlichen Verhältnissen der Land- und Forstwirtschaft Rechnung zu tragen, insbesondere die Naturalwirtschaft aufrecht zu erhalten und dadurch indirekt zu einer weitgehenden statutarischen Unterstellung der Land- und Forstwirtschaft unter die Krankenversicherung zu veranlassen.

3 Erfolgt die (landesgesetzliche oder statutarische) Erstreckung der Krankenversicherungspflicht auf die Land- und Forstwirtschaft nicht, so haben die landwirtschaftlichen Arbeiter und Betriebsbeamten bis zu 2000 Mk. Gehalt die Befugnis zur freiwilligen Beteiligung an der Gemeinde-Krankenversicherung, vgl. Anm. 5 zu § 4 KVG.

§ 134.

. . . .

Gemeinden oder weitere Kommunalverbände können bei dem Erlasse statutarischer Bestimmungen über die Krankenversicherung land- und forstwirtschaftlicher Arbeiter beschließen, daß diese Bestimmungen auch auf außerhalb des Kommunalbezirks liegende Teile solcher Betriebe sich erstrecken sollen, deren Sitz innerhalb des Bezirks der Gemeinde oder des weiteren Kommunalverbandes belegen ist.

Zu § 134.

Der bisherige erste Absatz dieses Paragraphen ist durch Art. 32 der Novelle von 1892 zum KVG. aufgehoben. Er enthielt Bestimmungen darüber, welcher Ort als Beschäftigungsort land- und forstwirtschaftlicher Arbeiter gelten soll, und ist ersetzt durch § 5a Abs. 3 KVG.

§ 135.

(Aufgehoben durch Artikel 32 der Novelle von 1892 zum Krankenversicherungsgesetz.)

§ 136.

Personen, welche erweislich mindestens für *sechsundzwanzig* Wochen nach der Erkrankung dem Arbeitgeber gegenüber einen Rechtsanspruch auf eine den Bestimmungen des § 6 des Krankenversicherungsgesetzes entsprechende oder gleichwertige Unterstützung haben, sind auf den Antrag des Arbeitgebers von der Versicherungspflicht zu befreien, sofern die Leistungsfähigkeit desselben genügend gesichert ist. I.

Über den Antrag entscheidet die Verwaltung der Gemeindekrankenversicherung oder der Vorstand der Krankenkasse, welcher die zu befreiende Person angehören würde. Wird die Leistungsfähigkeit des Arbeitgebers beanstandet, so ist der Antrag an die Aufsichtsbehörde zur Entscheidung abzugeben. II.

Die Entscheidung über den Befreiungsantrag ist den Beteiligten zu eröffnen und vorläufig vollstreckbar. Gegen dieselbe steht jedem Beteiligten binnen zwei Wochen die Beschwerde an die vorgesetzte Aufsichtsbehörde zu. III.

IV. Die Befreiung gilt für die Dauer des Arbeitsvertrages. Sie hört vor Beendigung desselben auf:

1. wenn dies von der im Absatz 2 bezeichneten Aufsichtsbehörde wegen nicht genügender Leistungsfähigkeit des Arbeitgebers — sei es von Amts wegen, sei es auf Vorschlag der Verwaltung der Gemeindekrankenversicherung oder des Vorstandes der Krankenkasse — angeordnet wird,
2. wenn der Arbeitgeber die befreite Person zur Krankenversicherung anmeldet. Die Anmeldung ist im Falle einer zur Zeit derselben bereits eingetretenen Erkrankung ohne rechtliche Wirkung.

V. Insoweit einer nach Absatz 1 befreiten Person im Falle der Erkrankung von dem Arbeitgeber eine den Bestimmungen des § 6 des Krankenversicherungsgesetzes entsprechende oder gleichwertige Unterstützung nicht gewährt wird, ist dieselbe auf Antrag von der betreffenden Gemeindekrankenversicherung oder Krankenkasse zu gewähren. Die hiernach gemachten Aufwendungen sind von dem Arbeitgeber zu ersetzten.

VI. Streitigkeiten über Unterstützungsansprüche, welche gegen die Gemeindekrankenversicherung oder Krankenkasse auf Grund des vorstehenden Absatzes entstehen, werden nach Maßgabe des § 12 Abs. 1*), Streitigkeiten über Ersatzansprüche zwischen der Gemeindekrankenversicherung oder Krankenkasse einerseits und dem Arbeitgeber andererseits nach Maßgabe des § 12 Abs. 2 dieses Gesetzes*) entschieden.

*) An die Stelle des in §§ 136, 137, 142 citierten § 12 „dieses

Gesetzes" ist der auf Seite 290 hier abgedruckte § 29 des Unfallversicherungsgesetzes für Land- und Forstwirtschaft (RGBl. 1900 S. 641) getreten, vgl. § 1 Abs. 3 des Ges., betr. die Abänderung der Unfallversicherungsgesetze, v. 30. Juni 1900 (RGBl. S. 573).

Zu § 136.

1. Der § 136 gestattet für den Fall, daß die Versicherungspflicht land- und forstwirtschaftlicher Arbeiter überhaupt eingeführt ist (Anm. 1 zu § 133), die Befreiung solcher land- und forstwirtschaftlicher Arbeiter von der Versicherungspflicht, welche im Falle der Erkrankung gegen ihren Arbeitgeber mindestens für 26 Wochen (Art. II der Novelle von 1903 zum KVG.) nach dem Beginne der Krankheit, also auch über die Dauer des Arbeitsvertrages hinaus (vgl. Anm. 4 zu § 137), Anspruch auf gleichwertige Unterstützung haben (§ 6 KVG.). Der § 137 gestattet dagegen eine Ermäßigung der Beiträge gegen Wegfall des Krankengeldes für solche Versicherte, welche innerhalb der Geltungsdauer des Arbeitsvertrages für den Krankentag mindestens so viel an Lohn erhalten, als sie an Krankengeld beziehen würden (vgl. Anm. zu § 137). Der § 138 endlich gestattet eine anteilige Ermäßigung der Beiträge und des Krankengeldes für solche Versicherte, welche an Lohn zwar nicht das volle Äquivalent des Krankengeldes, aber doch einen Teil desselben beziehen.

2. Voraussetzung der Befreiung (§ 136) ist, daß die Leistungsfähigkeit des Arbeitgebers, seiner kontraktlichen Verpflichtung zu genügen, feststeht. Die Befreiung erfolgt auf den Antrag des Arbeitgebers und dauert höchstens so lange wie der Arbeitsvertrag. Entzieht sich der Arbeitgeber seiner Verpflichtung, für den befreiten Arbeiter im Falle der Erkrankung hinreichend zu sorgen, so hat die Gemeinde-Krankenversicherung oder Krankenkasse vorschußweise einzutreten. Vgl. § 3a KVG. und die Anm. 1 daselbst.

3. Der § 29 des Unfallversicherungsgesetzes für Land- und Forstwirtschaft bezieht sich auf Streitigkeiten, welche

über die Unterstützung eines durch Unfall verletzten, nicht gegen Krankheit versicherten land- oder forstwirtschaftlichen Arbeiters während der 13wöchigen Karenzzeit entstehen. Vgl. Einleitung zum Anhang II.

§ 137.

I. Für versicherungspflichtige Personen, welche erweislich auf Grund eines mindestens für die Dauer eines Jahres abgeschlossenen Arbeitsvertrages

1. jährliche Naturalleistungen mindestens im dreihundertfachen Werte des von der Gemeindekrankenversicherung beziehungsweise Krankenkasse für einen Krankentag zu zahlenden Krankengeldes beziehen, oder für den Krankentag einen Arbeitslohn an Geld oder Naturalleistungen erhalten, welcher dem von der Gemeindekrankenversicherung beziehungsweise Krankenkasse zu zahlenden täglichen Krankengelde mindestens gleichkommt, und
2. auf Fortgewährung dieser Leistungen, innerhalb der Geltungsdauer des Arbeitsvertrages, für mindestens *sechsundzwanzig* Wochen nach der Erkrankung einen Rechtsanspruch haben,

tritt auf Antrag des Arbeitgebers während der Geltungsdauer des Arbeitsvertrages eine Ermäßigung der Versicherungsbeiträge ein, wogegen das Krankengeld in Wegfall kommt.

II. Die Ermäßigung der Beiträge erfolgt in demselben Verhältnisse, in welchem die Höhe des Krankengeldes zu dem Werte der sonstigen Kassenleistungen steht. Dies Verhältnis ist durch statutarische Bestimmung festzustellen, welche für die Gemeindekrankenversicherung von der Gemeinde, für die gemeinsame Gemeindekrankenversicherung (§ 12 des Krankenversicherungsgesetzes) durch den weiteren Kommunalverband, für Orts- und Betriebskrankenkassen durch das Kassenstatut zu treffen ist. Die statutarischen Bestimmungen der Gemeinden und weiteren Kommunalverbände bedürfen der Genehmigung der höheren Verwaltungsbehörde; auf die Festsetzung durch das Kassenstatut findet § 24 des Krankenversicherungsgesetzes Anwendung. Wo weitere Kommunalverbände nicht bestehen, erfolgt die Festsetzung für die gemeinsame Gemeindekrankenversicherung durch die höhere Verwaltungsbehörde. Solange eine endgültige Festsetzung dieses Beitragsverhältnisses nicht erfolgt ist, wird für die nach Absatz 1 versicherten Personen der dritte Teil der für andere Kassenmitglieder geltenden Beiträge entrichtet.

Soweit die im Absatz 1 Ziffer 1 bezeichneten III. Leistungen im Falle der Erkrankung von dem Arbeitgeber nicht in Gemäßheit des Arbeitsvertrages, auf Grund dessen die Ermäßigung der Beiträge erfolgt ist, gewährt werden, ist dem Erkrankten auf Antrag das Krankengeld von der Gemeindekrankenversicherung oder Krankenkasse zu zahlen und derselben von dem Arbeitgeber zu ersetzen. Streitigkeiten über solche Ersatzansprüche werden nach Maßgabe des § 12 Absatz 2 dieses Gesetzes*) entschieden.

*) Vgl. Anm. *) zu § 136.

Zu § 137.

1. Vgl. Anm. 1 zu § 136.

2. Der Wegfall des Krankengeldes und die Ermäßigung der Beiträge setzt voraus:

1. entweder für das Jahr: Naturalleistungen (Wohnung, Ackerbestellung, Viehweide u. s. w.), deren Jahreswert mindestens den 300fachen Betrag des Krankengeldes erreicht (derartige Naturalleistungen erstrecken ihre Wirksamkeit auf jeden Tag des Jahres), oder für den Krankentag: Fortzahlung des Lohns an Geld und Naturalien in solcher Höhe, daß diese Leistung der Höhe des Krankengeldes mindestens entspricht;
2. Fortdauer dieses Anspruchs innerhalb der Geltungsdauer des Arbeitsvertrages für mindestens 26 Wochen (Art. II der Novelle von 1903 zum KVG.);
3. Antrag des Arbeitgebers.

Genügt der Arbeitgeber seiner Verpflichtung zur Fortgewährung des Lohnes in Krankheitsfällen nicht, so hat der Versicherte Anspruch auf Krankengeld; dieses hat die Krankenkasse zu zahlen, und sie erhält dafür einen entsprechenden Regreß gegen den Arbeitgeber.

3. Diejenigen Personen, auf welche dieser Paragraph Anwendung findet, bleiben gegen Krankheit versichert; sie erhalten aber im Krankheitsfalle aus der Krankenkasse freie ärztliche Behandlung, Arznei u. s. w., dagegen kein Krankengeld, und entrichten entsprechend ermäßigte Beiträge. Die Beiträge sollen so weit herabgesetzt werden, daß sie nur denjenigen Teil der Kassenleistungen decken, welche den betr. Personen im Krankheitsfalle gewährt werden müssen. Das Verhältnis, in welchem die gewöhnlichen Kassenbeiträge hiernach zu ermäßigen sind, darf besonders festgesetzt werden; solange solche besondere Festsetzung nicht erfolgt, betragen die Beiträge auf Grund des Gesetzes $^1/_3$ des normalen Beitrags. Diese ermäßigten Beiträge werden in dem Verhältnis des § 51 KVG., also von dem Arbeitgeber mit $^1/_3$, von dem Versicherten mit $^2/_3$ getragen.

4. Über die Dauer des Arbeitsvertrages hinaus bestehen zwischen dem Arbeitgeber und dem Versicherten auf Grund dieses Paragraphen keine Verpflichtungen. Erlischt der Arbeitsvertag während der Dauer einer Krankheit, so hat für den Rest der Krankheit die Krankenkasse oder Gemeinde-Krankenversicherung in vollem Umfange zu sorgen, also das volle Krankengeld neben der ärztlichen Behandlung zu gewähren.

Anders liegt die Sache in den Fällen des § 136, für welche eine volle Befreiung des Arbeiters von der Versicherungs- und Beitragspflicht angeordnet ist. Diese volle Befreiung soll aber nur dann eintreten, wenn der Arbeitgeber auch über die Dauer des Arbeitsvertrages hinaus die Krankenfürsorge für solche Personen zu tragen hat, die während der Dauer des Arbeitsverhältnisses erkranken.

5. Den Wortlaut des § 29 des Unfallversicherungsgesetzes für Land- und Forstwirtschaft s. in der Einleitung zum Anhang II.

§ 138.

Durch statutarische Bestimmung (§ 137 Absatz 2) kann eine entsprechende Kürzung des Krankengeldes und der Beiträge auch für solche Versicherten angeordnet werden, welche in Krankheitsfällen auf Grund ihres Arbeitsvertrages weniger als die im § 137 Absatz 1 festgesetzten Geld- oder Naturalleistungen beziehen. Die Kürzung muß dem Verhältnisse entsprechen, in welchem der Wert dieser Leistungen zu der Höhe des Krankengeldes steht. Im übrigen finden die Bestimmungen des § 137 auch auf Fälle dieser Art Anwendung.

Zu § 138.

Vgl. Anm. 1 zu § 136. Der § 138 gibt die Möglichkeit einer dem § 137 gleichartigen Regelung „für solche Fälle, in denen die bei einer Krankheit fortgewährten Teile des Lohnes weniger als das volle Krankengeld betragen“ (Mot. S. 72), und überläßt die Anordnung einer solchen Regelung der statutarischen Bestimmung.

§ 139.

(Aufgehoben durch Art. 32 der Novelle von 1892 zum Krankenversicherungsgesetz.)

§ 140.

(Aufgehoben durch Art. 32 der Novelle von 1892 zum Krankenversicherungsgesetz.)

§ 141.

I. Die auf Grund der §§ 2, 49 bis 52 Absatz 1, 53, 54 des Krankenversicherungsgesetzes erlassenen statutarischen Bestimmungen sind, soweit sie den vorstehenden Vorschriften zuwiderlaufen, bis zum 1. Januar 1887 mit denselben in Übereinstimmung zu bringen. Soweit dies nicht geschieht, kann die Landes-Zentralbehörde nach Ablauf dieser Frist solche statutarischen Bestimmungen ganz oder teilweise außer Kraft setzen.

II. Der § 3 Absatz 2 des Krankenversicherungsgesetzes findet auf die unter § 1 des gegenwärtigen Gesetzes fallenden Personen keine Anwendung.

Zu § 141.

Vgl. Anm. 1 a. E. zum § 3 KVG.

§ 142.

I. Durch statutarische Bestimmung einer Gemeinde für ihren Bezirk oder eines weiteren Kommunalverbandes für seinen Bezirk oder Teile desselben können Personen, welche innerhalb des betreffenden Bezirks wohnen und, ohne zu einem bestimmten Arbeitgeber in einem dauernden Arbeitsverhältnisse zu stehen, vorwiegend in land- oder forstwirtschaftlichen Betrieben dieses Bezirks gegen Lohn beschäftigt sind, auch für diejenige Zeit, in welcher eine Beschäftigung gegen Lohn nicht stattfindet, der Krankenversicherungspflicht unterworfen und, solange sie nicht zu einer die Versicherungspflicht begründenden Beschäftigung in einem anderen Erwerbszweige übergehen oder Mitglieder einer Betriebskrankenkasse werden, in diesem Bezirke zur Versicherung herangezogen werden.

Die nach solcher statutarischen Bestimmung ver- II. sicherungspflichtigen Personen sind der Gemeindekrankenversicherung oder Ortskrankenkasse, welcher die sonstigen versicherungspflichtigen land- und forstwirtschaftlichen Arbeiter angehören, durch die Gemeindebehörde zu überweisen. Ihre Versicherung beginnt mit dem Tage ihrer Überweisung.

Die Überweisung ist zurückzunehmen, wenn die III. Voraussetzungen ihrer Zulässigkeit aufhören.

Die Überweisung, sowie der die Zurücknahme der- IV. selben ablehnende Bescheid kann nach Maßgabe des § 12 Abs. 2 dieses Gesetzes*) angefochten werden.

Ob und inwieweit die Vorschriften der §§ 49 bis V. 53 des Krankenversicherungsgesetzes auf die Arbeitgeber dieser Personen Anwendung finden, ist durch statutarische Bestimmung zu regeln.

VI. **Solange solche Personen nach Maßgabe des Absatzes 1 in dem Bezirk ihres Wohnortes gegen Krankheit versichert sind, fällt ihre Verpflichtung zum Beitritte zu einer anderen Kasseneinrichtung für land- oder forstwirtschaftliche Arbeiter fort.**

VII. **Die nach Absatz 1 und 5 zulässigen statutarischen Vorschriften bedürfen der Genehmigung der höheren Verwaltungsbehörde.**

*) Vgl. Anm. *) zu § 136.

Zu § 142.

1. Mot. S. 73: „Während durch die Vorschriften der §§ 127 bis 132 (jetzt 136 bis 141) Vorsorge getroffen werden soll, daß bei der Anwendung der Bestimmungen des Krankenversicherungsgesetzes auf die in der Land- und Forstwirtschaft beschäftigten Arbeiter mehr, als bisher möglich, die Besonderheiten ständiger Arbeiterverhältnisse berücksichtigt werden können, ist von verschiedenen Seiten auf das Bedürfnis hingewiesen worden, auch den Besonderheiten unständiger land- und forstwirtschaftlicher Arbeiter Rechnung zu tragen, um einen umfassenderen Gebrauch von der Erstreckung der Versicherungspflicht auf land- und forstwirtschaftliche Arbeiter herbeizuführen. Bei diesen unständigen Arbeitern handelt es sich insbesondere um solche Personen, welche, meist mit kleinem Grundbesitz angesessen, von ihrem Wohnort aus regelmäßig land- und forstwirtschaftliche Arbeiten verrichten, hierbei aber je nach Bedürfnis und Gelegenheit bald in diesem, bald in jenem Betriebe, heut an ihrem Wohnorte, morgen in der Nachbarschaft, beschäftigt werden. Die Beschäftigung solcher Personen dauert in den einzelnen Betrieben häufig nur kurze Zeit, vielleicht nur einen Tag, und wird hin und wieder von Zeiten unterbrochen, in welchen eine Arbeitstätigkeit in fremden Betrieben überhaupt nicht stattfindet."

Um dem hierdurch bedingten beständigen Wechsel der Krankenkasse und der zeitweisen Unterbrechung des Versicherungsverhältnisses dergestalt wirksam vorzubeugen, daß die Krankenversicherung „für solche Tagearbeiter, welche in der Regel den ärmsten Klassen der arbeitenden Bevölkerung angehören, für die also eine Fürsorge in Krankheitsfällen ganz besonders dringlich ist“, zweckmäßig durchgeführt werden kann, ist zugelassen worden, daß diese unständigen landwirtschaftlichen Arbeiter auch für die Dauer der Nichtbeschäftigung versicherungspflichtig gemacht werden und ihrer Versicherungspflicht dauernd an ihrem Wohnort genügen können, ohne zu einem Wechsel der Krankenkasse je nach dem Orte der Beschäftigung genötigt zu sein.

2. Den Wortlaut des § 29 des Unfallversicherungsgesetzes für Land- und Forstwirtschaft siehe in der Einleitung zum Anhang II.

C. Gesetzeskraft.

§ 143.

Die Bestimmungen der Abschnitte A II, III, IV, I.
V, VIII und X, die auf diese Abschnitte bezüglichen Strafbestimmungen, sowie diejenigen Vorschriften, welche zur Durchführung der in diesen Abschnitten getroffenen Anordnungen dienen, treten mit dem Tage der Verkündung dieses Gesetzes in Kraft. Dasselbe gilt von den Bestimmungen des Abschnittes B.

Im übrigen wird der Zeitpunkt, mit welchem das II.
Gesetz ganz oder teilweise für den Umfang des Reichs oder Teile desselben in Kraft tritt, mit Zustimmung des Bundesrats durch Kaiserliche Verordnung bestimmt.

Urkundlich unter Unserer Höchsteigenhändigen Unterschrift und beigedrucktem Kaiserlichen Insiegel.

Gegeben Berlin, den 5. Mai 1886.

(L. S.) **Wilhelm.**

Fürst von Bismarck.

Zu § 143.

Die Bestimmungen dieses Gesetzes über die Krankenversicherung (§§ 133 bis 142) sind am 12. Mai 1886 in Kraft getreten (RGBl. 1886 S. 131).

In dem Gesetze vom 5. Mai 1886, betreffend die Unfall- und Krankenversicherung der in land- und forstwirtschaftlichen Betrieben beschäftigten Personen (Reichs-Gesetzbl. S. 132), werden in § 136 Abs. 1, § 137 Abs. 1 Ziffer 2 die Worte „dreizehn Wochen" durch die Worte „sechsundzwanzig Wochen" ersetzt.

(Vgl. S. 283.)

III. Auszug aus dem Gewerbe-Unfallversicherungsgesetz.

(Reichs-Gesetzbl. 1900 S. 585.)

---

§ 9.

Im Falle der Verletzung werden als Schadens- I.
ersatz vom Beginne der vierzehnten Woche nach Eintritt des Unfalls ab gewährt:

1. freie ärztliche Behandlung, Arznei und sonstige Heilmittel sowie die zur Sicherung des Erfolges des Heilverfahrens und zur Erleichterung der Folgen der Verletzung erforderlichen Hilfsmittel (Krücken, Stützapparate und dergleichen);
2. eine Rente für die Dauer der Erwerbsunfähigkeit. Die Rente beträgt:

a) im Falle völliger Erwerbsunfähigkeit für die Dauer derselben sechsundsechzigzweidrittel Prozent des Jahresarbeitsverdienstes (Vollrente);

b) im Falle teilweiser Erwerbsunfähigkeit für die Dauer derselben denjenigen Teil der Vollrente, welcher dem Maße der durch den Unfall herbeigeführten Einbuße an Erwerbsfähigkeit entspricht (Teilrente).

Ist der Verletzte infolge des Unfalls nicht nur II.
völlig erwerbsunfähig, sondern auch derart hilflos

geworden, daß er ohne fremde Wartung und Pflege nicht bestehen kann, so ist für die Dauer dieser Hilflosigkeit die Rente bis zu hundert Prozent des Jahresarbeitsverdienstes zu erhöhen.

III. War der Verletzte zur Zeit des Unfalls bereits dauernd völlig erwerbsunfähig, so beschränkt sich der zu leistende Schadensersatz auf die im Abs. 1 Ziffer 1 bezeichneten Leistungen. Wird ein solcher Verletzter infolge des Unfalls derart hilflos, daß er ohne fremde Wartung und Pflege nicht bestehen kann, so ist eine Rente bis zur Hälfte der Vollrente zu gewähren.

IV. Solange der Verletzte aus Anlaß des Unfalls tatsächlich und unverschuldet arbeitslos ist, kann der Genossenschaftsvorstand die Teilrente bis zum Betrage der Vollrente vorübergehend erhöhen.

§ 10.

I. Die Rente ist nach Maßgabe desjenigen Jahresarbeitsverdienstes zu berechnen, den der Verletzte während des letzten Jahres seiner Beschäftigung in dem Betrieb an Gehalt oder Lohn (§ 6) bezogen hat, wobei der fünfzehnhundert Mark übersteigende Betrag nur mit einem Drittel zur Anrechnung kommt.

II. Als Jahresarbeitsverdienst gilt, soweit sich derselbe nicht aus mindestens wochenweise fixierten Beträgen zusammensetzt, das Dreihundertfache des durchschnittlichen täglichen Arbeitsverdienstes. Für versicherte Personen in Betrieben, in welchen die übliche Betriebsweise eine höhere oder niedrigere Zahl von Arbeitstagen ergibt, wird diese Zahl statt der Zahl dreihundert der Berechnung des Jahresarbeitsverdienstes zu Grunde gelegt.

War der Verletzte in dem Betriebe vor dem Unfalle nicht ein volles Jahr, von dem Unfalle zurückgerechnet, beschäftigt, so ist die Rente nach demjenigen Jahresarbeitsverdienste zu berechnen, welchen während dieses Zeitraums versicherte Personen derselben Art in demselben Betrieb oder in benachbarten gleichartigen Betrieben bezogen haben. Ist dies nicht möglich, so ist der dreihundertfache Betrag desjenigen Arbeitslohns zu Grunde zu legen, welchen der Verletzte während des letzten Jahres vor dem Unfall an denjenigen Tagen, an welchen er beschäftigt war, im Durchschnitte bezogen hat. III.

Bei versicherten Personen, welche keinen Lohn oder weniger als den dreihundertfachen Betrag des für ihren Beschäftigungsort festgestellten ortsüblichen Tagelohns gewöhnlicher erwachsener Tagearbeiter beziehen (§ 8 des Krankenversicherungsgesetzes), gilt als Jahresarbeitsverdienst das Dreihundertfache dieses ortsüblichen Tagelohns. IV.

In den Fällen des Abs. 4 ist bei Berechnung der Rente für Personen, welche vor dem Unfalle bereits teilweise erwerbsunfähig waren, derjenige Teil des ortsüblichen Tagelohns zu Grunde zu legen, welcher dem Maße der bisherigen Erwerbsfähigkeit entspricht. V.

§ 11.

I. Die Berufsgenossenschaft ist befugt, der Krankenkasse, welcher der Verletzte angehört oder zuletzt angehört hat, gegen Ersatz der ihr dadurch erwachsenden Kosten die Fürsorge für den Verletzten über den Beginn der vierzehnten Woche hinaus bis zur Beendigung des Heilverfahrens in demjenigen Umfange zu übertragen, welchen die Berufsgenossenschaft für geboten erachtet. Zu ersetzen ist bei Gewährung der im § 6 Abs. 1 Ziffer 1 des Krankenversicherungsgesetzes bezeichneten Leistungen die Hälfte, bei Unterbringung des Verletzten in ein Krankenhaus oder in eine Anstalt für Genesende das Einundeinhalbfache des in jenem Gesetze bestimmten Mindestbetrags des Krankengeldes, sofern nicht höhere Aufwendungen nachgewiesen werden.

II. Die Bestimmungen der §§ 76 b bis 76 d des Krankenversicherungsgesetzes finden auch auf Knappschaftskassen (§ 74 a. a. O.) Anwendung. Haben Knappschaftskassen, sonstige Krankenkassen oder Verbände von Krankenkassen Heilanstalten errichtet, in welchen ausreichende Einrichtungen für die Heilung der durch Unfall herbeigeführten Verletzungen getroffen sind, so kann die Landes-Zentralbehörde anordnen, daß die Mitglieder der betreffenden Kassen bis zum Beginne der vierzehnten Woche nach Eintritt des Unfalls nur mit Genehmigung der Vorstände dieser Kassen oder Kassenverbände in andere Heilanstalten untergebracht werden dürfen.

III. Verletzte Personen, welche auf Veranlassung von Knappschaftskassen, sonstigen Krankenkassen, Verbänden von Krankenkassen oder von Organen der Berufsgenossenschaften in eine Heilanstalt untergebracht sind, dürfen während des Heilverfahrens in andere Heilanstalten nur mit ihrer Zustimmung übergeführt werden. Diese Zustimmung kann durch die untere Verwaltungsbehörde des Aufenthaltsorts ergänzt werden.

Als Krankenkassen im Sinne der vorstehenden IV.
Bestimmungen sowie der §§ 76 b bis 76 d des Krankenversicherungsgesetzes gelten außer der Gemeinde-Krankenversicherung auch diejenigen Hilfskassen, welche die im § 75 a a. a. O. vorgesehene amtliche Bescheinigung besitzen.

§ 12.

Vom Beginne der fünften Woche nach Eintritt I.
des Unfalls bis zum Ablaufe der dreizehnten Woche ist das Krankengeld, welches den durch einen Betriebsunfall verletzten Personen auf Grund des Krankenversicherungsgesetzes gewährt wird, auf mindestens zwei Drittel des bei der Berechnung desselben zu Grunde gelegten Arbeitslohns zu bemessen. Die Differenz zwischen diesen zwei Dritteln und dem gesetzlich oder statutengemäß zu gewährenden niedrigeren Krankengeld ist der beteiligten Krankenkasse (Gemeinde-Krankenversicherung) von dem Unternehmer desjenigen Betriebs zu ersetzen, in welchem der Unfall sich ereignet hat. Die zur Ausführung dieser Bestimmung erforderlichen Vorschriften erläßt das Reichs-Versicherungsamt.

Den nach §§ 1 oder 2 versicherten Arbeitern und II.
Betriebsbeamten, letzteren bei einem Jahresarbeits-

verdienste bis zu zweitausend Mark, welche nicht nach den Bestimmungen des Krankenversicherungsgesetzes versichert sind, hat der Betriebsunternehmer die in den §§ 6, 7 des Krankenversicherungsgesetzes vorgesehenen Unterstützungen einschließlich des aus dem vorhergehenden Absatze sich ergebenden Mehrbetrags für die ersten dreizehn Wochen aus eigenen Mitteln zu gewähren. Die Berufsgenossenschaft kann die dem Unternehmer obliegenden Leistungen ganz oder teilweise statt desselben übernehmen. Der Unternehmer hat in diesem Falle der Berufsgenossenschaft Ersatz zu leisten. Dabei gilt als Ersatz der im § 9 Abs. 1 Ziffer 1 bezeichneten Leistungen die Hälfte desjenigen Krankengeldes, welches dem Verletzten nach § 6 Abs. 1 Ziffer 2 des Krankenversicherungsgesetzes zustehen würde, wenn er nach dessen Bestimmungen versichert wäre.

§ 13.

I. Wenn der aus der Krankenversicherung oder aus der Bestimmung des § 12 Abs. 2 erwachsende Anspruch auf Krankengeld vor dem Ablaufe von dreizehn Wochen nach Eintritt des Unfalls weggefallen, aber bei dem Verletzten eine noch über die dreizehnte Woche hinaus andauernde Beschränkung der Erwerbsfähigkeit zurückgeblieben ist, so hat die Berufsgenossenschaft dem Verletzten die Unfallrente (§ 9 Abs. 2 lit. b) schon von dem Tage ab zu gewähren, an welchem der Anspruch auf Krankengeld in Wegfall kommt. Erachtet die Berufsgenossenschaft die Voraussetzungen des Anspruchs schon vor dem Ablaufe der dreizehnten Woche nach dem Unfalle für gegeben, so hat sie die Rente zu diesem früheren Zeitpunkte festzustellen.

Durch Statut kann bestimmt werden, daß die II.
Rente nach dem Wegfalle des Anspruchs auf Krankengeld auch dann zu gewähren ist, wenn nach jenem Zeitpunkte zwar noch eine Beschränkung der Erwerbsfähigkeit infolge des Unfalls verblieben ist, aber voraussichtlich schon vor Ablauf der dreizehnten Woche nach dem Unfalle fortfallen wird.

Hat die Krankenkasse die ihr aus der Kranken- III.
versicherung, oder hat der Betriebsunternehmer die ihm aus § 12 Abs. 2 obliegenden Leistungen vor dem Ablaufe der dreizehnten Woche zu Unrecht eingestellt, so geht der Anspruch des Verletzten auf Krankengeld auf die Berufsgenossenschaft bis zu demjenigen Betrag über, welcher der gemäß Abs. 1, 2 gewährten Entschädigung gleichkommt.

§ 14.

Streitigkeiten, welche aus Anlaß der in § 11 Abs. 1, §§ 12, 13 Abs. 3 enthaltenen Bestimmungen unter den Beteiligten entstehen, werden, wenn es sich um Ersatzansprüche handelt, nach § 58 Abs. 2 des Krankenversicherungsgesetzes, im übrigen nach § 58 Abs. 1 des Krankenversicherungsgesetzes entschieden, und zwar in den Fällen des § 12 Abs. 2 von der für die Ortskrankenkassen des Beschäftigungsorts zuständigen Aufsichtsbehörde. Gehört diese zu den Beteiligten, so wird die zur Entscheidung des Streitfalls berufene Behörde durch die für den Beschäftigungsort zuständige höhere Verwaltungsbehörde bestimmt.

§ 25.

I. Die Verpflichtung der eingeschriebenen Hilfskassen sowie der sonstigen Kranken-, Sterbe-, Invaliden- und anderen Unterstützungskassen, den von Unfällen betroffenen Arbeitern und Betriebsbeamten sowie deren Angehörigen und Hinterbliebenen Unterstützungen zu gewähren, sowie die Verpflichtung von Gemeinden oder Armenverbänden zur Unterstützung hilfsbedürftiger Personen wird durch dieses Gesetz nicht berührt.

II. Wenn auf Grund solcher Verpflichtung Unterstützungen für einen Zeitraum geleistet werden, für welchen den Unterstützten nach Maßgabe dieses Gesetzes ein Entschädigungsanspruch zustand oder noch zusteht, so ist hierfür den die Unterstützung gewährenden Kassen, Gemeinden oder Armenverbänden durch Überweisung von Rentenbeträgen Ersatz zu leisten.

III. In Fällen dieser Art gilt für die unter das Krankenversicherungsgesetz fallenden Kassen als Ersatz der im § 6 Abs. 1 Ziffer 1 des Krankenversicherungsgesetzes bezeichneten Leistungen die Hälfte des gesetzlichen Mindestbetrags des Krankengeldes dieser Kassen, sofern nicht höhere Aufwendungen nachgewiesen werden.

Ist die von Kassen, Gemeinden oder Armenver- IV.
bänden geleistete Unterstützung eine vorübergehende, so können als Ersatz höchstens drei Monatsbeträge der Rente, und zwar mit nicht mehr als der Hälfte in Anspruch genommen werden.

Ist die Unterstützung eine fortlaufende, so kann V.
als Ersatz, wenn die Unterstützung in der Gewährung des Unterhalts in einer Anstalt besteht, für dessen Dauer und in dem zur Ersatzleistung erforderlichen Betrage die fortlaufende Überweisung der vollen Rente, im übrigen die fortlaufende Überweisung von höchstens der halben Rente beansprucht werden.

§ 75.

Über die Feststellung der Entschädigung hat diejenige Stelle (§ 69), welche sie vorgenommen hat, dem Entschädigungsberechtigten einen schriftlichen Bescheid zu erteilen, aus welchem die Höhe der Entschädigung und die Art ihrer Berechnung zu ersehen ist. Bei Entschädigungen für erwerbsunfähig gewordene Verletzte ist namentlich anzugeben, in welchem Maße die Erwerbsunfähigkeit angenommen worden ist.

§ 95.

Ist bei teilweiser Erwerbsunfähigkeit eine Rente I.
von fünfzehn oder weniger Prozent der Vollrente festgestellt, so kann nach Anhörung der unteren Verwaltungsbehörde die Berufsgenossenschaft den Entschädigungsberechtigten auf seinen Antrag durch eine entsprechende Kapitalzahlung abfinden. Der Verletzte

muß vor Annahme seines Antrags darüber belehrt werden, daß er nach der Abfindung auch in dem Falle keinerlei Anspruch auf Rente mehr habe, wenn sein Zustand sich erheblich verschlechtern würde. Gegen den Bescheid, durch welchen die Kapitalabfindung festgesetzt wird, ist Berufung (§ 76) zulässig. Das Rechtsmittel hat in diesem Falle aufschiebende Wirkung. Bis zur Verkündung der Entscheidung kann der Antrag zurückgezogen werden. Die Entscheidung des Schiedsgerichts ist endgültig. Sie kann nur auf Bestätigung oder auf Aufhebung des Bescheids lauten.

II. Ist der Entschädigungsberechtigte ein Ausländer, so kann er, falls er seinen Wohnsitz im Deutschen Reiche aufgibt, auf seinen Antrag mit dem dreifachen Betrage der Jahresrente abgefunden werden. Durch Beschluß des Bundesrats kann diese Bestimmung für bestimmte Grenzgebiete oder für die Angehörigen solcher auswärtiger Staaten, durch deren Gesetzgebung deutschen, durch Unfall verletzten Arbeitern eine entsprechende Fürsorge gewährleistet ist, außer Kraft gesetzt werden.

III. Diese Bestimmungen finden auch Anwendung auf solche Renten, welche vor dem Inkrafttreten dieses Gesetzes festgestellt worden sind. Wird eine solche Abfindung im Laufe der ersten drei Jahre nach Inkrafttreten des Gesetzes ausgesprochen, so sind die Berufsgenossenschaften berechtigt, die erforderlichen Mittel aus dem Reservefonds zu entnehmen. Dieser ist dann nach näherer Anordnung des Reichs-Versicherungsamts (§ 34 Abs. 2) wieder zu ergänzen.

§ 135.

Die nach Maßgabe dieses Gesetzes versicherten Personen und die in §§ 16 bis 19 bezeichneten Hinterbliebenen können, auch wenn sie einen Anspruch auf Rente nicht haben, einen Anspruch auf Ersatz des infolge eines Unfalls erlittenen Schadens gegen den Betriebsunternehmer, dessen Bevollmächtigten oder Repräsentanten, Betriebs- oder Arbeiteraufseher nur dann geltend machen, wenn durch strafgerichtliches Urteil festgestellt worden ist, daß der in Anspruch Genommene den Unfall vorsätzlich herbeigeführt hat. I.

In diesem Falle beschränkt sich der Anspruch auf den Betrag, um welchen die den Berechtigten nach anderen gesetzlichen Vorschriften gebührende Entschädigung diejenige übersteigt, auf welche sie nach diesem Gesetz Anspruch haben. II.

Für das über einen solchen Anspruch erkennende ordentliche Gericht ist die Entscheidung bindend, welche in dem durch dieses Gesetz geordneten Verfahren über die Frage ergeht, ob ein Unfall vorliegt, für welchen aus der Unfallversicherung Entschädigung zu leisten ist, und in welchem Umfange Entschädigung zu gewähren ist. III.

§ 136.

Diejenigen Betriebsunternehmer, Bevollmächtigten oder Repräsentanten, Betriebs- oder Arbeiteraufseher, gegen welche durch strafgerichtliches Urteil festgestellt worden ist, daß sie den Unfall vorsätzlich oder durch Fahrlässigkeit mit Außerachtlassung derjenigen Aufmerk- I.

samkeit, zu der sie vermöge ihres Amtes, Berufs oder Gewerbes besonders verpflichtet sind, herbeigeführt haben, haften für alle Aufwendungen, welche infolge des Unfalls auf Grund dieses Gesetzes oder des Krankenversicherungsgesetzes von den Gemeinden, Armenverbänden, Krankenkassen und sonstigen Unterstützungskassen (§ 25 Abs. 1) gemacht worden sind. Dieselben Personen haften der Genossenschaft für deren Aufwendungen auch ohne Feststellung durch strafgerichtliches Urteil. Ist der Unfall durch Fahrlässigkeit mit Außerachtlassung derjenigen Aufmerksamkeit, zu der sie vermöge ihres Amtes, Berufs oder Gewerbes verpflichtet sind, herbeigeführt, so ist die Genossenschaftsversammlung befugt, von der Verfolgung des Anspruchs abzusehen. Durch das Statut kann diese Befugnis auf den Vorstand übertragen werden.

II. In gleicher Weise haftet als Betriebsunternehmer eine Aktiengesellschaft, eine Innung oder eingetragene Genossenschaft für die durch ein Mitglied ihres Vorstandes, sowie eine Handelsgesellschaft, eine Innung oder eingetragene Genossenschaft für die durch einen der Liquidatoren herbeigeführten Unfälle.

III. Als Ersatz für die Rente kann in diesen Fällen deren Kapitalwert gefordert werden.

§ 137.

I. Will der Vorstand den Ersatzanspruch aus § 136 Abs. 1 Satz 3 geltend machen, so hat er den Beschluß dem Ersatzpflichtigen schriftlich mitzuteilen. Der Ersatzpflichtige kann hiergegen die Beschlußfassung der Genossenschaftsversammlung anrufen.

Die Klage darf nicht vor Ablauf eines Monats nach der Zustellung dieser Mitteilung, und nur dann angestellt werden, wenn nicht innerhalb dieser Frist die Beschlußfassung seitens des Ersatzpflichtigen angerufen ist. Ist letzteres der Fall, so ist die Beschlußfassung der Genossenschaftsversammlung abzuwarten. II.

§ 138.

Der Anspruch (§ 136 Abs. 1 Satz 1) verjährt in achtzehn Monaten von dem Tage, an welchem das strafgerichtliche Urteil rechtskräftig geworden ist, im übrigen in zwei Jahren nach dem Unfalle. Die Anrufung der Beschlußfassung der Genossenschaftsversammlung (§ 137 Abs. 1) unterbricht die Verjährung. I.

Die Bestimmung des § 135 Abs. 3 findet Anwendung. II.

§ 139.

Die in den §§ 135, 136 bezeichneten Ansprüche können, auch ohne daß die daselbst vorgesehene Feststellung durch strafgerichtliches Urteil stattgefunden hat, geltend gemacht werden, falls diese Feststellung wegen des Todes oder der Abwesenheit des Betreffenden oder aus einem anderen in seiner Person liegenden Grunde nicht erfolgen kann.

IV. Auszug aus dem Invaliden-versicherungsgesetz.

(Reichs-Gesetzbl. 1899 S. 463.)

§ 5.

I. Beamte des Reichs, der Bundesstaaten und der Kommunalverbände sowie Lehrer und Erzieher an öffentlichen Schulen oder Anstalten unterliegen der Versicherungspflicht nicht, solange sie lediglich zur Ausbildung für ihren zukünftigen Beruf beschäftigt werden oder sofern ihnen eine Anwartschaft auf Pension im Mindestbetrage der Invalidenrente nach den Sätzen der ersten Lohnklasse gewährleistet ist.

II. Beamte der Versicherungsanstalten und zugelassenen besonderen Kasseneinrichtungen unterliegen der Versicherungspflicht nicht, sofern ihnen eine Anwartschaft auf Pension in der im Abs. 1 bezeichneten Höhe gewährleistet ist.

III. Der Versicherungspflicht unterliegen ferner nicht Personen, welche Unterricht gegen Entgelt erteilen, sofern dies während ihrer wissenschaftlichen Ausbildung für ihren zukünftigen Lebensberuf geschieht, Personen des Soldatenstandes, welche dienstlich als Arbeiter beschäftigt werden, sowie Personen, welchen auf Grund der reichsgesetzlichen Bestimmungen eine Invalidenrente bewilligt ist.

Der Versicherungspflicht unterliegen endlich nicht IV.
diejenigen Personen, deren Erwerbsfähigkeit infolge von Alter, Krankheit oder anderen Gebrechen dauernd auf weniger als ein Drittel herabgesetzt ist. Dies ist dann anzunehmen, wenn sie nicht mehr imstande sind, durch eine ihren Kräften und Fähigkeiten entsprechende Tätigkeit, die ihnen unter billiger Berücksichtigung ihrer Ausbildung und ihres bisherigen Berufs zugemutet werden kann, ein Drittel desjenigen zu erwerben, was körperlich und geistig gesunde Personen derselben Art mit ähnlicher Ausbildung in derselben Gegend durch Arbeit zu verdienen pflegen.

§ 16.

Invalidenrente erhält auch derjenige nicht dauernd erwerbsunfähige Versicherte, welcher während sechsundzwanzig Wochen ununterbrochen erwerbsunfähig gewesen ist, für die weitere Dauer seiner Erwerbsunfähigkeit.

§ 18.

Ist ein Versicherter dergestalt erkrankt, daß als Folge I.
der Krankheit Erwerbsunfähigkeit zu besorgen ist, welche einen Anspruch auf reichsgesetzliche Invalidenrente begründet, so ist die Versicherungsanstalt befugt, zur Abwendung dieses Nachteils ein Heilverfahren in dem ihr geeignet erscheinenden Umfang eintreten zu lassen.

Die Versicherungsanstalt kann das Heilverfahren II.
durch Unterbringung des Erkrankten in einem Krankenhaus oder in einer Anstalt für Genesende gewähren. Ist der Erkrankte verheiratet oder hat er

eine eigene Haushaltung oder ist er Mitglied der Haushaltung seiner Familie, so bedarf es hierzu seiner Zustimmung.

III. Läßt die Versicherungsanstalt ein Heilverfahren eintreten, so gehen bei Versicherten, welche der reichs- oder landesgesetzlichen Krankenfürsorge unterliegen, vom Beginne dieses Heilverfahrens an bis zu dessen Beendigung die Verpflichtungen der Krankenkasse gegen den Versicherten auf die Versicherungsanstalt über. Dieser hat die Krankenkasse Ersatz zu leisten in Höhe desjenigen Krankengeldes, welches der Versicherte von der Krankenkasse für sich beanspruchen konnte.

IV. Während des Heilverfahrens ist für solche Angehörigen des Versicherten, deren Unterhalt dieser bisher aus seinem Arbeitsverdienste bestritten hat, eine Unterstützung auch dann zu zahlen, wenn der Versicherte der reichs- oder landesgesetzlichen Krankenversorgung nicht unterliegt. Diese Angehörigenunterstützung beträgt, sofern der Versicherte der reichs- oder landesgesetzlichen Krankenfürsorge bis zum Eingreifen der Versicherungsanstalt unterlag, die Hälfte des für ihn während der gesetzlichen Dauer der Krankenunterstützung maßgebend gewesenen Krankengeldes, im übrigen ein Viertel des für den Ort seiner letzten Beschäftigung oder seines letzten Aufenthalts maßgebenden ortsüblichen Tagelohns gewöhnlicher Tagearbeiter. Wenn der Versicherte Invalidenrente erhält, kann dieselbe auf die Angehörigenunterstützung angerechnet werden.

§ 19.

Die Versicherungsanstalt, welche ein Heilverfahren eintreten läßt, ist befugt, die Fürsorge für den Erkrankten der Krankenkasse, welcher er angehört oder zuletzt angehört hat, in demjenigen Umfange zu übertragen, welchen die Versicherungsanstalt für geboten erachtet. Werden dadurch der Kasse Leistungen auferlegt, welche über den Umfang der von ihr gesetzlich oder statutarisch zu leistenden Fürsorge hinausgehen, so hat die Versicherungsanstalt die entstehenden Mehrkosten zu ersetzen. Bestand eine Fürsorgepflicht der Krankenkasse nicht mehr, so ist ihr von der Versicherungsanstalt bei Gewährung der im § 6 Abs. 1 Ziffer 1 des Krankenversicherungsgesetzes bezeichneten Leistungen das halbe, bei Unterbringung des Versicherten in ein Krankenhaus oder in eine Anstalt für Genesende das einundeinhalbfache Krankengeld zu ersetzen, sofern nicht höhere Aufwendungen nachgewiesen werden.

§ 20.

Als Krankenkassen im Sinne der Bestimmungen in den §§ 18, 19 gelten auch diejenigen Hilfskassen, welche die im § 75a des Krankenversicherungsgesetzes vorgesehene amtliche Bescheinigung besitzen.

§ 21.

Ist die Krankheit, wegen deren das Heilverfahren I.
eingeleitet wurde, auf einen nach den Reichsgesetzen über Unfallversicherung zu entschädigenden Unfall zurückzuführen, und ist durch das Heilverfahren der

Eintritt der Erwerbsunfähigkeit (§§ 15, 16) verhindert und zugleich eine Entlastung des entschädigungspflichtigen Trägers der Unfallversicherung herbeigeführt worden, indem die Unfallentschädigung ganz oder zum Teil nicht zu bewilligen war oder in Wegfall gekommen ist, so hat die Versicherungsanstalt gegen diesen Träger Anspruch auf Ersatz der Kosten des Heilverfahrens in dem im § 19 Satz 3 vorgesehenen Umfange. Ein Ersatz für Kosten des Heilverfahrens, welche vor dem Beginne der vierzehnten Woche nach dem Unfall entstanden sind, kann nicht beansprucht werden.

II. Für die Ansprüche des Versicherten an den Träger der Unfallversicherung ist die Übernahme des Heilverfahrens durch die Versicherungsanstalt der Übernahme durch den Träger der Unfallversicherung gleich zu achten.

§ 22.

Wird der Versicherte infolge der Krankheit erwerbsunfähig, so kann ihm, falls er sich den gemäß §§ 18, 19 von der Versicherungsanstalt getroffenen Maßnahmen ohne gesetzlichen oder sonst triftigen Grund entzogen hat, die Invalidenrente auf Zeit ganz oder teilweise versagt werden, sofern er auf diese Folgen hingewiesen worden ist und nachgewiesen wird, daß die Erwerbsunfähigkeit durch sein Verhalten veranlaßt ist.

§ 23.

I. Streitigkeiten, welche aus den Bestimmungen in den §§ 18 bis 20, 22 zwischen den Versicherungsanstalten und den Versicherten entstehen, werden, soweit sie nicht bei der Rentenfeststellung zum Austrage gelangen, von der Aufsichtsbehörde der Versicherungsanstalten entschieden.

Streitigkeiten, welche aus den Bestimmungen in II.
den §§ 18 bis 20, 22 zwischen den Versicherungsanstalten und den Krankenkassen entstehen, werden, sofern es sich um die Geltendmachung der den Versicherungsanstalten eingeräumten Befugnisse handelt, von der Aufsichtsbehörde der beteiligten Krankenkasse, sofern es sich aber um Ersatzansprüche handelt, im Verwaltungsstreitverfahren, oder, wo ein solches nicht besteht, ebenfalls durch die Aufsichtsbehörde der beteiligten Krankenkasse entschieden. Die Entscheidung dieser Aufsichtsbehörde ist im ersteren Falle endgültig; im letzteren Falle kann sie innerhalb eines Monats nach der Zustellung im Wege des Rekurses nach Maßgabe der §§ 20, 21 der Gewerbeordnung angefochten werden.

Streitigkeiten über Ersatzansprüche in den Fällen III.
des § 21 Abs. 1 werden durch das Reichs-Versicherungsamt entschieden.

§ 30.

Für jede Woche, in welcher der Versicherte in einem die I.
Versicherungspflicht begründenden Arbeits- oder Dienstverhältnisse gestanden hat, ist ein Versicherungsbeitrag zu entrichten (Beitragswoche). Die Beitragswoche beginnt mit dem Montag einer jeden Kalenderwoche.

Als Beitragswochen werden, ohne daß Beiträge II.
entrichtet zu werden brauchen, diejenigen vollen Wochen in Anrechnung gebracht, während deren Versicherte

1. behufs Erfüllung der Wehrpflicht in Friedens-, Mobilmachungs- oder Kriegszeiten zum Heere oder zur Marine eingezogen gewesen sind,
2. in Mobilmachungs- oder Kriegszeiten freiwillig militärische Dienstleistungen verrichtet haben,
3. wegen bescheinigter, mit zeitweiser Erwerbsunfähigkeit verbundener Krankheit an der Fortsetzung ihrer Berufstätigkeit verhindert gewesen sind.

III. Diese Anrechnung erfolgt jedoch nur bei solchen Personen, welche vor den in Rede stehenden Zeiten berufsmäßig eine die Versicherungspflicht begründende Beschäftigung nicht lediglich vorübergehend aufgenommen haben.

IV. Die Dauer einer Krankheit ist nicht als Beitragszeit in Anrechnung zu bringen, wenn der Beteiligte sich die Krankheit vorsätzlich oder bei Begehung eines durch strafgerichtliches Urteil festgestellten Verbrechens, durch schuldhafte Beteiligung bei Schlägereien oder Raufhändeln oder durch Trunkfälligkeit zugezogen hat.

V. Bei Krankheiten, welche ununterbrochen länger als ein Jahr währen, kommt die über diesen Zeitraum hinausreichende Dauer der Krankheit als Beitragszeit nicht in Anrechnung.

VI. Die an eine Krankheit sich anschließende Genesungszeit wird der Krankheit gleich geachtet. Dasselbe gilt von einem regelmäßig verlaufenden Wochenbette für die Dauer der dadurch veranlaßten Erwerbsunfähigkeit, aber höchstens für sechs Wochen von der Entbindung an gerechnet.

§ 34.

Nach der Höhe des Jahresarbeitsverdienstes werden für die Versicherten folgende Lohnklassen gebildet: I.

Klasse I bis zu 350 Mark einschließlich,
" II von mehr als 350 bis zu 550 Mark,
" III von mehr als 550 bis zu 850 Mark,
" IV von mehr als 850 bis zu 1150 Mark,
" V von mehr als 1150 Mark.

Für die Zugehörigkeit der Versicherten zu den Lohnklassen ist mit den aus den nachfolgenden Bestimmungen sich ergebenden Abweichungen nicht die Höhe des tatsächlichen Jahresarbeitsverdienstes, sondern ein Durchschnittsbetrag maßgebend.

Im einzelnen gilt als Jahresarbeitsverdienst: II.

1. für Mitglieder einer Orts-, Betriebs- (Fabrik-), Bau- oder Innungs-Krankenkasse der dreihundertfache Betrag des für ihre Krankenkassenbeiträge maßgebenden durchschnittlichen Tagelohns beziehungsweise wirklichen Arbeitsverdienstes (§§ 20, 26 a Abs. 2 Ziffer 6 des Krankenversicherungsgesetzes);
2. für die in der Land- und Forstwirtschaft beschäftigten Personen, soweit sie nicht einer unter Ziffer 1 bezeichneten Krankenkasse angehören, ein Betrag, der für sie von der höheren Verwaltungsbehörde unter Berücksichtigung des § 3 als durchschnittlicher Jahresarbeitsverdienst festzusetzen ist; bei Betriebsbeamten wird jedoch der für jeden

von ihnen nach § 3 des Gesetzes vom 5. Mai 1886 (Reichs-Gesetzbl. S. 132) maßgebende Jahresarbeitsverdienst zu Grunde gelegt;

3. für die auf Grund des See-Unfallversicherungsgesetzes versicherten Seeleute, mit Ausnahme der in Schlepper- und Leichterbetrieben beschäftigten Personen, der Durchschnittsbetrag des Jahresarbeitsverdienstes, welcher gemäß § 10 a. a. O. vom Reichskanzler festgesetzt worden ist;

4. für Mitglieder einer Knappschaftskasse der dreihundertfache Betrag des von dem Kassenvorstande festzusetzenden durchschnittlichen täglichen Arbeitsverdienstes derjenigen Klasse von Arbeitern, welcher der Versicherte angehört, jedoch nicht weniger als der dreihundertfache Betrag des ortsüblichen Tagelohns gewöhnlicher Tagearbeiter des Beschäftigungsorts (§ 8 des Krankenversicherungsgesetzes);

5. im übrigen der dreihundertfache Betrag des ortsüblichen Tagelohns gewöhnlicher Tagearbeiter des Beschäftigungsorts (§ 8 des Krankenversicherungsgesetzes), soweit nicht für einzelne Berufszweige von der höheren Verwaltungsbehörde ein anderer Jahresarbeitsverdienst festgesetzt wird.

Lehrer und Erzieher gehören, soweit nicht ein Jahresarbeitsverdienst von mehr als 1150 Mark nachgewiesen wird, zur vierten Klasse.

III. Sofern im voraus für Wochen, Monate, Vierteljahre oder Jahre eine feste bare Vergütung vereinbart und diese höher ist, als der nach Abs. 2 für den Versicherten maßgebende Durchschnittsbetrag, so ist diese Vergütung zu Grunde zu legen.

Der Versicherte kann die Versicherung in einer höheren als derjenigen Lohnklasse, welche nach den vorstehenden Bestimmungen für ihn maßgebend sein würde, beanspruchen. In diesen Fällen ist jedoch der auf den Arbeitgeber entfallende Teil des Beitrags, sofern nicht die Versicherung in der höheren Lohnklasse von dem Arbeitgeber und dem Versicherten vereinbart ist, nicht nach der höheren, sondern nach der für den Versicherten maßgebenden Lohnklasse zu bemessen. V.

Die Landes-Zentralbehörde kann anordnen, daß die nach Abs. 2 für die einzelnen Orte maßgebenden Lohnklassen und Beiträge (§ 32) sowie die Klassen von Versicherten, welche an dem betreffenden Orte in die einzelnen Lohnklassen entfallen, von der Versicherungsanstalt in jedem Orte ihres Bezirkes bekannt zu machen sind. IV.

§ 35.

Die Renten werden nach den Lohnklassen (§ 34) und nach Jahresbeträgen berechnet. Sie bestehen aus einem in der Höhe verschiedenen Betrage, welcher, vorbehaltlich der Vorschrift des § 40 Abs. 2, von den Versicherungsanstalten aufzubringen ist, und aus einem festen Zuschusse des Reichs, der für jede Rente jährlich fünfzig Mark beträgt.

§ 62.

I. Die Vertreter der Arbeitgeber und der Versicherten werden von den Vorständen der im Bezirke der unteren Verwaltungsbehörde vorhandenen Orts-, Betriebs- (Fabrik-), Bau und Innungs-Krankenkassen, Knappschaftskassen, Seemannskassen und anderen zur Wahrung von Interessen der Seeleute bestimmten, obrigkeitlich genehmigten Vereinigungen von Seeleuten sowie von den Vorständen derjenigen eingeschriebenen oder auf Grund landesgesetzlicher Vorschriften errichteten Hilfskassen gewählt, welche die im § 75a des Krankenversicherungsgesetzes vorgesehene Bescheinigung besitzen und deren Bezirk sich über den Bezirk der unteren Verwaltungsbehörde nicht hinaus erstreckt. Soweit die im § 1 bezeichneten Personen solchen Kassen nicht angehören, ist nach Bestimmung der Landesregierung den Vertretungen der weiteren Kommunalverbände oder den Verwaltungen der Gemeinde-Krankenversicherung beziehungsweise landesrechtlichen Einrichtungen ähnlicher Art eine der Zahl dieser Personen entsprechende Beteiligung an der Wahl einzuräumen. Soweit die Vorstände der bezeichneten Kassen und Vereinigungen aus Vertretern der Arbeitgeber und Vertretern der Arbeitnehmer zusammengesetzt sind, nehmen bei der Wahl die den Arbeitgebern angehörenden Mitglieder des Vorstandes nur an der Wahl der Vertreter der Arbeitgeber, die den Versicherten angehörenden Mitglieder des Vorstandes nur an der Wahl der Vertreter der Versicherten teil. Vorstände, in denen Arbeitgeber nicht vertreten sind, nehmen nur an der Wahl der Vertreter der Versicherten, Vorstände, in denen Arbeitnehmer nicht vertreten sind, nehmen nur an der Wahl der Vertreter der Arbeitgeber teil.

Vorstände solcher Krankenkassen, für deren Mit- II. glieder eine besondere Kasseneinrichtung im Sinne der §§ 8, 10, 11 besteht, sind nicht berechtigt, an den Wahlen teilzunehmen.

Die Vertreter der Arbeitgeber und der Versicherten III. müssen im Bezirke der unteren Verwaltungsbehörde und mindestens zur Hälfte an deren Sitze oder in einer Entfernung bis zu zehn Kilometer von demselben wohnen und dürfen nicht Mitglieder des Vorstandes (§ 73) oder eines Schiedsgerichts (§ 103) sein.

§ 142.

Die Versicherten sind verpflichtet, bei den Lohn- I. zahlungen die Hälfte der Beiträge, in den Fällen des § 34 Abs. 4 aber, sofern nicht die Versicherung in einer höheren Lohnklasse auf einer Vereinbarung zwischen dem Arbeitgeber und dem Versicherten beruht, den auf sie entfallenden höheren Betrag sich einbehalten zu lassen. Die Arbeitgeber dürfen nur auf diesem Wege den auf die Versicherten entfallenden Betrag wieder einziehen.

Die Abzüge für Beiträge sind auf die Lohn- II. zahlungsperioden, auf welche sie entfallen, gleichmäßig zu verteilen. Die Teilbeträge dürfen, ohne daß dadurch Mehrbelastungen der Versicherten herbeigeführt werden, auf volle zehn Pfennig abgerundet werden.

III. Sind Abzüge bei einer Lohnzahlungsperiode unterblieben, so dürfen sie für die betreffende Lohnzahlungsperiode nur noch bei der nächstfolgenden Lohnzahlung nachgeholt werden. Die Bestimmung findet keine Anwendung, wenn wegen verspäteter Feststellung einer bisher streitigen Versicherungspflicht oder aus anderen Gründen Beiträge nachträglich zu verwenden sind, ohne daß den Arbeitgeber hierbei ein Verschulden trifft.

IV. Arbeitgeber, deren Zahlungsunfähigkeit im Zwangsbeitreibungsverfahren festgestellt worden ist, dürfen, soweit die Entrichtung der Beiträge in der im § 141 Abs. 1 angegebenen Weise erfolgt, Lohnabzüge nur für diejenige Zeitdauer machen, für welche sie die geschuldeten Beiträge nachweislich bereits entrichtet haben; soweit dagegen die Einziehung der Beiträge gemäß §§ 148 ff. stattfindet, sind sie verpflichtet, die im Abs. 1 zugelassenen Lohnabzüge zu machen und deren Betrag sofort, nachdem der Abzug gemacht ist, an die zuständige Einzugsstelle abzuliefern. Eine gegen den Arbeitgeber auf Grund des § 52a des Krankenversicherungsgesetzes getroffene Anordnung erstreckt sich auch auf die von der beteiligten Krankenkasse einzuziehenden Beiträge für die Invalidenversicherung.

§ 148.

I. Durch die Landes-Zentralbehörde, oder mit Genehmigung derselben durch das Statut einer Versicherungsanstalt, oder mit Genehmigung der höheren Verwaltungsbehörde durch statutarische Bestimmung eines weiteren Kommunalverbandes oder einer Gemeinde kann abweichend von den Vorschriften des § 141 Abs. 1 angeordnet werden, daß die Beiträge für alle versicherungspflichtigen Personen oder für bestimmte Klassen derselben

1. durch reichs- oder landesgesetzliche Krankenkassen oder durch Knappschaftskassen,
2. durch Gemeindebehörden oder andere von der Landes-Zentralbehörde bezeichnete Stellen oder durch örtliche von der Versicherungsanstalt einzurichtende Hebestellen

für Rechnung der Versicherungsanstalt eingezogen werden. Auf demselben Wege können in diesen Fällen Bestimmungen über die Verpflichtung zur Anmeldung und Abmeldung der Versicherten getroffen werden.

Sofern hiernach die Einziehung der Beiträge durch II. örtliche Hebestellen der Versicherungsanstalten angeordnet wird, sind die letzteren verpflichtet, solche Hebestellen auf ihre Kosten an den von der höheren Verwaltungsbehörde bezeichneten Stellen zu errichten.

Die Versicherungsanstalten sind verpflichtet, den III. mit der Einziehung der Beiträge beauftragten Krankenkassen, Gemeindebehörden und sonstigen von der Landes-Zentralbehörde bezeichneten Stellen eine von der Landes-Zentralbehörde zu bestimmende Vergütung zu gewähren.

IV. Den örtlichen Hebestellen der Versicherungsanstalten (Abs. 1 Ziffer 2) kann durch Bestimmung der Landes-Zentralbehörde oder der höheren Verwaltungsbehörde mit Zustimmung der Krankenkasse die Einziehung der Krankenversicherungsbeiträge übertragen werden. In diesen Fällen sind die beteiligten Krankenkassen verpflichtet, zu den Kosten der Hebestellen beizutragen. Die näheren Bestimmungen hierüber sind nach Anhörung der beteiligten Versicherungsanstalten und Krankenkassen von der höheren Verwaltungsbehörde zu treffen.

V. Die Landes-Zentralbehörde kann die Befugnisse regeln, welche der Versicherungsanstalt gegenüber den Einzugsstellen, soweit sie nicht von der Versicherungsanstalt selbst eingerichtet sind, zur Sicherung einer ordnungsmäßigen Erfüllung ihrer Aufgabe zustehen.

VI. Für die freiwillige Versicherung (§ 14) kann die Einziehung der Beiträge nicht vorgeschrieben werden.

§ 151.

I. Wird die Einziehung der Beiträge angeordnet, so kann auf demselben Wege weiter bestimmt werden, daß

1. die Ausstellung und der Umtausch der Quittungskarten (§§ 134, 136) durch die nach § 148 Abs. 1 mit der Einziehung der Beiträge beauftragten Stellen stattzufinden hat;
2. für diejenigen Versicherten, deren Beschäftigung durch die Natur ihres Gegenstandes oder im voraus durch den Arbeitsvertrag auf einen Zeitraum von weniger als einer Woche beschränkt

ist, die auf die Versicherten entfallende Hälfte der Beiträge unmittelbar von den Versicherten, die auf die Arbeitgeber entfallende Hälfte aber von dem weiteren Kommunalverband oder der Gemeinde entrichtet und durch sie von den Arbeitgebern wieder eingezogen wird.

Für diese Fälle hat die Versicherungsanstalt den II. mit der Einziehung der Beiträge beauftragten Krankenkassen, Gemeindebehörden und sonstigen von der Landes-Zentralbehörde bezeichneten Stellen besondere Vergütungen zu gewähren, deren Höhe von der Landes-Zentralbehörde zu bestimmen ist.

§ 152.

Die im § 148 Abs. 1, § 151 Abs. 1 Ziffer 1 vorgesehenen Maßregeln können für die Mitglieder einer Krankenkasse (§ 166) auch durch das Kassenstatut und für diejenigen Versicherten, welche einer für Reichs- oder Staatsbetriebe errichteten Krankenkasse angehören, auch durch die den Verwaltungen dieser Betriebe vorgesetzte Dienstbehörde getroffen werden.

§ 166.

Als Krankenkassen im Sinne dieses Gesetzes gelten vorbehaltlich der Bestimmung in den §§ 20, 62 Abs. 1, § 82 Abs. 2 die Orts-, Betriebs- (Fabrik-), Bau- und Innungs-Krankenkassen, die Knappschaftskassen sowie die Gemeinde-Krankenversicherung und landesrechtliche Einrichtungen ähnlicher Art.

V. Hilfskassengesetz.

Gesetz über die eingeschriebenen Hilfskassen vom 7. April 1876 (Reichs-Gesetzbl. S. 125)

in der aus dem Reichsgesetz vom 1. Juni 1884 (RGBl. S. 54), betreffend die Abänderung des Gesetzes über die eingeschriebenen Hilfskassen vom 7. April 1876, sich ergebenden Fassung.*)

*) Die auf der Novelle von 1884 beruhenden Abänderungen des ursprünglichen Gesetzestextes sind durch stärkeren Druck hervorgehoben, die durch dieselbe herbeigeführten Auslassungen durch Punkte markiert.

Wir **Wilhelm**, von Gottes Gnaden Deutscher Kaiser, König von Preußen ꝛc.

verordnen im Namen des Deutschen Reichs, nach erfolgter Zustimmung des Bundesrats und des Reichstags, was folgt:

§ 1.

Kassen, welche die gegenseitige Unterstützung ihrer Mitglieder für den Fall der Krankheit bezwecken **und auf freier Übereinkunft beruhen,***) erhalten die Rechte

*) Wenn ein Verein, welcher auf freier Übereinkunft seiner Mitglieder beruht, den Beitritt zu einer freien Hilfskasse für obligatorisch erklärt, so wird dadurch der Charakter der freien Hilfskasse nicht aufgehoben (Erklärung des Re-

einer eingeschriebenen Hilfskasse unter den nachstehend angegebenen Bedingungen.

§ 2.

Die Kasse hat einen Namen anzunehmen, welcher von dem aller anderen, an demselben Orte oder in derselben Gemeinde befindlichen Hilfskassen verschieden ist und die zusätzliche Bezeichnung: „eingeschriebene Hilfskasse“ enthält.

§ 3.

Das Statut der Kasse muß Bestimmung treffen: I.

1. über Namen, Sitz und Zweck der Kasse;
2. über den Beitritt und Austritt der Mitglieder;
3. über die Höhe der Beiträge . . .;
4. über die Voraussetzungen, die Art und den Umfang der Unterstützungen;
5. über die Bildung des Vorstandes, . . . über die Legitimation seiner Mitglieder und den Umfang seiner Befugnisse;
6. über die Zusammensetzung und Berufung der Generalversammlung und über die Art ihrer Beschlußfassung . . .;

6a. **über die Bildung und die Befugnisse der örtlichen Verwaltungsstellen, falls solche errichtet werden sollen;**

7. über die Abänderung des Statuts;

---

gierungskommissars im Komm.Ber. zur Novelle, R.T.Dr.S. 1884 Bd. 3 S. 547). Vgl. § 6 Abs. 2 HKG., aber auch § 87 Abs. 2 KVG.

8. über die Verwendung des Kassenvermögens im Falle der Auflösung oder Schließung der Kasse;
9. über die Aufstellung und Prüfung der Jahresrechnung.

II. Das Statut darf keine Bestimmung enthalten, welche mit dem Zwecke der Kasse nicht in Verbindung steht oder den Vorschriften dieses Gesetzes zuwiderläuft.

§ 4.

I. Das Statut ist in zwei Exemplaren dem Vorstande der Gemeinde, in deren Bezirk die Kasse ihren Sitz nimmt, von den mit der Geschäftsleitung vorläufig betrauten Personen oder von dem Vorstande der Kasse in Person einzureichen. Der Gemeindevorstand hat das Statut der höheren Verwaltungsbehörde ungesäumt zu übersenden; diese entscheidet über die Zulassung der Kasse. Der Bescheid ist innerhalb sechs Wochen zu erteilen.

II. Die Zulassung darf nur versagt werden, wenn das Statut den Anforderungen dieses Gesetzes nicht genügt. Wird die Zulassung versagt, so sind die Gründe mitzuteilen. Gegen die Versagung steht der Rekurs*) zu; wegen des Verfahrens und der Behörden gelten die Vorschriften der §§ 20 und 21 der Gewerbeordnung. In Elsaß-Lothringen finden statt derselben die dort geltenden Bestimmungen über das Verfahren in streitigen Verwaltungssachen ent-

*) Landesrechtlich kann das Verwaltungsstreitverfahren Platz greifen, so in Preußen nach § 141, § 161 Abs. 2 des Zuständigkeitsgesetzes v. 1. Aug. 1883.

sprechende Anwendung. Wird die Zulassung ausgesprochen, so ist eine Ausfertigung des Statuts, versehen mit dem Vermerke der erfolgten Zulassung, zurückzugeben.

Abänderungen des Statuts unterliegen den gleichen Vorschriften. Über die Zulassung einer Abänderung, durch welche der Sitz der Kasse verlegt werden soll, hat die Behörde des alten Sitzes zu entscheiden. III.

Die Zulassung einer Kasse, welche örtliche Verwaltungsstellen einrichtet, ist bei derjenigen Verwaltungsbehörde zu erwirken, in deren Bezirk die Hauptkasse ihren Sitz nimmt. IV.

. . .**)

Die höhere Verwaltungsbehörde hat die Namen der zugelassenen Hilfskassen in ein Register einzutragen. V.

§ 5.

Die Kasse kann unter ihrem Namen Rechte erwerben und Verbindlichkeiten eingehen, Eigentum und andere dingliche Rechte an Grundstücken erwerben, vor Gericht klagen und verklagt werden. I.

Für alle Verbindlichkeiten der Kasse haftet den Kassengläubigern nur das Vermögen der Kasse. II.

Der ordentliche Gerichtsstand der Kasse ist bei dem Gerichte, in dessen Bezirk sie ihren Sitz hat. III.

§ 6.

Zum Beitritt der Mitglieder ist eine schriftliche I.

**) Der frühere Abs. 5 des § 4 ist aufgehoben durch Art. 32 der Novelle von 1892 z. KVG.

Erklärung oder die Unterzeichnung des Statuts erforderlich. Handzeichen Schreibensunkundiger bedürfen der Beglaubigung durch ein Mitglied des Vorstandes **oder einer örtlichen Verwaltungsstelle; vergleiche §§ 19a ff.**

II. Der Beitritt darf von der Beteiligung an anderen Gesellschaften oder Vereinen nur dann abhängig gemacht werden, wenn eine solche Beteiligung für sämtliche Mitglieder bei Errichtung der Kasse durch das Statut vorgesehen ist. Im übrigen darf den Mitgliedern die Verpflichtung zu Handlungen oder Unterlassungen, welche mit dem Kassenzweck in keiner Verbindung stehen, nicht auferlegt werden.

§ 7.

I. Das Recht auf Unterstützung aus der Kasse beginnt für sämtliche Mitglieder spätestens mit dem Ablauf der dreizehnten auf den Beitritt folgenden Woche.*)

II. Hat ein Mitglied bereits ein Recht auf Unterstützung erworben, so verbleibt ihm dasselbe auch nach dem Austritte oder Ausschlusse für die nach

---

*) Soll die eingeschriebene Hilfskasse nach § 75 KVG. ihre Mitglieder von der Beteiligung an der Gemeinde-Krankenversicherung oder an Orts-Krankenkassen ꝛc. befreien, so darf sie eine solche Karenzzeit (neu eintretender Mitglieder) nicht vorschreiben, und zwar für keines ihrer versicherungspflichtigen Mitglieder, denn in der Gemeinde-Krankenversicherung gibt es für versicherungspflichtige Personen eine solche Karenzzeit nicht, § 6 a. a. O.

Darüber, ob die Kassen den Voraussetzungen des § 75 KVG. genügen, erhalten sie auf Antrag eine amtliche Bescheinigung, § 75a a. a. O.

Absatz 1 festgesetzte Frist. Ist der Ausschluß wegen Zahlungssäumnis erfolgt, so läuft diese Frist von dem Tage, bis zu welchem die Beiträge bezahlt sind.

Für die erste Woche nach dem Beginne der Krankheit kann die Gewährung einer Unterstützung ausgeschlossen werden.**) III.

Der völlige oder teilweise Ausschluß der Unterstützung ist nur in Fällen solcher Krankheiten zulässig, welche sich die Mitglieder vorsätzlich oder durch schuld- IV.

**) Soll die eingeschriebene Hilfskasse nach § 75 KVG. ihre Mitglieder von der Beteiligung an der Gemeindekrankenversicherung und den organisierten Krankenkassen befreien, so muß sie an Krankenunterstützung auf die Dauer von 26 Wochen sämtlichen versicherungspflichtigen Mitgliedern mindestens gewähren:

a) freie ärztliche Behandlung, Arznei, sowie Brillen, Bruchbänder und ähnliche Heilmittel, §§ 6, 75 a. a. O. — vom Beginne der Krankheit ab (vgl. aber auch § 75 Abs. 3 a. a. O.);

b) im Falle der Erwerbsunfähigkeit außerdem für jeden Arbeitstag ein Krankengeld in Höhe von 50 Prozent des am Beschäftigungsorte des erkrankten Mitgliedes ortsüblichen Tagelohns gewöhnlicher Tagearbeiter (§ 8 a. a. O.) — spätestens vom dritten Tage nach dem Tage der Erkrankung ab.

Die Gewährung einer Unterstützung darf dann also für die erste Woche nach dem Beginne der Krankheit nicht ausgeschlossen werden, § 6 KVG. An Stelle dieser Unterstützung kann nach § 7 a. a. O. mit der dort vorgesehenen Modifikation Unterbringung in ein Krankenhaus treten. Vgl. § 75 KVG. und die Anm. dazu, sowie § 76 KVG. Anm. 3.

Die in § 6a a. a. O. gestatteten Beschränkungen sind auch hier zulässig.

hafte Beteiligung an Schlägereien oder Raufhändeln, durch Trunkfälligkeit oder geschlechtliche Ausschweifungen zugezogen haben. Soweit die Unterstützung in Gewährung freier ärztlicher Behandlung oder Arznei besteht, kann sie auch in diesen Fällen nicht ausgeschlossen werden.

§ 8.

I. Die Mitglieder sind der Kasse gegenüber lediglich zu den auf Grund dieses Gesetzes und des Statuts festgestellten Beiträgen verpflichtet.

II. **Nach Maßgabe des Geschlechts, des Gesundheitszustandes, des Lebensalters, der Beschäftigung oder des Beschäftigungsortes der Mitglieder darf die Höhe der Beiträge verschieden bemessen werden.**

III. Die Einrichtung von Mitgliederklassen mit verschiedenen Beitrags- und Unterstützungssätzen ist zulässig.

IV. Im übrigen müssen die Beiträge und Unterstützungen für alle Mitglieder nach gleichen Grundsätzen abgemessen sein.*)

§ 9 (ist aufgehoben).

§ 10.

Der Anspruch auf Unterstützung kann mit rechtlicher Wirkung weder verpfändet noch übertragen, noch gepfändet und darf nur auf geschuldete Beiträge aufgerechnet werden.

§ 11 (ist aufgehoben).)**

---

*) Zulässig sind die Beschränkungen des § 6a KVG. (§ 75 a. a. O.)

**) Für die Unterstützung sind Mindestleistungen nicht mehr vorgeschrieben; nur diejenigen Kassen, welche die Be-

§ 12.

Als Krankenunterstützung können*) den Mitgliedern Krankengeld, ärztliche Behandlung, Arznei und andere Heilmittel, Verpflegung in einem Krankenhause, sowie die geeigneten Mittel zur Erleichterung der ihnen nach der Genesung verbliebenen körperlichen Mängel gewährt werden. I.

Auch kann die Krankenunterstützung an Wöchnerinnen gewährt und die Gewährung ärztlicher Behandlung auf die Familienangehörigen der Mitglieder ausgedehnt werden.**) II.

Den Hinterbliebenen verstorbener Mitglieder kann ferner eine Beihilfe gewährt werden, welche das Zehnfache der wöchentlichen Unterstützung, auf welche das verstorbene Mitglied Anspruch hatte, nicht überschreitet. III.

§ 13.

Zu anderen Zwecken als den im § . . . 12 bezeichneten Unterstützungen und der Deckung der Verwaltungskosten dürfen weder Beiträge von den Mitgliedern erhoben werden, noch Verwendungen aus dem Vermögen der Kasse erfolgen.

§ 14 (ist aufgehoben).

---

rechtigung des § 75 des Krankenversicherungsgesetzes erlangen wollen, sind an die dort vorgesehenen Minimalleistungen gebunden.

*) Vgl. Anm. **) zu § 7.

**) Obergrenzen der Unterstützung sind durch die Novelle beseitigt; nur darf keine andere Art der Unterstützung, als hier vorgesehen, geleistet werden.

§ 15.

Der Ausschluß von Mitgliedern aus der Kasse kann nur unter den durch das Statut bestimmten Formen und aus den darin bezeichneten Gründen erfolgen. Er ist nur zulässig bei dem Wegfall einer die Aufnahme bedingenden Voraussetzung, für den Fall einer Zahlungssäumnis oder einer solchen strafbaren Handlung, welche eine Verletzung der Bestimmungen des Statuts in sich schließt. **Wegen Überschreitung der Altersgrenze, über welche hinaus nach Bestimmung des Statuts Mitglieder nicht aufgenommen werden, und wegen Veränderung des Gesundheitszustandes, von welchem nach Bestimmung des Statuts die Aufnahme abhängig ist, darf der Ausschluß nicht erfolgen.** Wegen des Austrittes oder Ausschlusses aus einer Gesellschaft oder einem Vereine können Mitglieder nicht ausgeschlossen werden, wenn sie der Kasse bereits zwei Jahre angehört haben. Erfolgt ihre Ausschließung vor Ablauf dieser Zeit, so haben sie Anspruch auf Ersatz des von ihnen bezahlten Eintrittsgeldes.

§ 16.

I. Die Kasse muß einen von der Generalversammlung gewählten Vorstand haben, durch welchen sie gerichtlich und außergerichtlich vertreten wird.

II. **Die Mitglieder des Vorstandes, welche die Kasse gerichtlich und außergerichtlich vertreten, haben in der Generalversammlung nur eine beratende Stimme.**

§ 17.

I. Die Zusammensetzung des Vorstandes, sowie jede

in der Zusammensetzung des Vorstandes eingetretene Änderung ist dem Vorstande der Gemeinde, in deren Bezirk die Kasse ihren Sitz hat, anzumelden. Die Anmeldung hat durch die Vorstandsmitglieder in Person oder durch eine beglaubigte schriftliche Erklärung zu erfolgen. Ist die Anmeldung nicht geschehen, so kann eine in der Zusammensetzung eingetretene Änderung dritten Personen nur dann entgegengesetzt werden, wenn bewiesen wird, daß sie letzteren bekannt war.

Zur Legitimation des Vorstandes bei allen Ge- II.
schäften, auch den das Hypotheken- und Grundschuldwesen betreffenden, genügt das Zeugnis des Vorstandes der Gemeinde, daß die darin bezeichneten Personen zur Zeit als Mitglieder des Vorstandes angemeldet sind.

§ 18.

Die Befugnis des Vorstandes, die Kasse nach I.
außen zu vertreten, wird durch die im Statut enthaltene Vollmacht bestimmt.

Durch die innerhalb der Grenzen dieser Vollmacht II.
im Namen der Kasse vom Vorstande abgeschlossenen Geschäfte wird die Kasse verpflichtet und berechtigt.

§ 19.

Dem Vorstande kann zur Überwachung der Geschäftsleitung ein Ausschuß zur Seite gesetzt werden, welcher durch die Generalversammlung zu wählen ist.

§ 19a.

Die Kasse kann für bestimmte Bezirke örtliche Verwal-

tungsstellen errichten und denselben folgende Befugnisse erteilen:

1. Beitrittserklärungen und Austrittserklärungen entgegen zu nehmen, sowie Handzeichen Schreibensunkundiger in Gemäßheit des § 6 Absatz 1 zu beglaubigen;
2. die Kassenbeiträge zu erheben, über Stundungsgesuche zu entscheiden, die Unterstützungen auszuzahlen, sowie die eingehenden Gelder, vorbehaltlich anderweiter Verfügung des Vorstandes über dieselben, bis zum Belaufe einer durchschnittlichen halben Jahresausgabe zum Zwecke des Betriebes zu verwahren und anzulegen;
3. Einrichtungen zur Wahrnehmung der Krankenkontrolle zu treffen.

§ 19b.

Der Versammlung der Kassenmitglieder, für welche die örtliche Verwaltungsstelle errichtet ist, kann die Befugnis beigelegt werden:

1. die Mitglieder der örtlichen Verwaltung und den Kassenarzt für den Bezirk derselben zu wählen. Die Wahlen bedürfen der Bestätigung des Vorstandes (§ 16). Der letztere ist befugt, die Gewählten, welche bei der Wahrnehmung ihrer Obliegenheiten den gesetzlichen oder statutarischen Anforderungen nicht genügen, zu beseitigen und durch andere zu ersetzen;
2. Kassenrevisoren für die Kasse der örtlichen Ver-

waltungsstelle und Krankenbesucher für den Bezirk derselben zu wählen;

3. einen oder mehrere Abgeordnete zur Generalversammlung zu wählen, sofern diese statutenmäßig aus Abgeordneten besteht;
4. Anträge und Beschwerden in Angelegenheiten der Kasse an die Generalversammlung zu richten.

§ 19c.

Weitere, als die in den §§ 19a, 19b bezeichneten Befugnisse*) dürfen den örtlichen Verwaltungsstellen und der Gesamtheit der Mitglieder ihres Bezirks nicht beigelegt werden.

§ 19d.

Die Kasse hat der Aufsichtsbehörde, in deren Bezirk I.
sie ihren Sitz hat, von der Errichtung jeder örtlichen Verwaltungsstelle binnen zwei Wochen, unter Angabe des Sitzes und Bezirks derselben und unter Bezeichnung der Personen, welche zur Zeit die örtliche Verwaltung führen, Anzeige zu erstatten.

Die Aufsichtsbehörde hat die Anzeige, sofern die II.
örtliche Verwaltungsstelle ihren Sitz in dem Bezirke einer anderen Aufsichtsbehörde hat, dieser mitzuteilen.

Von jeder Änderung des Bezirks der örtlichen Ver- III.
waltungsstelle und der Zusammensetzung ihrer Verwaltung hat diese der Aufsichtsbehörde ihres Sitzes Anzeige zu erstatten.)

---

*) Besondere gesetzliche Verpflichtungen der örtlichen Verwaltungsstellen siehe in §§ 49a, 76b KVG.

§ 20.

I. Soweit die Angelegenheiten der Kasse nicht durch den Vorstand oder Ausschuß wahrgenommen werden, steht die Beschlußnahme darüber der Generalversammlung zu.

II. Die Generalversammlung kann dritten Personen ihre Befugnisse nicht übertragen.

III. Abänderungen des Statuts bedürfen . . . ihrer Zustimmung.

§ 21.

I. In der Generalversammlung hat jedes anwesende Mitglied, welches großjährig und im Besitz der bürgerlichen Ehrenrechte ist, eine Stimme. Mitglieder, welche mit den Beiträgen im Rückstande sind, können von der Teilnahme an der Abstimmung ausgeschlossen werden.

II. Die Generalversammlung kann auch aus Abgeordneten gebildet werden, welche aus der Mitte der stimmfähigen Mitglieder zu wählen sind; **die Zahl der zu wählenden Abgeordneten muß jedoch mindestens zwanzig betragen und doppelt so groß sein, als die Zahl der Vorstandsmitglieder.**

. . . .

III. **Soll die Wahl der Abgeordneten von den Mitgliedern nach Abteilungen vorgenommen werden, so muß die Bildung der Wahlabteilungen und die Verteilung der Abgeordneten auf dieselben durch das Statut erfolgen.**

§ 22.

I. Generalversammlungen können nur innerhalb des Deutschen Reichs an einem Orte abgehalten werden, an welchem die Kasse eine **örtliche Verwaltungsstelle** besitzt. Bei der Berufung ist der Gegenstand der Beratung anzugeben.

Wird von dem Ausschuß oder von dem zehnten Teile der stimmfähigen Mitglieder die Berufung der Generalversammlung beantragt, so muß der Vorstand die letztere berufen. II.

§ 23 (ist aufgehoben).

§ 24.

Die Einnahmen und Ausgaben der Kasse sind von allen den Zwecken der Kasse fremden Vereinnahmungen und Verausgabungen getrennt festzustellen und zu verrechnen; ebenso sind Bestände gesondert zu verwahren. I.

Verfügbare Gelder dürfen, außer in öffentlichen Sparkassen, nur ebenso wie die Gelder Bevormundeter angelegt werden. II.

§ 25.

Die Kasse hat einen Reservefonds im Mindestbetrage der durchschnittlichen Jahresausgabe der letzten fünf Rechnungsjahre anzusammeln und erforderlichenfalls bis zu dieser Höhe zu ergänzen. I.

So lange der Reservefonds diesen Betrag nicht erreicht, ist demselben mindestens ein Zehntel des Jahresbetrages der Kassenbeiträge zuzuführen. II.

§ 26.

Ergibt sich aus den Jahresabschlüssen der Kasse, daß die Einnahmen derselben zur Deckung ihrer Ausgaben einschließlich der Rücklagen zur Ansammlung und I.

Ergänzung des Reservefonds nicht ausreichen, so ist entweder eine Erhöhung der Beiträge oder eine Minderung der Kassenleistungen herbeizuführen.

II. **Unterläßt die Kasse, eine dem Bedürfnisse entsprechende Abänderung herbeizuführen, so hat ihr die höhere Verwaltungsbehörde auf Grund eines sachverständigen Gutachtens zu eröffnen, in welcher Art und in welchem Maße dieselbe für erforderlich zu erachten und binnen welcher Frist dieselbe herbeizuführen ist. Die Frist muß auf mindestens sechs Wochen bestimmt werden.**

§ 27.

I. **Die Kasse ist verpflichtet, in den vorgeschriebenen Fristen und nach den vorgeschriebenen Formularen*) Übersichten über die Mitglieder, über die Krankheits- und Sterbefälle, über die vereinnahmten Beiträge und die geleisteten Unterstützungen, sowie einen Rechnungsabschluß der Aufsichtsbehörde einzusenden.**

II. **Sie hat das Ausscheiden der Mitglieder**) auf Erfordern den Aufsichtsbehörden, in deren Bezirk dieselben sich aufhalten, anzuzeigen. Für Mitglieder, welche sich im Bezirke einer örtlichen Verwaltungsstelle aufhalten, liegt diese Verpflichtung der letzteren ob.**

---

*) Vgl. Bek. d. Reichskanzlers v. 16. November 1892 (Centr.Bl. S. 671), sowie die abändernde Bek. v. 26. November 1897 (Centr.Bl. S. 329) im Anhang VII.

**) Für versicherungspflichtige Mitglieder ist diese Anzeigepflicht — auch hinsichtlich des Übertritts in eine niedrigere Mitgliederklasse — eine allgemein gesetzliche, § 49a KVG.

§ 28.

Die Kasse . . . kann durch Beschluß der Generalversammlung unter Zustimmung von mindestens vier Fünfteilen sämtlicher vertretenen Stimmen aufgelöst werden.

§ 29.

Die Schließung einer Kasse kann durch die höhere I. Verwaltungsbehörde erfolgen;

1. wenn mehr als ein Vierteil der Mitglieder mit der Einzahlung der Beiträge im Rückstande ist und trotz ergangener Aufforderung der Aufsichtsbehörde weder die Beitreibung der fälligen Beiträge, noch der Ausschluß der säumigen Mitglieder erfolgt;
2. wenn die Kasse trotz ergangener Aufforderung der Aufsichtsbehörde vier Wochen mit Zahlung fälliger nicht streitiger Unterstützungen im Rückstande ist;
3. **wenn die Generalversammlung einen mit den Vorschriften dieses Gesetzes oder des Kassenstatuts im Widerspruche stehenden Beschluß gefaßt hat und der Auflage der Aufsichtsbehörde, denselben zurückzunehmen, innerhalb der gesetzten, auf mindestens sechs Wochen zu bemessenden Frist nicht nachgekommen ist;**
4. wenn dem § 6 dieses Gesetzes zuwider Mitglieder zu Handlungen oder Unterlassungen verpflichtet, oder wenn der Vorschrift des § 13 entgegen Beiträge von den Mitgliedern erhoben oder Verwendungen aus dem Vermögen der Kasse bewirkt werden;

5. **wenn im Falle des § 26 Absatz 2 innerhalb der bestimmten Frist die Erhöhung der Beiträge oder die Minderung der Unterstützungssätze in dem festgesetzten Maße nicht erfolgt;**

5a. **wenn sich ergibt, daß nach §§ 3, 4 die Zulassung der Kasse hätte versagt werden müssen, und die erforderliche Abänderung des Statuts innerhalb einer von der höheren Verwaltungsbehörde zu bestimmenden, mindestens sechswöchentlichen Frist nicht bewirkt worden ist;**

6. wenn Mitglieder aus einem nach diesem Gesetze unzulässigen Grunde aus der Kasse ausgeschlossen werden.

II. Gegen die Maßregeln der Verwaltungsbehörde ist der Rekurs*) zulässig; wegen des Verfahrens und der Behörden gelten die Vorschriften der §§ 20 und 21 der Gewerbeordnung. In Elsaß-Lothringen finden statt derselben die dort geltenden Bestimmungen über das Verfahren in streitigen Verwaltungssachen entsprechende Anwendung.

III. Die Eröffnung des Konkursverfahrens über eine Kasse hat die Schließung kraft Gesetzes zur Folge.

§ 30.

Bei der Auflösung einer Kasse wird die Abwickelung der Geschäfte, sofern die Generalversammlung

---

*) Landesrechtlich kann das Verwaltungsstreitverfahren stattfinden, so in Preußen nach § 142 des Zuständigkeitsgesetzes v. 1. August 1883 (Klage der Aufsichtsbehörde bei dem Bezirksausschuß).

darüber nicht anderweitig beschließt, durch den Vorstand vollzogen. Genügt dieser seiner Verpflichtung nicht, oder wird die Kasse geschlossen, so hat die Aufsichtsbehörde die Abwickelung der Geschäfte geeigneten Personen zu übertragen und deren Namen bekannt zu machen.

§ 31.

Von dem Zeitpunkte der Auflösung oder Schließung I.
einer Kasse ab bleiben die Mitglieder noch für diejenigen Zahlungen verhaftet, zu welchen sie das Statut für den Fall ihres Austrittes aus der Kasse verpflichtete.

Das Vermögen der Kasse ist nach der Auflösung II.
oder Schließung zunächst zur Deckung der vor dem Zeitpunkte der Auflösung oder Schließung bereits eingetretenen Unterstützungsverpflichtungen zu verwenden.

§ 32.

Bis zum Ablaufe eines Jahres nach Auflösung oder Schließung einer Kasse kann einer für die gleichen Zwecke und für denselben Mitgliederkreis oder für einen Teil desselben neu errichteten Kasse die Zulassung versagt werden.

§ 33.

Die Kassen und ihre örtlichen Verwaltungsstellen I.
unterliegen in Bezug auf die Befolgung dieses Gesetzes der Beaufsichtigung durch die von den Landesregierungen zu bestimmenden Behörden, mit der Maßgabe, daß mit den von den höheren Verwaltungsbehörden wahrzunehmenden Geschäften diejenigen höheren Verwaltungsbehörden zu betrauen sind, welche nach Landesrecht die

Aufsicht oder Oberaufsicht in Gemeindeangelegenheiten wahrzunehmen haben.*)

II. **Die Kassen sind verpflichtet, der Aufsichtsbehörde auf Verlangen jederzeit ihre Bücher, Verhandlungen und Rechnungen im Geschäftslokale der Kasse**) zur Einsicht vorzulegen und die Revision ihrer Kassenbestände zu gestatten.**

III. **Die Aufsichtsbehörde beruft die Generalversammlung, falls der Vorstand der durch § 22 begründeten Verpflichtung nicht genügt.**

IV. **Sie kann die Mitglieder des Vorstandes und der örtlichen Verwaltungsstellen, sowie die im Falle der Auflösung oder Schließung einer Kasse mit der Abwickelung der Geschäfte betrauten Personen zur Erfüllung der durch dieses Gesetz begründeten Pflichten durch Androhung, Festsetzung und Vollstreckung von Geldstrafen bis zu einhundert Mark, sowie durch die sonstigen nach den Landesgesetzen ihr zustehenden Zwangsmittel anhalten. Gegen die Androhung und Festsetzung von Geldstrafen beziehungsweise Anwendung von**

---

*) In Preußen ist erste Instanz in Städten von mehr als 10000 Einwohnern die Ortspolizeibehörde (in Hannover z. T. der Magistrat), im übrigen der Landrat; höhere Instanz der Reg.-Präs., für Berlin der Ober-Präsident (Nr. 1 der Anw. z. HKG. v. 14. Juli 1884).

**) Event. kann im Wege der strafrechtlichen Untersuchung eine Beschlagnahme der Bücher herbeigeführt werden (Komm.Ber. zur Novelle, RTDS. 1884 Bd. 3 S. 548). Freiwillig können die Kassenvorstände die Dislozierung der Bücher gestatten was zuweilen in ihrem Interesse liegen wird.

Zwangsmitteln seitens der Aufsichtsbehörden steht den Kassenvorständen der Rekurs zu;*) wegen des Verfahrens und der Behörden gelten die Vorschriften der §§ 20 und 21 der Reichs-Gewerbeordnung.*)

§ 34.

Mitglieder des Vorstandes, des Ausschusses oder einer örtlichen Verwaltungsstelle, welche den Bestimmungen dieses Gesetzes zuwider handeln, werden mit Geldstrafe bis zu dreihundert Mark bestraft. Haben sie absichtlich zum Nachteile der Kasse gehandelt, so unterliegen sie der Strafbestimmung des § 266 des Strafgesetzbuchs.

§ 35.

Eine Vereinigung mehrerer Kassen zu einem Ver- I.
bande behufs gegenseitiger Aushilfe kann unter Zustimmung der Generalversammlungen der einzelnen Kassen und auf Grund eines schriftlichen Statuts erfolgen.

Der Verband ist durch einen aus der Wahl der II.
Vorstände oder Ausschüsse der beteiligten Kassen hervorgegangenen Vorstand zu verwalten. Seine Pflichten und Befugnisse bestimmt das Statut. Sein Sitz darf nur an einem Orte sein, wo eine der beteiligten Kassen ihren Sitz hat.

---

*) Landesrechtlich kann das Verwaltungsstreitverfahren eintreten. In Preußen finden die §§ 127 bis 129 des Landesverwaltungsgesetzes v. 30. Juli 1883 Anwendung (Nr. 13 der Anw. z. HKG. v. 14. Juli 1884).

III. Der Verband unterliegt nach Maßgabe des § 33 der Aufsicht der höheren Verwaltungsbehörde desjenigen Bezirks, in welchem der Vorstand seinen Sitz hat.

IV. Auf die Mitglieder des Vorstandes und die sonstigen Organe des Verbandes finden die Bestimmungen des § 34 Anwendung.

§ 35a.

Die Eintragungen in das Hilfskassenregister und die gemäß § 17 zu erteilenden Zeugnisse sind gebühren- und stempelfrei.

§ 36.

I. Die Verfassung und die Rechte der auf Grund landesrechtlicher Vorschriften errichteten Hilfskassen werden durch dieses Gesetz nicht berührt; die Kassen können jedoch durch die Landesregierungen zur Einsendung der im § 27 bezeichneten Übersichten verpflichtet werden.

II. In Ansehung der Kassen der Knappschaftsvereine verbleibt es bei den dafür maßgebenden besonderen Bestimmungen.

Urkundlich unter Unserer Höchsteigenhändigen Unterschrift und beigedrucktem Kaiserlichen Insiegel.

Gegeben Berlin, den 7. April 1876.

(L. S.) **Wilhelm.**

Fürst v. Bismarck.

[Die Novelle zum Hilfskassengesetz (RG. vom 1. Juni 1884) enthält in den ersten 18 Artikeln lediglich die vorstehend in den Text des Hilfskassengesetzes eingefügten Abänderungen desselben, in den Schlußartikeln (19 und 20) aber noch folgende auf die Hilfskassen bezügliche Bestimmungen:]

Artikel 19.

Die Statuten bestehender eingeschriebener Hilfskassen, welche den Vorschriften dieses Gesetzes nicht genügen, sind der erforderlichen Abänderung zu unterziehen. I.

Kassen, welche dieser Verpflichtung nicht bis zum 1. Januar 1885 genügen, sind von der höheren Verwaltungsbehörde unter Bestimmung einer mindestens sechswöchentlichen Frist dazu aufzufordern und können nach unbenutztem Ablauf dieser Frist geschlossen werden. Die Schließung erfolgt nach Maßgabe des § 29. II.

Artikel 20.

Von bestehenden eingeschriebenen Hilfskassen, welche örtliche Verwaltungsstellen errichtet haben, ist die im § 19d vorgeschriebene Anzeige binnen drei Monaten nach Inkrafttreten dieses Gesetzes zu erstatten.

Urkundlich unter Unserer Höchsteigenhändigen Unterschrift und beigedrucktem Kaiserlichen Insiegel.

Gegeben Berlin, den 1. Juni 1884.

(L. S.) **Wilhelm.**

Fürst von Bismarck.

VI. Auszug aus dem Gesetze, betr. die Abänderung der Gewerbeordnung.

Vom 26. Juli 1897.
(RGBl. S. 663.)

Artikel 1.

An die Stelle des Titels VI der Gewerbeordnung treten nachfolgende Bestimmungen:

Titel VI.

Innungen, Innungsausschüsse, Handwerkskammern, Innungsverbände.

§ 81a.

Aufgabe der Innungen ist:

. . . .

4. die Entscheidung von Streitigkeiten der im § 3 des Gewerbegerichtsgesetzes vom 29. Juli 1890 (Reichs-Gesetzbl. S. 141) und im § 53a des Krankenversicherungsgesetzes (Reichs-Gesetzbl. 1892 S. 379) bezeichneten Art zwischen den Innungsmitgliedern und ihren Lehrlingen.

§ 81b.

Die Innungen sind befugt, ihre Wirksamkeit auf andere, den Innungsmitgliedern gemeinsame gewerbliche Interessen als die im § 81a bezeichneten auszudehnen. Insbesondere steht ihnen zu:

. . . .

3. zur Unterstützung ihrer Mitglieder und deren Angehörigen, ihrer Gesellen (Gehilfen), Lehrlinge und Arbeiter in Fällen der Krankheit, des Todes, der Arbeitsunfähigkeit oder sonstiger Bedürftigkeit Kassen zu errichten;

4. Schiedsgerichte zu errichten, welche berufen sind, Streitigkeiten der im § 3 des Gewerbegerichtsgesetzes und im § 53a des Krankenversicherungsgesetzes bezeichneten Art zwischen den Innungsmitgliedern und ihren Gesellen (Gehilfen) und Arbeitern an Stelle der sonst zuständigen Behörden zu entscheiden;

. . . .

§ 83.

Die Aufgaben der Innung, die Einrichtung ihrer Verwaltung und die Rechtsverhältnisse ihrer Mitglieder sind, soweit das Gesetz nicht darüber bestimmt, durch das Statut zu regeln. I.

Dasselbe muß Bestimmung treffen über: II.

. . . .

4. die Rechte und Pflichten der Mitglieder, insbesondere den Maßstab, nach welchem die Mitgliederbeiträge erhoben werden;

. . . .

13. die Voraussetzungen und die Form einer Abänderung des Statuts und den Erlaß und die Abänderung der Nebenstatuten;

. . . .

Bestimmungen über Einrichtungen zur Erfüllung IV. der im § 81b Ziffer 3, 4 und 5 bezeichneten Aufgaben dürfen nicht in das Innungsstatut aufgenommen werden.

§ 85.

I. Soll in der Innung eine Einrichtung der im § 81b Ziffer 3, 4 und 5 vorgesehenen Art getroffen werden, so sind die dafür erforderlichen Bestimmungen in Nebenstatuten zusammenzufassen. Dieselben bedürfen der Genehmigung der höheren Verwaltungsbehörde. Vor der Genehmigung ist die Gemeindebehörde des Ortes, an welchem die Innung ihren Sitz hat, sowie die Aufsichtsbehörde zu hören. Die Genehmigung kann nach Ermessen unter Angabe der Gründe versagt werden. Gegen die Verfügung der höheren Verwaltungsbehörde steht den Beteiligten binnen vier Wochen die Beschwerde an die Landes-Zentralbehörde zu. Abänderungen der Nebenstatuten unterliegen den gleichen Vorschriften.

II. Über die Einnahmen und Ausgaben der im § 81b Ziffer 3 und 5 bezeichneten Einrichtungen ist getrennt Rechnung zu führen und das hierfür bestimmte Vermögen gesondert von dem übrigen Innungsvermögen zu verwalten. Verwendungen für andere Zwecke dürfen aus demselben nicht gemacht werden. Die Gläubiger haben das Recht auf gesonderte Befriedigung aus dem getrennt verwalteten Vermögen.

§ 90.

Auf Innungs-Krankenkassen finden außer der Vorschriften des § 73 des Krankenversicherungsgesetzes auch die §§ 34 bis 38, 45 Absatz 5, 47 Absatz 3 bis 6 des letzteren entsprechende Anwendung. Jedoch kann die Kassenverwaltung ausschließlich den Gesellen (Gehilfen) und Arbeitern übertragen, und unter der Voraussetzung, daß die Innungsmitglieder die Hälfte der Kassenbeiträge aus eigenen Mitteln bestreiten, beschlossen werden, daß der Vorsitzende sowie die Hälfte der Mitglieder des Vorstandes und der Generalversammlung von der Innung zu bestellen sind.

§ 91 b.

Die Entscheidungen der Innung (§ 81 a Ziffer 4) I.
und der Innungsschiedsgerichte (§ 81 b Ziffer 4) sind schriftlich abzufassen; sie gehen in Rechtskraft über, wenn nicht binnen einer Notfrist von einem Monat eine Partei Klage bei dem ordentlichen Gericht erhebt. Die Frist beginnt gegen eine bei der Verkündigung nicht anwesende Partei mit der Behändigung der Entscheidung.

Aus Vergleichen, welche nach Erhebung der Klage II.
vor der Innung oder dem Innungsschiedsgerichte geschlossen sind, findet die Zwangsvollstreckung statt.

. . . .

Die Vollstreckung erfolgt, sofern die Partei dies V.
beantragt, auf Ersuchen der Innung oder des Innungsschiedsgerichts durch die Polizeibehörde nach Maßgabe der Vorschriften über das Verwaltungszwangsverfahren; wo ein solches Verfahren nicht besteht, finden die Bestimmungen über die Zwangsvollstreckung in bürgerlichen Rechtsstreitigkeiten Anwendung. Ein

unmittelbarer Zwang zur Vornahme einer Handlung ist nur im Falle des § 127d zulässig.

VI. Ist rechtzeitig Klage erhoben, so findet der § 647 der Civilprozeßordnung*) entsprechende Anwendung.

§ 93.

I. Die Innungsversammlung beschließt über alle Angelegenheiten der Innung, deren Wahrnehmung nicht nach Vorschrift des Gesetzes oder des Statuts dem Vorstand obliegt.

II. Der Innungsversammlung muß vorbehalten bleiben:

. . . .

9. die Beschlußfassung über Abänderung des Statuts sowie über Errichtung und Abänderung von Nebenstatuten;

. . . .

§ 94.

Beschwerden gegen die Rechtsgültigkeit der Wahlen sind nur binnen vier Wochen nach der Wahl zulässig. Sie werden durch die Aufsichtsbehörde endgültig entschieden. Dieselbe hat auf erhobene Beschwerde Wahlen, welche gegen das Gesetz oder auf Grund des Gesetzes erlassene Wahlvorschriften verstoßen, für ungültig zu erklären.

§ 95.

I. Die bei den Innungsmitgliedern beschäftigten Ge-

*) gleichlautend mit dem jetzigen § 707 der Civilprozeßordnung.

sellen (Gehilfen) nehmen an der Erfüllung der Aufgaben der Innung und an ihrer Verwaltung Teil, soweit dies durch Gesetz oder Statut bestimmt ist. Sie wählen zu diesem Zwecke den Gesellenausschuß.

Der Gesellenausschuß ist bei der Regelung des II. Lehrlingswesens und bei der Gesellenprüfung, sowie bei der Begründung und Verwaltung aller Einrichtungen zu beteiligen, für welche die Gesellen (Gehilfen-Beiträge entrichten oder eine besondere Mühewaltung übernehmen, oder welche zu ihrer Unterstützung bestimmt sind.

Die nähere Regelung dieser Beteiligung hat durch III. das Statut mit der Maßgabe zu erfolgen, daß

1. bei der Beratung und Beschlußfassung des Innungsvorstandes mindestens ein Mitglied des Gesellenausschusses mit vollem Stimmrechte zuzulassen ist;
2. bei der Beratung und Beschlußfassung der Innungsversammlung seine sämtlichen Mitglieder mit vollem Stimmrechte zuzulassen sind;
3. bei der Verwaltung von Einrichtungen, für welche die Gesellen (Gehilfen) Aufwendungen zu machen haben, abgesehen von der Person des Vorsitzenden, Gesellen, welche vom Gesellenausschusse gewählt werden, in gleicher Zahl zu beteiligen sind wie die Innungsmitglieder.

Die Ausführung von Beschlüssen der Innungs- IV. versammlung in den im Absatze 2 bezeichneten Angelegenheiten darf nur mit Zustimmung des Gesellenausschusses erfolgen. Wird die Zustimmung versagt, so kann sie durch die Aufsichtsbehörde ergänzt werden.

§ 96.

I. Die Innungen unterliegen der Aufsicht der unteren Verwaltungsbehörde, in deren Bezirke sie ihren Sitz haben.

II. Die Aufsichtsbehörde überwacht insbesondere die Befolgung der gesetzlichen und statutarischen Vorschriften und kann sie durch Androhung, Festsetzung und Vollstreckung von Ordnungsstrafen gegen die Inhaber der Innungsämter, gegen die Innungsmitglieder und gegen deren Gesellen, soweit diese an den Geschäften der Innung teilnehmen, erzwingen. Die Geldstrafen fließen in die Innungskasse.

III. Die Aufsichtsbehörde ist befugt, der Innung, wenn sie es unterläßt, ihr zustehende Ansprüche geltend zu machen, einen Vertreter zur gerichtlichen Verfolgung der Angelegenheit zu bestellen.

IV. Sie entscheidet Streitigkeiten über die Aufnahme und Ausschließung der Mitglieder, über die Wahlen zu den Innungsämtern, sowie unbeschadet der Rechte Dritter über die Rechte und Pflichten der Inhaber dieser Ämter.

V. Sie hat das Recht, einen Vertreter zu den Prüfungen zu entsenden. Sie beruft und leitet die Innungsversammlung, wenn der Innungsvorstand dieselbe zu berufen sich weigert.

VI. Über Abänderungen des Innungsstatuts oder der

Nebenstatuten und über die Auflösung der Innung kann von der Innungsversammlung nur im Beisein eines Vertreters der Aufsichtsbehörde beschlossen werden.

Gegen die Anordnungen und Entscheidungen der VII.
Aufsichtsbehörde ist binnen vier Wochen die Beschwerde zulässig. Die Entscheidung über die Beschwerde ist endgültig.

§ 99.

Die Statuten und Nebenstatuten der Innungen, die Bescheinigung über die Legitimation der Vorstände, sowie die Ausfertigung der Vollmachten der Beauftragten sind kosten- und stempelfrei.

§ 100.

Zur Wahrung der gemeinsamen gewerblichen I.
Interessen der Handwerke gleicher oder verwandter Art ist durch die höhere Verwaltungsbehörde auf Antrag Beteiligter (§ 100f Absatz 1) anzuordnen, daß innerhalb eines bestimmten Bezirkes sämtliche Gewerbetreibende, welche das gleiche Handwerk oder verwandte Handwerke ausüben, einer neu zu errichtenden Innung (Zwangsinnung) als Mitglieder anzugehören haben, wenn

1. die Mehrheit der beteiligten Gewerbetreibenden der Einführung des Beitrittszwanges zustimmt,
2. der Bezirk der Innung so abgegrenzt ist, daß kein Mitglied durch die Entfernung seines Wohnorts vom Sitze der Innung behindert wird, am

Genossenschaftsleben teil zu nehmen, und die Innungseinrichtungen zu benutzen, und

3. die Zahl der im Bezirke vorhandenen beteiligten Handwerker zur Bildung einer leistungsfähigen Innung ausreicht.

. . . .

§ 100b.

I. Die Verfügung, durch welche die im § 100 Absatz 1 bezeichnete Anordnung getroffen wird, muß den Zeitpunkt des Eintritts ihrer Wirksamkeit bezeichnen und den Namen und den Sitz der Innung, die Abgrenzung ihres Bezirkes und die Bezeichnung derjenigen Gewerbe enthalten, für welche sie errichtet wird.

II. Die höhere Verwaltungsbehörde hat die Verfügung durch das zu ihren amtlichen Bekanntmachungen bestimmte Blatt zu veröffentlichen.

III. Gegen den Erlaß der Anordnung oder deren Versagung steht den beteiligten Gewerbetreibenden binnen vier Wochen die Beschwerde an die Landes-Zentralbehörde zu, welche endgültig entscheidet. Die Frist läuft im Falle des Erlasses der Anordnung vom Tage der Veröffentlichung, im Falle der Versagung vom Tage der Eröffnung des Bescheids ab.

IV. Nach Erlaß der Anordnung sind die für die gleichen Gewerbszweige bestehenden Innungen, deren Sitz sich im Bezirke der Zwangsinnung befindet, zu schließen.

V. Innungen, welche außer diesen noch andere Gewerbszweige umfassen, bleiben bestehen. Diejenigen Mitglieder, welche der Zwangsinnung anzugehören haben, scheiden kraft Gesetzes aus der bisherigen Innung aus.

§ 100 l.

Wird infolge der Errichtung einer Zwangsinnung eine Innung geschlossen (§ 100 b Absatz 4), mit welcher eine Innungs-Krankenkasse (§ 73 des Krankenversicherungsgesetzes) verbunden ist, so geht die letztere mit ihren Rechten und Verbindlichkeiten auf die Zwangsinnung über. I.

Die Innungs-Krankenkasse kann jedoch von der höheren Verwaltungsbehörde geschlossen werden, wenn die Zwangsinnung einen anderen Bezirk oder andere Gewerbszweige umfaßt als diejenige Innung, für welche die Innungs-Krankenkasse errichtet war, oder infolge der Errichtung der Zwangsinnung mehrere Innungen geschlossen werden, mit welchen Innungs-Krankenkassen verbunden sind. Gegen die Verfügung, durch welche die Kasse geschlossen wird, ist binnen vier Wochen die Beschwerde an die Landes-Zentralbehörde zulässig; diese entscheidet endgültig. II.

Wenn die Innungs-Krankenkasse auf die Zwangsinnung übergegangen ist, so werden die erforderlichen Abänderungen des Kassenstatuts bis zur anderweiten Beschlußfassung der Innungsversammlung von der höheren Verwaltungsbehörde mit rechtsverbindlicher Kraft vollzogen. Solange diese Abänderungen nicht vollzogen sind, haben die bisherigen Kassenorgane die Verwaltung fortzuführen. III.

. . . .

§ 100 m.

Scheidet infolge der Errichtung einer Zwangsinnung aus einer bestehenden Innung, mit welcher eine Innungs-Krankenkasse (§ 73 des Krankenversicherungsgesetzes) verbunden ist, ein Teil der Mitglieder aus (§ 100 b Absatz 5), so kann, wenn eine anderweite Einigung unter den Beteiligten nicht zustande kommt, derjenigen Krankenkasse oder Gemeinde-Krankenversicherung, welcher die bei den Ausscheidenden beschäftigten Personen künftig anzugehören haben, ein entsprechender Teil des Vermögens durch die höhere Verwaltungsbehörde überwiesen werden; dabei ist das Verhältnis der Zahl der Ausscheidenden zu der Zahl der in der Innung verbleibenden Mitglieder zu berücksichtigen. Gegen die Entscheidung steht den Beteiligten binnen vier Wochen die Beschwerde an die Landes-Zentralbehörde zu; diese entscheidet endgültig. Sonstigen Unterstützungskassen können die aus der Innung ausscheidenden Mitglieder auch ferner angehören.

Artikel 6.

. . . .

3. Die Innungs-Krankenkassen haben ihre Statuten gemäß den Vorschriften des § 90 dieses Gesetzes zu ändern. Falls dies binnen einer von der Aufsichtsbehörde zu bestimmenden Frist nicht geschieht, so können sie, soweit nicht die Bestimmungen des § 100 l Anwendung finden, geschlossen werden.

. . . .

Artikel 9.

Dieses Gesetz tritt, soweit es sich um die zu seiner I. Durchführung erforderlichen Maßnahmen handelt, sofort in Kraft.

Der Zeitpunkt, mit welchem das Gesetz im übrigen II. ganz oder teilweise in Kraft tritt, wird durch Kaiserliche Verordnung mit Zustimmung des Bundesrats bestimmt.

Urkundlich unter Unserer Höchsteigenhändigen Unterschrift und beigedrucktem Kaiserlichen Insiegel.

Gegeben Molde an Bord M. Y. „Hohenzollern", den 26. Juli 1897.

Wilhelm.

Graf von Posadowsky.

VII. Bekanntmachung,

betreffend die Formulare zu Übersichten und Rechnungsabschlüssen.

Vom 16. November 1892 (Reichs-Centr.-Bl. S. 671).*)

Der Bundesrat hat auf Grund des § 79 des Krankenversicherungsgesetzes und des § 27 des Gesetzes über die eingeschriebenen Hilfskassen beschlossen, was folgt:

An Stelle der durch Beschluß des Bundesrats vom 23. Juni 1887 — Bekanntmachung vom 7. Juli 1887 (Central-Blatt Seite 187) — vorgeschriebenen Formulare für die nach §§ 9, 41 des Krankenversicherungsgesetzes und nach § 27 des Gesetzes über die eingeschriebenen Hilfskassen zu liefernden Übersichten und Rechnungsabschlüsse treten für die Zeit vom 1. Januar 1893 an die Formulare der Anlage A. Die Zentralbehörden können für die Gemeinde-Krankenversicherung und die einzelnen Arten der Krankenkassen die Benutzung besonderer Formulare vorschreiben, derart, daß Rubriken, welche nach den Bemerkungen zu den festgestellten Formularen für die betreffenden Kassen ausfallen, darin nicht aufgenommen werden.

Die Übersichten und Rechnungsabschlüsse sind für jedes Kalenderjahr binnen drei Monaten nach dessen Ablauf in doppelter Ausfertigung an die zuständige Behörde einzureichen.

Berlin, den 16. November 1892.

Der Reichskanzler.

In Vertretung: v. Boetticher.

---

*) S. die Abänderung in der Anm. zu II. A. 1 b nachstehend.

Anlage A.

Staat: ....

Nachweisungen,

betreffend

die Krankenversicherung,

nach dem Krankenversicherungsgesetz vom 15. Juni 1883 in der Fassung des Gesetzes vom 10. April 1892 und den ergänzenden reichsgesetzlichen Bestimmungen, sowie nach den Ausführungsvorschriften über die Statistik und Rechnungsführung der Krankenkassen.

Der Krankenkasse

Name ....

Art*) ....

Bezirk**) ....

Sitz ....

Kreis (Bezirksamt, Amtshauptmannschaft, Oberamt 2c.) ....

Bezirk der höheren Verwaltungsbehörde ....

*) Genau anzugeben, ob Gemeinde-Krankenversicherung, Orts-, Betriebs- (Fabrik-), Bau-, Innungs-Krankenkasse eingeschriebene Hilfskasse nach dem Reichsgesetz vom $\frac{\text{7. April 1876}}{\text{1. Juni 1894}}$, auf landesrechtlicher Vorschrift beruhende Hilfskasse.

**) Bei Betriebs- (Fabrik-) und Bau-Krankenkassen nicht auszufüllen.

..............................., den ....

Daß Formular I und II übereinstimmend mit den Verzeichnissen, Büchern und der Kasse aufgestellt sind, bescheinigt

Der Vorstand.

(Unterschrift) ....

Von der Aufsichtsbehörde auszufüllen:

1. **Prozentverhältnis:**
der statutenmäßigen a) Gesamtbeiträge (Anteile des Arbeitgebers und des Arbeitnehmers zusammen) zum Lohne b) ....,
des statutenmäßigen a) Krankengeldes zum Lohne b)
....

2. **Statutenmäßige Dauer der Krankenunterstützung** c) .... Wochen,
davon a) mit vollem Krankengelde .... Wochen,
b) von da ab mit geringerem Krankengelde
.... Wochen.

3. **Krankengeld** wird allgemein (unter bestimmten Voraussetzungen) schon vom (......ten) Tage (nach dem Tage) des Eintritts der Erwerbsunfähigkeit ab (für Sonn- und Festtage) gewährt d).

---

a) Bei der Gemeinde-Krankenversicherung ist hier das gesetzliche Prozentverhältnis (§ 6 Abs. 1 Ziffer 2, § 9 Abs. 1 des Gesetzes) anzugeben, sofern nicht durch besonderen Gemeindebeschluß ein anderer Prozentsatz festgesetzt ist (§ 10 des Gesetzes).

b) Bei der Gemeinde-Krankenversicherung zum ortsüblichen Tagelohne (§ 6 Abs. 1 Ziffer 2, § 8 des Gesetzes), bei den Orts-, Betriebs- (Fabrik)-, Bau- und Innungs-Krankenkassen zum durchschnittlichen Tagelohne oder wirklichen Arbeitsverdienste (§ 20 Abs. 1 Ziffer 1 und Absatz 2, § 26a Abs. 2 Ziffer 6 des Gesetzes). Sind Gefahrenklassen für die Kassenmitglieder eingeführt worden (§ 22 Abs. 3 des Gesetzes), so ist das Prozentverhältnis der Beiträge zum Lohne je für die verschiedenen Gefahrenklassen anzugeben.

Zusatzbeiträge für Familienunterstützung (§ 9 Abs. 1, § 22 Abs. 2 des Gesetzes) sind nicht zu berücksichtigen.

Für Hilfskassen fallen diese Angaben fort.

Ist das Prozentverhältnis im Laufe des Jahres geändert, so ist das neue Prozentverhältnis gleichfalls anzugeben unter Beifügung des Zeitpunktes, mit welchem es eingetreten ist.

c) Als statutenmäßige Dauer der Krankenunterstützung ist nicht nur diejenige anzugeben, während welcher das volle Krankengeld gegeben wird (a), sondern auch diejenige, während welcher ein geringeres

Krankengeld gegeben wird (b). Bei der Gemeinde-Krankenversicherung fallen diese Angaben fort.

d) Hier bedarf es einer Angabe nur, wenn die dreitägige Karenzzeit beseitigt oder beschränkt ist, oder wenn für Sonn- und Festtage Krankengeld gewährt wird; bei der Ausfüllung ist das nicht Zutreffende zu durchstreichen.

Formular 1.

Übersicht

über die

Mitglieder, die Krankheits- und Sterbefälle 2c.

für das Jahr ....

(Bei Kassen, welche nicht das ganze Jahr in Tätigkeit waren, für den Zeitraum vom .... bis ....)

Zahl der Mitglieder[a]) am	männliche	weibliche	Im Laufe des Jahres:[b])
1. Januar . (Jahresanfang)	....	....	Erkrankungsfälle[c]) der männlichen Mitglieder ...., " weiblichen " ....,
1. Februar .	....	....	Krankheitstage[c]) der männlichen Mitglieder ...., " weiblichen " ....,
1. März . . .	....	....	Sterbefälle[d]) der männlichen Mitglieder ...., " weiblichen " ....,
1. April . . .	....	....	Für Kassen mit verschiedenen Gefahrenklassen (vgl. Note b auf der vorigen Seite): Die Mitglieder verteilen sich in dem Monat mit dem höchsten Stande (nach der nebenstehenden Angabe), nämlich im Monat .... auf die einzelnen Gefahrenklassen wie folgt:
1. Mai . . .	....	....	
1. Juni . . .	....	....	
1. Juli . . .	....	....	
1. August . .	....	....	
1. September	....	....	
1. Oktober . .	....	....	
1. November .	....	....	
1. Dezember .	....	....	I. Gefahrenklasse .... Mitglieder
31. Dezember . (Jahresschluß)	....	....	II. " .... Mitglieder; III. " .... Mitglieder; u. s. w.

a) Es ist die Zahl derjenigen Mitglieder anzugeben, welche nach Ausweis des Mitgliederverzeichnisses zu den angegebenen Zeitpunkten vorhanden war.

Bei der Gemeinde-Krankenversicherung genügt die Angabe der Mitgliederzahl am 1. Januar, 1. April, 1. Juli, 1. Oktober und 31. Dezember.

b) Als Erkrankungsfälle, Krankheitstage und Sterbefälle sind nur diejenigen der Mitglieder, nicht diejenigen von Angehörigen derselben zu verzeichnen.

c) Als Erkrankungsfälle und Krankheitstage sind diejenigen zu zählen, für welche Krankengeld oder Verpflegungskosten an Krankenhäuser oder Ersatzleistungen an Dritte für gewährte Krankenunterstützungen gezahlt worden (Ziffer 3, 6, 8 unter „b Ausgaben" des Formulars II). — Als Erkrankungsfälle sind nur die im Laufe des Jahres eingetretenen zu zählen; ältere, noch andauernde Erkrankungen kommen dabei nicht in Rechnung; als Krankheitstage dagegen sind zu zählen alle in das Jahr fallende, auch die aus vorjährigen Erkrankungsfällen herrührenden. Wenn ein Mitglied mehrmals erkrankt, wird jeder Erkrankungsfall besonders gezählt. Ein regelmäßig verlaufendes Wochenbett zählt nicht als Krankheit.

d) Für die Gemeinde-Krankenversicherung fallen diese Angaben fort.

Rechnungsabschluß

(gilt zugleich als Übersicht der vereinnahmten Beiträge und geleisteten Unterstützungen).

I. Kassenrechnung.[1])

	Mk.	Pf.
a) Einnahmen.		
1. Kassenbestand für den Anfang des Rechnungsjahres (ausschließlich Reservefonds)	....	....
2. Zinsen von Kapitalien und sonstigen belegten Geldern, sowie Erträge von sonstigen Vermögensteilen	....	....
3. Eintrittsgelder	....	....

[1]) Es fallen aus: für die Gemeinde-Krankenversicherung Ziffer 3, 7, 8 der Einnahmen, Ziffer 4, 5, 7, 13 der Ausgaben, für Orts-Krankenkassen Ziffer 6, 7, 8 der Einnahmen, Ziffer 9 der Ausgaben, für Betriebs- (Fabrik-) und Bau-Krankenkassen Ziffer 6 der Einnahmen,

	Mk.	Pf.
4. Gesamtbeiträge (Anteile d. Arbeitgeber u. Arbeitnehmer zusammen), ausschließlich Zusatzbeiträge	......	....
5. Zusatzbeiträge für Familienunterstützung nach § 9 Abs. 1 Satz 2, § 22 Abs. 2 des Gesetzes .	......	....
6. Vorschüsse aus der Gemeindekasse nach § 9 Absatz 4 des Gesetzes	......	....
7. Vorschüsse des Arbeitgebers nach § 64 Ziffer 4 des Gesetzes	......	....
8. Zuschüsse des Arbeitgebers nach § 65 Absatz 2 des Gesetzes	......	....
9. Ersatzleistungen für gewährte Krankenunterstützung nach Krankenversicherungsgesetz §§ 3a Absatz 4, 3b Absatz 2, 50, 57 Absatz 4, 57a Absatz 1 und 2; Landw. Unfall- und Krankenversicherungsgesetz vom 5. Mai 1886 § 136 Absatz 5, § 137 Absatz 3	......	....
10. Ersatzleistungen von Berufsgenossenschaften, Unternehmern, Versicherungsanstalten für gewährte Krankenfürsorge, Unfallrenten, Zuschüsse zum Krankengeld nach Unfallversicherungsgesetz vom 6. Juli 1884 § 5 Absatz 8 und 9, § 8; Landw. Unfall- und Krankenversicherungsgesetz vom 5. Mai 1886 § 10 Absatz 4, § 11; Unfallversicherungsgesetz vom 11. Juli 1887 § 6 Absatz 1; Unfallversicherungsgesetz vom 13. Juli 1887 §§ 10 Absatz 1, 11 Absatz 2; Gesetz, betreffend die Invaliditäts- und Altersversicherung, vom 22. Juni 1889 § 12 Absatz 2*) . .	......	....

für Innungs-Krankenkassen Ziffer 6, 7 der Einnahmen, Ziffer 9 der Ausgaben, für Hilfskassen Ziffer 6, 7, 8, 13 b der Einnahmen, Ziffer 9, 13 a bb und b bb der Ausgaben, sowie die Bemerkung unter 2 zum Abschluß.

Bei Betriebs- (Fabrik-) und Bau-Krankenkassen sind unter Ziffer 13 der Ausgaben keine Kosten der „Kassen- und Rechnungsführung" aufzunehmen.

*) Ersetzt durch die Unfallversicherungsgesetze v. 30. Juni / 5. Juli 1900 und das Invalidenversicherungsgesetz v. 13. Juli 1899.

	Mk.	Pf.
11. Aus verkauften Wertpapieren und zurückgezogenen Kapitalien, Sparkassen- oder Bankeinlagen, Entnahmen aus dem Reservefonds . .	......	....
12. Aufgenommene Darlehne, Vorschüsse des Rechnungsführers und sonstige nicht unter 6 und 7 fallende Vorschüsse; andere durchlaufende Posten	......	....
13. Sonstige Einnahmen:[1]		
a) im ganzen	......	....
b) darunter aus der Besorgung von Geschäften der Invaliditäts- und Altersversicherung nach §§ 112 ff. des Gesetzes vom 22. Juni 1889[2]) (Mk. ...... Pf. ....)		
14. Summe der Einnahmen (Ziffer 1 bis 13) . .	......	....

b) Ausgaben.

	Mk.	Pf.
1. Für ärztliche Behandlung	......	....
2. Für Arznei und sonstige Heilmittel	......	....
3. Krankengelder:		
a) an Mitglieder	......	....
b) an Angehörige der Mitglieder nach § 7 Absatz 2 des Gesetzes	......	....
4. Unterstützungen an Wöchnerinnen	......	....
5. Sterbegelder	......	....
6. Kur- u. Verpflegungskosten an Krankenanstalten	......	....
7. Fürsorge für Rekonvaleszenten nach Beendigung der Krankenunterstützung	......	....
8. Ersatzleistungen für gewährte Krankenunterstützung nach Krankenversicherungsgesetz §§ 57 Absatz 2, 57a Absatz 1 bis 3, 76c Absatz 1, Unfallversicherungsgesetz vom 11. Juli 1887 § 7 Absatz 2*)	......	....

[1]) Freiwillige oder vertragsmäßige (nicht auf gesetzlicher Verpflichtung beruhende) Zuwendungen, Strafgelder, Mahngebühren ꝛc.

[2]) Vergütungen der Versicherungsanstalten ꝛc. (jetzt nach §§ 148 ff. JVG., s. Anhang IV.)

*) Ersetzt durch § 10 Abs. 2 des Bau-Unfallversicherungsgesetzes.

	Mk.	Pf.
9. Zurückgezahlte Vorschüsse (der zu Ziffer 6 und 7 der Einnahmen bezeichneten Art)		
10. Zurückgezahlte Beiträge und Eintrittsgelder .		
11. Für Kapitalanlagen (Ankauf von Wertpapieren ꝛc.), Anlagen bei Sparkassen oder Banken, Zuführungen zum Reservefonds		
12. Zurückgezahlte Darlehne (der bei den Einnahmen Ziffer 12 bezeichneten Art); andere durchlaufende Posten		
13. Verwaltungsausgaben:		
a) persönliche:[1])		
aa) im ganzen		
bb) darunter ausscheidbare für Besorgung von Geschäften der Invaliditäts- und Altersversicherung nach §§ 112 ff. des Gesetzes vom 22. Juni 1889*) . . . . (Mk. ... Pf. ...)		
b) sächliche:[2])		
aa) im ganzen		
bb) darunter ausscheidbare für Besorgung von Geschäften der Invaliditäts- und Altersversicherung nach §§ 112 ff. des Gesetzes vom 22. Juni 1889*) . . . (Mk. ... Pf. ...)		
14. Sonstige Ausgaben[3])		
15. Summe der Ausgaben (Ziffer 1 bis 14) . .		

[1]) Besoldungen, Tantiemen, Vergütungen für Krankenkontrolle, Einnehmergebühren, Reisekosten und Diäten der Revisoren, Entschädigungen der Vorstandsmitglieder für Zeitverlust und entgangenen Arbeitsverdienst u. dergl.

[2]) Ausgaben für Schreibmaterial, Statutenbücher, Porti, Lokalmiete, Prozeßkosten ꝛc.

[3]) Krankentransportkosten; Zinsen, Provisionen, Stempelgebühren und sonstige Nebenauslagen beim Ankauf von Wertpapieren u. s. w.

*) **Ersetzt durch §§ 148 ff. Invalidenversicherungsgesetz, s. Anhang IV.**

c) Abschluß.

	Mk.	Pf.
Summme der Einnahmen (Ziffer a 14) . . .	......	....
Summe der Ausgaben (Ziffer b 15) . . .	......	....
Ergibt für den Schluß des Rechnungsjahres einen Kassenbestand von	......	....

In diesem Kassenbestande sind einbegriffen:

	Mk.	Pf.
1. nicht verrechnete (bei der Umlegung nicht in Anrechnung gebrachte) Vorschüsse zur Deckung der Ausgaben eines Kassenverbandes nach § 46 Absatz 4 des Gesetzes	......	....
2. Vorrat an gekauften Beitragsmarken der Versicherungsanstalt[1])	......	....

Die reine Jahresausgabe der Kasse (Summe der Ausgaben abzüglich der in Ziffer 9, 11 und 12 aufgeführten Posten) betrug in den letzten (vorhergehenden) drei Jahren, nämlich:[2])

18.... .... ℳ
18.... .... ℳ
18.... .... ℳ

II. Vermögensausweis

für den Schluß des Rechnungsjahres 18.....

A. Das Gesamtvermögen der Kasse (ausschließlich des Wertes etwaiger Grundstücke) setzt sich wie folgt zusammen:

---

[1]) Solche Vorräte an Beitragsmarken werden nur vorkommen, wenn die Besorgung von Geschäften der Invaliditäts- und Altersversicherung auf dem im § 114 des Gesetzes vom 22. Juni 1889 (jetzt § 152 JVG.) vorgesehenen Wege eingeführt worden ist . . . . .
. . . .

[2]) Bei Kassen, welche in den Vorjahren nicht oder nicht das ganze Jahr hindurch bestanden haben, ist das betreffende Jahr zu durchstreichen.

	Mk.	Pf.
1. Aktiva:		
a) der Bestand für den Schluß des Rechnungsjahres 18......		
1. laut vorstehendem Abschluß	......	.....
2. bar im Reservefonds	......	.....
b) in Hypotheken, Wertpapieren[1]), Sparkassenbüchern, Bankeinlagen	......	.....
c) sonstige Forderungen, Ersatzforderungen gegen Arbeitgeber, Gemeinden, Krankenkassen, Berufsgenossenschaften, Versicherungsanstalten 2c. vgl. I a Ziffer 9 und 10[2])	......	.....
Summe . . .	......	.....
2. Passiva:		
a) Darlehne und Vorschüsse	......	.....
b) Ersatzforderungen für gewährte Krankenunterstützung[3])	......	.....
c) unberichtigt gebliebene Forderungen von Kassenmitgliedern, Ärzten, Apotheken Krankenhäusern und Rekonvaleszentenanstalten[4]).	......	.....
Summe . . .	......	.....

[1]) Wertpapiere, die einen Börsenpreis haben, sind zum Tageskurs am Schlusse des Rechnungsjahrs, sofern dieser Preis jedoch den Anschaffungspreis übersteigt, höchstens zu dem letzteren anzusetzen. Wertpapiere, die keinen Börsenpreis haben, sind höchstens zu dem Anschaffungspreis in Ansatz zu bringen (Bek. des Reichskanzlers v. 26. Nov. 1897, I, Reichs-Centr.-Blatt S. 329).

[2]) Nur solche Forderungen der hier bezeichneten Art sind hier aufzuführen, welche nicht mehr streitig, aber noch nicht eingezogen sind. Rückständige Beiträge gehören nicht hierher.

[3]) Nur solche Forderungen der hier bezeichneten Art sind hier aufzuführen, welche nicht mehr streitig, aber noch nicht eingezogen sind. Rückständige Beiträge gehören nicht hierher.

[4]) Nur solche Forderungen der bezeichneten Art sind hier aufzuführen, welche, obwohl bereits fällig geworden, wegen Mangel an Mitteln unberichtigt geblieben sind, nicht dagegen solche, welche nach bestehender, ausdrücklicher oder stillschweigender Vereinbarung regelmäßig nachträglich für das verflossene Jahr gezahlt werden.

	Mk.	Pf.
3. Hiernach beträgt der Überschuß { der Aktiva[1])		
der Passiva[1])		
Nach dem vorjährigen Abschlusse betrug der Überschuß { der Aktiva[1])		
der Passiva[1])		
Ergibt gegen das Vorjahr an Überschuß { der Aktiva[1]) / der Passiva[1]) } { mehr .		
weniger		
Bei dem Verkauf von Wertpapieren ist gegen den im vorjährigen Abschluß eingestellten Wert entstanden { Gewinn — Mk. … Pf. … / Verlust — Mk. … Pf. …		
Außerdem besitzt die Kasse Grundstücke, welche nach Abzug der Abgaben und Lasten einen jährlichen Ertrag gewähren von . . . . — Mk. … Pf. …		
B. Das verfügbare Aktivvermögen (A 1 a und b) verteilt sich wie folgt:		
1. zum Stammvermögen gehören		
Nach d. vorjähr. Abschluß betrug d. Stammvermögen		
Ergibt gegen das Vorjahr am Stammvermögen*) { mehr .		
weniger		
2. Zum Reservefonds gehören nach den stattgefundenen Überweisungen (Entziehungen) . .		
Nach d. vorjähr. Abschluß betrug der Reservefonds		
Ergibt gegen das Vorjahr an Reservefonds { mehr .		
weniger		
3. Als Betriebsfonds verbleiben der Kasse von dem Betrage unter A 1 a und b nach Abzug der Beträge unter B 1 u. 2:		
a) bar		
b) in Sparkassenbüchern, Bankeinlagen 2c. . .		
Ergibt einen Betriebsfonds von . . .		

*) Die Veränderung im Stammvermögen gegen das Vorjahr ist entstanden: (hier sind die Gründe des Zuwachses oder Verlustes kurz anzugeben).

[1]) Das nicht Zutreffende ist zu durchstreichen.

VIII. Bekanntmachung,

betreffend den von der Krankenkasse in der Zeit von der fünften bis zur dreizehnten Woche nach dem Unfall zu leistenden, seitens des Betriebsunternehmers zu erstattenden Mehrbetrag an Krankengeld, vom 30. September 1885.

(AN. 1885 S. 283.)

Auf Grund des § 5 Absatz 9 des Unfallversicherungsgesetzes*) erläßt das Reichs-Versicherungsamt die nachstehenden Ausführungsvorschriften:

§ 1. Als Krankenkassen im Sinne des § 5 Absatz 9 des Unfallversicherungsgesetzes*) gelten: Die Gemeinde-Krankenversicherung, die Orts-, Betriebs- (Fabrik-), Innungs-, Baukrankenkassen, die Knappschaftskassen, sowie die auf Grund des Gesetzes vom 7. April 1876 (Reichs-Gesetzbl. S. 125) errichteten eingeschriebenen Hilfskassen und die auf Grund landesrechtlicher Vorschriften errichteten Hilfskassen, sofern die Mitglieder dieser Hilfskassen gemäß § 75 des Krankenversicherungsgesetzes von der Verpflichtung, einer der vorgenannten Kassen beizutreten, befreit sind.

§ 2. Der im § 5 Absatz 9 cit.*) vorgesehene Mehrbetrag an Krankengeld ist vom Beginn der fünften Woche (dem 29. Tage) nach Eintritt des Unfalls an bis zum

---

*) Ersetzt durch § 12 Abs. 1 GUVG. (s. Anhang III).

Ablauf der dreizehnten Woche für jeden Tag zu gewähren, für welchen ein Anspruch auf Krankengeld gesetzlich oder statutengemäß besteht. Der Tag des Unfalls ist bei der Berechnung des Zeitablaufs nicht mitzuzählen.

Der Mehrbetrag ist nur dann zu gewähren, wenn der Verletzte gesetzlich oder statutengemäß gegen Unfall versichert und der Unfall beim Betriebe eingetreten ist. [§§ 1 und 2 des Unfallversicherungsgesetzes.*)]

§ 3. Ist der Verletzte in einem Krankenhause untergebracht, und hat derselbe Angehörige, deren Unterhalt er bisher aus seinem Arbeitsverdienst bestritten hat (vergl. § 7 Absatz 2 des Krankenversicherungsgesetzes), so ist demselben ein Mehrbetrag auf Grund des § 5 Absatz 9 des Unfallversicherungsgesetzes**) insoweit***) zu leisten, als das neben der freien Kur und Verpflegung gewährte Krankengeld ein Drittel des bei der Berechnung desselben zu Grunde gelegten Arbeitslohnes nicht erreicht.[1])

Anmerkung 1. Nach § 7 Absatz 2 des Krankenversicherungsgesetzes ist neben der freien Kur und Verpflegung die Hälfte des in § 6 daselbst festgesetzten Krankengeldes zu leisten. Wird das nach § 6 cit. zu gewährende Krankengeld gemäß § 5 Abs. 9 cit.**) auf zwei Drittel des Arbeitslohnes erhöht, so erhöht sich entsprechend das nach § 7 Absatz 2 zu gewährende Krankengeld auf die Hälfte von zwei Dritteln, d. i. auf ein Drittel des Arbeitslohnes.***)

---

*) Ersetzt durch §§ 1, 2, 5 GUVG.

**) Ersetzt durch § 12 Abs. 1 GUVG.

***) Die Berechnung ändert sich, wenn statutengemäss ein erweiterter Anspruch gemäss § 21 Ziffer 2a KVG. begründet ist.

Hat dagegen der in einem Krankenhause untergebrachte Verletzte solche Angehörige nicht, so ist demselben ein Mehrbetrag auf Grund des § 5 Absatz 9 a. a. O.*) nur insoweit zu leisten, als ihm nach § 21 Ziffer 3 des Krankenversicherungsgesetzes statutengemäß ein Anspruch auf Krankengeld zusteht, und dieses den von einem Sechstel**) des bei der Berechnung desselben zu Grunde gelegten Arbeitslohnes nicht erreicht.[2])

(Anmerkung 2 ist durch das Gesetz v. 25. Mai 1903 überholt worden; vgl. § 21 Ziffer 3 KVG. in der jetzigen Fassung.)

§ 4. Hilfskassen, welche an Stelle freier ärztlicher Behandlung und freier Arznei ein erhöhtes Krankengeld gewähren (§ 75 letzter Satz†) des Krankenversicherungsgesetzes), haben dem verletzten Kassenmitgliede für die im § 2 angegebene Zeit als Mehrbetrag auf Grund des § 5 Absatz 9 cit.*) so viel zu gewähren, als zur Erreichung von elf Zwölfteln des bei der Berechnung des Krankengeldes zu Grunde gelegten Arbeitslohnes erforderlich ist.[3])

Anmerkung 3. Da nach § 5 Abs. 9 cit.*) das Krankengeld von $^1/_2$ auf $^2/_3$ des Arbeitslohns, also um $^1/_6$ zu erhöhen ist, so erhöht sich der im § 75 letzter Satz†) des Krankenversicherungsgesetzes bestimmte Mindestbetrag von $^3/_4$, wovon $^1/_4$ die Stelle freier Kur vertritt, um $^1/_6$, mithin auf $^{11}/_{12}$.

---

*) Ersetzt durch § 12 Abs. 1 GUVG.

**) Dieser Bruchteil ändert sich jetzt nach Massgabe der neuen Fassung des § 21 Ziffer 3 KVG.

†) Jetzt § 75 Abs. 3 KVG.

§ 5. Beträgt, abgesehen von dem Falle des § 4, das gesetzliche oder statutenmäßige Krankengeld, welches der Verletzte aus einer Krankenkasse allein oder aus mehreren Krankenkassen zusammen zu beanspruchen hat, bereits zwei Drittel des bei der Berechnung desselben zu Grunde gelegten Arbeitslohnes oder mehr, so steht dem Verletzten aus § 5 Absatz 9 cit.*) ein Anspruch auf einen Mehrbetrag nicht zu. Ebensowenig hat in diesem Falle die Krankenkasse auf Grund dieser Bestimmung einen Anspruch auf Erstattung gegen den Betriebsunternehmer.

§ 6. Bestehen Bedenken gegen den Anspruch des Verletzten auf den in § 5 Absatz 9 cit.*) vorgesehenen Mehrbetrag, so hat die Verwaltung der Krankenkasse dem Unternehmer desjenigen Betriebes, in welchem sich der Unfall ereignet hat, von dem Anspruche Mitteilung zu machen und dessen Erklärung hierüber einzuholen. Können hierdurch die Bedenken nicht beseitigt werden, so hat die Verwaltung auch die Ortspolizeibehörde sowie die Organe der beteiligten Berufsgenossenschaft um eine Äußerung zu ersuchen und nach dem Ergebnisse, vorbehaltlich der Entscheidung der für Streitigkeiten dieser Art zuständigen Behörde (§ 5 Absatz 11 a. a. O.**), über den Anspruch nach bestem Ermessen zu beschließen.

§ 7. Die Auszahlung des Mehrbetrages seitens der Krankenkasse hat in der gleichen Weise und an

*) Ersetzt durch § 12 GUVG.

**) Ersetzt durch § 14 GUVG.

denselben Zahlterminen zu erfolgen, welche für das gesetzlich oder statutengemäß zu gewährende Krankengeld bei der Kasse eingeführt sind.

§ 8. Die der Krankenkasse in Befolgung des § 5 Abs. 9 cit.*) erwachsene Mehrausgabe an Krankengeld ist ungesäumt nach der Wiederherstellung des verletzten Kassenmitgliedes, nach dem etwa erfolgten Ableben desselben, beziehungsweise nach Ablauf der dreizehnten Woche nach Eintritt des Unfalls bei dem Unternehmer desjenigen Betriebes, in welchem der Unfall sich ereignet hat, zur Erstattung zu liquidieren.

§ 9. Der Liquidation ist das nachstehende Formular**) zu Grunde zu legen.

§ 10. Bei Betriebs- (Fabrik-) Krankenkassen und bei Knappschaftskassen kann abweichend von den Bestimmungen in §§ 8 und 9 die Liquidation nach freier Vereinbarung zwischen den Betriebsunternehmern und den Kassenverwaltungen auch in bestimmten Zwischenräumen und für mehrere Kassenmitglieder gemeinschaftlich erfolgen.

Berlin, den 30. September 1885.

Das Reichs-Versicherungsamt.

Bödiker.

---

*) Ersetzt durch § 12 Abs. 1 GUVG.

**) Siehe S. 384 ff.

Liquidation
auf Grund
des § 5 Absatz 9 des Unfallversicherungsgesetzes vom 6. Juli 1884.*)

Krankenkasse (Name, Art, Sitz): ....

....

Aufsichtsbehörde (Name, Sitz): ....

....

1. Betrieb, in welchem sich der Unfall ereignet hat; Name des Unternehmers (Firma); genaue Ortsangabe (eventuell Straße und Hausnummer):	
2. Vor- u. Zuname des verletzten Kassenmitgliedes; Wohnort, Wohnung:	
3. Datum des Unfalls:	
4. Datum a) der Wiederaufnahme der Arbeit, oder	zu a:
b) des erfolgten Ablebens, oder	zu b:
c) des Ablaufs der dreizehnten Woche nach Eintritt des Unfalls:	zu c:

*) Ersetzt durch § 12 Abs. 1 GUVG.

5. Anzahl der Tage, für welche dem Verletzten vom Beginn der fünften Woche nach Eintritt des Unfalles bis zur Wiederherstellung (bis zum etwa erfolgten Ableben, beziehungsweise bis zum Ablauf der dreizehnten Woche) Krankengeld gezahlt worden ist:

6. Betrag des	a) der Berechnung des Krankengeldes zu Grunde gelegten täglichen Arbeitslohnes . . . .ℳ....₰
	b) (gesetzlichen) (statutenmäßigen) Krankengeldes für den Tag . . . .ℳ....₰
	c) auf Grund des § 5 Abs. 9 des Unfallversicherungsgesetzes*) für den Tag gewährten Krankengeldes . . . .ℳ....₰

7. Berechnung. — Das verletzte Kassenmitglied hat vom Beginn der fünften Woche seit Eintritt des Unfalls an Krankengeld insgesamt empfangen:

und zwar für ... Tage (vgl. Ziffer 5) à ....ℳ....₰ (vgl. Ziffer 6c), zusammen....ℳ....₰

Dem Kassenmitgliede stand für die gleiche Zeit (gesetzlich) (statutenmäßig) zu und zwar für ... Tage (vgl. Ziffer 5) à ....ℳ....₰ (vgl. Ziffer 6b), zusammen....ℳ....₰

Mehrauslage, welche der Kasse vom Betriebsunternehmer zu erstatten ist . . ....ℳ....₰

*) Ersetzt durch § 12 Abs. 1 GUVG.

8. Bemerkungen: ....

....

....

....

Auf Grund des § 5 Absatz 9 des Unfallversicherungsgesetzes*) werden Ew. / wird die .... zufolge Beschlusses des Kassenvorstandes vom .... ergebenst ersucht, der unterzeichneten Kasse zu Händen des Herrn .... die vorstehend begründete Mehrauslage zum Betrage von (in Buchstaben) ....ℳ...₰ bis zum .... gefälligst erstatten zu wollen.

Ort und Datum .... Unterschrift:

An

....

Den vorstehend liquidierten Betrag von ...ℳ...₰ erhalten.

Ort und Datum: Unterschrift:

*) Ersetzt durch § 12 Abs. 1 GUVG.

IX. Preußische Ausführungsanweisungen.

a) Anweisung vom 10. Juli 1892.

(Ministeralblatt 1892 Seite 301).

Zur Ausführung des Krankenversicherungsgesetzes in der Fassung des Gesetzes vom 10. April 1892 wird unter Hinweis auf die für Knappschaftskassen erlassene besondere Verfügung und vorbehaltlich weiterer Anordnung, sowie unter Aufhebung aller entgegenstehenden älteren Vorschriften folgendes bestimmt:

I. Verbände und Behörden. (§§ 44 und 84.)

1. Unter der Bezeichnung: „weiterer Kommunalverband" sind sämtliche Provinzial- und Kreisverbände zu verstehen, in der Provinz Westfalen auch die Ämter, in der Rheinprovinz auch die Bürgermeistereien, in der Provinz Schleswig-Holstein auch der Lauenburgische Kreiskommunalverband, in der Provinz Hessen-Nassau auch die kommunalständischen Verbände der Regierungsbezirke Cassel und Wiesbaden und in den Hohenzollernschen Landen der Landeskommunalverband und die Ober-Amtsbezirke.

2. Unter der Bezeichnung: „höhere Verwaltungsbehörde" sind zu verstehen:

a) die Bezirksausschüsse
in Bezug auf die Genehmigung der statutarischen

25*

Bestimmungen (§§ 2, 4, 51, 54) von Gemeinden und weiteren Kommunalverbänden mit Ausnahme der Provinzialverbände;

in Bezug auf die Genehmigung von Kassenstatuten (§§ 23, 24) der Orts-Krankenkassen (§§ 16, 17, 18 und 43) der Betriebs- (Fabrik-) Krankenkassen (§§ 59, 60, 61 und 67 b und c) und der Bau-Krankenkassen (§§ 69 ff.), soweit es sich nicht um die Feststellung der der Berechnung der Unterstützungen und Beiträge zu Grunde zu legenden Durchschnittslohnsätze und um die Festsetzung verschiedener Beiträge für einzelne Gewerbszweige und Betriebsarten handelt;

in Bezug auf die Genehmigung der Abänderungen von Statuten dieser Kassenarten (auch in den Fällen der §§ 48 a Absatz 1 und 64) mit der gleichen Maßgabe;

in Bezug auf die Schließung und Auflösung von Orts-Krankenkassen (§§ 47 und 48), soweit es sich nicht um die Überweisung der Kassenmitglieder und die Verwendung des Kassenvermögens handelt, sowie in Bezug auf die Ausscheidung aus gemeinsamen Orts-Krankenkassen (§ 48) mit derselben Maßgabe;

b) die Ober-Präsidenten

in Bezug auf die Genehmigung von statutarischen Bestimmungen (§§ 2, 4, 51 und 54) und Beschlüsse (§§ 12, 14, 43 und 43 a) der Provinzialverbände, sowie in Bezug auf die Gemeinde-Krankenversicherung (§§ 9, 10 und 13), wenn der Provinzialverband an die Stelle der demselben angehörenden einzelnen Gemeinden gesetzt ist;

c) die Regierungs-Präsidenten für alle übrigen Fälle.

Im Stadtkreise Berlin tritt an die Stelle des Bezirksausschusses in denjenigen Fällen, in welchen es sich um die Genehmigung von statutarischen Bestimmungen (§§ 2, 4, 51, 54) handelt, und an die Stelle des Regierungs-Präsidenten der Ober-Präsident.

In der Provinz Hessen-Nassau erstreckt sich die Zuständigkeit des Ober-Präsidenten in den unter b bezeichneten Fällen auf die Angelegenheiten der kommunalständischen Verbände.

In den Hohenzollernschen Landen tritt an die Stelle des Ober-Präsidenten der Regierungs-Präsident.

Für Einrichtungen, welche über den Bezirk einer höheren Verwaltungsbehörde hinaus sich erstrecken, ist, soweit nicht nach den vorstehenden Bestimmungen eine andere Verwaltungsbehörde eintritt und vorbehaltlich besonderer Bestimmungen für einzelne Fälle diejenige höhere Verwaltungsbehörde zuständig, in deren Bezirk die beteiligte Anstalt ihren Sitz hat oder erhalten soll. Dies gilt auch für die Fälle des § 5a Absatz 2.

Bei Betriebs- (Fabrik-) und Bau-Krankenkassen, welche ausschließlich für Betriebe des Reichs oder des Staates errichtet werden, hat die höhere Verwaltungsbehörde ihre Anordnungen und Entscheidungen, abgesehen von den Fällen unter a, nach Benehmen mit der den Verwaltungen dieser Betriebe vorgesetzten Dienstbehörde zu treffen. Wird eine Übereinstimmung nicht erzielt, so ist die Entscheidung auszusetzen und an die höheren Instanzen zu berichten.

Bei Betriebs- (Fabrik-) und Bau-Krankenkassen für Betriebe der Heeres- und der Marineverwaltung, der Reichspost- und der Staatseisenbahn- und Bau-Verwaltung werden die Obliegenheiten der höheren Verwaltungsbehörde von den den Verwaltungen dieser Betriebe vorgesetzten Dienststellen nach Maßgabe der hierüber erlassenen besonderen Bestimmungen wahrgenommen.

Die Entscheidung über die Genehmigung von Abänderungen der Kassenstatuten steht jedoch, falls die genannten Behörden die Genehmigung zu erteilen Bedenken tragen, auch bei diesen Kassen dem Bezirksausschusse zu.

3. Als „untere Verwaltungsbehörde" (§ 1 Absatz 5) sind anzusehen:

a) in Städten von mehr als 10000 Einwohnern, sowie in denjenigen Städten der Provinz Hannover, für welche die revidierte Städteordnung vom 24. Juni 1858 gilt, mit Ausnahme der im § 27 Absatz 2 der Kreisordnung vom 6. Mai 1884 bezeichneten Städte — die Gemeindevorstände;
b) im übrigen die Landräte, in den Hohenzollernschen Landen die Oberamtmänner.

4. Als „Gemeindebehörde" gilt in selbständigen Gutsbezirken und Gemarkungen der Gutsherr oder der Gemarkungsberechtigte.

Im übrigen ist unter „Gemeindebehörden" der Vorstand der Gemeinde zu verstehen. Bildet dieser ein Kollegium, so hat er zur Wahrnehmung der Aufsicht (Nr. 5) einen Kommissar zu bestellen.

5. Die Aufsicht über die Gemeinde-Krankenversicherung (§ 4) führt die Kommunalaufsichtsbehörde der Gemeinde.

Die Aufsicht über die gemeinsame Gemeinde-Krankenversicherung mehrerer Gemeinden (§§ 12, 13) steht, vorbehaltlich besonderer Bestimmung für einzelne Fälle, der Aufsichtsbehörde derjenigen Gemeinde zu, in deren Bezirk die Verwaltung dieser Versicherung ihren Sitz hat; sofern aber ein weiterer Kommunalverband hinsichtlich der Gemeinde-Krankenversicherung an die Stelle der demselben angehörenden einzelnen Gemeinden getreten ist, führt die Aufsichtsbehörde über den weiteren Kommunalverband die Aufsicht über die gemeinsame Gemeinde-Krankenversicherung desselben.

Die Aufsicht über die Orts-Krankenkassen für den Bezirk einer Gemeinde (§§ 16 bis 18) und die Aufsicht über Betriebs- (Fabrik-) und Bau-Krankenkassen (§§ 59 ff., §§ 69 ff.), deren Bezirk über den Bezirk einer Gemeinde nicht hinausgeht, führen in Gemeinden von mehr als 10000 Einwohnern die Gemeindebehörden, im übrigen vorbehaltlich besonderer Anordnungen in Einzelfällen die Kommunalaufsichtsbehörden. Den letzteren bleibt jedoch überlassen, die ihnen hiernach zustehende Aufsicht in Städten von nicht mehr als 10000 Einwohnern der unteren Verwaltungsbehörde (Landrat, Oberamtmann) oder der Gemeindebehörde, in der Rheinprovinz und in Westfalen für Gemeinden mit weniger als 10000 Einwohnern in geeigneten Fällen auch dem Bürgermeister bezw. dem Amtmann zu übertragen. Die hierüber erlassenen Anordnungen sind zu veröffentlichen.

Für gemeinsame Orts-Krankenkassen mehrerer Gemeinden (§ 43) und für Betriebs- (Fabrik-) und Bau-Krankenkassen (§§ 59 ff., 69 ff.), deren Bezirk sich über den Bezirk einer Gemeinde hinaus erstreckt, wird die Aufsichtsbehörde von der höheren Verwaltungsbehörde und, wenn der Kassenbezirk sich über den Bezirk mehrerer höherer Verwaltungsbehörden erstreckt, vom Minister für Handel und Gewerbe bestimmt.

Die Aufsicht über Betriebs- (Fabrik-) und Bau-Krankenkassen, welche ausschließlich für Betriebe der Heeres- und der Marineverwaltung, der Reichspost- und der Staatseisenbahn- und Bau-Verwaltung errichtet sind, steht nach den hierüber erlassenen besonderen Vorschriften den diesen Betrieben vorgesetzten Dienstbehörden zu.

Die Aufsicht über Innungs-Krankenkassen (§ 73) führt die Aufsichtsbehörde der Innung.

Die Vorschriften bezüglich der Aufsicht über die

Knappschaftskassen (§ 74) und die Vorschriften bezüglich der Aufsicht über diejenigen eingeschriebenen oder auf Grund landesrechtlicher Vorschriften errichteten Hilfskassen, für welche ein Zwang zum Beitritt nicht besteht (§ 75), bleiben unberührt.

II. Feststellung des Maßstabs für die Krankenversicherung und die Beiträge.

6. Die Festsetzung des ortsüblichen Tagelohns gewöhnlicher Tagearbeiter (§ 8) erfolgt durch den Regierungs-Präsidenten nach Maßgabe der hierfür erlassenen besonderen Vorschriften. Die Festsetzung ist von Zeit zu Zeit, namentlich bei Eintritt erheblicher Veränderungen der Lohnsätze, jedenfalls aber von zehn zu zehn Jahren zu revidieren. Ergeben sich hierbei Veränderungen, so ist bei deren Veröffentlichung darauf hinzuweisen, von welchem Zeitpunkt ab die so veränderten Sätze zu Grunde zu legen sind. Werden Gemeinden oder Teile einer Gemeinde mit einer anderen Gemeinde vereinigt und besteht in den beteiligten Gemeinden eine verschiedene Festsetzung des ortsüblichen Tagelohns gewöhnlicher Tagearbeiter, so hat der Regierungs-Präsident nach erfolgter Vereinigung die Höhe des ortsüblichen Tagelohns für den ganzen Umfang des neuen Gemeindebezirks neu festzusetzen.

7. Der durchschnittliche Tagelohn (§§ 20, 64, 72, 73) derjenigen Klassen von Personen, welche in Orts-, Betriebs- (Fabrik-), Bau- oder Innungs-

Krankenkassen versichert sind oder versichert werden sollen, ist bei Einreichung und Prüfung der Statuten dieser Kassen jedesmal besonders anzugeben und vom Regierungs-Präsidenten festzusetzen; eine Revision findet wie bei dem ortsüblichen Tagelohn gewöhnlicher Tagearbeiter statt.

III. Statutarische Bestimmungen.

8. Statutarische Bestimmungen über die Ausdehnung der Beitrittsberechtigung zur Gemeinde-Krankenversicherung (§ 4 Abs. 2), über die Erstreckung der Versicherungspflicht (§§ 2, 54) oder über die Befreiung der Arbeitgeber von der Beitragspflicht (§ 51) sind mit den für die Prüfung der ordnungsmäßigen Beschlußfassung erforderlichen Unterlagen durch Vermittelung der Aufsichtsbehörde dem Bezirksausschusse (oder dem Ober-Präsidenten, vgl. Nr. 2, Abs. 1 lit. b, Abs. 2 und 3) einzureichen.

Diese Bestimmungen müssen eine genaue Bezeichnung derjenigen Klassen von Personen, auf welche sie Anwendung finden sollen, und des örtlichen Umfangs ihrer Geltung enthalten.

Handelt es sich um die Erstreckung der Versicherungspflicht auf unständige Arbeiter (§ 2 Abs. 1 Ziffer 1) oder auf Hausgewerbetreibende (§ 2 Abs. 1 Ziffer 4), so müssen die statutarischen Bestimmungen ferner enthalten:

a) die Bestimmung darüber, wem die Anmeldung

und Abmeldung der durch die statutarische Bestimmung der Versicherungspflicht unterstellten Personen, soweit dieselben zur Gemeinde-Krankenversicherung oder zu einer Orts-Krankenkasse gehören (§ 49), obliegt und die näheren Bestimmungen über die Anmeldung und Abmeldung;

b) die Bestimmung darüber, wer zur Einzahlung der statutenmäßigen Kassenbeiträge verpflichtet ist (§ 2 Abs. 2 und § 54);

c) die Bestimmung darüber, ob die Arbeitgeber verpflichtet sind, die Kassenbeiträge der der Versicherungspflicht unterstellten Personen zu einem Drittel (oder zu wieviel weniger) aus eigenen Mitteln zu leisten (§ 51 Abs. 1).

9. Vor Erteilung der Genehmigung wird zu erwägen sein, ob nach dem pflichtmäßigen Ermessen der Behörde die in der statutarischen Bestimmung vorgesehenen Maßnahmen eine zuverlässige Kontrolle über das Eintreten in die Versicherung und über das Verbleiben in derselben ermöglichen, oder ob die Erstreckung der Versicherungspflicht auf sämtliche oder einzelne der in der statutarischen Bestimmung genannten Klassen von Personen gerechtfertigt erscheint.

Ist dies nicht der Fall, so kann die Genehmigung versagt werden. Dagegen würde es der Absicht des Gesetzgebers nicht entsprechen, die Genehmigung der statutarischen Bestimmung deshalb zu versagen, weil nach Ansicht der Behörde noch auf andere in der statutarischen Bestimmung nicht aufgeführte Klassen von Personen die Versicherungspflicht zu erstrecken sein würde.

Falls die statutarische Bestimmung Arbeitgeber von der Beitragspflicht befreit (§ 51), wird zu prüfen sein, ob und inwieweit nach pflichtmäßigem Ermessen der Behörde die Befreiung der Arbeitgeber nicht gerechtfertigt erscheint.

10. Innerhalb zwei Wochen nach der Zustellung findet gegen den Bescheid des Bezirksausschusses die Beschwerde an den Provinzialrat und gegen den Bescheid des Ober-Präsidenten (vgl. Nr. 2 Abs. 1 lit. b, Abs. 2 und 3) die Beschwerde an die Minister des Innern und für Handel und Gewerbe statt.

IV. Gemeinde-Krankenversicherung.

11. Gemeindebeschlüsse, welche eine Abänderung der gesetzlichen Bestimmungen über die Höhe der Beiträge oder über das Maß der Unterstützungen bezwecken (§§ 9, 10), sowie die nach § 10 Abs. 3 erlassenen Verfügungen des Regierungs-Präsidenten sind auf die für die Bekanntmachungen der Gemeindebehörde vorgeschriebene oder ortsübliche Weise zu veröffentlichen. In gleicher Weise bedürfen der Veröffentlichung die Gemeindebeschlüsse auf Grund des § 6a über die Einführung des Mahnverfahrens, Festsetzung und Abänderung der Mahngebühren (§ 55 Abs. 3), sowie die Festsetzungen der Gemeinde-Krankenversicherung über die Höhe und die Erhebung der Zusatzbeiträge (§ 9 Abs. 1).

Gemeindebeschlüsse, welche Vorschriften über die Krankenmeldung, über das Verhalten der Kranken und über die Krankenaufsicht enthalten (§ 6a Abs. 2) oder die daselbst zugelassenen Ordnungsstrafen androhen, sind mit den erforderlichen Nachweisen über das ordnungsmäßige Zustandekommen dieser Beschlüsse der Aufsichtsbehörde zur Genehmigung einzureichen.

Der Inhalt der Beschlüsse darf nicht über das Maß des Notwendigen hinausgehen. Die Genehmigung kann nach Ermessen versagt werden.

Soll nach Gemeindebeschluß der Einleitung des Beitreibungsverfahrens für Rückstände ein Mahnverfahren vorangehen und in letzterem die Erhebung einer Mahngebühr zugelassen werden, so ist der Betrag der Mahngebühr durch Gemeindebeschluß festzusetzen. Diese Festsetzung bedarf der Genehmigung der Aufsichtsbehörde (§ 55). Die Genehmigung ist insbesondere dann zu versagen, wenn und soweit die Mahngebühren über diejenigen Beträge hinausgehen, welche in dem der Verordnung, betreffend das Verwaltungszwangsverfahren wegen Beitreibung von Geldbeiträgen vom 7. September 1879 (Gesetz-Samml. S. 591), angehängten Gebührentarif unter 1*) festgesetzt worden sind.

Die vorstehenden Bestimmungen finden entsprechende Anwendung, sofern ein weiterer Kommunalverband hinsichtlich der Gemeinde-Krankenversicherung an die Stelle der denselben angehörenden

*) Ersetzt durch Verordn. v. 15. Septbr. 1899 (Gesetz-Samml. S. 545).

einzelnen Gemeinden gesetzt worden ist (vgl. Ziffer 12 Abs. 2 und Ziffer 13).

12. Übereinstimmende Beschlüsse mehrerer Gemeinden über Einführung gemeinsamer Gemeinde-Krankenversicherung (§ 12) sind dem Regierungs-Präsidenten mit den zur Prüfung über die Ordnungsmäßigkeit der Beschlußfassung erforderlichen Unterlagen einzureichen.

Solche Beschlüsse sind in der Regel zu genehmigen, wenn dieselben rechtsgültig gefaßt sind, ausreichende Bestimmungen über die Verwaltung der gemeinsamen Gemeinde-Krankenversicherung enthalten und einen Eingriff in andere derartige Einrichtungen nicht besorgen lassen. Dasselbe gilt für Beschlüsse weiterer Kommunalverbände, durch welche diese an die Stelle ihnen angehöriger Gemeinden gesetzt werden, oder durch welche für Gemeinden eine gemeinsame Gemeinde-Krankenversicherung eingeführt wird. Im letzteren Falle sind vor der Entscheidung die beteiligten Gemeinden zu hören.

Sofern Vorschriften gemäß § 6a Abs. 2 aufgenommen werden oder die Höhe der Mahngebühren in den Verwaltungsbestimmungen festgesetzt wird, hat die Aufsichtsbehörde bei Überreichung der Beschlüsse anzugeben, ob gegen den Inhalt der nach Maßgabe des § 6a Abs. 2 getroffenen Vorschriften bezw. gegen die Höhe der Mahngebühren Bedenken zu erheben sind (vgl. Ziffer 11 Abs. 2 bis 4).

Dem Antrage einer Gemeinde auf Vereinigung

mit benachbarten Gemeinden zu gemeinsamer Gemeinde-Krankenversicherung hat der Regierungs-Präsident in der Regel stattzugeben, sobald die Voraussetzungen des § 13 erfüllt sind und ein Eingriff in andere derartige Einrichtungen nicht zu besorgen ist. Vor Erlaß der Anordnung sind diejenigen Gemeinden, mit welchen die beantragende Gemeinde vereinigt werden soll, über die Vereinigung, und alle beteiligten Gemeinden unter Vorlegung eines bezüglichen Entwurfs über die für die Verwaltung der gemeinsamen Gemeinde-Krankenversicherung zu erlassenden Bestimmungen zu hören. Erachtet der Regierungs-Präsident für zweckmäßig, daß ein weiterer Kommunalverband für die Gemeinde-Krankenversicherung der ihm angehörenden Gemeinden an die Stelle der letzteren trete (§ 13 Abs. 2), so sind nicht die Gemeinden, sondern der weitere Kommunalverband zu hören.

Die von dem Regierungs-Präsidenten nach Absatz 1 und 3 erlassenen Verfügungen und Anordnungen sind den beteiligten Gemeinden und Verbänden zuzustellen. Innerhalb vier Wochen nach der Zustellung ist Beschwerde an die Minister des Innern und für Handel und Gewerbe zulässig. Endgültige Anordnungen über die gemeinsame Gemeinde-Krankenversicherung sind auf die für die beteiligten Gemeinden und weiteren Kommunalverbände vorgeschriebene oder übliche Weise zu veröffentlichen.

Die Auflösung bestehender Vereinigungen zu

gemeinsamer Gemeinde-Krankenversicherung (§ 14) ist nur dann zu genehmigen, wenn veränderte Umstände oder die durch Erfahrung gewonnene richtigere Beurteilung der Verhältnisse die Überzeugung begründen, daß durch die Auflösung eine zweckmäßigere Ausführung des Gesetzes ermöglicht wird. Für das Verfahren und die Veröffentlichung gelten die bei Errichtung der gemeinsamen Gemeinde-Krankenversicherung maßgebenden Bestimmungen.

In welchen Fällen an die Stelle des Regierungs-Präsidenten der Ober-Präsident tritt, ergibt sich aus Nr. 2 Abs. 1 lit. b, Abs. 2 und 3.

13. Ein weiterer Kommunalverband ist nur dann als Träger der gemeinsamen Gemeinde-Krankenversicherung anzusehen, wenn er für die Gemeinde-Krankenversicherung an die Stelle aller ihm angehörenden Stadt- und Landgemeinden — einschließlich der selbständigen Gutsbezirke — tritt. Sofern nur ein Teil der dem weiteren Kommunalverband angehörenden Gemeinden (z. B. nur die ländlichen Gemeinden und Gutsbezirke) zu gemeinsamer Krankenversicherung vereinigt werden, so kann zwar die nach § 12 Abs. 4 einzurichtende besondere Verwaltung der gemeinsamen Gemeinde-Krankenversicherung den Organen des weiteren Kommunalverbandes übertragen werden, falls die Vertretung des letzteren dies beschließt; die Verwaltungskosten, sowie die im Bedürfnisfalle zu leistenden Vorschüsse (§ 9 Abs. 4) sind dann aber auf die beteiligten Gemeinden allein

zu verteilen und nicht etwa als Lasten des weiteren Kommunalverbandes unter Mitheranziehung der an der gemeinsamen Gemeinde-Krankenversicherung nicht beteiligten Gemeinden aufzubringen. Hierbei ist es unerheblich, ob die Gemeinde-Krankenversicherung in einzelnen oder allen zu vereinigenden Gemeinden ausschließlich oder nur neben anderweiten Kasseneinrichtungen Platz greifen soll.

14. Der Jahresabschluß und die Übersichten (§ 9 Abs. 3) sind durch Vermittlung der Aufsichtsbehörde in der vorgeschriebenen Frist dem Regierungs-Präsidenten oder Ober-Präsidenten (vgl. Nr. 2 Abs. 1 lit. b, Abs. 2, 3) einzureichen. Dabei sind die Bestimmungen des Bundesrats maßgebend.*)

Die Aufsichtsbehörde hat für die Beachtung der Fristen Sorge zu tragen.

Für die Befugnisse und Obliegenheiten der Aufsichtsbehörde gelten die allgemeinen gesetzlichen Bestimmungen über die Stellung der staatlichen Aufsichtsbehörde gegenüber den Kommunalverbänden.

V. Orts-Krankenkassen.

a) Beschlüsse und Anordnungen über die Errichtung.

15. Gemeindebehörden, welche innerhalb des Gemeindebezirks Orts-Krankenkassen für einzelne oder mehrere Gewerbszweige oder Betriebsarten errichten wollen (§ 16 Abs. 1 bis 3), haben hierbei nach Nr. 20 ff. zu verfahren. Falls jedoch eine gemein-

*) S. Anhang VII.

same Orts-Krankenkasse für solche Gewerbszweige oder Betriebsarten in Aussicht genommen wird, in deren einem hundert oder mehrere versicherungspflichtige Personen beschäftigt sind (§ 16 Abs. 4), so hat die Gemeindebehörde zunächst den letzteren von dieser Absicht durch einmalige ortsübliche Bekanntmachung mit dem Bemerken Kenntnis zu geben, daß von ihnen gegen die Errichtung der gemeinsamen Orts-Krankenkasse binnen einer zu bestimmenden Frist Widerspruch erhoben werden könne. Wird rechtzeitig Widerspruch erhoben, so hat die Gemeindebehörde die Entscheidung des Regierungs-Präsidenten einzuholen.

16. Den Gemeinden bleibt überlassen, wegen Errichtung gemeinsamer Orts-Krankenkassen für mehrere Gemeinden (§ 43 Abs. 1) mit anderen Gemeinden sich in Verbindung zu setzen oder einen entsprechenden Antrag an den weiteren Kommunalverband zu richten.

Wollen mehrere Gemeinden für ihre Bezirke gemeinsame Orts-Krankenkassen errichten, so haben sie die hierüber gefaßten übereinstimmenden Beschlüsse mit denjenigen Unterlagen, welche die Prüfung der ordnungsmäßigen Beschlußfassung ermöglichen, durch Vermittlung der Aufsichtsbehörde dem Regierungs-Präsidenten einzureichen.

In gleicher Weise sind die Beschlüsse weiterer Kommunalverbände, durch welche die Errichtung gemeinsamer Orts-Krankenkassen für ihre Bezirke oder für Teile derselben angeordnet wird (§ 43 Abs. 2), dem Regierungs-Präsidenten (oder dem Ober-Präsidenten, vgl. Nr. 2 Abs. 1 lit. b, Abs. 3) zur Genehmigung einzureichen. Diesen bleibt überlassen, zunächst den beteiligten Gemeinden zu einer Äußerung über die beabsichtigte Errichtung Gelegenheit zu geben.

Die Genehmigung ist zu versagen:

a) wenn die Beschlüsse nicht ordnungsmäßig zustande gekommen sind,

b) wenn der Inhalt derselben den Bestimmungen des § 43 Abs. 4 nicht genügt,

c) wenn der Bezirk der gemeinsamen Orts-Krankenkasse auf Orte ausgedehnt ist, worin für die zugehörigen Gewerbszweige oder Betriebsarten Orts-Krankenkassen vorhanden sind und nicht gleichzeitig deren Auflösung herbeigeführt werden kann.

Die Wahrnehmung der Obliegenheiten der Gemeindebehörden (§ 43 Abs. 4) kann auch an andere Behörden als Gemeindebehörden übertragen werden.

17. Der Bescheid ist, falls Widerspruch erhoben ist oder die Genehmigung versagt wird, mit Gründen zu versehen und den Antragstellern, sowie denjenigen Gemeinden, welche Widerspruch erhoben haben, gegen Zustellungsurkunde mitzuteilen. Die Beschwerde ist innerhalb 4 Wochen nach der Zustellung an den Minister für Handel und Gewerbe zu richten.

18. Wird von Beteiligten die Errichtung einer Orts-Krankenkasse beantragt (§ 17 Abs. 1, 2), so hat der Regierungs-Präsident, sofern der Antrag nicht

von vornherein ungerechtfertigt erscheint, die Einleitung von Verhandlungen über die Errichtung der Kasse anzuordnen. Die Anordnung hat diejenigen Gewerbszweige oder Betriebsarten zu bezeichnen, auf welche bei den Verhandlungen zunächst Rücksicht zu nehmen ist, und zu bestimmen, in welcher Weise den Beteiligten Gelegenheit zur Äußerung zu geben ist und wie die Verhandlungen zu führen sind.

Über die Erledigung dieses Auftrages hat die Gemeindebehörde zu berichten und dabei anzuzeigen, wieviel versicherungspflichtige Personen und Arbeitgeber in den einzelnen beteiligten Gewerbszweigen vorhanden und wie viele von denselben mit Einschluß der Antragsteller dem Antrage beigetreten sind.

Der Regierungs-Präsident prüft, ob nach den Erklärungen der Gemeindebehörde und der Beteiligten die Errichtung der Kasse für alle oder für einzelne der bezeichneten Gewerbszweige oder Betriebsarten zweckmäßig und zulässig ist, veranlaßt in letzterem Falle, sofern dies erforderlich ist, weitere Verhandlungen über die Errichtung einer gemeinsamen Orts-Krankenkasse für diejenigen Gewerbszweige und Betriebsarten, bei welchen die gesetzlichen Voraussetzungen hierfür vorhanden sind, und trifft demnächst darüber Anordnung, für welche Gewerbszweige oder Betriebsarten eine Orts-Krankenkasse zu errichten ist.

19. Der die Errichtung einer Orts-Krankenkasse anordnende Bescheid muß unter Hinweis auf § 17 Abs. 4 eine Frist für die Einreichung des Statuts

bestimmen. Die Frist beginnt, sobald die Anordnung rechtskräftig geworden ist. Der Bescheid ist unter Benachrichtigung der Antragsteller und der Aufsichtsbehörde gegen Zustellungsurkunde der Gemeindebehörde mitzuteilen. Die Beschwerde findet binnen 4 Wochen nach der Zustellung an den Minister für Handel und Gewerbe statt. Wird binnen der gesetzten Frist ein nach Anhörung der Beteiligten erlassenes, den gesetzlichen Bestimmungen entsprechendes Statut für die Orts-Krankenkasse dem Regierungs-Präsidenten nicht eingereicht, so eröffnet der letztere der Gemeindebehörde und den Antragstellern unter gleichzeitiger Benachrichtigung der Aufsichtsbehörde, daß bis zur Erfüllung jener Verpflichtung von denjenigen Personen, für welche die Errichtung der Orts-Krankenkasse angeordnet worden ist, Beiträge zur Gemeinde-Krankenversicherung nicht zu erheben sind.

Wird die Errichtung einer Orts-Krankenkasse von dem Regierungs-Präsidenten oder auf erhobene Beschwerde abgelehnt, so werden die Antragsteller und die Gemeindebehörde hiervon in Kenntnis gesetzt.

b) Verfahren bei der Errichtung.

20. Wenn von einer Gemeinde, von mehreren Gemeinden oder für einen weiteren Kommunalverband eine Orts-Krankenkasse errichtet werden soll, so hat die Gemeindebehörde oder diejenige Behörde, welcher für gemeinsame Orts-Krankenkassen mehrerer Gemeinden die Obliegenheiten der Gemeindebehörde übertragen sind, durch einen Kommissar ein Kassenstatut ent-

werfen zu lassen. Zur Erklärung über den Entwurf haben in der Regel die bei der Kasse beteiligten versicherungspflichtigen Personen und deren Arbeitgeber, welche zu diesem Zweck auf ortsübliche Weise zu laden sind, unter Leitung des Kommissars die von demselben zu bestimmende Zahl von Vertretern zu wählen. Werden Vertreter gewählt, so sind die Verhandlungen mit diesen unter Ausschluß der übrigen Beteiligten zu führen; ist die angeordnete Wahl von Vertretern nicht erfolgt, oder ist von den Beteiligten eine sachgemäße Äußerung nicht zu erlangen, so ist von weiteren Verhandlungen Abstand zu nehmen.

Die Gemeindebehörde übersendet die aufgenommenen Verhandlungen, eine Übersicht über die Anzahl der in den einzelnen Gewerbszweigen oder Betriebsarten, für welche die Kasse errichtet werden soll, im Kassenbezirk beschäftigten (§ 5 a) versicherungspflichtigen Personen, ein Verzeichnis der in dem Gemeindebezirk bestehenden Orts-Krankenkassen, sowie den Statutenentwurf, und zwar letzteren in zwei Exemplaren, mittels Berichts an die Kommunalaufsichtsbehörde, welche, soweit sie nicht selbst als höhere Verwaltungsbehörde zu fungieren berufen ist, die Sache an den Regierungs-Präsidenten weitergibt.

Der Bericht muß

a) die gegen den Entwurf erhobenen Widersprüche erläutern und angeben, inwiefern dieselben berücksichtigungswert erscheinen;

b) sofern nicht die Beiträge und Unterstützungen

nach dem wirklichen Arbeitsverdienst der einzelnen Versicherten festgesetzt sind (§ 26 a Abs. 2 Ziffer 6), unter Beachtung der für die Festsetzung des ortsüblichen Tagelohns gewöhnlicher Tagearbeiter getroffenen Bestimmungen eine Nachweisung über den durchschnittlichen Tagelohn der in den beteiligten Gewerbszweigen oder Betriebsarten beschäftigten Personen oder, falls nach dem Statutenentwurf die Beiträge und Unterstützungen nach Klassen abgestuft werden sollen, eine Nachweisung über den durchschnittlichen Tagelohn dieser Klassen enthalten;

c) falls im Statut Zusatzbeiträge für Familienunterstützung festgesetzt sind (§ 22 Abs. 2), über deren Angemessenheit, sofern aber bei gemeinsamen Orts-Krankenkassen die Höhe der Beiträge für die einzelnen Gewerbszweige oder Betriebsarten verschieden bemessen ist (§ 22 Abs. 3), zugleich auch über die Zulässigkeit und Zweckmäßigkeit dieser Festsetzungen sich äußern;

d) anzeigen, ob der Kasse außer den Beiträgen sonstige Einnahmen zur Verfügung stehen;

e) vorschlagen, mit welchem Zeitpunkt die Kasse mit Rücksicht auf den Haushalt der bereits bestehenden Kassen, bei denen die betreffenden Personen bisher versichert waren, in Kraft treten soll.

Sofern Vorschriften über Krankenmeldung u. s. w. (§ 26 a Ziffer 2 a) in das Statut aufgenommen sind, oder die Höhe der Mahngebühren im Statute festgesetzt ist (§ 55 Abs. 3), hat die Aufsichtsbehörde gleichzeitig anzugeben, ob gegen den Inhalt der Vorschriften oder die Höhe der Mahngebühren Bedenken zu erheben sind (vgl. Nr. 11 Abs. 2—4).

21. Dem Regierungs-Präsidenten bleibt überlassen, zunächst weitere Ermittelungen anzustellen. Derselbe setzt sodann den durchschnittlichen Tagelohn der Kassenmitglieder, falls nach demselben die Beiträge und Unterstützungen bemessen werden sollen, unter Berücksichtigung der etwa aufgestellten Klassen fest und befindet über die Genehmigung einer etwaigen verschiedenen Bemessung der Höhe der Beiträge für einzelne Gewerbszweige oder Betriebsarten (§ 22 Abs. 3), sowie darüber, ob im Falle des § 18 die Errichtung der Kasse zu gestatten ist, sofern hierüber nicht schon vorher eine Entschließung ergangen sein sollte. Bestehen über die Zulässigkeit und Zweckmäßigkeit einer verschiedenen Bemessung der Kassenbeiträge (§ 22 Abs. 3), sowie über das Verhältnis der Beiträge der einzelnen Gewerbszweige und Betriebsarten zu einander Zweifel, so ist eine sachverständige Prüfung anzuordnen. Erscheint nach dem Ergebnis dieser Erwägungen die Errichtung der Kasse unzulässig (§ 18) oder sind die Bestimmungen des Statuts über die verschiedene Bemessung der Beiträge (§ 22 Abs. 3) zu beanstanden, so hat der Regierungs-Präsident den Statutenentwurf zurückzugeben; andernfalls hat er die Verhandlungen mit einer entsprechenden

Erklärung zur Genehmigung des Kassenstatuts an den Bezirksausschuß abzugeben.

22. Der Bezirksausschuß prüft zunächst, ob die in dem Statutenentwurf vorgesehene Bemessung der Beiträge der Anforderung des § 22 Abs. 1 entspricht. Entstehen Zweifel hierüber, so ist eine sachverständige Prüfung anzuordnen.

Je nach dem Ergebnis der sachverständigen Prüfung hat der Bezirksausschuß nach Maßgabe des § 30 über die Genehmigung des Kassenstatuts zu beschließen.

Bei der Beschlußfassung wird auch zu prüfen sein, ob der Gemeindebeschluß über die Errichtung der Orts-Krankenkasse gültig zustande gekommen ist, z. B. ob bei Orts-Krankenkassen in Städten die Stadtverordnetenversammlung bei der Beschlußfassung über die Errichtung der Kasse mitgewirkt hat.

Gegen den Beschluß, durch welchen die Genehmigung versagt oder nur unter Bedingungen erteilt wird, findet innerhalb zwei Wochen das Verwaltungsstreitverfahren statt. Die Zuständigkeit und der Instanzenzug werden durch Königliche Verordnung geregelt.

23. Endgültige Beschlüsse des Regierungs-Präsidenten bezw. der Gemeinde sind für den Bezirksausschuß insoweit bindend, als es sich um die Festsetzung des durchschnittlichen Tagelohns, seine Abstufungen (§ 20), die Genehmigung einer verschiedenen Bemessung der Beiträge für die verschiedenen Gewerbs-

zweige oder Betriebsarten (§ 22 Abs. 3) und um die Zuweisung weiterer Gewerbszweige und Betriebsarten (§§ 18 a, 43 a, 47 Abs. 6) handelt.

Das Verfahren ist möglichst zu beschleunigen. Binnen sechs Wochen nach Eingang des Antrags ist der Gemeindebehörde wenigstens ein vorläufiger Bescheid zu erteilen, falls die endgültige Erledigung noch nicht angängig war. Wird die Genehmigung erteilt, so ist das Kassenstatut auszufertigen, mit dem Genehmigungsvermerke zu versehen und dem Regierungs-Präsidenten zur weiteren Veranlassung zu übersenden.

c) Verfahren nach Genehmigung des Kassenstatuts.

24. Nach Genehmigung des Kassenstatuts hat der Regierungs-Präsident den Zeitpunkt, mit welchem die Kasse ins Leben tritt, festzusetzen und das Kassenstatut der Aufsichtsbehörde mit dem Auftrage zuzustellen, wegen der Vorbereitungen für das Inslebentreten der Kasse das Weitere zu veranlassen.

Die Aufsichtsbehörde ernennt hierzu einen Kommissar. Derselbe hat, wenn die Generalversammlung der Kasse nach den Bestimmungen des Statuts aus Vertretern besteht, deren Wahl herbeizuführen und dazu die Wahlberechtigten zu laden. Die Wahl ist geheim und findet für Arbeitgeber und Versicherte, sowie dann, wenn nach dem Statut die Vertreter von verschiedenen Abteilungen zu wählen sind, in getrennten Wahlverhandlungen statt; sie ist nach

Maßgabe der statutarischen Bestimmungen von dem Kommissar zu leiten; über dieselbe wird ein Protokoll aufgenommen. Lehnen die Gewählten die Annahme der Wahl ab, so findet eine Wiederholung derselben statt. Wird die Wahl durch die Versicherten verweigert (§ 39), so hat die Aufsichtsbehörde auf Vorschlag des Kommissars deren Vertreter zur Generalversammlung zu ernennen.

25. Der Kommissar beruft zur ersten Generalversammlung ihre sämtlichen Mitglieder auf die in dem Statute vorgeschriebene Weise. In dieser Versammlung wird die Wahl des Kassenvorstandes vorgenommen. Seine Mitglieder wählen die Kassenmitglieder und Arbeitgeber getrennt in geheimer Wahl. Letzteren bleibt, falls das Statut nichts darüber bestimmt, überlassen, ob sie die ihnen zustehende Anzahl von Stimmen im Vorstande durch einen oder durch mehrere Vertreter, von denen aber jeder mindestens eine Stimme haben muß, führen wollen. Die Verhandlung wird von dem Kommissar nach Maßgabe der statutarischen Bestimmungen geleitet; über dieselbe wird ein Protokoll aufgenommen. Lehnen die Gewählten die Wahl ab, so findet eine Wiederholung derselben statt. Wird die Wahl von den Versicherungspflichtigen oder deren Vertretern verweigert, oder kommt die Generalversammlung nicht zustande, so ernennt die Aufsichtsbehörde auf Vorschlag des Kommissars die Vertreter der Kassenmitglieder zum Vorstand.

Nach Beendigung der Verhandlungen hat der Kommissar der Aufsichtsbehörde von dem Ergebnis, insbesondere von der Zusammensetzung des Vorstandes, Anzeige zu machen.

d) Aufsicht.

26. Die Aufsichtsbehörde hat über die Personen, welche als Mitglieder des Kassenvorstandes angemeldet sind, ein Verzeichnis zu führen und nach Maßgabe der angemeldeten Veränderungen fortlaufend richtig zu halten. Entstehen über die Richtigkeit der nach § 34 Abs. 2 zu erstattenden Anzeigen Zweifel, so hat die Aufsichtsbehörde den Sachverhalt festzustellen. In die Verzeichnisse der Vorstandsmitglieder ist jedermann Einsicht zu gewähren. Auf Grund derselben sind die im § 35 Abs. 2 erwähnten Bescheinigungen auszustellen.

27. Von der Ermächtigung, die Befugnisse und Obliegenheiten der Kassenorgane durch ernannte Vertreter auf Kosten der Kasse wahrzunehmen, so lange der Vorstand oder die Generalversammlung nicht zustande gekommen ist oder die Kassenorgane die Erfüllung ihrer gesetzlichen oder statutenmäßigen Obliegenheiten verweigern (§ 45), hat die Aufsichtsbehörde regelmäßig Gebrauch zu machen.

28. Die Aufsichtsbehörde hat nach ihrem Ermessen regelmäßige Revisionen, außerdem aber in jedem Jahre mindestens eine außerordentliche Revision aller Kasseneinrichtungen und der Kasse, vorzunehmen, für die Abstellung der vorgefundenen Mängel Sorge

zu tragen, nach Befinden die Bestrafung der Schuldigen herbeizuführen, nach Maßgabe des § 42 den Zinsfuß für die bis zur Erstattung veruntreuter Kassengelder eintretende Verzinsung zu bestimmen und die Zinsbeträge von den Schuldnern nach § 45 beizutreiben. Bei den Revisionen ist darauf zu achten, daß verfügbare Bestände auf die zugelassene Art zinsbar angelegt werden.

Ergibt sich bei den Revisionen oder sonst, daß das Kassenstatut abzuändern (§§ 33, 48 a) oder die Schließung der Kasse (§ 47) in Erwägung zu ziehen ist, so hat die Aufsichtsbehörde dem Regierungs-Präsidenten sofort hierüber Bericht zu erstatten. Das weitere Verfahren richtet sich nach Nr. 36, 37, 42.

29. Für die im § 41 bezeichneten Übersichten und Abschlüsse sind die hierüber erlassenen Vorschriften des Bundesrats maßgebend.*)

Die Aufsichtsbehörde hat für die rechtzeitige Einlieferung Sorge zu tragen und dieselben mit den etwa erforderlichen Erläuterungen demnächst dem Regierungs-Präsidenten einzureichen. Dieser hat an der Hand der Nachweisungen zu prüfen, ob nach dem jeweiligen Vermögensstande für eine Kasse das Eintreten der Insolvenz zu befürchten ist. Ist dies der Fall, so sind unverzüglich Anordnungen zur Herstellung des Gleichgewichts zwischen den Einnahmen und Ausgaben der Kasse zu treffen. Kann dies namentlich auch durch eine entsprechende Erhöhung der Beiträge oder Herabminderung der

a) Siehe Anhang VII.

Leistungen auf dem im § 33 vorgesehenen Wege nicht erreicht werden, so ist die Schließung der Kasse so zeitig herbeizuführen, daß der Fall der Insolvenz tunlichst vermieden wird.

Überschreitet die Zahl der Mitglieder einer Kasse, deren Generalversammlung nach dem Statut nicht aus Vertretern besteht, im Verlauf ihres Bestehens die Zahl 500, so hat die Aufsichtsbehörde eine der Vorschrift des § 37 Abs. 2 entsprechende Abänderung des Statuts herbeizuführen. Versagt die Generalversammlung ihre Mitwirkung, so hat die Aufsichtsbehörde von der ihr nach § 45 Abs. 5 zustehenden Befugnis Gebrauch zu machen.

30. Beschlüsse der Generalversammlung, welche Vorschriften über Krankenmeldung, über das Verhalten der Kranken und über die Krankenaufsicht oder Bestimmungen über Ordnungsstrafen enthalten (§ 26 a Ziffer 2 a), sind nach Nr. 11 Abs. 2 bis 4 zu behandeln.

e) Zuweisung von Gewerbszweigen oder Betriebsarten (§§ 18 a, 43 a).

31. Die Zuweisung von Gewerbszweigen oder Betriebsarten, für welche eine Orts-Krankenkasse nicht besteht, an eine bestehende Orts-Krankenkasse erfolgt, wenn der Bezirk der Orts-Krankenkasse auch nach der Zuweisung nur den Bezirk einer einzigen Gemeinde umfaßt, durch Gemeindebeschluß (§ 18 a), bei Orts-Krankenkassen für die Bezirke mehrerer Gemeinden durch Beschluß des weiteren Kommunal-

verbandes (§ 43 a), zu dessen Bezirk die in Betracht kommenden Gemeinden gehören.

Die Zuweisung von Gewerbszweigen oder Betriebsarten an bestehende Orts-Krankenkassen soll nur dann erfolgen, wenn die Bildung einer eigenen Kasse für diese unter Berücksichtigung der Zahl der zu versichernden Personen (§§ 16, 18) untunlich ist. Die Zuweisung hat tunlichst an eine für verwandte Betriebsarten oder Gewerbszweige bestehende Orts-Krankenkasse zu erfolgen.

32. Handelt es sich um eine Orts-Krankenkasse für den Bezirk einer einzelnen Gemeinde, so hat die Gemeindebehörde vor der Beschlußfassung den beteiligten Versicherungspflichtigen von der beabsichtigten Zuweisung durch einmalige ortsübliche Bekanntmachung mit dem Bemerken Kenntnis zu geben, daß von ihnen gegen die Zuweisung binnen einer näher zu bestimmenden Frist Widerspruch erhoben werden könne. Wird nach Ablauf dieser Frist die Zuweisung beschlossen, so hat die Gemeindebehörde dem Kassenvorstand, geeignetenfalls unter Übersendung der etwa eingegangenen Äußerungen, von der Zuweisung mit der Aufforderung Mitteilung zu machen, binnen einer näher zu bestimmenden Frist die Aufnahme der in Betracht kommenden Gewerbszweige oder Betriebsarten unter entsprechender Abänderung der Kassenstatuten (§ 23 Abs. 2 Ziffer 1) herbeizuführen.

Gegen den Gemeindebeschluß, durch welchen die Zuweisung ausgesprochen wird, steht der Kasse innerhalb vier Wochen nach Zustellung des Bescheides die Beschwerde an den Regierungs-Präsidenten zu (§ 18a).

33. Unterläßt die Vertretung der Kasse, aus Anlaß der endgültig angeordneten Aufnahme eine entsprechende Änderung der Statuten zu beschließen, so hat die Gemeindebehörde durch Vermittelung der Aufsichtsbehörde dem Regierungs-Präsidenten von der Sachlage Anzeige zu machen. Dieser hat die Beschlußfassung der Kasse anzuordnen und, falls dieser Anordnung binnen der gesetzten Frist keine Folge gegeben wird, seinerseits die erforderliche Abänderung des Kassenstatuts mit rechtsverbindlicher Wirkung und, ohne daß ein Rechtsmittel hiergegen stattfindet, zu vollziehen. Hierbei ist ein Exemplar des Statuts mit den erforderlichen Abänderungen zu versehen und mit dem Bemerken auszufertigen, daß das so abgeänderte Statut nach § 48a an die Stelle des bisherigen Kassenstatuts trete. Ausfertigung ist der Aufsichtsbehörde zuzustellen, welche in dem für ihre amtlichen Bekanntmachungen bestimmten Organe und nach Befinden auf andere, am Sitze der Kasse ortsübliche Weise die Veröffentlichung der abgeänderten Bestimmungen veranlaßt.

34. Handelt es sich um eine Orts-Krankenkasse für den Bezirk mehrerer Gemeinden oder für den Bezirk eines weiteren Kommunalverbandes, so finden auf das Verfahren die Vorschriften der Ziffern 31—33 mit folgenden Maßgaben Anwendung:

a) Die Obliegenheiten der Gemeindebehörden versieht das ausführende Organ des weiteren Kommunalverbandes oder nach dessen Bestimmung diejenige Stelle, welche gemäß § 43 Abs. 4 mit der Wahrnehmung der Obliegenheiten der Gemeindebehörden beauftragt worden ist;

b) die Aufforderung an die Versicherungspflichtigen ist durch öffentliche Bekanntmachungen zu erlassen; dabei kann denselben anheimgestellt werden, Vertreter zu wählen und diese zum Zwecke einer mündlichen Verhandlung derjenigen Stelle, welche die Obliegenheiten der Gemeindebehörde wahrnimmt (vgl. lit. a), namhaft zu machen;

c) der Beschluß über die Zuweisung bedarf der Genehmigung des Regierungs-Präsidenten oder Ober-Präsidenten; demselben sind die Beschlüsse mit den für die Beurteilung des rechtsgültigen Zustandekommens erforderlichen Unterlagen einzureichen;

d) gegen den von dem Regierungs-Präsidenten oder dem Ober-Präsidenten genehmigten Zuweisungsbeschluß steht der Kasse innerhalb vier Wochen nach der Zustellung die Beschwerde an den Minister für Handel und Gewerbe zu.

f) Abänderung der Statuten.

35. Beschließt eine Orts-Krankenkasse Abänderungen des Kassenstatuts, so ist eine Zusammenstellung der abändernden Beschlüsse oder ein voll-

ständig umgearbeitetes Statut in zwei Exemplaren unter Beifügung der über die Beschlußfassung aufgenommenen Verhandlung der Aufsichtsbehörde und von dieser mit einer gutachtlichen Äußerung dem Regierungs-Präsidenten vorzulegen. Das Verfahren richtet sich nach Nr. 21 ff.

Die der Genehmigung vorausgehende Prüfung hat sich auch darauf zu erstrecken, ob die Abänderungsbeschlüsse nach Maßgabe des Statuts gültig gefaßt sind.

36. Ergibt sich, daß einem Statute die Genehmigung hätte versagt werden müssen, weil dasselbe gegen Vorschriften des Gesetzes verstößt oder mit den Bestimmungen einer anderen älteren Kasse im Widerspruche steht, so hat der Regierungs-Präsident diejenigen Bestimmungen, deren Abänderung erforderlich ist, zu bezeichnen und der Kasse für die Einreichung eines Abänderungsbeschlusses eine Frist zu bestimmen.

Gegen diesen Bescheid findet binnen 2 Wochen nach der Zustellung das Verwaltungsstreitverfahren statt. Die zur Entscheidung zuständige Instanz wird durch Königliche Verordnung*) bestimmt.

Geht binnen der in dem endgültigen Bescheide des Regierungs-Präsidenten gestellten Frist der Beschluß, durch welchen das Statut entsprechend abgeändert wird, ein, so beschließt der Bezirksausschuß gemäß Nr. 22 und 23. Anderenfalls hat der Regierungs-Präsident die Beschlußfassung binnen einer

*) Verordn. v. 9. Aug. 1892 (Gesetz.-Samml. S. 239).

weiteren Frist anzuordnen und, wenn dieser Anordnung rechtzeitig nicht nachgekommen wird, nach den Vorschriften unter Ziffer 33 zu verfahren.

37. Bei einer nach § 33 Abs. 1 bis 3 erforderlichen Abänderung hat der Regierungs-Präsident unbeschadet seiner aus § 33 Abs. 4 sich ergebenden Befugnisse für die Einreichung des Abänderungsbeschlusses eine Frist zu bestimmen. Geht innerhalb dieser Frist ein Beschluß über eine hinreichende Abänderung des Statuts ein, so ist die Beschlußfassung des Bezirksausschusses gemäß Nr. 34 herbeizuführen. Im anderen Falle verfügt der Regierungs-Präsident die Abänderung und Veröffentlichung des Statuts entsprechend den unter Nr. 33 getroffenen Bestimmungen.

Dasselbe gilt, wenn und soweit die Festsetzung der den Maßstab für die Unterstützungen und Beiträge bildenden Durchschnittslöhne der Kassenmitglieder hat abgeändert werden müssen und hierdurch eine Abänderung der Bestimmungen der Kassenstatuten erforderlich geworden ist.

g) Auflösung, Ausscheidung, Schließung.

38. Die Gemeindebehörde oder in den Fällen des § 43 die mit Wahrnehmung der Obliegenheiten der Gemeindebehörde betraute Behörde, welche die Auflösung einer Orts-Krankenkasse beantragt (§§ 16, 17), hat nachzuweisen, daß die Generalversammlung der Kasse der Auflösung zugestimmt hat (§ 47 Abs. 2). Der Antrag ist mit einer gut-

achtlichen Äußerung über die anderweite Versicherung der versicherungspflichtigen Kassenmitglieder, sowie über die Höhe und die Verwendung des Kassenvermögens durch Vermittelung der Aufsichtsbehörde dem Regierungs-Präsidenten einzureichen, welcher über die Auflösung die Beschlußfassung des Bezirksausschusses herbeiführt. Der Beschluß des Bezirksausschusses, durch welchen die Auflösung der Kasse abgelehnt wird, kann von der Gemeindebehörde oder der Generalversammlung im Verwaltungsstreitverfahren binnen zwei Wochen nach der Zustellung angefochten werden. Die Zuständigkeit und der Instanzenzug werden durch Königliche Verordnung*) geregelt.

39. Beantragt die Generalversammlung einer für mehrere Gewerbszweige oder Betriebsarten innerhalb des Bezirks einer Gemeinde (§§ 16, 17) errichteten gemeinsamen Orts-Krankenkasse deren Auflösung (§ 48 Abs. 1), so hat der Vorstand den Beschluß der Generalversammlung der Aufsichtsbehörde einzureichen. Diese erfordert über denselben, sowie über die anderweite Versicherung der versicherungspflichtigen Kassenmitglieder, über die Höhe und über die Verwendung des Kassenvermögens die gutachtliche Äußerung der Gemeindebehörde und gibt dann die Verhandlungen an den Regierungs-Präsidenten ab, welcher über die Auflösung die Beschlußfassung des Bezirksausschusses herbeiführt. Gegen den Bescheid desselben, durch welchen die Auflösung versagt wird, steht dem An-

*) Verordn. v. 9. Aug. 1892 (Gesetz-Samml. S. 239).

tragsteller innerhalb 4 Wochen nach der Zustellung die Beschwerde an den Minister für Handel und Gewerbe offen.

Anträge auf Auflösung einer für mehrere Gemeinden oder für einen weiteren Kommunalverband errichteten gemeinsamen Orts-Krankenkasse (§ 43), welche von einer der beteiligten Gemeinden oder von der Generalversammlung der Kasse gestellt werden (§ 48 Abs. 3), sind der Aufsichtsbehörde einzureichen. Diese veranlaßt die Äußerung der übrigen bei der Kasse beteiligten Gemeinden oder der Vertretung des weiteren Kommunalverbandes, für dessen Bezirk die Kasse besteht, sowie die Äußerung der Generalversammlung der Kasse, soweit dieselbe noch nicht gehört ist; im übrigen wird nach Absatz 1 verfahren.

40. Dem Antrage der Generalversammlung einer gemeinsamen Orts-Krankenkasse auf Ausscheidung eines Gewerbszweiges oder einer Betriebsart aus der Kasse (§ 48 Abs. 2) muß eine Übersicht über die Anzahl der auszuscheidenden Personen und über die Art und Höhe der für die letzteren bereits erwachsenen Unterstützungsansprüche, sowie der Nachweis beigefügt sein, daß die Mehrzahl der den auszuscheidenden Gewerbszweigen oder Betriebsarten angehörenden Kassenmitglieder zustimmt. Im übrigen findet Nr. 39 Abs. 1 Anwendung.

Anträge der Generalversammlung einer gemeinsamen Orts-Krankenkasse für mehrere Gemeinden oder einen weiteren Kommunalverband, sowie Anträge einer an solcher Kasse beteiligten Gemeinde auf Ausscheidung von Angehörigen einer Gemeinde oder mehrerer Gemeinden aus der Kasse (§ 48 Abs. 3) sind nach Nr. 39 Abs. 2 zu behandeln.

41. Bei Anträgen auf Auflösung oder Ausscheidung wird zu erwägen sein, ob veränderte Umstände oder die durch die Erfahrung gewonnene richtigere Beurteilung der Verhältnisse die Auflösung oder Ausscheidung zweckmäßig erscheinen lassen.

42. Kommt die Schließung einer Orts-Krankenkasse in Frage, so hat der Regierungs-Präsident die Aufsichtsbehörde anzuweisen, in einem Vorverfahren, in welchem die Generalversammlung der Kasse zu hören ist, den Sachverhalt festzustellen und nach dem Ergebnis dieser Verhandlungen entweder dieselben einzustellen, oder beim Bezirksausschusse den Antrag auf Schließung zu stellen. Der Beschluß des Bezirksausschusses, durch welchen die Schließung der Kasse ausgesprochen wird, kann von der Generalversammlung der Kasse binnen 2 Wochen nach der Zustellung im Verwaltungsstreitverfahren angefochten werden. Die Zuständigkeit und der Instanzenzug werden durch Königliche Verordnung*) geregelt.

43. Sobald die Auflösung, Ausscheidung oder Schließung endgültig feststeht, hat der Regierungs-Präsident den Zeitpunkt zu bestimmen, mit welchem diese Maßregel eintreten soll, und unter Beachtung der §§ 4, 47, 48 über die anderweite

*) Verordn. v. 9. Aug. 1892 (Gesetz-Samml. S. 239).

Verwendung des Kassenvermögens und über die anderweite Versicherung der versicherungspflichtigen Personen Verfügung zu treffen. Gegen diese Verfügung steht den Beteiligten binnen 4 Wochen nach der Zustellung die Beschwerde an den Minister für Handel und Gewerbe zu.

Die Aufsichtsbehörde hat sodann die beteiligten Kassenmitglieder und Arbeitgeber auf ortsübliche oder sonst geeignet erscheinende Weise davon in Kenntnis zu setzen, wohin die ersteren von dem festgesetzten Zeitpunkte ab überwiesen sind. Die gleiche Benachrichtigung ist derjenigen Gemeinde oder Orts-Krankenkasse zuzustellen, welcher die versicherungspflichtigen Mitglieder der aufgelösten oder geschlossenen Kasse oder die ausgeschiedenen Kassenmitglieder überwiesen worden sind.

Sofern infolge der Ausscheidung von Gemeinden, Gewerbszweigen oder Betriebsarten aus einer gemeinsamen Orts-Krankenkasse oder infolge der Zuweisung Versicherter an eine andere Orts-Krankenkasse eine Statutenänderung gemäß § 23 Abs. 2 Ziffer 1 erforderlich wird, so hat die Aufsichtsbehörde dem Vorstande die Einreichung des die Statuten abändernden Beschlusses binnen einer näher zu bestimmenden Frist aufzugeben. Das weitere Verfahren richtet sich nach Nr. 33.

Die Abwickelung der Vermögensregulierung erfolgt durch den Vorstand der aufgelösten, geschlossenen oder verkleinerten Kasse unter Kontrolle der Aufsichtsbehörde oder, falls der Vorstand die Erfüllung dieser Verpflichtung verweigert oder verzögert, durch die Aufsichtsbehörde.

VI. Betriebs- (Fabrik-) Krankenkassen.

a) Errichtung und Beaufsichtigung.

44. Wird für den Betrieb eines Unternehmers, welcher fünfzig oder mehr der Versicherungspflicht unterworfene Personen beschäftigt, von der Gemeinde, in deren Bezirk die Beschäftigung stattfindet, oder von der Orts-Krankenkasse, welcher die beschäftigten Personen angehören, die Errichtung einer Betriebs- (Fabrik-) Krankenkasse beantragt, so hat der Regierungs-Präsident eine Erörterung des Sachverhalts herbeizuführen und anzuordnen, in welcher Weise bei derselben den Beteiligten oder deren Vertretern zur Äußerung Gelegenheit zu geben ist. Erstreckt sich der Betrieb des Unternehmers über den Bezirk mehrerer Gemeinden, so sind diese sämtlich zu beteiligen. Die Äußerung der Gemeinden hat sich auch darauf zu erstrecken, wie hoch die Beiträge zu bemessen sind, welche dem Unternehmer im Falle des § 62 aufzuerlegen sein würden.

Nach Abschluß der Verhandlungen entscheidet der Regierungs-Präsident nach pflichtmäßigem Ermessen unter Abwägung der Interessen sämtlicher Beteiligter über die Errichtung der Betriebs- (Fabrik-) Krankenkasse. Wird der Antrag abgelehnt, so sind die Antragsteller, sowie die beteiligten Gemeinden hiervon in Kenntnis zu setzen. Der Bescheid, durch welchen die Errichtung der Kasse angeordnet wird, ist dem Unternehmer unter Hinweisung auf die Vorschriften des § 62 gegen Zustellungsurkunde mit der Aufforderung mitzuteilen, binnen einer angemessenen, nach den Umständen festzusetzenden Frist zur Vermeidung der gesetzlichen Nachteile ein den Bestimmungen des Gesetzes entsprechendes Kassenstatut zur Genehmigung einzureichen. Den beteiligten Gemeinden und Orts-Krankenkassen ist von diesem Bescheide Kenntnis zu geben.

Der Regierungs-Präsident bestimmt, ohne an Anträge gebunden zu sein, darüber, ob für Betriebe mit besonderer Krankheitsgefahr eine Betriebs- (Fabrik-) Krankenkasse zu errichten ist. Wird die Errichtung derselben angeordnet, so ist nach dem vorigen Absatz zu verfahren.

Auf den Antrag des Unternehmers, welcher weniger als fünfzig versicherungspflichtige Personen beschäftigt, ist die Errichtung einer Betriebs- (Fabrik-) Krankenkasse in der Regel zu gestatten, sobald die Voraussetzung des § 61 Abs. 2 dargetan ist und von der Errichtung der Kasse Nachteile nicht zu besorgen sind.

45. Wird von dem Unternehmer, welchem die Errichtung einer Betriebs- (Fabrik-) Krankenkasse aufgegeben ist, binnen der ihm gesetzten Frist ein bestimmungsmäßig aufgestelltes Kassenstatut nicht vorgelegt, so setzt der Regierungs-Präsident unter Berücksichtigung der hierüber abgegebenen Erklärungen der Gemeindebehörde fest, welche Beiträge von dem

Unternehmer nach Maßgabe des § 62 zu derjenigen Orts-Krankenkasse, der die in seinem Betriebe beschäftigten versicherungspflichtigen Personen angehören, oder bezüglich solcher Personen, die einer Orts-Krankenkasse nicht angehören, zur Gemeinde-Krankenversicherung derjenigen Gemeinde, in deren Bezirk sie beschäftigt sind, geleistet werden müssen. Diese Festsetzung wird dem Unternehmer und der Aufsichtsbehörde, sowie — durch Einziehung der Beiträge — den beteiligten Gemeinden und Orts-Krankenkassen mitgeteilt.

46. Ein Unternehmer, welcher eine Betriebs- (Fabrik-) Krankenkasse errichtet, hat über den Entwurf eines Kassenstatuts die Beteiligten oder die Vertreter derselben zu hören. Sind hierzu Bekanntmachungen erforderlich, so genügt ein Anschlag an einer von den Arbeitern häufig betretenen Stelle. Im übrigen finden die Bestimmungen unter Nr. 20–30 und 35—37 mit der Maßgabe Anwendung, daß die Unterlagen von dem Unternehmer oder seinem Beauftragten durch Vermittelung derjenigen Behörde einzureichen sind, welcher für den Fall der Errichtung die Aufsicht über die Betriebs- (Fabrik-) Krankenkasse zustehen würde, daß die Übersicht über die Versicherungspflichtigen auf diejenigen Personen zu beschränken ist, welche in dem Betriebe beschäftigt werden, und daß an dem Genehmigungsverfahren nicht die Gemeinde, sondern der Unternehmer zu beteiligen ist.

47. Bei Vereinigung mehrerer Betriebs- (Fabrik-) Krankenkassen für Betriebe desselben Unternehmers zu einer Kasse (§ 67 c) finden die Vorschriften unter 46 mit der Maßgabe Anwendung, daß an Stelle der in den Betrieben beschäftigten Personen die Generalversammlungen der zu vereinigenden Kassen zu hören und bei Einreichung des Statuts die Beschlüsse der Generalversammlungen der beteiligten Kassen, in welchen der Vereinigung zugestimmt wird, vorzulegen sind.

48. Ob bei zeitweiliger Einstellung oder erheblicher Einschränkung des Betriebes oder der Betriebe von der Befugnis des § 67 Gebrauch zu machen ist, hat die Aufsichtsbehörde unter Berücksichtigung der mutmaßlichen Dauer dieses Zustandes, des Interesses der Kassenmitglieder, der von dem Unternehmer gewährten Garantie und der sonstigen obwaltenden Verhältnisse sorgfältig zu prüfen. Übernimmt dieselbe die Verwaltung der Kasse, so ist hiervon dem Regierungs-Präsidenten Anzeige zu machen.

b) Ausscheidung, Auflösung und Schließung.

49. Der Antrag eines Unternehmers auf Ausscheidung eines Betriebes aus einer gemeinsamen Betriebs- (Fabrik-) Krankenkasse (§ 67 a) ist an die Aufsichtsbehörde zu richten. Dem Antrage ist eine Übersicht über die derzeitige Gesamtzahl der in dem ausscheidenden Betriebe beschäftigten versicherungspflichtigen Personen — und zwar nach Gemeindebezirken geordnet —, wenn der auszuscheidende Be-

trieb sich über mehrere Gemeinden erstreckt, beizufügen.

Sofern für den auszuscheidenden Betrieb nach den Grundsätzen der §§ 60 ff. die Errichtung einer besonderen Betriebs- (Fabrik-) Krankenkasse oder die Überweisung an eine für Betriebe desselben Betriebsunternehmers bereits bestehende andere Betriebs- (Fabrik-) Krankenkasse in Frage kommt, hat die Aufsichtsbehörde den Unternehmer des auszuscheidenden Betriebes zu einer Erklärung zu veranlassen. Ist letztere erforderlich oder wird sie binnen der bestimmten Frist nicht abgegeben, so hat die Aufsichtsbehörde die Vorstände der Gemeinden und der Orts-Krankenkassen, welchen die ausscheidenden Personen überwiesen werden können, zu einer Äußerung innerhalb einer näher zu bestimmenden Frist aufzufordern. Nach Ablauf derselben sind die Verhandlungen mit einer gutachtlichen Äußerung über den Zeitpunkt der Ausscheidung und die Weiterversicherung der auszuscheidenden Personen an den Regierungs-Präsidenten abzugeben. Dieser beschließt über den Zeitpunkt des Ausscheidens, sowie über die Weiterversicherung und veranlaßt die Abänderung des Statuts der bisher gemeinsamen Kasse, sowie nach Lage der Verhältnisse die Einreichung eines Statuts der für den ausgeschiedenen Betrieb zu errichtenden neuen Betriebs- (Fabrik-) Krankenkasse (Nr. 44 ff.) oder die Abänderung der Statuten derjenigen Orts-Krankenkassen, welchen die betreffenden

Personen fortan angehören sollen (Nr. 33 ff.). Die Ausscheidung darf nicht verweigert werden.

Die Aufsichtsbehörde hat unmittelbar nach Eintritt des Zeitpunktes der Ausscheidung:

a) eine Nachweisung über die Gesamtzahl der am Tage des Ausscheidens vorhandenen Mitglieder der bisher gemeinsamen Betriebs- (Fabrik-) Krankenkasse und über die Zahl der ausscheidenden Kassenmitglieder,

b) eine Übersicht über die Höhe des Kassenvermögens und der etwa vorhandenen Schulden der Kasse am Tage des Ausscheidens,

c) eine Übersicht über die Art und Höhe der bis zum Tage des Ausscheidens bereits entstandenen Unterstützungsansprüche — soweit die Unterstützungsansprüche noch nicht festgestellt sind, ist ein angemessener Betrag für diese anzugeben —

mit einer gutachtlichen Äußerung über die Teilung des Vermögens dem Regierungs-Präsidenten einzureichen. Dieser entscheidet über die Teilung und Erstattung eines etwaigen Fehlbetrages (§ 67a Abs. 2 Ziffer 2). Gegen den Bescheid steht den beteiligten Unternehmern, dem Vorstande der bisher gemeinsamen Betriebs- (Fabrik-) Krankenkasse und derjenigen Kasse oder Gemeinde-Krankenversicherung, welcher die ausscheidenden Mitglieder zugewiesen sind, binnen 2 Wochen nach der Zustellung die Beschwerde an den Minister für Handel und Gewerbe zu.

Für die Ausführung der endgültig festgestellten

Teilung hat die Aufsichtsbehörde der bisher gemeinsamen Kasse auf Anrufen eines Beteiligten die erforderlichen Maßnahmen zu treffen.

50. Ein Unternehmer, welcher die Auflösung der für seine Betriebe errichteten Betriebs- (Fabrik-) Krankenkasse herbeiführen will, hat der Aufsichtsbehörde die Zustimmung der Generalversammlung der Kasse nachzuweisen und eine Übersicht über die Zahl der Kassenmitglieder, welche für den Fall, daß der Betrieb sich über die Bezirke mehrerer Gemeinden erstreckt, nach diesen aufzustellen ist, sowie eine Übersicht über die noch nicht erledigten Unterstützungsansprüche und die vorhandenen Deckungsmittel einzureichen.

Die Aufsichtsbehörde fordert die Vorstände derjenigen Gemeinden und Orts-Krankenkassen, welchen im Falle der Auflösung die bisherigen Mitglieder der Betriebs- (Fabrik-) Krankenkasse zuzuweisen sein würden, zu einer Äußerung über den Antrag auf und reicht nach Ablauf der für dieselbe gestellten Frist die Verhandlungen mit einer gutachtlichen Äußerung, in welcher sie sich über den Zeitpunkt der Auflösung, über die Weiterversicherung der versicherungspflichtigen Personen und über die Verwendung des Kassenvermögens auszusprechen hat, an den Regierungs-Präsidenten ein.

Kommt die Schließung einer Betriebs- (Fabrik-) Krankenkasse in Frage, so hat die Aufsichtsbehörde unter Anhörung des Unternehmers sowie der Generalversammlung der Kasse den Sachverhalt festzustellen. Soll die Schließung wegen ordnungswidriger Kassen- und Rechnungsführung erfolgen, so ist gleichzeitig die Höhe desjenigen Betrages zu erörtern, welcher nach Maßgabe der §§ 62, 68 Abs. 2 von dem Unternehmer geleistet werden soll.

51. Der Regierungs-Präsident beschließt über die Auflösung oder Schließung der Kasse. Der Bescheid, welcher die Auflösung oder Schließung ausspricht, muß enthalten:

a) die Bestimmung des Tages, mit welchem die Maßregel in Kraft tritt,

b) die Bestimmung, daß an diesem Tage zur Deckung der bereits entstandenen Unterstützungsansprüche ein von der Aufsichtsbehörde festzusetzender Betrag aus dem nach Abzug der Schulden verbleibenden Kassenvermögen, und soweit dasselbe nicht ausreicht, von dem Unternehmer aus eigenen Mitteln an die Aufsichtsbehörde oder nach deren Anweisung abzuliefern sei,

c) Bestimmungen über den Rest des Kassenvermögens und die Weiterversicherung der versicherungspflichtigen Kassenmitglieder,

d) die Bestimmung über die Höhe der nach § 68 Abs. 2 zu leistenden Beiträge, falls solche auferlegt werden sollen.

Der Bescheid ist dem Unternehmer, sowie der Kasse in Ausfertigung zuzustellen und der Aufsichtsbehörde abschriftlich mitzuteilen. Binnen zwei Wochen ist die

Beschwerde an den Minister für Handel und Gewerbe zulässig.

52. Sobald die Auflösung oder Schließung endgültig feststeht, hat die Aufsichtsbehörde die beteiligten Kassenmitglieder und Arbeitgeber auf ortsübliche Weise davon in Kenntnis zu setzen, wohin die ersteren von dem festgesetzten Zeitpunkte ab überwiesen sind. Gleichzeitig sind die Orts-Krankenkassen oder die Gemeinden, welchen die Weiterversicherung der versicherungspflichtigen Personen zufällt, von dem Tage, an welchem dieser Wechsel eintritt und eventuell von der auf Grund des § 68 Abs. 2 getroffenen Anordnung über Beiträge des Unternehmers in Kenntnis zu setzen. Sofern die Zuweisung an eine Orts-Krankenkasse erfolgt und eine Statutenänderung gemäß § 23 Abs. 2 Ziffer 1 erforderlich wird, ist nach Nr. 43 Abs. 3 zu verfahren. Den Betrag derjenigen Summe, welche am Tage der Auflösung oder Schließung abzuliefern ist, hat die Aufsichtsbehörde nach Anhörung des Unternehmers und des Kassenvorstandes rechtzeitig festzusetzen. Für die zur Zeit der Auflösung oder Schließung etwa schon entstandenen, aber noch nicht festgestellten Unterstützungsansprüche ist den ihrer Höhe nach bekannten Ansprüchen ein angemessener Betrag hinzuzusetzen. Soweit der Betrag am Zahlungstage nicht eingeht, ist er ungesäumt nach §§ 55, 65 von dem Unternehmer beizutreiben.

Die Aufsichtsbehörde bewirkt demnächst die Befriedigung der Unterstützungsberechtigten. Über die hierbei etwa erübrigten Beträge wird, soweit sie nicht in Ermangelung ausreichenden Kassenvermögens von dem Unternehmer hergegeben worden sind, nach Maßgabe der in dem Bescheid (Nr. 51) über die Verwendung des Kassenvermögens getroffenen Bestimmung verfügt; der Rest wird dem Unternehmer zurückerstattet; Ausfälle werden von ihm beigetrieben.

VII. Bau- und Innungs-Krankenkassen.

53. Die Vorstände der Gemeinden sowie die Gutsherren in selbständigen Gutsbezirken und die Gemarkungsberechtigten in selbständigen Gemarkungen haben von vorübergehenden Baubetrieben, welche in ihrem Bezirk unternommen werden und welche voraussichtlich fünfzig oder mehr versicherungspflichtige Personen dauernd beschäftigen werden, dem Regierungs-Präsidenten Anzeige zu machen.

Darüber, ob bei derartigen Baubetrieben die Errichtung einer Bau-Krankenkasse anzuordnen und etwaigen Anträgen der Bauherren wegen Übertragung ihrer Verpflichtungen auf Bauunternehmer zu entsprechen ist, hat der Regierungs-Präsident nach pflichtmäßigem Ermessen zu befinden. Die Verfügung, durch welche die Errichtung der Kasse angeordnet wird, muß für die Einreichung eines dem Gesetze entsprechenden Kassenstatuts eine Frist bestimmen. Im übrigen finden unter Berücksichtigung des § 72 Abs. 3 die Bestimmungen der Nr. 44 ff. Anwendung.

Die bisherigen Bestimmungen über die Errichtung, Auflösung und Beaufsichtigung von Innungs-Krankenkassen, sowie über die Genehmigung ihrer Statuten bleiben unberührt. Mit dieser Maßgabe finden im übrigen die für die Orts-Krankenkassen gegebenen Bestimmungen (Nr. 15 ff.) entsprechende Anwendung.

VIII. Kassenverbände.

54. Wollen sich Gemeinde-Krankenversicherungen, Orts-, Betriebs- (Fabrik-), Bau- und Innungs-Krankenkassen nach Maßgabe des § 46 zu einem Kassenverbande vereinigen, so sind die bezüglichen übereinstimmenden Beschlüsse der beteiligten Kommunalverbände oder Generalversammlungen nebst den die Prüfung ermöglichenden Unterlagen und einem Statuten-Entwurf durch Vermittelung der Aufsichtsbehörde dem Regierungs-Präsidenten zur Genehmigung vorzulegen. Die Genehmigung kann nach Ermessen versagt werden.

Die Aufsichtsbehörde über den Kassenverband bestellt der Regierungs-Präsident. Die Aufsicht hat sich darauf zu beschränken, daß die Bestimmungen des Verbandsstatuts befolgt und die Beiträge richtig verteilt und eingezogen werden.

Die Auflösung des Kassenverbandes ist von der Aufsichtsbehörde dem Regierungs-Präsidenten anzuzeigen.

IX. Gemeinsame Meldestelle.

55. Die Errichtung einer gemeinsamen Meldestelle (§ 49 Abs. 5) ist in denjenigen Gemeinden, für welche die Anordnung in Kraft tritt, auf ortsübliche Weise bekannt zu machen und durch dasjenige Organ, welches für die amtlichen Bekanntmachungen der die Meldestelle errichtenden Behörde dient, zu veröffentlichen.

56. Der gemeinsamen Meldestelle ist ein Verzeichnis der in ihrem Bezirk bestehenden Orts-Krankenkassen und derjenigen Gemeinden, für welche Gemeinde-Krankenversicherungen bestehen, zuzustellen. Die gemeinsame Meldestelle prüft, ob dasjenige Mitglied, dessen Austritt aus der Beschäftigung (§ 49) oder aus einer Hilfskasse ohne Beitrittszwang (§ 49a) angemeldet wird, nach den Vorschriften des Gesetzes und der für ihren Bezirk gemäß § 2 ergangenen statutarischen Bestimmungen versicherungspflichtig ist. Sofern dieses nicht der Fall ist, wird auf die Anzeige nichts weiter veranlaßt. Ist das ausgetretene Mitglied aber versicherungspflichtig, so gibt die gemeinsame Meldestelle ungesäumt derjenigen Orts-, Betriebs- (Fabrik-), Bau- oder Innungs-Krankenkasse, welcher der Ausgeschiedene als Mitglied anzugehören, oder derjenigen Gemeinde, zu deren Gemeinde-Krankenversicherung derselbe beizutragen haben würde, von der Anzeige Kenntnis. Die betreffende Kasse oder die Gemeinde kontrolliert auf Grund dieser

Anzeige die weitere Versicherung. Erfolgt die Anzeige von dem Übertreten eines Mitgliedes einer Hilfskasse ohne Beitrittszwang (§ 75) in eine niedrigere Mitgliederklasse, so hat die Meldestelle zu prüfen, ob das Mitglied versicherungspflichtig ist und ob, wenn dies der Fall ist, die dem Mitgliede in dieser Klasse zustehenden Unterstützungssätze den auf Grund der §§ 6 und 7 von der Gemeinde, in welcher derselbe beschäftigt ist, zu gewährenden Leistungen gleichkommen. Trifft letzteres nicht zu, so ist der Orts-Krankenkasse oder Gemeinde-Krankenversicherung von der Anzeige Kenntnis zu geben, um wegen der Versicherung das Weitere zu veranlassen. Andernfalls hat es bei der Anzeige sein Bewenden.

Gehen die Anzeigen bei der Aufsichtsbehörde ein, so gibt diese die Anzeigen, falls eine gemeinsame Meldestelle errichtet ist, an letztere ab. Andernfalls verfährt die Aufsichtsbehörde ebenso, wie für die gemeinsame Meldestelle vorgeschrieben worden ist.

57. Wenn eine gemeinsame Meldestelle mit der in einem Kassenverbande eingerichteten gemeinsamen Rechnungs- und Kassenführung vereinigt wird, so sind von den bei der gemeinsamen Meldestelle eingehenden Anzeigen nur diejenigen weiterzugeben, bei denen die Gemeinde-Krankenversicherung oder solche Orts-, Betriebs- (Fabrik-), Bau- und Innungs-Krankenkassen beteiligt sind, welche dem Kassenverbande nicht angehören. Im übrigen fällt die

Kontrolle der Weiterversicherung der gemeinsamen Meldestelle zu.

58. Die im § 81 wegen unterlassener An- und Abmeldung angedrohten Strafen können gemäß § 1 des Gesetzes vom 23. April 1883 (Gesetz-Samml. S. 65) durch die Ortspolizeibehörde festgesetzt werden. Die Strafgelder sind nach Vorschrift des § 82c abzuführen.

X. Hilfskassen ohne Beitrittszwang. (§ 75.)

59. Anträge von Hilfskassen, welche ihren Sitz innerhalb des Preußischen Staatsgebietes haben, auf Erteilung der im § 75a bezeichneten Bescheinigung sind nebst zwei Exemplaren der Kassenstatuten an die Aufsichtsbehörde zu richten und von dieser nach vorgängiger Prüfung mit einer gutachtlichen Äußerung dem Minister für Handel und Gewerbe einzureichen. Die Prüfung hat sich insbesondere darauf zu erstrecken, ob für versicherungspflichtige Mitglieder in allen Mitgliederklassen

1. die Krankenunterstützung mindestens bis zum Ablaufe der *sechsundzwanzigsten* Woche nach Beginn der Krankheit, im Falle der Erwerbsunfähigkeit mit der nach § 6 Abs. 2 sich ergebenden Maßgabe mindestens bis zum Ablaufe der *sechsundzwanzigsten* Woche nach Beginn des Krankengeldbezuges gewährt wird,
2. eine Karenzzeit für neu eintretende Mitglieder nicht vorgesehen ist,

3. neben dem Krankengelde, vorbehaltlich der Bestimmungen des § 75 Abs. 3, die im § 6 Abs. 1 Ziffer 1 aufgeführten Leistungen gewährt werden.

Falls die Kasse sich das Recht vorbehält, statt sonstiger Unterstützungen freie Kur und Verpflegung in einem Krankenhause zu gewähren, so ist auch zu prüfen, ob dabei die Vorschriften des § 7 beachtet werden.

Die Erteilung der Bescheinigung ist im Register der eingeschriebenen Hilfskassen*) (Spalte 5) zu vermerken.

Für die Entscheidung der Frage, ob ein Mitglied einer Hilfskasse von der Verpflichtung der Gemeinde-Krankenversicherung oder einer organisierten Kasse beizutreten befreit ist, ist die Bescheinigung, soweit ihr Inhalt reicht, unbedingt maßgebend. Dagegen verbleibt den Verwaltungen der Gemeinde-Krankenversicherung, den Vorständen der einzelnen Kassen sowie den zur Entscheidung von Streitigkeiten berufenen Behörden die Pflicht zur Prüfung, ob das Krankengeld die Hälfte des ortsüblichen Lohnes gewöhnlicher Tagearbeiter am Beschäftigungsorte des Mitgliedes erreicht.

XI. Entscheidung von Streitigkeiten.

60. Den auf Grund des § 58 Abs. 1 zu erteilenden Bescheiden ist die Belehrung über das zulässige Rechtsmittel am Schlusse hinzuzufügen.

Ist bei Entscheidung von Streitigkeiten (§ 58)

*) Vgl. Anlage der Anw. z. HKG. v. 14. Juli 1884.

die Aufsichtsbehörde als Vertreterin einer Partei beteiligt, so darf, wenn die Aufsichtsbehörde ein Kollegium bildet, der nach Nr. 4 ernannte Kommissar bei der Entscheidung nicht mitwirken. Andernfalls bestimmt die Kommunalaufsichtsbehörde, welcher anderen Behörde die Entscheidung der Streitigkeit obliegen soll.

Berlin, den 10. Juli 1892.

Der Minister des Innern.
Herrfurth.
Der Minister für Handel und Gewerbe.
Freiherr von Berlepsch.

---

b) Anweisung vom 1. März 1898 (Auszug).

(Ministerialblatt Seite 45.)

Zur Ausführung des Gesetzes vom 26. Juli 1897, betreffend die Abänderung der Gewerbeordnung, wird folgendes bestimmt:

Abschnitt I. Behörden.

(Bekanntmachung vom 15. August 1897.)

2. Unter der Bezeichnung „höhere Verwaltungsbehörde" sind zu verstehen:

a) die Bezirksausschüsse:

1. in den Fällen der Genehmigung der Statuten (§ 124 des Zuständigkeitsgesetzes) und Nebenstatuten der Innungen.

. . . .

Im Stadtkreise Berlin tritt in den

unter a bezeichneten Fällen der Polizei-Präsident an die Stelle des Bezirksausschusses (vgl. § 161 des Zuständigkeitsgesetzes).

b) die Regierungs-Präsidenten in allen übrigen Fällen, sofern nicht für Handwerkskammern abweichende Bestimmungen getroffen werden (§§ 103ff., 100t Abs. 4, 130a Abs. 2, 131b Abs. 2 und 133).

Im Stadtkreise Berlin tritt . . . . der Ober-Präsident an die Stelle des Regierungs-Präsidenten.

3. Unter der Bezeichnung „untere Verwaltungsbehörde" sind zu verstehen:

in Städten über 10000 Einwohnern — in der Provinz Hannover in Städten, auf welche die revidierte Hannoversche Städteordnung vom 24. Juni 1858 Anwendung findet, mit Ausnahme der im § 27 Abs. 2 der Hannoverschen Kreisordnung benannten Städte — die Gemeindebehörde, im übrigen der Landrat, in den Hohenzollernschen Landen der Oberamtmann.

4. Unter der Bezeichnung „Gemeindebehörde" ist zu verstehen der Vorstand der Gemeinde, in Gutsbezirken der Gutsvorsteher.

Abschnitt II. Innungen.

A. Freie Innungen.

15. Wird die Auflösung der Innung beschlossen, so liegt die Abwickelung der Geschäfte zunächst dem

Vorstand oder den durch Innungsbeschluß besonders beauftragten Personen ob. Die Aufsichtsbehörde übt hierbei dieselben Befugnisse aus, welche ihr bei der laufenden Verwaltung von Angelegenheiten der Innungen zustehen. Wenn jedoch der Vorstand oder die Beauftragten der Innung ihrer Verpflichtung nicht genügen, insbesondere die Gesetze, das Statut oder die Innungsbeschlüsse nicht beachten und wiederholte Aufforderungen zur ordnungsmäßigen Abwickelung der Geschäfte unbefolgt lassen, so übernimmt die Aufsichtsbehörde oder ihr Beauftragter die Erledigung der Geschäfte.

Im Falle der Schließung der Innung erfolgt die Abwickelung der Geschäfte durch die Aufsichtsbehörde oder durch ihre Beauftragte.

Bei der Auflösung oder Schließung kann der Regierungs-Präsident (in Berlin der Ober-Präsident) den von der Innung errichteten, nicht unter § 73 Krankenversicherungsgesetzes fallenden Unterstützungskassen Korporationsrechte erteilen. Über das Vermögen aufgelöster oder geschlossener Innungs-Krankenkassen (§ 73 Krankenversicherungsgesetzes) ist nach Maßgabe des § 47 Abs. 3 bis 6 des Krankenversicherungsgesetzes zu verfügen.

16. Die Nebenstatuten sind ausschließlich zur Ordnung derjenigen Einrichtungen bestimmt, welche zur Erfüllung der im § 81 b Ziff. 3 bis 5 aufgeführten, durch das Hauptstatut unter die Zwecke der Innung aufgenommenen Aufgaben dienen sollen.

17. Der Entwurf der Nebenstatuten ist in zwei Exemplaren unter Anschluß einer Ausfertigung des Beschlusses der Innungsversammlung der Aufsichtsbehörde einzureichen. Diese hat darauf zu achten, daß die etwa erforderliche Zuziehung des Gesellenausschusses erfolgt, und die Vorgänge nach Anhörung des Gemeindevorstandes (§ 85 Abs. 1) mit einer gutachtlichen Äußerung dem Bezirksausschuß (in Berlin dem Polizei-Präsidenten) zu überweisen. Darüber, ob die beabsichtigte Nebeneinrichtung überhaupt oder in der beantragten Form zuzulassen ist, ist nach freiem Ermessen zu befinden, wobei insbesondere zu prüfen ist, ob durch die beabsichtigte Einrichtung der Bestand ähnlicher, an denselben Orten bereits bestehender Organisationen gefährdet wird. Daß das Statut der Innung diese Einrichtungen unter die Aufgaben der Innung aufgenommen hat und mit dieser Bestimmung genehmigt ist, gibt der Innung keinen Anspruch auf Genehmigung des Nebenstatuts. Die Nebenstatuten müssen Bestimmungen über die Voraussetzungen und die Form ihrer Aufhebung treffen.

18. Wird die Genehmigung erteilt, so ist ein Exemplar des genehmigten Nebenstatuts dem Innungsvorstand durch Vermittelung der Aufsichtsbehörde auszuhändigen. Für den Fall der Versagung der Genehmigung ist dem Innungsvorstand ein mit Gründen versehener Bescheid zuzustellen, in welchem darauf hinzuweisen ist, daß binnen vier Wochen die Beschwerde

an den Minister für Handel und Gewerbe eingelegt werden kann.

B. Zwangsinnungen.

25. Mit dem Zeitpunkte des Inkrafttretens der Anordnung über die Errichtung der Zwangsinnung sind die für die gleichen Gewerbszweige bestehenden freien Innungen, deren Sitz sich im Bezirk der Zwangsinnung befindet, durch den Regierungs-Präsidenten (in Berlin den Ober-Präsidenten) zu schließen. Die Aufsichtsbehörde der freien Innung überwacht die Abwickelung der Geschäfte und den Übergang des Vermögens der freien Innung auf die Zwangsinnung. Der Bestand des Vermögens der freien Innung ist durch den Regierungs-Präsidenten (in Berlin den Ober-Präsidenten in urkundlicher Form festzustellen.

27. Besteht bei der freien Innung eine Innungs-Krankenkasse (§ 73 Krankenversicherungsgesetzes) so hat die Aufsichtsbehörde in den Fällen, in denen nach § 1001 Abs. 2 die Schließung der Kasse erfolgen kann, die Entschließung des Regierungs-Präsidenten (in Berlin des Ober-Präsidenten) wegen Schließung der Kasse herbeizuführen. Erfolgt die Schließung, so ist nach § 47 Abs. 3 bis 6 Krankenversicherungsgesetzes zu verfahren, andernfalls geht die Kasse mit ihren Rechten und Verbindlichkeiten auf die Zwangsinnung über. Ihre Verwaltung erfolgt, solange nicht der Regierungs-Präsident (in Berlin der Ober-Präsident) die Abänderungen des Nebenstatuts vollzogen hat, durch die bisherigen Kassenorgane. Ver-

weigern diese die Dienstleistung, so hat die Aufsichtsbehörde die Verwaltung zu übernehmen (§ 45 Abs. 5 Krankenversicherungsgesetzes).

30. Bleibt eine freie Innung unter Ausscheidung des in eine Zwangsinnung einbezogenen Teiles ihrer Mitglieder bestehen, so hat die Aufsichtsbehörde zunächst durch Verhandlung mit den Vorständen den Versuch einer Einigung über die Art der Verteilung des Vermögens zu machen und demnächst eine Beschlußfassung der Innungen zu veranlassen. Kommt eine Einigung nicht zustande, so hat der Regierungs-Präsident (in Berlin der Ober-Präsident) über die Verteilung unter Berücksichtigung des Verhältnisses der Zahl der ausgeschiedenen Mitglieder zu der Zahl der in der freien Innung verbleibenden Mitglieder Bestimmung zu treffen (§ 100k Abs. 2).

Besteht bei der freien Innung eine Innungs-Krankenkasse, so ist über die Verteilung ihres Vermögens auf eine Verständigung zwischen der Innung und den Orts-Krankenkassen (Gemeinde-Krankenversicherung) hinzuwirken. Ist eine solche nicht zu erzielen, so hat der Regierungs-Präsident (in Berlin der Ober-Präsident) über die Verteilung des Vermögens nach Maßgabe des § 100m zu bestimmen. Von einer Verteilung des Vermögens wird abzusehen sein, wenn aus der Kasse nur einzelne Mitglieder ausscheiden, oder die bei den Ausscheidenden beschäftigten Personen sich auf eine größere Zahl von Kasseneinrichtungen derart verteilen, daß die auf die einzelnen Einrichtungen entfallenden Anteile der mit der Überweisung verbundenen Mühewaltung nicht entsprechen würden.

34. Auf die Beaufsichtigung der Zwangsinnungen finden die Bestimmungen in Ziffer 9 bis 12 mit den aus den §§ 100o und 100s Abs. 5 und 6 sich ergebenden Abänderungen entsprechende Anwendung.

Für die Nebenstatuten gelten die Bestimmungen unter Ziffer 16 bis 18 mit der Maßgabe, daß gemeinsame Geschäftsbetriebe nicht errichtet werden dürfen.

Berlin, den 1. März 1898.

Der Minister für Handel und Gewerbe.

Brefeld.

---

c) Die Ministerialverfügung vom 30. Mai 1903 über: Die Ausführung des Gesetzes, betreffend weitere Abänderungen des Krankenversicherungsgesetzes,

vom 25. Mai 1903 (RGBl. S. 233).

(Ministerialblatt der Handels- u. Gewerbe-Verwaltung 1903 Seite 205).

Der Minister für Handel und Gewerbe.

Berlin, den 30. Mai 1903.

Das Gesetz, betreffend weitere Abänderungen des Krankenversicherungsgesetzes, vom 25. Mai 1903 (RGBl. S. 233) tritt bereits am 1. Januar 1904 in Kraft. Da bis dahin die Abänderung der großen Mehrzahl der Statuten der Orts-, Betriebs-(Fabrik-), Bau- und Innungs-Krankenkassen, sowie der eingeschriebenen und auf landesrechtlicher Vorschrift beruhenden Hilfskassen erfolgt sein muß, so erscheint es geboten, die Durchführung des Gesetzes unverzüglich in die Wege zu leiten.

1. Gemeindebeschlüsse oder Beschlüsse weiterer Kommunalverbände, welche Beschränkungen der Krankenunterstützung bei der Gemeinde-Krankenversicherung nach Maßgabe des § 6a Abs. 1 Ziffer 2 und 3 des Gesetzes enthalten, sind dahin zu ändern, daß für Krankheiten, die sich der Versicherte durch geschlechtliche Ausschweifungen zugezogen hat (Ziffer 2), das Krankengeld weder ganz noch teilweise entzogen werden darf und daß eine Beschränkung im Sinne der Ziffer 3 erst nach Bezug der Krankenunterstützung während 26 Wochen zulässig ist (Art. 1, IV des Gesetzes).

Das Höchstmaß der Ordnungsstrafen wegen Verfehlungen gegen die auf Grund des § 6a Abs. 2 a. a. O. erlassenen Vorschriften ist von 20 Mk. auf das Dreifache des täglichen Krankengeldes für jeden Übertretungsfall herabzusetzen (Art. 1, V des Gesetzes).

2. Die Statuten der Orts-, Betriebs-(Fabrik-), Bau- und Innungs-Krankenkassen werden in folgenden Punkten durch die Vorschriften des Gesetzes berührt:

a) Sofern sich die Statuten über die Versicherungspflicht der Handlungsgehilfen und -Lehrlinge auslassen, ist zu beachten, daß gemäß Art. I und II des Gesetzes diese Personen vom 1. Januar 1904 ab von der Versicherungspflicht nur dann befreit sind, wenn ihr Arbeitsverdienst an Lohn oder Gehalt $6^2/_3$ Mk. für den Arbeitstag oder, sofern Lohn oder Gehalt nach größeren Zeitabschnitten bemessen ist, 2000 Mk. für das Jahr berechnet, übersteigt.

b) Die Unterstützungsdauer muß mit der aus Art. 1, IV des Gesetzes sich ergebenden Maßgabe auf 26 Wochen verlängert werden.

c) Die Wöchnerinnen-Unterstützung ist fortan auf die Dauer von sechs Wochen zu gewähren (Art. 1, IX des Gesetzes).

d) Wenn die Statuten Beschränkungen der Krankenunterstützung nach Maßgabe des § 26a Abs. 2 Ziffer 2 und 3 des Krankenversicherungsgesetzes enthalten, so ist zu berücksichtigen, daß eine Beschränkung in der Gewährung des Krankengeldes bei Krankheiten, die durch geschlechtliche Ausschweifungen hervorgerufen sind, nicht mehr zulässig ist (Art. 1, XII des Gesetzes), und daß eine Kürzung der Unterstützungsdauer gemäß Ziffer 3 a. a. O. nur dann vorgeschrieben werden darf, wenn die Krankenunterstützung für 26 Wochen gewährt wurde (Art. 1, XII des Gesetzes). Zu § 26a Abs. 2 Ziffer 2a a. a. O. ist zu beachten, daß die Höchstgrenze der Ordnungsstrafen geändert worden ist (Art. 1, XII des Gesetzes).

e) Da die Grenze des anrechnungsfähigen Arbeitsverdienstes in den Fällen des § 20 Abs. 1 Ziffer 1 des Krankenversicherungsgesetzes von 3 auf 4 Mk. und bei Bildung von Lohnklassen (§ 20 Abs. 2 a. a. O.) von 4 auf 5 Mk. erhöht worden ist (Art. 1, IX des Gesetzes), so ist bei allen Krankenkassen, wo eine Berücksichtigung höherer Lohnsätze nach Lage der Verhältnisse erforderlich erscheint, der durchschnittliche Tagelohn von Ihnen anderweit festzusetzen. Auch haben die Kassen, bei denen der wirkliche Arbeitsverdienst den Beiträgen und Unterstützungen zu Grunde gelegt ist (§ 26a Abs. 2 Ziffer 6 des Krankenversicherungsgesetzes), eine anderweite Festsetzung im Statute vorzunehmen, wenn Lohnsätze von mehr als 4 bis zur Höhe von 5 Mk. (Art. 1, XII des Gesetzes) berücksichtigt werden müssen.

f) Kassen, die gemäß § 21 Abs. 1 Ziffer 5 des Krankenversicherungsgesetzes Familienunterstützung gewähren, haben zu beachten, daß die Gewährung einer Wöchnerinnenunterstützung an Ehefrauen der Kassenmitglieder nicht mehr zulässig ist (Art. 1, X des Gesetzes), dagegen können die in Ziffer 4 a. a. O. in der neuen Fassung des Art. 1, X aufgeführten Unterstützungen gewährt werden.

Den Kassen ist zu empfehlen, zur Erleichterung

des Genehmigungsverfahrens etwaige Änderungen in einem Nachtrage zusammenzufassen.

3. Die eingeschriebenen und auf Grund landesrechtlicher Vorschrift errichteten Hilfskassen haben eine Änderung der Statuten dahin vorzunehmen, daß die Krankenunterstützung mit der aus Art. 1, IV des Gesetzes sich ergebenden Maßgabe mindestens 26 Wochen gewährt wird.

Ebenso sind sie verpflichtet, fortan bei Krankheiten, die sich die Versicherten durch geschlechtliche Ausschweifungen zugezogen haben, das Krankengeld voll zu gewähren. Eine etwaige, dem § 6a Abs. 1 Ziffer 3 des Krankenversicherungsgesetzes entsprechende Beschränkung ist nach Maßgabe der Vorschrift des Art. 1, V des Gesetzes zu ändern.

Den Hilfskassen ist gleichfalls zu empfehlen, die vorgenommenen Änderungen in der Form eines Nachtrags vorzulegen; zugleich sind sie darauf hinzuweisen, daß auf eine rechtzeitige Erteilung der Bescheinigung gemäß § 75a des Krankenversicherungsgesetzes nur gerechnet werden könne, wenn ein einwandfreier Nachtrag spätestens bis zum 1. Dezember d. J. in zwei Ausfertigungen oder beglaubigten Exemplaren vorgelegt wird. Die Namen der Hilfskassen, die bis zum 1. Januar 1904 noch nicht im Besitz einer neuen Bescheinigung sind, wollen Sie zu Anfang nächsten Jahres mit der Bemerkung im Regierungsamtsblatte veröffentlichen, daß die früher erteilte Bescheinigung ihre Gültigkeit verloren habe

(Art. IV Abs. 4 des Gesetzes). Im übrigen ist nach Vorschrift des Erlasses vom 9. Februar 1893 (B 1291) zu verfahren.

4. Nachdem durch Artikel 1, I und II des Gesetzes der Versicherungszwang auf alle Handlungsgehilfen und -Lehrlinge ausgedehnt worden und der § 2 Abs. 1 Ziffer 5 des Krankenversicherungsgesetzes fortgefallen ist, bedarf es einer Berichterstattung über die statutarische Ausdehnung des Versicherungszwangs nach Maßgabe meines Erlasses vom 15. April d. J. (Min.Bl. S. 151 ff.) zu E der Übersicht nicht mehr. Im übrigen mache ich unter Hinweis auf den Erlaß vom 12. April 1897 (Min.Bl. f. d. i. Verw. 1897 S. 99) darauf aufmerksam, daß die Gründung von Orts-Krankenkassen für Handlungsgehilfen und -Lehrlinge unzulässig ist.

5. Nach § 45 Abs. 6 des Krankenversicherungsgesetzes in der Fassung des Art. 1, XVI des Gesetzes ist gegen die Androhung, Festsetzung und Vollstreckung der Ordnungsstrafen durch die Aufsichtsbehörde auf Grund des § 45 Abs. 1 des Krankenversicherungsgesetzes sowie gegen Anordnungen der Aufsichtsbehörde über die Wahrnehmung der Befugnisse und Obliegenheiten der Kassenorgane auf Grund des § 45 Abs. 5 des Krankenversicherungsgesetzes das Verwaltungsstreitverfahren zugelassen, jedoch nur insoweit, als die Anfechtung darauf gestützt wird, daß die getroffene Anordnung rechtlich nicht begründet und die Kasse oder das Vorstandsmitglied durch die Anord-

nung in einem Rechte verletzt oder mit einer rechtlich nicht begründeten Verbindlichkeit belastet sei. Über die Frage, ob die Anfechtung auf diese Behauptung gestützt wird und damit die Voraussetzungen für die Zulässigkeit des Verwaltungsstreitverfahrens vorliegen, haben die Verwaltungsgerichte selbst nach freiem Ermessen zu entscheiden. Zur Vermeidung von Kompetenzkonflikten wird es daher notwendig sein, Beschwerden, die innerhalb der ersten vier Wochen nach Zustellung der Anordnung bei Ihnen eingehen, an den Bezirksausschuß abzugeben und erst über die Beschwerde zu entscheiden, wenn der Bezirksausschuß sich für unzuständig hält. Bei Beschwerden, die nach Ablauf der vier Wochen eingehen, wollen Sie zunächst prüfen, ob die Anfechtung auf die in § 45 Abs. 6 aufgeführten Behauptungen gestützt wird. Ergibt die Prüfung, daß dies der Fall ist, so ist eine Entscheidung abzulehnen und dem Beschwerdeführer zu eröffnen, daß die Anordnung, nachdem er unterlassen habe, diese binnen vier Wochen nach Zustellung im Verwaltungsstreitverfahren anzufechten, rechtskräftig geworden sei. Liegen die Voraussetzungen für das Verwaltungsstreitverfahren nicht vor, so ist die Beschwerde im Aufsichtswege zu erledigen. Auf Innungs-Krankenkassen findet der § 45 Abs. 6 keine Anwendung.

Das Verwaltungsstreitverfahren in den Fällen des § 42 Abs. 6 und § 45 Abs. 6 des Krankenversicherungsgesetzes in der Fassung des Artikels 1, XV und XVI des Gesetzes wird demnächst durch Königliche Verordnung geregelt werden.

6. Unter unteren Verwaltungsbehörden im Sinne des § 56 Abs. 4 a. a. O. sind diejenigen Behörden zu verstehen, welche in Ziffer 3 der Ausführungsanweisung vom 10. Juli 1892 (Min.Bl. f. d. i. Verw. 1892 S. 301) aufgeführt worden sind.

Möller.

An die Herren Regierungspräsidenten
und den Herrn Oberpräsidenten in Potsdam.

X. Mustersatzungen

für Orts- und Betriebs-(Fabrik-)Krankenkassen.

(Centralblatt für das Deutsche Reich 1903 Nr. 30 S. 243.)

Um eine Anleitung zur Aus- oder Umarbeitung von Kassenstatuten nach dem Gesetze, betreffend weitere Abänderungen des Krankenversicherungsgesetzes, vom 25. Mai 1903 — Reichs-Gesetzbl. S. 233 — zu geben, hat der Bundesrat beschlossen, **die in Betracht kommenden Paragraphen** der im Centralblatte für das Deutsche Reich vom 15. Juli 1892 S. 515ff. bekannt gegebenen Entwürfe von Statuten

1. für eine Ortskrankenkasse,
2. für eine Betriebs-(Fabrik-)Krankenkasse

in der nachstehenden, entsprechend abgeänderten Fassung neu zu veröffentlichen. Soweit es sich nicht um Weglassungen handelt, sind die Abänderungen gegenüber der seitherigen Fassung durch den Druck hervorgehoben.

Berlin, den 1. Juli 1903.

Der Reichskanzler.

Im Auftrage: Caspar.

Änderungen zum Entwurfe des Statuts einer Ortskrankenkasse

(Centralblatt für das Deutsche Reich vom 15. Juli 1892 S. 515ff.)

mit Rücksicht auf die Vorschriften des Gesetzes, betreffend weitere Abänderungen des Krankenversicherungsgesetzes, vom 25. Mai 1903 (Reichs-Gesetzbl. S. 233).

Vorbemerkungen.

Das Krankenversicherungsgesetz in der Fassung des Gesetzes vom 10. April 1892 (Reichs-Gesetzbl. S. 379) hat durch die Novelle vom 25. Mai 1903 (Reichs-Gesetzbl. S. 233) eine Reihe von Abänderungen erfahren, die es zweckmäßig erscheinen ließen, auch den seinerzeit vom Bundesrate beschlossenen Entwurf des Musterstatuts einer Ortskrankenkasse einer entsprechenden Durchsicht zu unterziehen. Da unter der Herrschaft des Krankenversicherungsgesetzes in seiner seitherigen Fassung ein Bedürfnis nach einer Abänderung des genannten Statuts in wesentlicheren Punkten nicht hervorgetreten ist, konnten die Abänderungen im wesentlichen auf diejenigen Paragraphen beschränkt werden, die durch die neuen Bestimmungen des Gesetzes vom 25. Mai 1903 irgendwie, sei es im Texte, sei es in den beigegebenen Erläuterungen, berührt werden. Es gelangen daher im nachstehenden auch nur diese Paragraphen zum Abdrucke, welche an die Stelle der entsprechenden bezifferten Paragraphen des

Normalstatuts treten sollen. Die nicht abgedruckten Paragraphen behalten ihre bisherige Fassung. Für die Bedeutung der neuen Fassung, die für die infolge der Novelle notwendige Abänderung der Kassenstatuten nur einen Anhalt geben soll, gilt das gleiche, was in den Vorbemerkungen zu dem Entwurfe des Statuts einer Ortskrankenkasse (Centralblat für das Deutsche Reich vom 15. Juli 1892 S. 515ff.) hervorgehoben ist. Auf diese Vorbemerkung wird daher hier lediglich Bezug genommen.

Auf Grund der §§ 16 und 23 des Krankenversicherungsgesetzes (Reichs-Gesetzbl. 1892 S. 417) *und des Gesetzes, betreffend weitere Abänderungen des Krankenversicherungsgesetzes, vom 25. Mai 1903* [*Reichs-Gesetzbl. S. 233*] errichtet der Gemeindevorstand [Magistrat] von N.[1]) nach Anhörung der Beteiligten[2]) das nachstehende Kassenstatut:

[Auf Grund der §§ 16, 23, 36 des Krankenversicherungsgesetzes (Reichs-Gesetzbl. 1892 S. 417) *und des Gesetzes, betreffend weitere Abänderungen des Krankenversicherungsgesetzes, vom 25. Mai 1903* [*Reichs-Gesetzbl. S. 233*] *wird das Statut der* Ortskrankenkasse .... in ...... vom ...... auf Beschluß der Generalversammlung *in nachstehenden Punkten abgeändert.*]

Die neuen Bestimmungen treten vom 1. Januar 1904 ab an die Stelle der bisherigen Bestimmungen mit der Massgabe, dass in Unterstützungsfällen, bei welchen am genannten Tage die Dauer der Unterstützung nach den bisher geltenden Vorschriften noch nicht beendet ist, von diesem Zeitpunkt ab die neuen Bestimmungen Anwendung finden, sofern sie für den Unterstützungsberechtigten günstiger sind.

Erläuterungen.

Zum Eingange.

[1]) Statuten für neu zu errichtende Ortskrankenkassen sind von der Gemeindebehörde nach Anhörung der Beteiligten (Arbeitgeber und Arbeiter) zu errichten (§ 23 des Gesetzes).

Wenn für eine bestehende Ortskrankenkasse das bisherige Statut durch ein umgearbeitetes neues Statut ersetzt werden soll, so gehört die Beschlußnahme über die Fassung des neuen Statuts zu den Obliegenheiten der Generalversammlung der Kasse (§ 36 des Gesetzes).

[2]) Soll die Genehmigung der zuständigen Behörde im Eingange gedacht werden, so sind hier die Worte einzuschieben: mit Genehmigung u. s. w. (Bezeichnung der höheren Verwaltungsbehörde.)

II. Mitgliedschaft.

A. Versicherungspflichtige.

§ 2.

Mitglieder der Kasse sind [kraft Gesetzes] alle innerhalb des Bezirkes[1]) [der Gemeinde N.] in einem Gewerbebetriebe der im § 1 bezeichneten Art gegen Gehalt oder Lohn beschäftigten Personen, mit Ausnahme

[1. derjenigen, deren Beschäftigung durch die Natur ihres Gegenstandes oder im voraus durch den Arbeitsvertrag auf einen Zeitraum von weniger als einer Woche beschränkt ist,][2])

2. derjenigen, welche Mitglieder einer, den Anforderungen des § 75 des Krankenversicherungsgesetzes entsprechenden Hilfskasse [3]) sind,

3. derjenigen Betriebsbeamten, Werkmeister, Techniker, *Handlungsgehilfen und -Lehrlinge*, deren Arbeitsverdienst an Lohn oder Gehalt $6^{2}/_{3}$ Mark für den Arbeitstag oder, sofern Lohn oder Gehalt nach größeren Lohnabschnitten bemessen ist, 2000 Mark für das Jahr gerechnet übersteigt.

Als im Gemeindebezirke beschäftigt gelten dann, wenn die Natur des Gewerbetriebs es mit sich bringt, daß einzelne Arbeiten an wechselnden Orten außerhalb der Betriebsstätten ausgeführt werden, auch die mit letzteren beschäftigten Personen für die Zeit derselben.[4])

Wenn in einem Gewerbebetriebe der im § 1 bezeichneten Art ein Mitglied einer Hilfskasse in Beschäftigung tritt, welches in seiner bisherigen Mitgliederklasse weniger als die Hälfte des für den jetzigen Beschäftigungsort festgesetzten ortsüblichen Tagelohns gewöhnlicher Tagearbeiter (§ 8 des Krankenversicherungsgesetzes) als Krankengeld zu beanspruchen hat, so bleibt dasselbe nur noch für die Dauer von zwei Wochen nach dem Eintritt in die Beschäftigung befreit.[5])

Kassenmitglieder, deren Arbeitgeber einer Innung erst nach der Errichtung der Innungskrankenkasse[6]) beigetreten ist, gehören der Ortskrankenkasse nur noch bis zum Ablaufe des Rechnungsjahres an, wenn der Arbeitgeber drei Monate vor Ablauf desselben dem Vorstande der

Ortskrankenkasse seinen Eintritt in die Innung nachgewiesen hat. [7])

Zu § 2.

[1]) Vgl. § 16 Abs. 2 und § 5a des Gesetzes.

[2]) Die eingeklammerten Worte fallen weg, wenn die bezeichneten Personen auf Grund des § 2 des Gesetzes durch statutarische Regelung versicherungspflichtig gemacht sind.

[3]) Die Hilfskasse muß durch eine Bescheinigung des Reichskanzlers oder der Zentralbehörde den Nachweis erbringen, daß sie, vorbehaltlich der Höhe des Krankengeldes, den Anforderungen des § 75 genügt; das dem betreffenden Mitgliede der Hilfskasse im Krankheitsfalle zustehende Krankengeld darf hinter der Hälfte des für den Beschäftigungsort festgesetzten ortsüblichen Tagelohns gewöhnlicher Tagearbeiter nicht zurückbleiben.

Die Bescheinigung des Reichskanzlers oder der Zentralbehörde ist durch Vorlegung eines Exemplars des Kassenstatuts, in welchem auf die betreffende Bekanntmachung hingewiesen ist, nachzuweisen.

[4]) Vgl. § 5a Abs. 1 des Gesetzes.

[5]) Vgl. § 75 Abs. 2 des Gesetzes.

[6]) Wegen der Innungskrankenkassen vgl. § 1.

[7]) Vgl. § 73 Abs. 3 des Gesetzes.

B. Beitrittsberechtigte.

§ 5.[1])

Berechtigt, der Kasse als Mitglieder beizutreten, sind:

1. alle innerhalb des *Bezirkes* [*der Gemeinde N.*] von Gewerbetreibenden der im § 1 bezeichneten Art gegen Gehalt oder Lohn beschäftigten Personen, deren Beschäftigung durch die Natur ihres Gegenstandes oder im voraus durch den Arbeitsvertrag auf einen Zeitraum von weniger als einer Woche beschränkt ist; [2])

2. diejenigen Familienangehörigen von Gewerbetreibenden der im § 1 bezeichneten Art, welche in den Betrieben der letzteren zwar beschäftigt werden, aber nicht auf Grund eines Arbeitsvertrags; [2])
3. Personen, welche in den im § 1 bezeichneten Gewerben als Hausgewerbetreibende selbständig beschäftigt sind; [2])
4. diejenigen versicherungspflichtigen Personen, welche von der Verpflichtung, der Kasse anzugehören, wegen ihrer Beteiligung an einer dem § 75 genügenden Hilfskasse befreit sind (vgl. § 2 Abs. 1);
5. die nachbenannten Personen: [3])

. . . .

Das Recht zum Beitritte fällt für die unter Ziffer 1, 2, 3 und 5 aufgeführten Personen fort, sofern ihr jährliches Gesamteinkommen 2000 Mark übersteigt.

Der Kassenvorstand ist berechtigt, die sich zum freiwilligen Beitritte meldenden nichtversicherungspflichtigen Personen (Ziffer 1, 2, 3 und 5) einer ärztlichen Untersuchung unterziehen zu lassen und ihre Aufnahme abzulehnen, wenn die Untersuchung eine bereits bestehende Krankheit ergibt. [4])

[Ferner können vom Vorstand als Mitglieder aufgenommen werden:

1. selbständige Gewerbetreibende [der im § 1 bezeichneten Art], welche nicht regelmäßig *mehr als zwei* Lohnarbeiter beschäftigen,
2. . . . .

[sofern sie nicht älter als [50] Jahre sind und nachweisen, daß sie an keiner chronischen Krankheit leiden, und] sofern ihr jährliches Gesamteinkommen 2000 Mark nicht übersteigt.]

Zu § 5.

¹) Vgl. § 19 Abs. 3 des Gesetzes.

²) Die Nummern 1 bis 3 sind zu streichen, falls die bezeichneten Personen kraft statutarischer Regelung versicherungspflichtig sind. Die im § 2 *Abs. 1* Ziffer 2 des Gesetzes bezeichneten Personen werden in den hier in Betracht kommenden Gewerbebetrieben selten vorkommen und sind deshalb hier fortgelassen. Vgl. Anmerkung zu § 3.

³) Inwieweit von der durch § 26 a Abs. 2 Ziffer 5 gegebenen Befugnis Gebrauch zu machen ist, ob namentlich Dienstboten oder selbständigen Handwerkern der betreffenden Gewerbszweige der Beitritt zur Kasse zu ermöglichen ist, muß nach örtlichen Verhältnissen entschieden werden. Dabei kann entweder diesen Personen das Recht des Beitritts verliehen, oder dem Vorstande das Recht der Aufnahme auf Antrag für den einzelnen Fall beigelegt werden, vgl. Abs. 4.

⁴) Vgl. § 19 Abs. 3 des Gesetzes. Für die unter Ziffer 5 bezeichneten Personen kann die Aufnahme in die Kasse noch anderweit von Bedingungen, z. B. Beibringung eines Gesundheitsattestes, Lebensalter u. s. w., abhängig gemacht werden, solche Bedingungen sind eintretendenfalls hier festzustellen.

C. Beginn und Ende der Mitgliedschaft.

§ 7.

Für diejenigen Personen, welche auf Grund des § 2 Mitglieder der Kasse werden, beginnt die Mitgliedschaft, vorbehaltlich der Bestimmung des Abs. *3* daselbst, mit dem Tage, an welchem sie in die Beschäftigung eintreten. ¹)

Für die zum Beitritte berechtigten Personen (§ 5)

beginnt die Mitgliedschaft mit dem Tage des Einganges der schriftlichen oder mündlichen Anmeldung [2]) bei dem Kassenvorstande. [3]) Sofern aber der Vorstand bei den im § 5 Abs. 1 Ziffer 1, 2, 3, 5 bezeichneten Personen binnen drei Tagen nach dem Eingehen der Anmeldung erklärt, daß er die Aufnahme von dem Ergebnis einer ärztlichen Untersuchung abhängig machen will, oder sofern die Aufnahme an die Erfüllung anderer Bedingungen geknüpft ist, beginnt die Mitgliedschaft einer nichtversicherungspflichtigen Person erst mit dem Tage, an welchem derselben die Entscheidung des Kassenvorstandes zugestellt wird. Ergeht eine Entscheidung nicht binnen zwei Wochen nach Eingang der Anmeldung, so gilt die Aufnahme als bewirkt.

[Die Aufnahme muß enthalten:

den Vor- und Zunamen des Angemeldeten,
die Beschäftigung, in welcher er steht,
seine derzeitige Wohnung,
[den täglichen Arbeitsverdienst, welchen er zur Zeit bezieht.] [4])]

Die Mitgliedschaft dauert während des Bezugs von Krankenunterstützung fort. [5])

Zu § 7.

[1]) Vgl. § 19 Abs. 2 des Gesetzes.

[2]) Vgl. § 19 Abs. 3 des Gesetzes.

[3]) Auch wo eine besondere Meldestelle errichtet wird, empfiehlt es sich, die Meldung der freiwillig beitretenden Mitglieder an den Vorstand gelangen zu lassen, da unter Umständen eine Entscheidung über die Aufnahme erforderlich werden kann.

[4]) Vgl. Bemerkung 4 zu § 10.
[5]) Vgl. § 54 a des Gesetzes.

D. Meldepflicht der Arbeitgeber.

§ 10.[1])

Die Arbeitgeber haben jede von ihnen beschäftigte Person, welche auf Grund des § 2 Mitglied der Kasse wird, spätestens am dritten Tage nach dem Beginne der Beschäftigung [spätestens am letzten Werktage der Kalenderwoche, in welche der dritte Tag nach dem Beginne der Beschäftigung fällt,] bei dem [Kassenvorstande] [Kassen- und Rechnungsführer] [der von der Aufsichts- oder höheren Verwaltungsbehörde errichteten Meldestelle][2]) anzumelden und spätestens am dritten Tage nach Beendigung der Beschäftigung [spätestens am letzten Werktage der Kalenderwoche, in welche der dritte Tag nach Beendigung der Beschäftigung fällt,] daselbst abzumelden. In den im § 2 Abs. *3* erwähnten Fällen beginnt die Frist für die Anmeldung erst mit dem Ablaufe von zwei Wochen nach dem Beginne der Beschäftigung.

Die Anmeldung muß enthalten:

den Vor- und Zunamen [sowie die Beschäftigung][3]) des Anzumeldenden,

den Zeitpunkt des Eintritts in die Beschäftigung,

[den täglichen Arbeitsverdienst, welchen derselbe zunächst beziehen wird.][4])

Die Abmeldung muß enthalten:

den Vor- und Zunamen des Abzumeldenden,

den Zeitpunkt des Austritts aus der Beschäftigung.

Wenn bei einer solchen Person, welche auf Grund ihrer Beschäftigung der Versicherungspflicht bisher nicht unterlag, während der Dauer dieser Beschäftigung eine Veränderung eintritt, durch welche diese Person auf Grund des § 2 Mitglied der Kasse wird,[5]) so haben die Arbeitgeber auch für diese Person spätestens am dritten Tage nach Eintritt der Veränderung [spätestens am letzten Werktage der Kalenderwoche, in welche der dritte Tag nach Eintritt der Veränderung fällt,] die vorschriftsmäßige Anmeldung zu bewirken. Dabei ist an Stelle des Eintritts in die Beschäftigung der Zeitpunkt des Eintritts dieser Veränderung anzugeben.

[Änderungen in dem täglichen Arbeitsverdienst eines Kassenmitgliedes[6]) [, welche die Versetzung in eine andere Mitgliederklasse zur Folge haben,][7]) sind von dem Arbeitgeber spätestens am dritten Tage nach dem Eintritte [spätestens am letzten Werktage der Kalenderwoche, in welche der dritte Tag nach dem Eintritte dieser Veränderung fällt,] bei der im Abs. 1 bezeichneten Stelle gleichfalls anzumelden.]

[Die Versäumnis dieser Verpflichtung zieht Geldstrafen bis zu 20 Mark nach sich.][8])

[Arbeitgeber, welche ihrer Anmeldepflicht *(Abs. 1)* vorsätzlich oder fahrlässigerweise nicht genügen, sind außerdem verpflichtet, alle Aufwendungen zu erstatten, welche die Kasse in einem vor der Anmeldung durch die nicht angemeldete Person veranlaßten Unterstützungsfall auf Grund dieses Statuts gemacht hat.][9])

Zu § 10.

[1]) Vgl. § 49 des Gesetzes.

[2]) Wo eine gemeinsame Meldestelle von der Aufsichts- oder höheren Verwaltungsbehörde nicht errichtet ist, empfiehlt es sich für größere Kassen meist, die Meldung bei dem Rechnungs- und Kassenführer vorzuschreiben.

[3]) Erforderlich, wenn der durchschnittliche Tagelohn klassenweise nach der Beschäftigung festgestellt werden soll (vgl. § 12).

[4]) Erforderlich, wenn der durchschnittliche Tagelohn klassenweise nach dem wirklichen Arbeitsverdienste festgestellt, oder wenn an die Stelle des durchschnittlichen Tagelohns der wirkliche Arbeitsverdienst der einzelnen Versicherten gesetzt werden soll (vgl. § 12 (C) und § 13 Ziffer 3).

[5]) Dieser Fall liegt z. B. vor, wenn jemand, der bisher keinen Lohn erhielt, fortan gelohnt wird, oder wenn ein Betriebsbeamter, welcher bisher mehr als 2000 Mark Jahresarbeitsverdienst bezog, fortan einen geringeren Jahresarbeitsverdienst beziehen wird.

[6]) Vgl. die vorstehende Bemerkung 4.

[7]) Diese Einschränkung erscheint zulässig, wenn zwar der durchschnittliche Tagelohn zu Grunde gelegt, dieser aber klassenweise nach der Lohnhöhe abgestuft wird (§ 12. (C)).

[8]) Gesetzliche Bestimmung (§ 81 des Gesetzes), welche auch ohne Aufnahme in das Statut Platz greift.

[9]) Desgleichen vgl. § 50 des Gesetzes.

III. Unterstützungen.

A. Arten der Unterstützung.

§ 11.[1])

Die Kasse gewährt ihren Mitgliedern

1. für ihre Person

   a) eine Krankenunterstützung nach Maßgabe der §§ 13 bis 18,

b) eine Wöchnerinnen- [*und Schwangeren-*] Unterstützung nach Maßgabe des § 19,

c) ein Sterbegeld nach Maßgabe des § 20,

[d) eine Fürsorge im Falle der Rekonvaleszenz nach Beendigung der Krankenunterstützung gemäß § . . . .,] [2])

[2. für ihre nicht selbst versicherten Familienangehörigen Unterstützung im Krankheits-, *Schwangerschafts-* und Todesfalle nach Maßgabe des § 21.]

[*Die Übertragung der dem Unterstützungsberechtigten zustehenden Ansprüche auf Dritte sowie die Verpfändung oder Pfändung hat nur insoweit rechtliche Wirkung, als sie erfolgt:*

1. zur Deckung eines Vorschusses, welcher dem Berechtigten auf seine Ansprüche vor Anweisung der Unterstützung von dem Arbeitgeber oder einem Organe der Kasse oder dem Mitglied eines solchen Organs gegeben worden ist;

2. zur Deckung der im § 850 Abs. 4 der Civilprozeßordnung bezeichneten Forderungen.

Die Ansprüche dürfen auf geschuldete Eintrittsgelder und Beiträge, auf gezahlte Vorschüsse, auf zu Unrecht gezahlte Unterstützungsbeträge und auf die von den Organen der Kassen verhängten Geldstrafen aufgerechnet werden. Die Ansprüche dürfen ferner aufgerechnet werden auf Ersatzforderungen für Beträge, welche der Unterstützungsberechtigte in den Fällen des § 57 Abs. 4 des Krankenversicherungsgesetzes oder auf Grund der Reichsgesetze über

Unfallversicherung bezogen, aber an die Kasse zu erstatten hat; Ansprüche auf Krankengeld dürfen jedoch nur bis zur Hälfte aufgerechnet werden.

Ausnahmsweise darf der Berechtigte den Anspruch ganz oder zum Teil auf andere übertragen, sofern dies von der unteren Verwaltungsbehörde genehmigt wird.][3])

Zu § 11.

[1]) Inwiefern über die im § 20 des Gesetzes festgestellten Mindestleistungen innerhalb der durch § 21 des Gesetzes gezogenen Grenzen hinauszugehen ist, muß nach den für die einzelne Kasse in Betracht kommenden Verhältnissen erwogen werden. Für bereits bestehende Kassen wird für diese Frage ein Anhalt in den bisherigen Erfahrungen vorliegen. Für neu errichtete Kassen empfiehlt es sich, zunächst über die Mindestleistungen nicht hinauszugehen, zumal wenn die Feststellung der Beiträge auf den nach § 31 des Gesetzes zunächst zulässigen Höchstbetrag nach den Verhältnissen der Kassenmitglieder nicht erwünscht erscheint.

[2]) Zu dieser Erweiterung der Unterstützung (vgl. § 21 Abs. 1 Ziffer 3a des Gesetzes) werden nur gut situierte Kassen in der Lage sein. Eintretendenfalls können die näheren Bestimmungen in einem besonderen Paragraphen unschwer in das Statut eingefügt werden.

[3]) Gesetzliche Bestimmung (§ 56 des Gesetzes), welche auch ohne Aufnahme in das Statut Anwendung findet.

B. Maßstab für die Bemessung der Unterstützungen und Beiträge.

[Durchschnittlicher Tagelohn.][1])

§ 12. (A)

Als Maßstab für die Bemessung der Kassenleistungen und der Beiträge gilt [der wirkliche Arbeitsverdienst der einzelnen Versicherten, soweit er *fünf* Mark für den Arbeitstag nicht übersteigt, nach näherer Bestimmung des § 13][1]) [der für die betreffenden Mitglieder in Betracht kommende durchschnittliche Tagelohn. Derselbe ist festgestellt:

1. für (erwachsene) männliche Kassenmitglieder über 16 Jahre ausschließlich der Lehrlinge, auf . . . . Mark,
2. für (erwachsene) weibliche Kassenmitglieder über 16 Jahre auf . . . . Mark,
3. für männliche Kassenmitglieder unter 16 [zwischen 14 und 16][2]) Jahren und für Lehrlinge auf . . . . Mark,
4. für weibliche Kassenmitglieder unter 16 [zwischen 14 und 16][2]) Jahren auf .... Mark,

[5. für männliche Kassenmitglieder unter 14 Jahren auf . . . . Mark],[2])

[6. für weibliche Kassenmitglieder unter 14 Jahren auf . . . . Mark].[2])

Diese Sätze bleiben in Geltung, bis sie durch [die höhere Verwaltungsbehörde] anderweitig festgestellt werden. In diesem Falle sind die neuen Sätze durch das im § 66 bezeichnete Blatt bekannt zu machen.]

§ 12. (B)

Für die Bemessung der Höhe des Krankengeldes und der Beiträge werden die Kassenmitglieder in (3) Klassen eingeteilt:[3])

1. Volljährige Gehilfen [Gesellen, Arbeiter] [und die

im § 5 Ziffer 5 unter . . . aufgeführten Personen].[4])
I. Klasse.

2. Minderjährige Gehilfen [Gesellen, Arbeiter] und die im § 5 Ziffer 5 unter . . . aufgeführten Personen.
II. Klasse.

3. Lehrlinge sowie Kassenmitglieder unter 16 Jahren.
III. Klasse.

Der durchschnittliche Tagelohn ist bis auf weiteres festgesetzt:

für die I. Klasse auf . . . . . (....... Mark),
für die II. Klasse auf . . . . . (....... Mark),
für die III. Klasse auf . . . . (....... Mark).

Diese Sätze bleiben in Geltung, bis sie durch [die höhere Verwaltungsbehörde] anderweitig festgestellt werden. In diesem Falle sind die neuen Sätze durch das im § 66 bezeichnete Blatt bekannt zu machen.

§ 12. (C)[5])

[Für die Bemessung der Höhe des Krankengeldes und der Beiträge werden die Kassenmitglieder in (3) Klassen eingeteilt:

1. Kassenmitglieder, deren Arbeitsverdienst für den Arbeitstag .... Mark ..... Pf. oder mehr beträgt. (I. Klasse.)
2. Kassenmitglieder, deren Arbeitsverdienst für den Arbeitstag .... Mark ..... Pf. bis .... Mark ..... Pf. ausschließlich beträgt. (II. Klasse.)
3. Kassenmitglieder, deren Arbeitsverdienst für den Arbeitstag weniger als .... Mark ..... Pf. beträgt. (III. Klasse.)

Der durchschnittliche Tagelohn ist bis auf weiteres festgesetzt:

für die I. Klasse auf . . . . (....... Mark),
für die II. Klasse auf . . . . (....... Mark),
für die III. Klasse auf . . . . . . (....... Mark).

Jedes Kassenmitglied wird auf Grund seiner Anmeldung nach Maßgabe des darin angegebenen Arbeitsverdienstes durch den Kassenvorstand einer Klasse zugeteilt, welche in das Quittungsbuch des Kassenmitglieds (§ 38) einzutragen ist.

Versetzungen in eine höhere oder niedrigere Klasse finden bei verändertem Arbeitsverdienste[6]) jedoch nur von [vier Wochen zu vier Wochen] [Vierteljahr zu Vierteljahr] statt.

Beschwerden der Mitglieder gegen die Feststellung der Klasse werden von der Aufsichtsbehörde entschieden.]

Zu § 12.

[1]) Die Bestimmungen über den durchschnittlichen Tagelohn fallen für solche Kassen fort, bei welchen die Unterstützungen und Beiträge in Prozenten des wirklichen Arbeitsverdienstes der einzelnen Versicherten festgesetzt werden (vgl. § 13 Ziffer 3 und § 31).

Sonst dient als Grundlage für die Bemessung der Unterstützungen und Beiträge immer der durchschnittliche Tagelohn der Kassenmitglieder (nicht wie bei der Gemeinde-Krankenversicherung der ortsübliche Tagelohn gewöhnlicher Tagearbeiter). Der durchschnittliche Tagelohn kann aber in zweifacher Weise festgestellt werden:

einmal in der Weise, daß ein Durchschnittssatz je für sämtliche männliche erwachsene, weibliche erwachsene, männliche jugendliche, weibliche jugendliche

Personen — geeignetenfalls noch unter Trennung der „jungen Leute" (zwischen 14 und 16 Jahren) und der „Kinder" (unter 14 Jahren) — ohne Berücksichtigung sonstiger Verschiedenheiten festgestellt wird; bei dieser Art der Feststellung würde der § 12 die Fassung unter A (zweite Klammer) zu erhalten haben (vgl. § 20 Abs. 1 Ziffer 1 des Gesetzes);

sodann in der Weise, daß die Kassenmitglieder in Klassen eingeteilt werden und für jede Klasse der Durchschnittssatz besonders festgestellt wird. Die Fassungen des § 12 unter B und C geben Beispiele, wie eine solche Klasseneinteilung vorgenommen werden kann. Ob eine dieser Einteilungen oder eine andere zu wählen, muß nach den Verhältnissen der Kassenmitglieder beurteilt werden (vgl. § 20 Abs. 2 des Gesetzes).

Die Feststellung der Durchschnittstagelöhne erfolgt in jedem Falle durch die höhere Verwaltungsbehörde, welcher zu dem Ende je nach der verschiedenen Grundlage, welche für die Bemessung der Höhe des Krankengeldes angenommen werden soll, die erforderlichen Unterlagen zu unterbreiten sind, und zwar wird letzteres in der Regel zweckmäßig vorgängig und nicht erst bei Einreichung des Kassenstatuts zur Genehmigung geschehen.

[2]) Ob die im Gesetze zugelassene Feststellung besonderer Durchschnittssätze je für „junge Leute" zwischen 14 und 16 Jahren und für „Kinder" unter 14 Jahren angezeigt ist, hängt davon ab, ob erhebliche Verschiedenheiten in den Lohnverhältnissen dieser Klassen der „jugendlichen Arbeiter" vorkommen.

[3]) Gehören der Kasse auch weibliche Mitglieder an, so sind dieselben bei dieser Art der Klasseneinteilung besonders zu berücksichtigen.

[4]) Werden freiwillige Mitglieder auf Grund des § 26a Abs. 2 Ziffer 5 des Gesetzes zugelassen, so müssen diese bei der Klasseneinteilung berücksichtigt werden.

[5]) Bei dieser Art der Klasseneinteilung können die

Klassen so abgegrenzt werden, daß auch weibliche und jugendliche Mitglieder, ohne besondere Klassenbildung für dieselben, in eine der gebildeten Klassen eingereiht werden können. Die Zahl und Abstufung der Klassen muß unter Berücksichtigung der unter den Kassenmitgliedern bestehenden Verschiedenheiten bemessen werden.

[6]) Vgl. Bemerkung 4 zu § 7 und Bemerkungen 4 und 7 zu § 10.

C. Krankenunterstützung für Kassenmitglieder.

§ 13.

Als Krankenunterstützung wird den Kassenmitgliedern im Falle einer Krankheit oder durch Krankheit herbeigeführten Erwerbsunfähigkeit gewährt:

1. vom Beginne der Krankheit ab freie ärztliche Behandlung und Arznei;
2. die Lieferung von Brillen, Bruchbändern und ähnlichen Vorrichtungen oder Heilmitteln, welche zur Heilung des Erkrankten oder zur Herstellung und Erhaltung der Erwerbsfähigkeit nach beendigtem Heilverfahren erforderlich sind;[1])
3. im Falle der Erwerbsunfähigkeit[2]) vom dritten Tage nach dem Tage der Erkrankung ab [vom Tage des Eintritts der Erwerbsunfähigkeit ab][3]) für jeden Arbeitstag [Kalendertag einschließlich der Sonn- und Festtage][3])

   entweder:

   [die Hälfte[4]) des durchschnittlichen Tagelohns (§ 12) als Krankengeld];

   oder:

   [ein Krankengeld, und zwar

a) für Mitglieder der ersten Klasse von .... Mark,
b) für Mitglieder der zweiten Klasse von .... Mark,
c) für Mitglieder der dritten Klasse von .... Pf.][4])
oder:

[ein Krankengeld in Höhe der Hälfte[4]) des wirklichen Arbeitsverdienstes des Kassenmitglieds, soweit derselbe 5 Mark für den Arbeitstag nicht übersteigt.

Für Mitglieder, deren Löhnung nach Akkordsätzen oder in wechselnder Höhe erfolgt, wird der Durchschnittsverdienst der [drei] letzten der Erkrankung voraufgegangenen, für die Zahlung der Beiträge im § 32 vorgeschriebenen Perioden, oder, wenn das erkrankte Mitglied nicht während dieser ganzen Zeit der Kasse angehörte, der Durchschnittsverdienst eines in gleichartiger Beschäftigung stehenden Mitglieds zu Grunde gelegt. Die Feststellung erfolgt durch den Vorstand unter Berücksichtigung der eingegangenen Anmeldungen[5]) über die Höhe des täglichen Arbeitsverdienstes und die darin eingetretenen Veränderungen.]

Die Krankenunterstützung wird für die Dauer der Krankheit gewährt; sie endet spätestens mit dem Ablaufe der *sechsundzwanzigsten [neununddreissigsten, zweiundfünfzigsten]*[6]) Woche nach Beginn der Krankheit, im Falle der Erwerbsunfähigkeit (Abs. 1 Ziffer 3) spätestens mit dem Ablaufe der *sechsundzwanzigsten [neununddreissigsten, zweiundfünfzigsten]* Woche nach Beginn des Krankengeldbezugs. Endet der Bezug des Krankengeldes erst nach Ablauf der *sechsundzwanzigsten [neununddreissigsten, zweiundfünfzigsten]* Woche nach dem Beginne der Krankheit, so endet mit dem Bezuge des Krankengeldes zugleich auch der Anspruch auf die im Abs. 1 unter Ziffer 1 und 2 bezeichneten Leistungen.

Zu § 13.

[1]) Sollen auf Grund des § 21 Abs. 1 Ziffer 2 des Gesetzes noch weitere Heilmittel gewährt werden, so sind dieselben hier aufzuführen.

[2]) Der Bemessung des im Falle der Erwerbsunfähigkeit zu gewährenden Krankengeldes kann der durchschnittliche Tagelohn der Kassenmitglieder (§ 12) oder auch gemäß § 26a Abs. 2 Ziffer 6 des Gesetzes der wirkliche Arbeitsverdienst des einzelnen Versicherten, soweit derselbe 5 Mark für den Arbeitstag nicht übersteigt, zu Grunde gelegt werden. Bei Zugrundelegung des durchschnittlichen Tagelohns kann das Krankengeld durch Angabe der Quote desselben, aber auch der Grundsätze für jede Klasse festgesetzt werden. Ersteres hat den Vorzug, daß bei der eintretenden Änderung der Tagelohnsätze die Änderung der Krankengeldsätze sich von selbst ergibt; letzteres ermöglicht jedem Mitgliede, die Höhe seines Krankengeldes ohne Rechnung zu erkennen. Hiernach ist unter den im Texte vorgesehenen Fassungen zu wählen.

[3]) Die Erweiterung der Kassenleistungen in diesen Beziehungen (ganz oder teilweise) kann gemäß § 21 Abs. 1 Ziffer 1a des Gesetzes nur stattfinden, sofern dieselbe sowohl von der Vertretung der zu Beiträgen verpflichteten Arbeitgeber als auch von derjenigen der Versicherten beschlossen wird, oder sofern der Betrag des gesetzlich vorgeschriebenen Reservefonds erreicht ist (vgl. § 55 und § 65 Abs. 2 des Statuts). Die Gewährung des Krankengeldes schon vom Tage des Eintritts der Erwerbsunfähigkeit ab braucht nicht allgemein zu erfolgen, sondern kann von bestimmten Voraussetzungen, z. B. Vorhandensein sichtbarer äußerer Schäden u. s. w., abhängig gemacht werden. Soll

letzteres geschehen, so sind die Voraussetzungen im Statut anzugeben.

[4]) Das Krankengeld darf nicht unter der Hälfte (§ 6 Abs. 1 Ziff. 2, § 20 Abs. 1 Ziffer 1 des Gesetzes) und nicht über Dreiviertel (§ 21 Abs. 1 Ziffer 2 des Gesetzes) des durchschnittlichen Tagelohns oder wirklichen Arbeitsverdienstes (in den durch § 20 Abs. 2 beziehungsweise § 26a Abs. 2 Ziffer 6 des Gesetzes vorgesehenen Grenzen) festgesetzt werden.

[5]) Vgl. Bemerkung 4 zu § 7 und Bemerkungen 4 und 6 zu § 10.

[6]) Die Dauer der Unterstützung muß auf mindestens 26 Wochen, kann aber auch auf längere Zeit bis zu einem Jahre festgestellt werden (vgl. Bemerkung 1 zu § 11).

§ 14.[1])

An die Stelle der im § 13 bezeichneten Unterstützungen tritt auf [Antrag des Kassenarztes und] Verfügung des Vorstandes freie Kur und Verpflegung im Krankenhause.

Für solche Kassenmitglieder, welche verheiratet sind, oder eine eigene Haushaltung haben, oder Mitglieder der Haushaltung ihrer Familie sind, kann die Unterbringung im Krankenhaus ohne ihre Zustimmung nur dann angeordnet werden, wenn die Art der Krankheit Anforderungen an die Behandlung oder Verpflegung stellt, welchen in der Familie des Erkrankten nicht genügt werden kann, oder wenn die Krankheit eine ansteckende ist, oder wenn der Erkrankte wiederholt den im § 25 erwähnten Vorschriften zuwider gehandelt hat, oder wenn dessen Zustand oder Verhalten eine fortgesetzte Beobachtung erfordert.

Die im Krankenhaus Untergebrachten erhalten, wenn sie Angehörige haben, deren Unterhalt sie bisher aus ihrem

Arbeitsverdienste bestritten haben, [[die Hälfte] [*drei Viertel*] des im § 13 Ziffer 3 als Krankengeld festgesetzten Betrags] [*die Hälfte des durchschnittlichen Tagelohns* [*wirklichen Arbeitsverdienstes*]] [2]) für diese Angehörigen, [anderenfalls ein Krankengeld von [einem Zehntel, *einem Fünftel*] des der Bemessung zu Grunde liegenden durchschnittlichen Tagelohns [wirklichen Arbeitsverdienstes]]. [3])

Zu § 14.

[1]) Der § 7 des Gesetzes gilt nach § 20 Abs. 1 Ziffer 1 daselbst auch für Ortskrankenkassen.

[2]) *Vgl. § 21 Abs. 1 Ziffer 2a und § 26a Abs. 2 Ziffer 6 des Gesetzes. Über die Hälfte des durchschnittlichen Tagelohns [wirklichen Arbeitsverdienstes] hinaus darf die Angehörigenunterstützung nicht festgesetzt werden.*

[3]) Vgl. § 21 Abs. 1 Ziffer 3 des Gesetzes; es kann in diesem Falle bis zu einem *Viertel* des der Bemessung des Krankengeldes zu Grunde liegenden Lohnes gewährt werden.

§ 16.[1])

[Für Mitglieder, welche von der Krankenkasse eine Krankenunterstützung ununterbrochen oder im Laufe eines Zeitraums von 12 Monaten *für 26* [*39*] *Wochen*[2]) bezogen haben, werden bei Eintritt eines neuen Unterstützungsfalls, sofern dieser durch die gleiche nicht gehobene Krankheitsursache veranlaßt worden ist, im Laufe der nächsten 12 Monate als Krankenunterstützung nur die im § 13 Ziffer 1 und 2 bezeichneten Leistungen, sowie die Hälfte des durchschnittlichen Tagelohns [wirklichen Arbeitsverdienstes] als Krankengeld, beides aber auch nur für die Gesamtdauer von 13 Wochen gewährt.]

Zu § 16.

[1]) Vgl. § 26a Abs. 2 Ziffer 3 des Gesetzes. Die Bestimmung hat, soweit es sich um das Maß der Krankenunterstützung handelt, nur dann eine Bedeutung, wenn die gewöhnlichen Kassenleistungen den Mindestbetrag überschreiten; *soweit es sich dagegen um die Dauer der Unterstützung handelt, hat sie auch dann Bedeutung, wenn die Kasse nur die Mindestleistungen gewährt.*

[2]) Hier ist dieselbe Zahl von Wochen einzurücken, welche im § 13 gewählt ist.

§ 17.[1])

[Mitgliedern, welche die Kasse durch eine mit dem Verluste der bürgerlichen Ehrenrechte bedrohte strafbare Handlung geschädigt haben, wird für die Dauer von 12 Monaten seit Begehung der Straftat ein Krankengeld [nicht] [nur im Betrage von [. . . Pf.]] [2]) gewährt.

Dasselbe gilt für Mitglieder, welche sich eine Krankheit vorsätzlich oder durch schuldhafte Beteiligung bei Schlägereien oder Raufhändeln *oder durch* Trunkfälligkeit zugezogen haben, für die Dauer dieser Krankheit.]

Zu § 17.

[1]) Vgl. § 26a Abs. 2 Ziffer 2 des Gesetzes.

[2]) Soll in den fraglichen Fällen das Krankengeld nicht völlig entzogen werden, so ist hier der Betrag einzustellen, welcher gewährt werden soll.

§ 18.[1])

Mitgliedern, welche gleichzeitig anderweit gegen Krankheit versichert sind, wird das Krankengeld soweit gekürzt, daß es zusammen mit dem aus der anderweiten Versicherung bezogenen Krankengelde den vollen Betrag ihres durchschnittlichen täglichen Arbeitsverdienstes [2]) nicht [nicht mehr als um ein Viertel] übersteigt.

[Die Mitglieder sind verpflichtet, andere von ihnen eingegangene Versicherungsverhältnisse, aus welchen ihnen Ansprüche auf Krankenunterstützung zustehen, sofern sie zur Zeit des Eintritts in die Kasse bereits bestanden, binnen einer Woche nach dem Eintritte, sofern sie später abgeschlossen werden, binnen einer Woche nach dem Abschlusse dem Kassenvorstand anzuzeigen.

Die Versäumung dieser Verpflichtung zieht Ordnungsstrafe bis *zum dreifachen Betrage des täglichen Krankengeldes für jeden einzelnen Übertretungsfall* nach sich.][3])

Zu § 18.

[1]) Die Bestimmung des Abs. 1 gilt ohne Aufnahme in das Statut kraft § 26a Abs. 1 des Gesetzes. Das Statut kann aber bestimmen, daß die fragliche Kürzung gar nicht oder nicht in vollem Maße eintreten soll. Letzteres kann z. B. durch Einschiebung der Worte: „nicht mehr als um ein Viertel (oder eine andere Quote)" vor „übersteigt" am Schlusse geschehen.

[2]) Das Gesetz lautet: „ihres durchschnittlichen Tagelohns"; darunter ist nicht der allgemeine oder klassenweise festgesetzte Durchschnittstagelohn, sondern der Durchschnitt des von dem betreffenden Mitgliede wirklich verdienten Tagelohns zu verstehen. Um dies außer Zweifel zu stellen, ist der Ausdruck „ihres durchschnittlichen täglichen Arbeitsverdienstes" gewählt.

[3]) Die Bestimmungen des Abs. 2 gelten nur im Falle der Aufnahme in das Statut; vgl. § 26a Abs. 2 Ziffer 1 und 2a des Gesetzes.

D. Wöchnerinnen- *[und Schwangeren-]* Unterstützung für Kassenmitglieder.

§ 19.

Weiblichen Mitgliedern, welche innerhalb des letzten Jahres, vom Tage der Entbindung ab gerechnet, mindestens sechs Monate hindurch einer auf Grund des Krankenversicherungsgesetzes errichteten Kasse oder einer Gemeindekrankenversicherung angehört haben, wird im Falle der Entbindung auf die Dauer von *sechs* Wochen nach ihrer Niederkunft[1]) eine Unterstützung in Höhe des Krankengeldes[2]) gewährt. Erkrankungen, welche bei der Entbindung oder während der Dauer des Wochenbetts eintreten, begründen denselben Anspruch auf Unterstützung wie andere Erkrankungen.

[[3]) *Schwangeren, welche mindestens sechs Monate der Kasse angehören,*

entweder:

wird wegen einer durch die Schwangerschaft verursachten Erwerbsunfähigkeit eine der Wöchnerinnen-Unterstützung gleiche Unterstützung bis zur Gesamtdauer von [*vier, sechs*] *Wochen gewährt.*] [*Auch werden ihnen die erforderlichen Hebammendienste*[4]) *und die ärztliche Behandlung der Schwangerschaftsbeschwerden*[4]) *frei gewährt.*]

oder:

werden die erforderlichen Hebammendienste[4]) *und die ärztliche Behandlung der Schwangerschaftsbeschwerden*[4]) *frei gewährt.*]

Zu § 19.

[1]) *Vgl. § 20 Abs. 1 Ziffer 2 des Gesetzes.*

[2]) Die Bestimmung hat nur Bedeutung in dem Falle, wo das Wochenbett normal, also ohne Erkrankung der Wöchnerin verläuft. Demnach kann *hier* Gewährung freier ärztlicher Behandlung und Arznei nicht in Frage kommen.

[3]) *Die Bestimmungen des Abs. 2 gelten nur im Falle der Aufnahme in das Statut; vgl. § 21 Abs. 1 Ziffer 4 des Gesetzes. Die Fassung richtet sich danach, ob die Gewährung aller oder nur einzelner der hier zugelassenen Leistungen beschlossen wird. In jedem Falle ist nach dem Gesetze die Gewährung der Leistungen aus Abs. 2, abweichend von den Leistungen aus Abs. 1, von der mindestens sechsmonatigen Zugehörigkeit zu der betreffenden Ortskrankenkasse selbst abhängig zu machen.*

[4]) *Die Entbindung selbst ist nicht mehr zu den „Schwangerschaftsbeschwerden" zu rechnen. Die freie Gewährung der „erforderlichen Hebammendienste" umfasst aber auch die bei der Entbindung von der Hebamme zu leistenden Dienste.*

E. Sterbegeld für Kassenmitglieder.

§ 20.

Für den Todesfall eines Mitglieds gewährt die Kasse ein Sterbegeld im zwanzigfachen *[dreissigfachen]*[1]) Betrage des durchschnittlichen Tagelohns (§ 12) *[, mindestens aber im Betrage von fünfzig Mark.]*[1])

oder

[ein Sterbegeld

a) für Mitglieder der ersten Klasse von . . . . Mark,

b) für Mitglieder der zweiten Klasse von . . . Mark,

c) für Mitglieder der dritten Klasse von . . . . Mark][1])

oder

[ein Sterbegeld im zwanzigfachen *[dreissigfachen]*[1]) Betrage des nach § 13 Ziffer 3 ermittelten wirklichen

Arbeitsverdienstes des Mitglieds, soweit derselbe *fünf* Mark für den Arbeitstag nicht übersteigt] [, *mindestens aber im Betrage von fünfzig Mark.*] [1])

Verstirbt ein als Mitglied der Kasse Erkrankter nach Beendigung der Krankenunterstützung, so ist das Sterbegeld zu gewähren, wenn die Erwerbsunfähigkeit bis zum Tode fortgedauert hat, und der Tod infolge derselben Krankheit vor Ablauf eines Jahres nach Beendigung der Krankenunterstützung eingetreten ist. [2])

[*In den Fällen, in welchen auf Grund der Reichsgesetze über Unfallversicherung gleichfalls ein Anspruch auf Sterbegeld begründet ist, hat die Kasse darauf Anspruch, dass ihr bis zur Höhe des von ihr gewährten Sterbegeldes dafür Ersatz durch Überweisung des auf Grund der Unfallversicherungsgesetze zu gewährenden Sterbegeldes geleistet wird.* [3])]

Zu § 20.

[1]) Das Sterbegeld ist nach § 20 Abs. 1 Ziffer 3, § 26a Abs. 2 Ziffer 6 des Gesetzes mindestens auf den zwanzigfachen Betrag des auch der Bemessung des Krankengeldes zu Grunde liegenden durchschnittlichen Tagelohns oder wirklichen Arbeitsverdienstes (vgl. § 13 Ziffer 3) festzusetzen. *Nach* § 21 Abs. 1 Ziffer 6 des Gesetzes *darf es* bis zum vierzigfachen Betrage dieser Lohnsätze erhöht werden, *auch kann ein Mindestbetrag von fünfzig Mark festgesetzt werden.* Ist der durchschnittliche Tagelohn zu Grunde gelegt, so können die für jede Klasse gewährten Geldsätze ausdrücklich im Statut angegeben werden (vgl. Bemerkung 2 zu § 13).

[2]) Vgl. § 20 Abs. 3 des Gesetzes.

[3]) *Vgl. § 20 Abs. 5 des Gesetzes. Diese Bestimmung findet ch ohne Aufnahme in das Statut kraft Gesetzes Anwendung.*

F. Unterstützungen für Familienangehörige.

§ 21.[1])

[Für die in ihrem Haushalte lebenden, dem Krankenversicherungszwange nicht selbst unterliegenden Familienangehörigen wird den Kassenmitgliedern], sofern sie die Gewährung dieser Leistungen bei dem Kassenvorstande besonders beantragt haben,][2]) gewährt:

a) im Falle der Erkrankung folgender Familienangehöriger:[3]) .... freie ärztliche Behandlung und Arznei sowie sonstige Heilmittel (vgl. § 13 Abs. 1 Ziffer 2), für die Dauer der Krankheit, höchstens jedoch für .... Wochen;

b) *im Falle der Schwangerschaft der Ehefrau*[4]) [, *sofern der Ehemann mindestens sechs Monate der Kasse angehört hat,*] [*für die Zeit vom Beginne des siebenten Monats nach Stellung des Antrags*] *wegen einer durch die Schwangerschaft verursachten Erwerbsunfähigkeit eine der Wöchnerinnen-Unterstützung (§ 19 Abs. 1) gleiche Unterstützung bis zur Gesamtdauer von* [*sechs*] *Wochen, ferner ärztliche Behandlung der Schwangerschaftsbeschwerden*[5]) *und die erforderlichen Hebammendienste;*[5])

c) beim Tode der Ehefrau oder eines Kindes unter [14] Jahren ein Sterbegeld, und zwar für die erstere im Betrage von [zwei Dritteln], für das letztere [im halben Betrage] des für das Mitglied im § 20 festgestellten Sterbegeldes.[6])

Dieses Sterbegeld für Ehefrauen und Kinder wird

auch dann gewährt, wenn das verstorbene Familienmitglied zwar gegen Krankheit versichert war, auf Grund dieser Versicherung aber ein Anspruch auf Sterbegeld nicht besteht.[7]) *Der Kasse steht in Fällen der im § 20 Abs. 3 bezeichneten Art der Anspruch auf Ersatzleistung bis zur Höhe des von ihr gewährten Sterbegeldes durch Überweisung des auf Grund der Unfallversicherungsgesetze zu gewährenden Sterbegeldes zu.*[8])

[Anträge der Kassenmitglieder auf Gewährung der Leistungen an ihre Familienangehörigen begründen keine Unterstützungsansprüche hinsichtlich solcher Erkrankungen, welche bereits zur Zeit der Anbringung des Antrags beim Kassenvorstand eingetreten waren [welche vor dem Ablaufe von [sechs] Wochen seit der Anbringung des Antrags beim Kassenvorstand eintreten].[9]) Der Kassenvorstand ist befugt, besondere Vorschriften über die Stellung des Antrags zu erlassen; sofern solchen Vorschriften nicht entsprochen wird, gilt der Antrag als nicht gestellt.

Der durch den Antrag der Kassenmitglieder begründete Anspruch auf Gewährung der Unterstützungen an Familienangehörige hört auf, wenn die Kassenmitglieder dem Vorstande die Zurücknahme des Antrags anzeigen, mit dem Zeitpunkte dieser Anzeige, oder wenn sie die im § 37 vorgesehenen besonderen Zusatzbeiträge an zwei auf einander folgenden Terminen nicht zahlen, mit dem zweiten Zahlungstermine].]

Zu § 21.

[1]) Ob diese Unterstützungen oder ob die eine oder die

andere derselben von vornherein gewährt werden sollen, bleibt der Erwägung im einzelnen Falle überlassen (vgl. § 21 Abs. 1 Ziffer 5 und 7 des Gesetzes). Am unbedenklichsten ist für Kassen, welche Kassenärzte annehmen und mit diesen Honorarverträge abschließen, die Gewährung der Unterstützung unter lit. a des Paragraphen.

[2]) Mit dieser Antragstellung übernimmt das Kassenmitglied die Verpflichtung zur Zahlung der im § 37 vorgesehenen besonderen Zusatzbeiträge.

[3]) Es empfiehlt sich, diejenigen Familienangehörigen, auf welche die Vorschrift des § 21 Anwendung finden soll, im Kassenstatut ausdrücklich zu bezeichnen, z. B. Ehegatten, Eltern, Großeltern, Kinder, Enkel und Geschwister des Kassenmitglieds sowie seines Ehegatten; sonstige Seitenverwandte derselben bis zum vierten Verwandtschaftsgrade.

[4]) *Die im Abs. 1 unter b bezeichneten Leistungen sind an die Stelle der nach § 21 Abs. 1 Ziffer 5 des Krankenversicherungsgesetzes in der Fassung vom 10. April 1892 zugelassenen Wöchnerinnen-Unterstützung getreten. Die Dauer der Schwangeren-Unterstützung nicht selbst versicherter Ehefrauen kann kürzer bemessen werden, als diejenige der selbstversicherten Ehefrauen. Ihre Höchstdauer beträgt ebenfalls sechs Wochen.*

[5]) *Vgl. Bemerkung [4]) zu § 19.*

[6]) Die gemäß lit. c gewährten Sterbegelder können auch niedriger bemessen werden.

[7]) Dies ist der Fall bei Zugehörigkeit zur Gemeindekrankenversicherung.

[8]) *Vgl. § 20 Abs. 5 des Gesetzes und Bemerkung [3]) zu § 20.*

[9]) Die Festsetzung einer Karenzzeit, *abgesehen von der sechsmonatigen des Abs. 1 lit. b,* oder sonstiger besonderer Voraussetzungen für die Gewährung der Familienunterstützung ist freigestellt.

G. Beginn und Ende der Unterstützungsansprüche.

§ 22.[1])

Das Recht auf die Unterstützung beginnt für diejenigen, welche der Kasse auf Grund des § 2 angehören, mit dem Tage des Beginns der Mitgliedschaft. [In Unterstützungsfällen, welche innerhalb der ersten [sechs Wochen] der Mitgliedschaft eintreten, wird jedoch die Krankenunterstützung bis zur Dauer von *26* Wochen nach näherer Bestimmung des § 6 Abs. 2 des Gesetzes, das Krankengeld im Betrage der Hälfte des der Bemessung zu Grunde liegenden durchschnittlichen Tagelohns [wirklichen Arbeitsverdienstes], das Sterbegeld im zwanzigfachen Betrage dieses Lohnsatzes gewährt. Nur die im § 30 Abs. 2 Ziffer 3 [und 4] bezeichneten Personen, welche vorübergehend aus der Kasse ausgeschieden sind, erhalten beim Wiedereintritt in die letztere schon vom Tage des Wiedereintritts ab die vollen statutenmäßigen Unterstützungen ohne die vorstehenden Beschränkungen.][2])

Diejenigen, welche auf Grund des § 5 ***Abs. 1 Ziffer 1, 2, 3, 5*** freiwillige Mitglieder der Kasse werden,[3]) haben [für eine bereits zur Zeit ihrer Anmeldung eingetretene Krankheit keinen Anspruch auf Unterstützung,][4]) [keinen Unterstützungsanspruch, wenn der Unterstützungsfall eintritt, bevor [sechs] Wochen seit ihrer Anmeldung verstrichen sind.]

[Hinsichtlich des Beginns der Unterstützungsansprüche für Familienangehörige bewendet es bei den Bestimmungen des § 21.]

Zu § 22.

[1]) Vgl. § 26 des Gesetzes.

[2]) Fällt fort, wenn und soweit die Kasse nur die Mindestleistungen gewährt; nur Mehrleistungen dürfen bei

Versicherungspflichtigen von einer Karenzzeit abhängig gemacht werden. Ob die Beschränkung überhaupt und ob sie für sechs Wochen oder eine kürzere oder längere Zeit (bis zu sechs Monaten) eintreten soll, ist freigestellt; ebenso kann die Karenzzeit für die einzelnen Mehrleistungen verschieden bemessen werden. Werden Beschränkungen vorgesehen, so gelten sie für die im letzten Satze erwähnten Ausnahmefälle kraft Gesetzes nicht (vgl. § 26 Abs. 2 des Gesetzes).

[3]) Vgl. § 19 Abs. 3 des Gesetzes.

[4]) Soll für Mitglieder der fraglichen Art auf Grund des § 26a Abs. 2 Ziffer 4 des Gesetzes eine Karenzzeit eingeführt werden, so sind statt der Worte in der ersten Klammer die in der zweiten zu wählen.

§ 23.

Mitgliedern, welche infolge eintretender Erwerbslosigkeit[1]) aus der Kasse ausscheiden und sich im Gebiete des Deutschen Reichs aufhalten,[2]) verbleibt für ihre Person der Anspruch auf Krankenunterstützung, Wöchnerinnen-Unterstützung und Sterbegeld in solchen Unterstützungsfällen, welche während der Erwerbslosigkeit und innerhalb eines Zeitraums von drei Wochen nach dem Ausscheiden aus der Kasse eintreten, wenn diese Personen vor ihrem Ausscheiden mindestens drei Wochen ununterbrochen einer auf Grund des Krankenversicherungsgesetzes errichteten Krankenkasse angehört haben.

[In Fällen dieser Art wird die Krankenunterstützung bis zur Dauer von *26* Wochen nach näherer Bestimmung des § 6 Abs. 2 des Gesetzes, das Krankengeld im Betrage der Hälfte des der Bemessung zu Grunde liegenden durchschnittlichen Tagelohns [wirklichen Arbeitsverdienstes], das Sterbegeld im zwanzigfachen Betrage dieses Lohnsatzes gewährt.][3])

Zu § 23.

[1]) Vgl. § 28 des Gesetzes. Erwerbslose dieser Art zahlen keine Beiträge und haben keine Stimmrechte.

[2]) Das Statut kann hiervon nach Lage der örtlichen Verhältnisse Ausnahmen zulassen.

[3]) Fällt aus, wenn und soweit die Kasse nur die Mindestleistungen gewährt.

H. Leistung der Unterstützungen.

§ 24.[1])

Die im § 14 vorgesehene Kur und Verpflegung erfolgt in dem [städtischen Krankenhause] [von der Kasse bestimmten Krankenhause]. Soweit die Erkrankten nicht in das Krankenhaus aufgenommen sind, wird denselben die ärztliche Behandlung durch den Kassenarzt[2]) [einen der Kassenärzte] und die Lieferung der Arznei[3]) durch die mit der Kasse in Geschäftsverbindung stehende[n] Apotheke[n] gewährt. Die Bezahlung der durch Inanspruchnahme anderer Ärzte, Apotheken und Krankenhäuser entstandenen Kosten kann, von dringenden Fällen abgesehen, abgelehnt werden.[4])

[Die Auswahl unter den Kassenärzten steht den Mitgliedern frei; während derselben Krankheit darf jedoch ohne Zustimmung des behandelnden Arztes ein Wechsel nicht vorgenommen werden.]

Die im § 13 *Abs. 1* Ziffer 2 bezeichneten Heilmittel werden den Mitgliedern auf Anordnung des Kassenarztes nach näherer vom Vorstande zu treffender Regelung verabfolgt.

Zu § 24.

[1]) Vgl. § 26a Abs. 2 Ziffer 2b des Gesetzes und § 56 Abs. 1 Ziffer 8 des Statuts.

[2]) Enthält das Statut keine Bestimmungen über die Bestellung von Kassenärzten, so muß die Kasse für die ärztliche Hilfsleistung jedes Arztes nach angemessenen Sätzen (eventuell nach landesrechtlich festgestellten Taxen) Zahlung leisten. Hierdurch können der Kasse unter Umständen sehr erhebliche Kosten erwachsen. Ohne ausdrückliche Bestimmung im Statut steht der Kassenverwaltung die Bestellung besonderer Kassenärzte mit der Maßgabe, daß Hilfsleistungen anderer Ärzte, von dringenden Fällen abgesehen, nicht bezahlt zu werden brauchen, nach den Bestimmungen der Novelle zum Krankenversicherungsgesetze nicht mehr zu.

[3]) Die Verabfolgung der Arzneien wird in der Regel am zweckmäßigsten so geordnet, daß die vom Kassenarzte zu verschreibenden Rezepte mit der Angabe, daß sie für ein Kassenmitglied bestimmt seien (etwa durch Stempel), auf die (eine oder mehrere) Apotheken, mit welchen die Kasse Lieferungsverträge abgeschlossen hat, ausgestellt und von Zeit zu Zeit auf Rechnung bezahlt werden.

[4]) *Verträge der Kasse mit Ärzten, Apotheken und Krankenhäusern auf Grund des § 26a Abs. 2 Ziffer 2b des Krankenversicherungsgesetzes sind der Aufsichtsbehörde mitzuteilen.*

§ 25.[1])

Die Kassenmitglieder sind verpflichtet, die durch Beschluß der Generalversammlung erlassenen Vorschriften über die Krankenmeldung, das Verhalten der Kranken und die Krankenaufsicht, sowie die Anordnungen des behandelnden Arztes zu befolgen. Zuwiderhandlungen gegen diese Verpflichtung ziehen Ordnungsstrafe bis *zum dreifachen Betrage des täglichen Krankengeldes für jeden einzelnen Übertretungsfall nach sich.*

Zu § 25.

[1]) Vgl. § 26a Abs. 2 Ziffer 2a des Gesetzes und § 56 Abs. 1 Ziffer 11 und Abs. 2 des Statuts.

§ 28.

Die Unterstützung für Wöchnerinnen wird erstmalig an dem auf die Entbindung folgenden [Sonnabende] gegen Einlieferung einer Bescheinigung des Standesamts über die Eintragung des Geburtsfalls, und demnächst an jedem folgenden [Sonnabende] für die abgelaufene Woche gezahlt.

Fällt der [Sonnabend] nicht auf einen Werktag, so erfolgt die Zahlung am nächstvorhergehenden Werktage.

[*Die Auszahlung der Unterstützung an Schwangere erfolgt in gleicher Weise wie diejenige des Krankengeldes (§ 26 Abs. 1).*]

IV. Beiträge.

A. Eintrittsgeld.

§ 30.

Diejenigen, welche Mitglieder der Kasse werden, haben ein Eintrittsgeld im Betrage [des für . . . Wochen zu leistenden vollen Kassenbeitrags] [von . . . Mark][1]) zu zahlen.

Befreit vom Eintrittsgelde sind:

1. diejenigen, welche bei der Begründung der Kasse

oder innerhalb der ersten . . . Monate nach derselben Mitglieder werden;[2])

2. diejenigen, welche nachweisen, daß sie innerhalb der letzten *26* Wochen vor ihrem Eintritt in die Kasse einer anderen Krankenkasse angehört oder Beiträge zur Gemeindekrankenversicherung geleistet haben;[3])

3. diejenigen, welche behufs Erfüllung ihrer Dienstpflicht im Heere oder in der Marine [gemäß § 8 Ziffer 3 aus der Kasse ausgeschieden sind und nach Erfüllung der Dienstpflicht durch Rückkehr in die Beschäftigung die Mitgliedschaft auf Grund des § 2 wiedererlangen;] [aus der ihre Versicherung begründenden Beschäftigung und dadurch aus der Versicherung ausgeschieden sind und nach Erfüllung der Dienstpflicht binnen . . . Wochen durch Rückkehr in eine versicherungspflichtige Beschäftigung Mitglieder der Kasse werden;]

[4. diejenigen, welche gemäß § 8 Ziffer 3 um deswillen aus der Kasse ausgeschieden sind, weil die Natur des [Gewerbszweigs], in welchem sie beschäftigt waren, eine periodisch wiederkehrende zeitweilige Einstellung des Betriebs mit sich bringt, wenn sie nach Wiederbeginn der Betriebsperiode durch Rückkehr in die Beschäftigung die Mitgliedschaft auf Grund des § 2 wiedererlangen.][4])

Zu § 30.

[1]) Das Eintrittsgeld darf die Höhe des sechswöchentlichen vollen Kassenbeitrags nicht übersteigen (vgl. § 26 Abs. 3 des Gesetzes). Bis zu dieser Grenze kann es be-

liebig, auch für die verschiedenen Mitgliederklassen verschieden festgestellt werden.

[2]) Diese Befreiung empfiehlt sich namentlich da, wo auf den Zutritt freiwilliger Mitglieder gerechnet wird.

[3]) Die Befreiungen unter Ziffer 2, 3 und 4 sind gesetzlich (vgl. § 26 Abs. 1 Satz 2 und Abs. 2 des Gesetzes).

[4]) Unter Ziffer 4 sind diejenigen der im § 1 des Statuts namhaft gemachten Gewerbszweige, deren Natur die periodisch wiederkehrende zeitweilige Betriebseinstellung mit sich bringt, zu bezeichnen. Wenn eine solche Betriebseinstellung bei keinem jener Gewerbszweige vorkommt, wird die Ziffer fortfallen.

B. Ordentliche Kassenbeiträge.

§ 31.[1])

Die wöchentlichen Kassenbeiträge betragen:[2])

[1. für (erwachsene) männliche Kassenmitglieder über 16 Jahre, ausschließlich der Lehrlinge . . . . Pf.,

2. für (erwachsene) weibliche Kassenmitglieder über 16 Jahre . . . . Pf.,

3. für männliche Kassenmitglieder unter 16 [zwischen 14 und 16] Jahren und für Lehrlinge . . . . Pf.,

4. für weibliche Kassenmitglieder unter 16 [zwischen 14 und 16] Jahren . . . . Pf.,]

[5. für männliche Kassenmitglieder unter 14 Jahren . . . . Pf.,]

[6. für weibliche Kassenmitglieder unter 14 Jahren . . . . Pf.]]

[oder]

[1. für Mitglieder der ersten Klasse . . . . Pf.,
2. für Mitglieder der zweiten Klasse . . . . Pf.,
3. für Mitglieder der dritten Klasse . . . . Pf.,]

[oder]

[....... Prozent des nach § 13 Ziffer 3 ermittelten wirklichen Arbeitsverdienstes des Kassenmitglieds, soweit derselbe 5 Mark für den Arbeitstag nicht übersteigt.][3])

[oder]

[....... Pfennig von jeder vollen oder angefangenen halben Mark des nach § 13 *Abs. 1* Ziffer 3 ermittelten wirklichen Arbeitsverdienstes des Kassenmitglieds, soweit derselbe 5 Mark für den Arbeitstag nicht übersteigt.]

[Die Beiträge sind für jede Woche, innerhalb welcher der Versicherte der Kasse angehört hat, ihrem vollen Betrage nach zu entrichten. Dabei gilt als Woche der Zeitraum von Montag bis Sonntag einschließlich.][4])

Zu § 31.

[1]) Es ist ratsam, zunächst den vollen Kassenbeitrag (Gesamtbeitrag) für das Mitglied festzustellen und demnächst die Bestimmung über die Art der Einzahlung und des von den Arbeitgebern aus eigenen Mitteln zu leistenden Teiles folgen zu lassen, damit die Höhe des Beitrags derjenigen Mitglieder, für welche Zuschüsse von den Arbeitgebern nicht zu leisten sind, außer Zweifel gestellt wird.

[2]) Die Beiträge müssen nach gleichen Grundsätzen wie das Krankengeld, also in Prozenten des der Bemessung des Krankengeldes zu Grunde liegenden Lohnbetrags (des durchschnittlichen Tagelohns oder des wirklichen Arbeitsverdienstes) bemessen werden. Ihre Höhe kann im Statut durch Angabe des Prozentsatzes ausgedrückt werden; doch ist insbesondere bei Zugrundelegung des durchschnittlichen

Tagelohns die im Texte vorgesehene Art der Feststellung nach festen Beträgen vorzuziehen, weil es den Mitgliedern erwünscht sein wird, wenn sie die Höhe ihres Beitrags in bestimmten Ziffern, für die Arbeitswoche berechnet, aus dem Statut ersehen können.

[8]) *Vierundeinhalb* Prozent des der Bemessung des Krankengeldes zugrunde liegenden durchschnittlichen Tagelohns oder wirklichen Arbeitsverdienstes sind der nach § 31 Abs. 1 des Gesetzes für den Anfang zulässige Höchstbetrag der Gesamtbeiträge, sofern nicht etwa zur Deckung der im § 20 des Gesetzes bezeichneten Mindestleistungen ein höherer Betrag erforderlich ist. Ob es erforderlich und ratsam ist, sofort bis zu dem Höchstbetrage von 4½ Prozent zu gehen, ist nach den Erfahrungen bereits längere Zeit bestehender Krankenkassen zu beurteilen. Für Kassen, welche sich zunächst auf die Mindestleistungen beschränken und für Arbeiterklassen mit nicht ungewöhnlicher Krankheitsgefahr bestimmt sind, läßt sich mit einiger Sicherheit annehmen, daß der Höchstbetrag der Beiträge nicht erforderlich ist. Unter allen Umständen ist es ratsam, die Beiträge womöglich so festzustellen, daß sie auch für den einzelnen Arbeitstag durch drei teilbar sind, um die Abrechnung zwischen Arbeitgebern und Arbeitern zu erleichtern.

Im weiteren Verlaufe dürfen die Gesamtbeiträge bis auf 6 Prozent des zu Grunde zu legenden Lohnbetrags gesteigert werden; hierzu ist jedoch, sofern Mehrleistungen gewährt werden (§ 21 des Gesetzes), die besondere Zustimmung sowohl der Vertretung der Arbeitgeber wie der Vertretung der Versicherten erforderlich (§ 31 Abs. 2 des Gesetzes). Sofern nur die Mindestleistungen gewährt werden, bedarf es zu einer Erhöhung der Beiträge bis auf 6 Prozent der besonderen Zustimmung beider Gruppen der Beteiligten nicht; eine solche Zustimmung bleibt dagegen für solche Kassen dann erforderlich, wenn die Beiträge zu Deckung der Mindestleistungen noch über 6 Prozent hinaus erhöht werden müssen. Ist hierzu die Zustimmung einer Gruppe nicht zu erreichen, so muß die Kasse geschlossen werden (§ 47 Abs. 1 Ziffer 2 des Gesetzes).

Der als Beitrag zu erhebende Prozentsatz ist im allgemeinen für sämtliche Kassenmitglieder in gleicher Höhe festzustellen. Jedoch kann nach § 22 Abs. 3 des Gesetzes für Kassen mit verschiedenen Gewerbszweigen oder Betriebsarten die Höhe der Beiträge für die einzelnen Gewerbszweige und Betriebsarten verschieden bemessen werden, wenn und soweit die Verschiedenheit dieser Gewerbszweige und Betriebsarten eine erhebliche Verschiedenheit der Erkrankungsgefahr bedingt. Festsetzungen dieser Art bedürfen der besonderen Genehmigung der höheren Verwaltungsbehörde. Es ist zweckmäßig, diese Genehmigung vor der Einreichung des Statuts behufs dessen Genehmigung einzuholen.

4) Vergleiche § 52 Abs. 3 des Gesetzes.

D. Zusatzbeiträge.

§ 37.

[Kassenmitglieder, welche den Antrag auf Gewährung der im § 21 Abs. 1 lit. a und b bezeichneten Familienunterstützungen gestellt haben, sind zur Entrichtung besonderer Zusatzbeiträge verpflichtet. Dieselben werden für jedes Familienmitglied, dessen Unterstützung in Krankheitsfällen beansprucht wird, [auf wöchentlich . . . Pf. festgesetzt] [von dem Kassenvorstand allgemein festgesetzt und durch die im § 66 bezeichneten Blätter veröffentlicht.]

[Die Kassenmitglieder haben diese Zusatzbeiträge selbst zu den im § 32 angegebenen Fälligkeitsterminen an die Kasse einzuzahlen oder kostenlos einzusenden.] Die Verpflichtung zur Zahlung dieser Zusatzbeiträge erlischt, abgesehen von der Haftung für Rückstände, mit dem Zeitpunkt, an welchem nach § 21 Abs. 4 der Anspruch auf

Gewährung der vorbezeichneten Unterstützungen aufhört.] [Die Zusatzbeiträge sind auch während der Dauer von Erkrankungen der Angehörigen und während *einer durch Schwangerschaft verursachten Erwerbsunfähigkeit* der Ehefrau, *nicht aber während einer zur Unterstützung berechtigenden Erwerbsunfähigkeit des Versicherten selbst* fortzuentrichten.]

Zu § 37.

Vgl. § 22 Abs. 2, § 52b *und § 54a* des Gesetzes. Die Zusatzbeiträge sind für alle, welche Familienunterstützung in Anspruch nehmen, nach gleichen Grundsätzen festzusetzen.

A. Kassenvorstand.

Zusammensetzung und Wahl.

§ 40.[1,2])

Der Vorstand besteht zunächst aus 6 [9, 12 ꝛc.][3]) Mitgliedern.

Die Wahl derselben erfolgt durch die Generalversammlung (vgl. § 51) in der Weise, daß in getrennter Wahlversammlung 4 [6, 8] Mitglieder von den in der Generalversammlung stimmberechtigten Kassenmitgliedern aus ihrer Mitte[4]) und 2 [3, 4] von den der Generalversammlung angehörenden Arbeitgebern gewählt werden.

[Mit Ausnahme der erstmaligen Wahl können Kassenmitglieder zu Mitgliedern des Vorstandes nur gewählt werden, wenn sie der Kasse bereits [ein Jahr lang] angehören.][5])

Die Wahl ist geheim[6]) und wird durch Stimmzettel in einem Wahlgang[7]) in der Weise vorgenommen, daß jeder Stimmberechtigte soviel Namen auf einen Stimmzettel schreibt, wie Mitglieder zu wählen sind.

Gewählt sind diejenigen, auf welche die meisten Stimmen gefallen sind.[8]) Stimmen, welche auf nicht Wählbare fallen oder den Gewählten nicht deutlich bezeichnen, werden nicht mitgezählt.

Unter denjenigen, welche eine gleiche Stimmenzahl erhalten, entscheidet das Los, welches von dem die Wahl Leitenden gezogen wird.

Die Wahl wird im Auftrage des Vorstandes für die Kassenmitglieder von einem diesen angehörenden, für die Arbeitgeber von einem diesen angehörenden Mitgliede des Vorstandes[9]) unter Mitwirkung zweier von ihm zu berufender Mitglieder der Wahlversammlung geleitet. Das erste Mal und in Fällen, wo ein Vorstand nicht vorhanden ist, tritt an die Stelle des Vorstandsmitglieds ein Beauftragter der Aufsichtsbehörde.

Über die Wahl ist ein Protokoll aufzunehmen, welches von dem Wahlleitenden und den Beisitzern zu unterzeichnen ist.

Die Ablehnung der Wahl zum Vorstandsmitglied ist aus denselben Gründen zulässig, aus welchen das Amt eines Vormundes abgelehnt werden kann. Die Wahrnehmung eines auf Grund der Unfallversicherung oder der *Invalidenversicherung* übernommenen Ehrenamts steht der Führung einer Vormundschaft gleich. Kassenmitgliedern, welche eine Wahl ohne gesetzlichen Grund ablehnen, kann auf Beschluß der Generalversammlung für bestimmte Zeit, jedoch nicht über die

Dauer der Wahlperiode, das Stimmrecht in der Generalversammlung entzogen werden.

Zu § 40.

[1]) Für die Bildung des Vorstandes ist folgendes zu beachten:

a) den Arbeitgebern steht ein Anspruch auf Vertretung im Vorstande zu, welche nach dem Verhältnisse der von ihnen aus eigenen Mitteln zu zahlenden Beiträge zu bemessen ist und nicht mehr als ein Drittel der Stimmen ausmachen darf;

b) der Vorstand muß von der Generalversammlung gewählt sein, und zwar in geheimer Wahl und so, daß Kassenmitglieder und Arbeitgeber ihre Vertreter jeder für sich wählen;

c) die Vertreter der Kassenmitglieder müssen aus der Mitte derselben gewählt werden; die Arbeitgeber können auch andere Personen (Geschäftsführer oder Betriebsbeamte der beitragspflichtigen Arbeitgeber) zu ihren Vertretern wählen;

d) die Arbeitgeber können auf die Vertretung im Vorstande verzichten, dürfen dann aber die Vertretung nur mit Ablauf einer Wahlperiode wieder in Anspruch nehmen.

[2]) Solange der Kasse nur Mitglieder angehören, für welche deren Arbeitgeber Beiträge aus eigenen Mitteln leisten, ist den Arbeitgebern ein Drittel der Stimmen im Vorstand einzuräumen. Dies wird anfangs stets der Fall sein, da Mitglieder, welche auf Grund der §§ 5 und 9 des Statuts der Kasse angehören, erst nach der Errichtung der Kasse nach und nach entstehen werden. Die Zahl der Vorstandsmitglieder wird demnach zunächst auf eine durch drei teilbare festzusetzen und zu zwei Dritteln und ein Drittel auf Kassenmitglieder und Arbeitgeber zu verteilen sein. Für den Fall, daß durch Hinzutritt von Mitgliedern, für welche Beiträge von Arbeitgebern nicht gezahlt werden, die

Summe der für Rechnung der Kassenmitglieder gezahlten Beiträge die Summe der von Arbeitgebern aus eigenen Mitteln gezahlten Beiträge um mehr als das Doppelte übersteigt, muß Vorsorge getroffen werden, daß das Verhältnis der Zahl der im Vorstande sitzenden Kassenmitglieder entsprechend geändert wird. Dies kann ebensowohl durch Minderung der Zahl der Arbeitgeber wie durch Vermehrung der Zahl der Kassenmitglieder geschehen. Aus der gesetzlichen Bestimmung ist aber nicht zu folgern, daß jede Veränderung des Verhältnisses der Beiträge, welche im Laufe einer Wahlperiode eintritt, auch sofort eine veränderte Zusammensetzung des Vorstandes zur Folge haben müßte, da dies unausführbar sein und zu fortwährenden Zweifeln über die Gültigkeit der Beschlüsse des Vorstandes führen würde. Der gesetzlichen Bestimmung geschieht vielmehr Genüge, wenn bei jeder Neuwahl das vorgeschriebene Verhältnis nach Maßgabe des für das betreffende Rechnungsjahr festgestellten Verhältnisses der Beiträge hergestellt wird.

Ebenso ist aus der gesetzlichen Bestimmung nicht zu folgern, daß das Verhältnis der Vertretung im Vorstande demjenigen der Beiträge stets mathematisch entsprechen müsse, da auch dies praktisch unausführbar sein würde. Es genügt vielmehr, wenn die Vertretung der Kassenmitglieder im Vorstand eine entsprechende Verstärkung im Vorstand erhält, sobald das Sinken der Arbeitgeberbeiträge ein Maß erreicht hat, welches der Verstärkung der Vertretung der Kassenmitglieder um ein Mitglied entspricht.

Dem vorstehenden entsprechend, ist im § 40 die Zusammensetzung des Vorstandes für die erstmalige Wahl geregelt, und im § 42 ein möglichst einfacher Modus für eine etwa notwendige Berichtigung des Verhältnisses der beiderseitigen Vertretung in der Weise hergestellt, daß die Zahl der Vertreter der Kassenmitglieder erforderlichenfalls entsprechend vermehrt und bei wieder eintretender Verminderung der für Rechnung der Kassenmitglieder eingezahlten Beiträge auf Anforderung der Arbeitgeber wieder entsprechend vermindert werden muß.

[3]) Die Zahl ist nach dem Umfange der Kasse höher oder niedriger, aber so zu bemessen, daß sie durch drei teilbar ist.

[4]) Bei Kassen, welche für verschiedene Gewerbszweige errichtet werden, kann, wenn darauf Wert gelegt wird, auch bestimmt werden, daß je ein Mitglied oder mehrere aus der Zahl der den einzelnen Gewerbszweigen angehörenden Kassenmitglieder gewählt werden müssen.

[5]) Ob eine solche Bestimmung zweckmäßig und durchführbar erscheint, ist nach den örtlichen Verhältnissen zu beurteilen.

[6]) Da die Wahl geheim sein soll (§ 38 Abs. 3 des Gesetzes), ist die Vornahme durch Akklamation unzulässig.

Das Statut kann hier auch eine Regelung des Wahlverfahrens nach den Grundsätzen der Verhältnis- (Proportional-) Wahl vorschreiben, wobei jedoch der Grundsatz der Freiheit und Geheimheit der Wahl gewahrt bleiben muss.

[7]) Es kann auch für jedes zu wählende Mitglied ein besonderer Wahlgang angeordnet werden. Dies muß geschehen, wenn die unter 4 erwähnte Bestimmung getroffen wird.

[8]) Also Wahl mit relativer Mehrheit; soll die Wahl auf absoluter Mehrheit beruhen, so sind Bestimmungen über engere Wahl für den Fall zu treffen, daß im ersten Wahlgang absolute Stimmenmehrheit nicht erreicht wird.

[9]) Es erscheint nicht angemessen, die Wahlversammlung der Arbeitgeber durch den Vorsitzenden des Vorstandes leiten zu lassen, wenn derselbe nicht Arbeitgeber ist.

§ 41.[1])

Die Mitglieder des Vorstandes werden auf 2 [3, 4] Jahre gewählt, bleiben aber nach Ablauf dieser Zeit solange im Amte, bis ihre Nachfolger in den Vorstand einge=

treten sind. Nach Ablauf des ersten [. . . . . .] Jahres scheidet die Hälfte [ein Drittel, ein Viertel][2]) der Vorstandsmitglieder und zwar ein [zwei] Arbeitgeber und zwei [drei] Kassenmitglieder aus. Die Reihenfolge des Ausscheidens wird unter den erstmalig Gewählten durch das Los, demnächst durch das Dienstalter bestimmt.

Die Ausscheidenden sind wieder wählbar. Eine Wiederwahl kann nach mindestens zweijähriger Amtsführung für die nächste Wahlperiode abgelehnt werden.

Mitglieder des Vorstandes, welche die Wählbarkeit verlieren, scheiden aus.

Scheidet ein Vorstandsmitglied vor Ablauf seiner Dienstzeit aus, *oder ist ein Vorstandsmitglied gemäss § 42 Abs. 4 ff. des Krankenversicherungsgesetzes seines Amtes enthoben worden,*[3]) so findet in der nächsten Generalversammlung eine Ergänzungswahl statt.[4]) Der in derselben Gewählte bleibt nur solange im Amte, wie die Dienstzeit des ausgeschiedenen *oder des Amtes enthobenen* Mitglieds gedauert haben würde.

Zu § 41.

[1]) Die Erneuerung des Vorstandes durch allmähliches Ausscheiden der Mitglieder und entsprechende teilweise Neuwahl ist im Interesse einheitlicher Fortführung der Verwaltung einer periodischen gänzlichen Neuwahl vorzuziehen.

[2]) Die Perioden für das Ausscheiden und die Zahl der jedesmal Ausscheidenden müssen mit Rücksicht auf die Teilbarkeit der Zahl der Vorstandsmitglieder festgestellt werden.

[3]) *Nach § 42 Abs. 4 bis 6 des Krankenversicherungsgesetzes kann ein Vorstandsmitglied, ein Rechnungs- oder Kassenführer, der infolge gerichtlicher Anordnung in der Verfügung über sein Vermögen beschränkt oder gegen den auf Verlust der Fähigkeit*

zur Bekleidung öffentlicher Ämter oder auf Verlust der bürgerlichen Ehrenrechte erkannt ist, oder hinsichtlich dessen Tatsachen bekannt werden, welche sich als grobe Verletzung der Amtspflichten in Bezug auf die Kassenführung darstellen, durch die Aufsichtsbehörde seines Amtes enthoben werden, nachdem ihm und dem Kassenvorstande Gelegenheit zur Äusserung gegeben worden ist. Die Enthebung kann auch eine vorläufige — bis zur Beendigung des Strafverfahrens — in dem Falle sein, dass gegen ein Vorstandsmitglied u. s. w. das Hauptverfahren wegen eines Verbrechens oder Vergehens eröffnet worden ist, das die Aberkennung der bürgerlichen Ehrenrechte oder der Fähigkeit zur Bekleidung öffentlicher Ämter zur Folge haben kann. Die Entscheidung der Aufsichtsbehörde kann binnen vier Wochen nach deren Zustellung im Wege des Verwaltungsstreitverfahrens und, wo ein solches nicht besteht, im Wege des Rekurses nach Massgabe der Vorschriften der §§ 20 und 21 der Gewerbeordnung angefochten werden. Die Anfechtung hat zwar keine aufschiebende Wirkung, jedoch wird es sich empfehlen, die Neuwahl regelmässig erst vorzunehmen, wenn die Amtsenthebung eine endgültige geworden ist.

[4]) Ergänzung des Vorstandes durch Kooptation erscheint unzulässig, da der Vorstand nach § 34 des Gesetzes von der Generalversammlung gewählt sein muß.

Obliegenheiten des Vorstandes.

§ 48.

Der Vorstand hat nach Maßgabe der Bestimmungen dieses Statuts und des Krankenversicherungsgesetzes die gesamte Verwaltung der Kassenangelegenheiten, insonderheit auch die Vermögensverwaltung wahrzunehmen, soweit nicht durch § 56 die Beschlußnahme der Generalversammlung vorgeschrieben ist.[1]) Er hat die Beschlüsse der Generalversammlung, soweit diese nicht etwas anderes ausdrücklich bestimmt, auszuführen und für die rechtzeitige Erfüllung der Verpflichtungen Sorge zu tragen, welche der Kasse nach § 41 des Krankenversicherungsgesetzes [hinsichtlich der Einreichung der Übersichten und Rechnungsabschlüsse an die Aufsichtsbehörde] obliegen.

[Die gerichtliche und außergerichtliche Vertretung der Kasse mit Einschluß derjenigen Geschäfte und Rechtshandlungen, für welche nach den Gesetzen eine Spezialvollmacht erforderlich ist, wird von dem Vorsitzenden [in Gemeinschaft mit dem Schriftführer] wahrgenommen. Seine [ihre] Legitimation bei allen Rechtsgeschäften erfolgt durch die Bescheinigung der Aufsichtsbehörde, daß die darin bezeichnete[n] Person[en] zur Zeit die bezeichnete[n] Stelle[n] im Vorstande bekleidet[en].] [2])

oder

[Der Vorstand vertritt die Kasse gerichtlich und außergerichtlich auch in denjenigen Geschäften und Rechtshandlungen, für welche nach den Gesetzen eine Spezialvollmacht erforderlich ist. Seine Legitimation bei allen Rechtsgeschäften erfolgt durch die Bescheinigung der Aufsichtsbehörde, daß die darin bezeichneten Personen zur Zeit den Vorstand bilden.]

[Der Vorsitzende des Vorstandes hat Beschlüsse der Kassenorgane, welche gegen die gesetzlichen oder statutarischen Vorschriften verstossen, unter Angabe der Gründe mit aufschiebender Wirkung zu beanstanden. Die Beanstandung erfolgt mittels Berichts an die Aufsichtsbehörde.] [3])

Zu § 48.

[1]) Der § 36 des Gesetzes bestimmt, daß, soweit die Wahrnehmung der Angelegenheiten der Kasse nicht nach Vorschrift des Gesetzes oder des Statuts dem Vorstand

obliegt, die Beschlußnahme der Generalversammlung zusteht. Dieser Bestimmung kann auch dadurch entsprochen werden, daß die der Generalversammlung vorbehaltenen Angelegenheiten aufgezählt und alle übrigen Geschäfte dem Vorstand übertragen werden. Da sich die ersteren leichter erschöpfend aufzählen lassen, als die mannigfaltigeren Geschäfte des Vorstandes, so verdient das angegebene Verfahren den Vorzug.

[2]) Wo der Vorstand einigermaßen zahlreich ist, empfiehlt es sich, auf Grund des § 35 Abs. 1 Satz 3 des Gesetzes dem Vorsitzenden allein oder in Gemeinschaft mit einem anderen Mitgliede die Vertretung nach außen zu übertragen. Die Legitimation ist auch in diesem Falle auf die im § 35 Abs. 2 des Gesetzes bezeichnete Weise zu beschaffen.

[3]) *Diese Bestimmung findet auch ohne Aufnahme in das Statut kraft § 35 Abs. 3 des Gesetzes Anwendung.*

B. Generalversammlung.

Zusammensetzung.

§ 51. (A)[1,2])

Die Generalversammlung besteht aus

1. sämtlichen Kassenmitgliedern, welche großjährig und im Besitze der bürgerlichen Ehrenrechte sind;[3])
2. aus denjenigen Arbeitgebern, welche für Kassenmitglieder Beiträge aus eigenen Mitteln zu leisten haben.

Arbeitgeber sind berechtigt,[4]) sich in der Generalversammlung durch ihre Geschäftsführer oder Betriebsbeamten vertreten zu lassen. Von der Vertretung ist dem Kassenvorstande vor Beginn der Generalversammlung Anzeige zu machen. Im übrigen darf das Stimmrecht nicht durch Bevollmächtigte oder Stellvertreter ausgeübt werden.

In der Generalversammlung führt jedes stimmberechtigte Kassenmitglied zwei Stimmen und jeder stimmberechtigte Arbeitgeber für jedes von ihm beschäftigte stimmberechtigte Kassenmitglied eine Stimme.[5]) [Für Arbeitgeber ruht das Stimmrecht, solange sie mit der Zahlung von Beiträgen im Rückstande sind.] Die Zahl der den erschienenen Arbeitgebern oder ihren Vertretern hiernach zustehenden Stimmen wird in jeder Generalversammlung vor Beginn der weiteren Verhandlungen vom Vorsitzenden festgestellt und verkündet.

oder (B)

§ 51. (B)[6])

[Die Generalversammlung besteht aus Vertretern der Kassenmitglieder und Arbeitgeber, welche in geheimer Wahl auf [......] Jahre gewählt werden. Die Kassenmitglieder haben die Vertreter aus ihrer Mitte zu wählen; die Arbeitgeber können zu Vertretern auch Geschäftsführer oder Betriebsbeamte der zu Beiträgen verpflichteten Arbeitgeber wählen.

Die Wahl der Vertreter der Kassenmitglieder erfolgt in Abteilungen.

Die Kassenmitglieder jedes der im § 1 bezeichneten Gewerbe bilden eine Abteilung.[7])

Jede Abteilung wählt für je 10 [15, 20 u. s. w.] dem betreffenden Gewerbszweig angehörende Kassenmitglieder einen Vertreter.[8]) Ist die Zahl der Kassenmitglieder nicht durch 10 [15, 20 u. s. w.] teilbar, so ist für die überschießende Zahl, wenn dieselbe 5 [8, 10] oder mehr beträgt, ein weiterer Vertreter zu wählen. Wahlberechtigt und wählbar sind nur diejenigen Kassenmitglieder, welche großjährig und im Besitze der bürgerlichen Ehrenrechte sind.[9])

Die Vertreter der Arbeitgeber werden von diesen in ungeteilter Wahlversammlung gewählt.[10]) Für je 20 [30, 40][11]) von den Arbeitgebern beschäftigte Kassenmitglieder, für welche die ersteren Beiträge aus eigenen Mitteln zahlen, wird je ein Vertreter gewählt.[12]) Für den überschießenden Bruchteil wird ein weiterer Vertreter nur dann gewählt, wenn dadurch die Zahl der Vertreter der Arbeitgeber nicht über ein Drittel der Gesamtzahl erhöht wird. Jeder Arbeitgeber, welcher Beiträge aus eigenen Mitteln leistet, führt bei der Wahl [eine Stimme], [auf jedes Kassenmitglied, für welches er Beiträge aus eigenen Mitteln zahlt, eine Stimme].

Die Zahl der von jeder Abteilung der Kassenmitglieder und von den Arbeitgebern zu wählenden Vertreter wird vor jeder Wahl von dem Kassenvorstande festgestellt und in der Einladung zum Wahltermin angegeben.

Zu § 51.

[1]) Für die Bildung der Generalversammlung ist folgendes zu beachten:

a) Für Kassen, welche weniger als 500 Mitglieder zählen, **kann** die Generalversammlung aus Vertretern bestehen; für Kassen mit 500 und mehr Mitgliedern **muß** die Generalversammlung aus Vertretern bestehen (§ 37 des Gesetzes).

b) Die Zusammensetzung der Generalversammlung **muß** durch das Statut geregelt werden (vgl. § 23 Abs. 2 Ziffer 5 des Gesetzes).

c) Den Arbeitgebern steht ein Anspruch auf Vertretung in der Generalversammlung zu, welche nach dem Verhältnis ihrer Beiträge zu bemessen ist und ein Drittel der Gesamtvertretung nicht übersteigen darf (vgl. § 38 des Gesetzes).

d) Die Vertreter sind von Arbeitgebern und Kassenmitgliedern getrennt zu wählen. Die Wahlen sind geheim.

[2]) Das Statut hat entweder die Bestimmung zu treffen, daß die Generalversammlung aus sämtlichen stimmberechtigten Kassenmitgliedern und Arbeitgebern bestehen soll, oder, daß sie aus Vertretern bestehen soll. Eine Bestimmung, nach welcher die Generalversammlung nach der wechselnden Zahl der Kassenmitglieder bald aus sämtlichen Stimmberechtigten, bald aus Vertretern bestehen soll, würde in der Ausführung zu Schwierigkeiten und zu Zweifeln über die Gültigkeit der Beschlüsse der Generalversammlung führen. Soweit nicht schon aus anderen Gründen die Zusammensetzung aus Vertretern zweckmäßig scheint, ist sie daher stets dann vorzuziehen, wenn die Möglichkeit einer Vermehrung der Mitgliederzahl auf 500 und mehr nahe liegt, weil sonst in diesem Falle eine Statutenänderung erforderlich wird.

[3]) Weitere Beschränkungen sind für den Fall, daß die Generalversammlung nicht aus Vertretern besteht, nach § 37 Abs. 1 des Gesetzes unzulässig.

[4]) Vgl. § 38a Abs. 1 des Gesetzes.

[5]) Diese Regelung hat die Wirkung, daß die Arbeitgeber bei Kassen, welche nur Mitglieder zählen, deren Arbeitgeber Beiträge aus eigenen Mitteln zu leisten haben, ein Drittel sämtlicher Stimmen führen, dagegen bei Kassen, welche auch andere Mitglieder zählen, eine der Zahl der letzteren und folgeweise ihrer Beitragsverhältnisse entsprechende Minderung ihres Stimmgewichts erleiden. Sie erscheint daher als die einfachste Art, der gesetzlichen Anforderung zu genügen.

[6]) Soll die Generalversammlung aus Vertretern bestehen, so sind verschiedene Arten der Wahl der Vertreter möglich; namentlich:

a) die Vertreter werden von sämtlichen Stimmberechtigten (jedoch getrennt für Kassenmitglieder und Arbeitgeber) in einem Wahlakt ohne nähere Bestimmung über die zu Wählenden gewählt;
b) die Wahl erfolgt in derselben Weise, aber so, daß die Vertreter in einem festgestellten Verhältnisse verschiedenen Klassen der Wähler angehören müssen;
c) die Wahl erfolgt nach Abteilungen der Stimmberechtigten, welche entweder nach örtlichen Bezirken oder nach Klassen gebildet werden. Bei großer Mitgliederzahl ist schon um der Erleichterung der Wahlakte willen die Wahl nach Abteilungen vorzuziehen; bei Kassen, welche verschiedene Gewerbszweige umfassen, sind die Abteilungen, sofern nicht der große Umfang des Kassenbezirkes eine örtliche Einteilung nötig macht, am besten nach Gewerbszweigen zu bilden.

Das Statut kann hier auch eine Regelung des Wahlverfahrens nach den Grundsätzen der Verhältnis- (Proportional-) Wahl vorschreiben, wobei jedoch der Grundsatz der Freiheit und Geheimheit der Wahl gewahrt bleiben muss.

[7]) Hier können auch die einzelnen Abteilungen namentlich aufgeführt werden, was sich besonders dann empfiehlt, wenn wegen zu geringer Mitgliederzahl einzelner Gewerbszweige mehrere derselben zu einer Abteilung vereinigt werden müssen.

[8]) Diese Regelung verdient vor der Festsetzung bestimmter Zahlen für die zu wählenden Vertreter den Vorzug, weil sie dem Wechsel der in den einzelnen Wahlabteilungen vorhandenen Mitgliederzahl Rechnung trägt und die Grundlage für die einfachste Bemessung des Stimmverhältnisses der Arbeitgeber in der Generalversammlung bildet.

[9]) Für die Zahl der von einer Abteilung zu wählenden Vertreter soll nicht die Zahl ihrer stimmberechtigten,

sondern ihrer sämtlichen Kassenmitglieder — also z. B. einschließlich der minderjährigen — maßgebend sein. Dies ist notwendig, um das richtige Verhältnis in der Zahl der von den Kassenmitgliedern und von den Arbeitgebern zu wählenden Vertreter zu erreichen.

[10]) Wo die Verhältnisse es wünschenswert erscheinen lassen, können auch die Arbeitgeber in derselben Weise wie die Kassenmitglieder in Abteilungen eingeteilt werden.

[11]) Hier ist das Doppelte der oben bei den Kassenmitgliedern gewählten Zahl einzustellen.

[12]) Auf diese Weise erhalten die Arbeitgeber die Hälfte der Vertreter, welche auf die Kassenmitglieder, für welche sie Beiträge zahlen, entfallen; also wenn die Kasse nur Mitglieder dieser Art zählt, ein Drittel, wenn sie auch andere Mitglieder zählt, verhältnismäßig weniger Stimmen. Daß im letzteren Falle eine mathematisch genaue Übereinstimmung des Verhältnisses der Vertretung mit demjenigen der Beitragszahlungen nicht immer erreicht wird, darf nicht als ein Verstoß gegen die gesetzliche Bestimmung, wonach die Vertretung nach dem letzteren Verhältnisse zu bemessen ist, angesehen werden, da eine solche Übereinstimmung durch keine Regelung so hergestellt werden kann, daß sie unter allen Umständen und zu jeder Zeit aufrecht erhalten bleibt.

§ 51 a.

Die Wahl erfolgt für jede Abteilung der Kassenmitglieder und für die Arbeitgeber in einem besonderen Wahltermine, zu welchem die Wahlberechtigten mindestens [eine Woche] vorher *auf dem im § 66 vorgesehenen Wege* [sowie durch Anschlag in den Herbergen der beteiligten Gewerbe][1]) einzuladen sind.

Für die Form und Leitung der Wahl sind die Bestimmungen des § 40 Abs. 4 bis 8 maßgebend.

Wird die Wahl von den Kassenmitgliedern verweigert,

so werden die Vertreter derselben durch die Aufsichtsbehörde ernannt.[2])

Wird die Wahl von den Arbeitgebern verweigert, so ruht deren Vertretung in der Generalversammlung für die betreffende Wahlperiode.[3])

Scheidet ein Vertreter während der Wahlperiode aus, so findet durch die Abteilung, von welcher er gewählt war, für die übrige Dauer der Wahlperiode eine Ergänzungswahl statt.

Zu § 51 a.

[1]) Besteht die Kasse vorwiegend aus Handwerkern, für welche Herbergen bestehen, so ist diese Art der Bekanntmachung zweckmäßig.

[2]) Vgl. § 39 des Gesetzes. Die Nichtvornahme der Wahl durch die Arbeitgeber ist, da diese nur einen Anspruch auf Vertretung haben, als Verzicht auf die Ausübung ihres Rechtes anzusehen. Haben sie auf dieses Recht verzichtet, so können sie nach gesetzlicher Vorschrift die Vertretung nur nach Ablauf einer Wahlperiode wieder in Anspruch nehmen.

§ 55.

Beschlüsse der Generalversammlung werden mit einfacher Stimmenmehrheit der Anwesenden gefaßt. Getrennt von den [Vertretern der] Kassenmitglieder[n] und den [Vertretern der] Arbeitgeber[n] muß Beschluß gefaßt werden, wenn es sich handelt:

a) um eine Erhöhung der Beiträge über *vierundeinhalb* Prozent desjenigen Betrags, nach welchem die Unterstützungen zu bemessen sind und diese Erhöhung nicht zur Deckung der gesetzlichen Mindestleistungen erforderlich ist (§ 31 des Gesetzes);

b) um eine Erhöhung der Beiträge über *sechs* Prozent desjenigen Betrags, nach welchem die Unterstützungen zu bemessen sind und diese Erhöhung erforderlich ist, um die gesetzlichen Mindestleistungen gewähren zu können (§ 47 Abs. 1 Ziffer 2 des Gesetzes);

c) um die Gewährung des Krankengeldes schon vom Tage des Eintritts der Erwerbsunfähigkeit ab sowie für Sonn- und Festtage (§ 21 Ziffer 1a des Gesetzes), sofern der Betrag des gesetzlich vorgeschriebenen Reservefonds nicht erreicht ist.

Soweit nicht geheime Wahl vorgeschrieben ist (§ 40 Abs. 4 [*3*], § 51 und § 51a), erfolgt die Abstimmung durch [Aufstehen und Sitzenbleiben] [Erheben der Hände]. Nur wenn der Leiter der Versammlung und seine Beisitzer sich über das Ergebnis der Abstimmung nicht einigen, erfolgt Zählung der Stimmen unter Namensaufruf. Im Falle der Stimmengleichheit gibt die Stimme des Vorsitzenden den Ausschlag.

Angelegenheiten, welche bei der Berufung der Generalversammlung nicht als Gegenstände der Verhandlung bezeichnet sind, dürfen zur Verhandlung und Beschlußnahme nur zugelassen werden, wenn aus der Mitte der Versammlung kein Widerspruch erfolgt, oder wenn es sich um einen Antrag auf Berufung einer außerordentlichen Generalversammlung handelt.

Zu § 55.

Die Beschlußfassung der Generalversammlung kann für einzelne Angelegenheiten, z. B. wenn es sich um Abänderung des Statuts oder Auflösung der Kasse handelt, von besonderen Voraussetzungen, z. B. von der Anwesenheit eines bestimmten Teiles der Mitglieder sowie von einer über die absolute Mehrheit hinausgehenden Stimmenzahl ($^2/_3$, $^3/_4$) abhängig gemacht werden. Notwendig ist dies, abgesehen von den im Abs. 1 des Paragraphen vorgesehenen Fällen, nicht. Auch die Vorschrift des § 23 Abs. 2 Ziffer 6 des Gesetzes erfordert keine besondere Bestimmung, da in Ermangelung einer solchen die allgemeine Bestimmung über die Beschlußnahme der Generalversammlungen auch bei Beschlüssen über Statutenänderungen Anwendung findet.

VI. Rechnungs- und Kassenführung.

§ 57. [1]

Die Rechnungs- und Kassenführung wird unter Beobachtung der Vorschriften des Krankenversicherungsgesetzes, der von der höheren Verwaltungsbehörde auf Grund des § 41 Abs. 2 daselbst erlassenen Anordnungen und der Bestimmungen dieses Statuts, sowie nach Maßgabe der vom Vorstand und der Generalversammlung gefaßten Beschlüsse von einem [Rechnungs- und Kassenführer] [Kassierer, Rendanten] wahrgenommen, welcher vom Vorstand unter Vorbehalt einer [. . . . monatlichen] Kündigung angestellt wird und nicht Mitglied der Kasse zu sein braucht. Die demselben für seine Mühewaltung zu gewährende Vergütung und die Höhe der von ihm zu stellenden Kaution wird [vorläufig] vom Vorstande [definitiv durch Beschluß der Generalversammlung] festgestellt.

Zu § 57.

[1]) *Vgl. wegen der Rechnungs- und Kassenführer die Bemerkung* [3]) *zu § 41.*

§ 62.

Vorrätige Gelder hat der Rechnungs- und Kassenführer [soweit sie nicht zur Deckung der laufenden Ausgaben erforderlich sind],[1]) bis zur Beschlußfassung des Vorstandes über anderweite Belegung, [nach Weisung des Vorstandes] der [Sparkasse ....] zu übergeben. Verfügbare Gelder der Kasse sind, soweit sie nicht der Sparkasse .... übergeben werden, nach Beschluß des Vorstandes in folgender Weise zu belegen:[2])

1.
2.
3.

Wertpapiere, welche zum Vermögen der Kasse gehören und nicht lediglich zur vorübergehenden Anlegung zeitweilig verfügbarer Betriebsgelder für die Kasse erworben sind, sind bei der Aufsichtsbehörde oder nach deren Anweisung verwahrlich niederzulegen.[3]) Die Belege über die Niederlegung sind vom Rechnungs- und Kassenführer mit den Beständen der Kasse zu verwahren.[4])

Zu § 62.

[1]) Hier kann auch eine bestimmte Summe eingestellt werden, über welche hinaus der Rechnungsführer vorrätige Gelder bei der Sparkasse zu belegen hat, oder es kann die Feststellung einer solchen Summe dem Vorstande vorbehalten werden.

[2]) Vgl. § 40 Abs. 3, 4, 5 des Gesetzes. Innerhalb der *Grenzen, welche durch die für die Anlegung von Mündelgeld be-*

stehenden gesetzlichen Bestimmungen gezogen sind, kann über die Belegung der Gelder durch das Statut Bestimmung getroffen werden. Um die Entscheidung des Vorstandes über die Art der Belegung zu erleichtern, empfiehlt es sich, die Belegungsarten, unter denen er wählen kann, durch das Statut festzustellen.

[3]) Vgl. § 40 Abs. 2 des Gesetzes.

[4]) Eine Bestimmung über die Aufbewahrung der Niederlegungsscheine in dieser oder anderer Weise ist ratsam.

VII. Bekanntmachungen.

§ 66.

Alle die Kasse betreffenden Bekanntmachungen, insbesondere die Einladungen zu Wahl- und Generalversammlungen, die Bekanntmachungen über Änderungen in der Höhe der Beiträge und Leistungen, in der Zusammensetzung des Vorstandes, sowie über die Melde- und Zahlstellen [und die im § 56 Abs. 1 Ziffer 11 bezeichneten Vorschriften] werden bis zu anderweiter Beschlußnahme der Generalversammlung *auf ortsübliche Weise* [in (Name des Blattes)] erlassen.

§ 69.[1]) [2])

[Streitigkeiten zwischen den Kassenmitgliedern und ihren Arbeitgebern über die Berechnung und Anrechnung der von den ersteren zu leistenden Eintrittsgelder und Beiträge werden, vorbehaltlich der Zuständigkeit der Innungen zur Entscheidung von Streitigkeiten zwischen Arbeitgebern und ihren Lehrlingen sowie der Zuständigkeit der Innungs-Schiedsgerichte,[3]) von dem für den Beschäftigungsort *oder die gewerbliche Niederlassung des Arbeitgebers oder den Wohnsitz beider Parteien* und den Gewerbszweig, in welchem der Versicherte beschäftigt ist, zuständigen Gewerbegericht, solange aber ein solches nicht besteht, auf Anrufen einer Partei vorläufig von dem Gemeindevorsteher, andernfalls von dem ordentlichen Richter entschieden.

[Gegen die Entscheidung des Gewerbegerichts finden die Rechtsmittel statt, welche in den zur Zuständigkeit der Amtsgerichte gehörigen bürgerlichen Rechtsstreitigkeiten zulässig sind. Die Berufung an das Landgericht ist jedoch nur zulässig, wenn der Wert des Streitgegenstandes den Betrag von 100 Mark übersteigt.][4]) [Die Entscheidung des Gemeindevorstehers wird rechtskräftig, wenn nicht binnen 10 Tagen nach der Verkündung von einer der anwesenden Parteien, oder binnen 10 Tagen nach der Behändigung von einer bei der Verkündung nicht zugegen gewesenen Partei, Klage bei dem ordentlichen Gericht erhoben wird.][5])]

Zu § 69.

[1]) Vgl. Bemerkung [1]) zu § 68.

[2]) Die hier erwähnten Streitigkeiten werden gemäß § 53a des Gesetzes nach den Vorschriften des *Gewerbegerichtsgesetzes* vom $\frac{\textit{29. Juli 1890}}{\textit{30. Juni 1901}}$ entschieden. Zur Entscheidung sind auch die auf Grund des § 85 dieses Gesetzes fortbestehenden landesgesetzlichen Gewerbegerichte zuständig.

Bei den im Texte zur Wahl gestellten Fassungen sind folgende Verschiedenheiten berücksichtigt worden:

a) Ein örtlich und sachlich zuständiges Gewerbegericht ist für alle im § 1 des Statuts bezeichneten Gewerbszweige vorhanden. In diesem Falle dürfen die Streitigkeiten nur durch Erhebung der Klage bei dem Gewerbegerichte zur Entscheidung gebracht werden (vgl. § *4 Abs. 1 Ziffer 5 und § 6 Abs. 1 des Gewerbegerichtsgesetzes vom* $\frac{\textit{29. Juli 1890}}{\textit{30. Juni 1901}}$).

b) Ein zuständiges Gewerbegericht ist für keinen der im § 1 des Statuts bezeichneten Gewerbszweige vorhanden. Hier kann auf Anrufen einer Partei das Verfahren vor dem Gemeindevorsteher stattfinden (vgl. § *76* a. a. O.); der Anspruch kann aber auch sofort vor dem ordentlichen Gericht erhoben werden.

c) Ein zuständiges Gewerbegericht ist nur für einen Teil der im § 1 des Statuts bezeichneten Gewerbszweige vorhanden (vgl. § *7* Abs. 1 a. a. O.). Hier hängt es von der Beschäftigung des Kassenmitglieds in dem einen oder anderen Gewerbszweig ab, ob der unter a oder unter b angegebene Weg offen steht.

Die Zuständigkeit eines Gewerbegerichts kann dabei nur in Frage kommen, soweit es sich um die im § *3* des *Gewerbegerichtsgesetzes* vom $\frac{\textit{29. Juli 1890}}{\textit{30 Juni 1901}}$ bezeichneten gewerblichen Arbeiter u. s. w. handelt. Soweit etwa andere Personen zu den versicherungspflichtigen Kassenmitgliedern gehören, ist hinsichtlich der Erledigung der Streitigkeiten stets auf den unter b angegebenen Weg zu verweisen (vgl. § *83* a. a. O.).

[3] Vgl. § *84* a. a. O.

[4] Vgl. § 55 a. a. O.

[5] Vgl. § *77* a. a. O.

Änderungen zum Entwurfe des Statuts einer Betriebs-(Fabrik-)Krankenkasse

(Centralblatt für das Deutsche Reich vom 15. Juli 1892 S. 547 ff.)

mit Rücksicht auf die Vorschriften des Gesetzes, betreffend weitere Abänderungen des Krankenversicherungsgesetzes, vom 25. Mai 1903 (Reichs-Gesetzbl. S. 233).

Vorbemerkungen.

Das Krankenversicherungsgesetz in der Fassung des Gesetzes vom 10. April 1892 (Reichs-Gesetzbl. S. 379) hat durch die Novelle vom 25. Mai 1903 (Reichs-Gesetzbl. S. 233) eine Reihe von Abänderungen erfahren, die es zweckmäßig erscheinen ließen, auch den seinerzeit vom Bundesrate beschlossenen Entwurf des Musterstatuts einer Betriebs-(Fabrik-) Krankenkasse einer entsprechenden Durchsicht zu unterziehen. Da unter der Herrschaft des Krankenversicherungsgesetzes in seiner seitherigen Fassung ein Bedürfnis nach einer Abänderung des genannten Statuts in wesentlicheren Punkten nicht hervorgetreten ist, konnten die Abänderungen im wesentlichen auf diejenigen Paragraphen beschränkt werden, die durch die neuen Bestimmungen des Gesetzes vom 25. Mai 1903 irgendwie, sei es im Texte, sei es in beigegebenen Erläuterungen, berührt werden. Es gelangen daher im nachstehenden auch nur diese Paragraphen zum Abdrucke, welche an die Stelle der entsprechend bezifferten Paragraphen des Normalstatuts treten sollen. Die nicht abgedruckten Paragraphen behalten ihre bisherige Fassung. Für die Bedeutung der neuen Fassung, die für die infolge der Novelle notwendige Abänderung der Kassenstatuten nur einen Anhalt geben soll, gilt das gleiche, was in den Vorbemerkungen zu dem Entwurfe des Statuts einer Betriebs-(Fabrik-)Krankenkasse (Centralblatt für das Deutsche Reich vom 15. Juli 1892, S. 547 ff.) hervorgehoben ist. Auf diese Vorbemerkungen wird daher hier lediglich Bezug genommen.

[Auf Grund der §§ 23, 36, 60, *64* des Krankenversicherungsgesetzes (Reichs-Gesetzbl. 1892 S. 417) *und des Gesetzes, betreffend weitere Abänderungen des Krankenversicherungsgesetzes, vom 25. Mai 1903 (Reichs-Gesetzbl. S. 233)* wird für die Betriebs- (Fabrik-) Krankenkasse .... in ...... auf Beschluß der Generalversammlung das nachstehende *abgeänderte* Kassenstatut erlassen. Dasselbe tritt vom 1. Januar *1904* ab an die Stelle des bisherigen Kassenstatuts vom ...... [*und seines Nachtrags vom* ....] [*und seiner Nachträge vom* ....] *mit der Massgabe, dass in Unterstützungsfällen, bei welchen am genannten Tage die Dauer der Unterstützung nach den bisher geltenden Vorschriften noch nicht beendet ist, von diesem Zeitpunkt ab die neuen Bestimmungen Anwendung finden, sofern sie für den Unterstützungsberechtigten günstiger sind*].

[*Auf Grund der §§ 23, 24, 36, 64 des Krankenversicherungsgesetzes (Reichs-Gesetzbl. 1892 S. 411) und des Gesetzes, betreffend weitere Abänderungen des Krankenversicherungsgesetzes, vom 25. Mai 1903 (Reichs-Gesetzbl. S. 233) wird das Statut der Betriebs- (Fabrik-) Krankenkasse .... in ...... vom .... auf Beschluss der Generalversammlung in nachstehenden Punkten mit Wirkung vom 1. Januar 1904 ab und mit der Massgabe abgeändert, dass in Unterstützungsfällen, bei welchen am genannten Tage die Dauer der Unterstützung nach den bisher geltenden Vorschriften noch nicht beendet ist, von diesem Zeitpunkt ab die neuen Bestimmungen Anwendung finden, sofern sie für den Unterstützungsberechtigten günstiger sind.*]

§ 1.

Name und Sitz der Kasse.

Die Firma N. zu N. errichtet auf Grund des § 60 (§ 64 Ziffer 1.) des Krankenversicherungsgesetzes *und des Gesetzes vom 25. Mai 1903* für die in ihrer Fabrik zu N. beschäftigten Personen, nachdem dieselben [durch Vertreter] gehört worden sind, eine Krankenkasse, welche den Namen „Krankenkasse für die Fabrik der Firma N." führt und ihren Sitz zu N. hat.

§ 2.

Alle in genannter Fabrik und im Kontor derselben (§ 63 Abs. 1 gegen Gehalt oder Lohn beschäftigten Personen gehören mit dem Tage des Eintritts in die Beschäftigung kraft Gesetzes als versicherungspflichtige Mitglieder der Kasse an, [sofern die Beschäftigung nicht durch die Natur ihres Gegenstandes oder im voraus durch den Arbeitsvertrag auf einen Zeitraum von weniger als einer Woche beschränkt ist].[1])

Befreit von diesem Zwange sind:

(§ 2 b.) a) Betriebsbeamte, Werkmeister, Techniker, Handlungsgehilfen und -Lehrlinge, deren Arbeitsverdienst an Lohn oder Gehalt $6^2/_3$ Mark für den Arbeitstag oder, sofern Lohn oder Gehalt nach größeren Zeitabschnitten bemessen ist, 2000 Mark für das Jahr gerechnet, übersteigt;[2])

(§ 63 Abs. 1.) b) diejenigen Personen, welche den Nachweis erbringen, daß sie Mitglieder einer den Anforderungen des § 75 des Krankenversicherungsgesetzes genügenden Hilfskasse sind.[3])

Wenn in die Fabrik ein Mitglied einer solchen Hilfskasse eintritt, welches in seiner bisherigen Mitglieder-
§ 75 Abs. 2.) klasse weniger als die Hälfte des für den jetzigen Beschäftigungsort festgesetzten ortsüblichen Tagelohns gewöhnlicher Tagearbeiter (§ 8 des Gesetzes) als Krankengeld zu beanspruchen hat, so bleibt dasselbe nur noch für die Dauer von zwei Wochen nach dem Eintritt in die Beschäftigung befreit.

(§ 1 Abs. 4.) Als Gehalt oder Lohn gelten auch Tantiemen und Naturalbezüge. Für die letzteren wird der Durchschnittswert in Ansatz gebracht; dieser Wert wird von der unteren Verwaltungsbehörde festgesetzt.

(§ 3 a.) Auf ihren Antrag sind durch den Kassenvorstand von der Mitgliedschaft zu befreien:[4])

1. Personen, welche infolge von Verletzungen, Gebrechen, chronischen Krankheiten oder Alter nur teilweise

oder nur zeitweise erwerbsfähig sind, wenn der unterstützungspflichtige Armenverband der Befreiung zustimmt;

2. Personen, welche gegen die Firma für den Fall der Erkrankung ein Rechtsanspruch auf eine den Bestimmungen des § 6 des Krankenversicherungsgesetzes entsprechende oder gleichwertige Unterstützung zusteht.[5])

Wird der Antrag auf Befreiung von dem Kassenvorstand abgelehnt, so entscheidet auf Anrufen des Antragstellers die Aufsichtsbehörde endgültig.

In dem Falle zu 2 gilt die eingeräumte Befreiung nur für die Dauer des Arbeitsvertrags. Sie erlischt vor Beendigung des Arbeitsvertrags:

a) wenn sie von der Aufsichtsbehörde wegen nicht genügender Leistungsfähigkeit der Firma von Amts wegen oder auf Antrag eines Beteiligten aufgehoben wird;

b) wenn die Firma die befreite Person zur Krankenversicherung anmeldet. Die Anmeldung ist ohne rechtliche Wirkung, wenn die befreite Person zur Zeit derselben bereits erkrankt war.

Insoweit im Erkrankungsfalle der gegen die Firma bestehende Anspruch nicht erfüllt wird, ist auf Antrag der befreiten Person von der Kasse die statutenmäßige Krankenunterstützung zu gewähren. Die zu dem Ende gemachten Aufwendungen sind von der Firma zu erstatten.

Versicherungspflichtige Mitglieder müssen bei der Kasse verbleiben, solange ihre Beschäftigung in der (§ 63 Abs. § 24 Abs.

Fabrik dauert, können aber mit dem Schlusse des Rechnungsjahrs austreten, wenn sie den Austritt spätestens drei Monate vorher bei dem Vorstande beantragen und vor dem Schlusse des Rechnungsjahrs nachweisen, daß sie Mitglieder einer den Anforderungen des § 75 des Krankenversicherungsgesetzes genügenden Hilfskasse geworden sind. Sie erhalten spätestens am ersten Löhnungstage nach ihrem Eintritt ein Exemplar dieses Statuts.

Erläuterungen.

Zu § 2.

1) Fällt aus, wenn die hier bezeichneten Personen durch statutarische Bestimmung auf Grund des § 2 Abs. 1 Ziffer 1 des Gesetzes dem Versicherungszwang unterworfen sind.

2) *Die in der älteren Fassung des Normalstatuts hier noch enthaltenen Worte „[sowie solche Handlungsgehilfen und -Lehrlinge, für welche die im Artikel 60 des Handelsgesetzbuchs bezeichneten Rechte weder aufgehoben noch beschränkt sind]" sind im Hinblick auf die durch das Gesetz vom 25. Mai 1903 bewirkte Streichung des bisherigen § 1 Abs. 4 und des § 2 Abs. 1 Ziffer 5 des Krankenversicherungsgesetzes fortgefallen.*

3) Die Hilfskasse muß durch eine Bescheinigung des Reichskanzlers oder der Zentralbehörde den Nachweis erbringen, daß sie, vorbehaltlich der Höhe des Krankengeldes, den Anforderungen des § 75 genügt; das dem betreffenden Mitgliede der Hilfskasse im Krankheitsfalle zustehende Krankengeld darf hinter der Hälfte des für den Beschäftigungsort festgesetzten ortsüblichen Tagelohns gewöhnlicher Tagearbeiter nicht zurückbleiben.

Die Bescheinigung des Reichskanzlers oder der Zentralbehörde ist durch Vorlegung eines Exemplars des Kassenstatuts, in welchem auf die betreffende Bekanntmachung hingewiesen ist, nachzuweisen.

4) Die außerdem im § 3b des Gesetzes vorgesehene Be-

freiung von der Mitgliedschaft auf Antrag des Arbeitgebers wird für Betriebs- (Fabrik-) Krankenkassen in der Regel nicht in Betracht kommen.

[5]) Die Ablehnung ist in diesen Fällen nur zulässig, wenn die Leistungsfähigkeit der Firma zur Erfüllung ihrer entsprechenden Verpflichtung nicht gesichert erscheint.

§ 4.

Eintrittsgeld.[1])

[Ein Eintrittsgeld im Betrage des für [6] [2]) Wochen zu leistenden vollen Kassenbeitrags wird nur von denjenigen freiwillig beitretenden Mitgliedern[3]) erhoben, welche das 45. Lebensjahr zurückgelegt haben oder deren Gesundheit nach der bei ihrer Anmeldung vorgenommenen Untersuchung keine normale ist.

Befreit von der Zahlung des Eintrittsgeldes sind (§ 26 Abs. 1.) diejenigen Mitglieder, welche nachweisen, daß sie innerhalb der ihrer Anmeldung vorhergehenden *26* Wochen einer anderen Krankenkasse angehört oder Beiträge zur Gemeindekrankenversicherung geleistet haben.

Das Eintrittsgeld ist von den zu dessen Zahlung verpflichteten Mitgliedern mit dem ersten fälligen Wochenbeitrag einzuzahlen (§ 17 Abs. 2).]

Zu § 4.

[1]) Dieser Paragraph kann auch ganz wegfallen.

[2]) Der Betrag kann auch niedriger, aber nach § 26 Abs. 3 des Gesetzes nicht höher bemessen werden.

[3]) Mit den aus Abs. 2 dieses Paragraphen und aus § 26 Abs. 2 des Gesetzes sich ergebenden Beschränkungen kann ein Eintrittsgeld auch für die versicherungspflichtigen Mitglieder festgesetzt werden. Alsdann sind nähere Be-

stimmungen über die Abführung durch den Betriebsunternehmer und die Einbehaltung bei der Lohnzahlung in das Statut aufzunehmen (vgl. § 17 Abs. 2 und § 18 des Statuts), sowie Bestimmungen über die Befreiung von der Entrichtung des Beitrags gemäß § 26 Abs. 2 des Gesetzes.

§ 5.

Krankenunterstützung für die in der Fabrik beschäftigten Mitglieder.

Als Krankenunterstützung gewährt die Kasse den in der Fabrik beschäftigten Mitgliedern:

(§ 6 Abs 1 Ziffer 1.) 1. vom Beginne der Krankheit ab freie ärztliche Behandlung, freie Arznei sowie Brillen, Bruchbänder und ähnliche Vorrichtungen oder Heilmittel,[1]) welche zur Heilung des Erkrankten oder zur Herstellung und Erhaltung der Erwerbsfähigkeit nach beendigtem Heilverfahren erforderlich sind;

(§ 6 Abs. 1 Ziffer 2 § 21 Abs. 1 Ziffer 1 a.) 2. im Falle der Erwerbsunfähigkeit vom dritten Tage nach dem Tage der Erkrankung ab [vom Tage des Eintritts der Erwerbsunfähigkeit ab][2]) für jeden Arbeitstag [Kalendertag einschließlich der Sonn- und Festtage][2]) ein Krankengeld in Höhe der Hälfte:[3])[4])

(§ 20 Abs. 1 Ziffer 1.) (A.) [des durchschnittlichen Tagelohns der Mitglieder. Dieser Tagelohn ist zur Zeit festgesetzt:

a) für männliche Mitglieder über 16 Jahren auf .... Mark,

(§ 8 Abs. 2.) b) für weibliche Mitglieder über 16 Jahren auf .... Mark,

c) für männliche Mitglieder unter 16 [zwischen 14 und 16] Jahren und für Lehrlinge auf .... Mark,

d) für weibliche Mitglieder unter 16 [zwischen 14 und 16] Jahren auf .... Mark,

[e) für männliche Mitglieder unter 14 Jahren auf .... Mark,]

[f) für weibliche Mitglieder unter 14 Jahren auf .... Mark.]

Findet eine anderweite Feststellung der vorstehenden Sätze durch die höhere Verwaltungsbehörde statt, so treten die neuen Sätze an die Stelle der vorstehenden. Dieselben sind durch Anschlag [in allen Werkstätten] [in allen Arbeitsräumen] der Firma bekannt zu machen.]

oder

(B.) [des durchschnittlichen Tagelohns derjenigen der nachfolgenden Mitgliederklassen, welcher das Mitglied angehört: (§ 20 Abs. 2, § 8 Abs. 2.)

a) Werkmeister, Beamte, *Kontoristen* zc., deren durchschnittlicher Tagelohn festgesetzt ist auf .... Mark,

b) Vorarbeiter, Maschinisten zc., deren durchschnittlicher Tagelohn festgesetzt ist auf .... Mark,

c) sonstige männliche großjährige Arbeiter, deren durchschnittlicher Tagelohn festgesetzt ist auf .... Mark,

d) männliche Arbeiter von 16 bis 21 Jahren, deren durchschnittlicher Tagelohn festgesetzt ist auf .... Mark,

e) [5]) Vorarbeiterinnen, Aufseherinnen zc., deren durchschnittlicher Tagelohn festgesetzt ist auf .... Mark,

f) sonstige großjährige Arbeiterinnen, deren durchschnittlicher Tagelohn festgesetzt ist auf .... Mark,

g) Arbeiterinnen von 16 bis 21 Jahren, deren durchschnittlicher Tagelohn festgesetzt ist auf .... Mark,

h) männliche Arbeiter unter 16 [zwischen 14 und 16] Jahren und Lehrlinge, deren durchschnittlicher Tagelohn festgesetzt ist auf .... Mark,

i) Arbeiterinnen unter 16 [zwischen 14 und 16] Jahren, deren durchschnittlicher Tagelohn festgesetzt ist auf .... Mark,

[k) Kinder unter 14 Jahren, deren durchschnittlicher Tagelohn festgesetzt ist auf .... Mark.]

Findet eine anderweite Feststellung der vorstehenden Sätze durch die höhere Verwaltungsbehörde statt, so treten die neuen Sätze an die Stelle der vorstehenden. Dieselben sind durch Anschlag [in allen Werkstätten] [in allen Arbeitsräumen] der Firma bekannt zu machen.]

oder

(C) [des wirklichen Arbeitsverdienstes des Versicherten, soweit derselbe 5 Mark für den Arbeitstag nicht übersteigt. Für Mitglieder, deren Löhnung nach Akkordsätzen oder in wechselnder Höhe erfolgt, wird der Durchschnittsverdienst der [drei] letzten der Erkrankung voraufgegangenen Lohnzahlungsperioden oder, wenn das erkrankte Mitglied nicht während dieser ganzen Zeit im Betriebe beschäftigt war, der Durchschnittsverdienst eines in gleichartiger Beschäftigung stehenden Mitglieds zu Grunde gelegt. Die Feststellung erfolgt [auf Grund der Lohnlisten] durch den Vorstand.]

(§ 6 Abs. 2 u. 3.) Die Auszahlung des Krankengeldes erfolgt an [jedem

Sonnabende] für die abgelaufene Woche. Fällt der [Sonnabend] nicht auf einen Werktag, so erfolgt die Zahlung am nächstvorhergehenden Werktage.

Die Krankenunterstützung wird für die Dauer der Krankheit gewährt; sie endet spätestens mit dem Ablaufe der [*sechsundzwanzigsten*][6]) Woche nach Beginn der Krankheit, im Falle der Erwerbsunfähigkeit (Abs. 1 Ziffer 2) spätestens mit dem Ablaufe der [*sechsundzwanzigsten*] Woche nach Beginn des Krankengeldbezugs. Endet der Bezug des Krankengeldes erst nach Ablauf der [*sechsundzwanzigsten*] Woche nach dem Beginne der Krankheit, so endet mit dem Bezuge des Krankengeldes zugleich auch der Anspruch auf die im Abs. 1 unter Ziffer 1 bezeichneten Leistungen.

Zu § 5.

[1]) Sollen nach § 21 Abs. 1 Ziffer 2 des Gesetzes noch weitere als die im § 6 Abs. 1 Ziffer 1 des Gesetzes bezeichneten Heilmittel gewährt werden, so empfiehlt es sich, dieselben hier namentlich aufzuführen.

[2]) Diese Erweiterungen der Krankenunterstützung sind nur zulässig, sofern sie in der Generalversammlung sowohl von der Vertretung der Firma als auch von derjenigen der Versicherten beschlossen werden, oder sofern der Betrag des gesetzlich vorgeschriebenen Reservefonds erreicht ist.

[3]) Das Krankengeld kann auch höher, bis zu drei Viertel des Lohnes (§ 21 Abs. 1 Ziffer 2 des Gesetzes), aber nicht niedriger festgesetzt werden.

[4]) Der Bemessung des Krankengeldes kann zu Grunde gelegt werden:

a) nach § 20 Abs. 1 Ziffer 1 des Gesetzes der durchschnittliche Tagelohn sämtlicher Kassenmitglieder, gesondert festgestellt für männliche, weibliche, erwachsene und jugendliche Mitglieder, geeignetenfalls noch mit Unterscheidung der „jungen Leute“ und „Kinder“. Die Sätze dürfen in diesem Falle 4 Mark nicht übersteigen;

b) nach § 20 Abs. 2 daselbst der durchschnittliche Tagelohn, welcher unter Berücksichtigung der unter den Kassenmitgliedern hinsichtlich der Lohnhöhe bestehenden Verschiedenheiten klassenweise festgesetzt wird. Derselbe darf für keine Klasse über 5 Mark festgestellt werden;

Zu a und b erfolgt die Feststellung durch die höhere Verwaltungsbehörde.

c) nach § 26a Abs. 2 Ziffer 6 des Gesetzes der wirkliche Arbeitsverdienst der Kassenmitglieder, soweit er 5 Mark für den Arbeitstag nicht übersteigt.

Je nachdem a, b oder c als Grundlage angenommen werden soll, ist die Fassung unter A, B oder C zu wählen.

[5]) Die Klasseneinteilung kann auch so erfolgen, daß es nicht erforderlich ist, für weibliche Arbeiter besondere Klassen zu bilden.

[6]) Die Dauer kann länger, bis zu einem Jahre (§ 21 Abs. 1 Ziffer 1 des Gesetzes), aber nicht kürzer bemessen werden.

Nach Beendigung der Krankenunterstützung kann gemäß § 21 Abs. 1 Ziffer 3a des Gesetzes Fürsorge für Rekonvaleszenten gewährt werden; Bestimmungen über diese Erweiterung der Kassenleistungen würden in einem besonderen Paragraphen in das Statut einzufügen sein.

§ 7.

Verpflegung im Krankenhause.

(§ 7 Abs. 1.) Der Vorstand kann an Stelle der Krankenunterstützung der §§ 5 und 6 freie Kur und Verpflegung im Krankenhause gewähren, und zwar:

1. für diejenigen Mitglieder, welche verheiratet sind

oder eine eigene Haushaltung haben oder Mitglieder der Haushaltung ihrer Familie sind, mit ihrer Zustimmung; unabhängig von derselben aber dann, wenn die Art der Krankheit Anforderungen an die Behandlung oder Verpflegung stellt, welchen in der Familie des Erkrankten nicht genügt werden kann, oder wenn die Krankheit eine ansteckende ist, oder wenn der Erkrankte wiederholt den im letzten Absatze des § 10 erwähnten Vorschriften zuwidergehandelt hat, oder wenn dessen Zustand oder Verhalten eine fortgesetzte Beobachtung erfordert;

2. für sonstige Erkrankte unbedingt. (§ 7 Abs. 2.)

Hat der in einem Krankenhause Untergebrachte Angehörige, deren Unterhalt er bisher aus seinem Arbeitsverdienste bestritten hat, so ist neben der freien Kur und Verpflegung [die Hälfte [*drei Viertel*] des in den §§ 5 und 6 als Krankengeld festgesetzten Betrags] *[die Hälfte des durchschnittlichen Tagelohns [wirklichen Arbeitsverdienstes] (§ 5)]*[1]) für diese Angehörigen zu zahlen. Die Zahlung kann unmittelbar an die Angehörigen erfolgen.

[Hat der in einem Krankenhaus Untergebrachte keine solchen Angehörigen, so erhält derselbe neben freier Kur und Verpflegung ein Krankengeld in Höhe *[eines Viertels]*[2]) des der Bemessung zu Grunde liegenden durchschnittlichen Tagelohns [wirklichen Arbeitsverdienstes].] (§ 21 Abs 1 Ziffer 3.)

Zu § 7.

[1]) *Vgl. § 21 Abs. 1 Ziffer 2a und § 26a Abs. 2 Ziffer 6 des Gesetzes. Über die Hälfte des durchschnittlichen Tagelohns (wirk-*

lichen Arbeitsverdienstes) hinaus darf die Angehörigenunterstützung nicht festgesetzt werden.

[2]) Es kann auch eine niedrige, nicht aber eine höhere Quote festgesetzt werden. *Vgl. § 21 Abs. 1 Ziffer 3 des Gesetzes.*

§ 9.

Gewährung der Krankenunterstützung durch bestimmte Ärzte, Apotheken und Krankenhäuser.[1])

(§ 26 a Abs. 2 Ziffer 2 b) Die im § 7 vorgesehene Kur und Verpflegung erfolgt in dem [städtischen Krankenhause] [von der Kasse bestimmten Krankenhause]. Soweit die Erkrankten nicht in das Krankenhaus aufgenommen sind, wird denselben die ärztliche Behandlung durch den Kassenarzt [einen der Kassenärzte] und die Lieferung der Arznei durch die mit der Kasse in Geschäftsverbindung stehende[n] Apotheke[n] gewährt. Die Bezahlung der durch Inanspruchnahme anderer Ärzte, Apotheken und Krankenhäuser entstandenen Kosten kann, von dringenden Fällen abgesehen, abgelehnt werden. [Die Auswahl unter den Kassenärzten steht den Mitgliedern frei; während derselben Krankheit darf jedoch ohne Zustimmung des behandelnden Arztes ein Wechsel nicht vorgenommen werden.]

Zu § 9.

[1]) Enthält das Statut keine Bestimmungen über die Bestellung von Kassenärzten, so muß die Kasse für die ärztliche Hilfsleistung jedes Arztes nach angemessenen Sätzen (eventuell nach landesrechtlich festgestellten Taxen) Zahlung leisten. Hierdurch können der Kasse unter Umständen sehr erhebliche Kosten erwachsen. Ohne ausdrück-

liche Bestimmung im Statut steht die Bestellung besonderer Kassen-Ärzte, *-Apotheken und -Krankenhäuser* mit der Maßgabe, daß *die Bezahlung der durch Inanspruchnahme* anderer Ärzte, *Apotheker und Krankenhäuser entstandenen Kosten,* von dringenden Fällen abgesehen, *abgelehnt werden kann,* der Kassenverwaltung nicht zu. *Die auf Grund solcher statutarischer Bestimmung abgeschlossenen Verträge sind der Aufsichtsbehörde mitzuteilen. Vgl. § 26a Abs. 2 Ziffer 2b des Gesetzes.*

§ 10.

Allgemeine Pflichten der Mitglieder bei Krankheitsfällen.

(A) [1]) [Jede Erkrankung muß alsbald dem Vorsitzenden des Vorstandes oder der von ihm bezeichneten Person angemeldet werden.

[Über diese Anmeldung wird eine Bescheinigung ausgestellt, welche als Legitimationsschein beim Kassenarzte dient.] [2])

Behufs Erlangung des Krankengeldes muß das Mitglied ein vom Kassenarzt ausgestelltes Attest vorzeigen, in welchem Beginn und Dauer der Erwerbsunfähigkeit bescheinigt werden.

Sobald ein Mitglied, welches Krankengeld bezieht, wieder erwerbsfähig wird, oder sobald der Arzt eine erkrankte Person für genesen erklärt, ist dem Vorstande hiervon Anzeige zu erstatten.]

oder

(B) [Das Krankengeld wird nur gegen Beibringung eines vom Kassenarzt ausgestellten Krankenscheins ausgezahlt, in welchem die Zahl der Tage, während welcher der Erkrankte in der abgelaufenen Woche erwerbsunfähig war, anzugeben ist. In dem erstmalig beizubringenden Krankenschein ist der Tag der Erkrankung, in dem letzten der Tag des Wiedereintritts der Erwerbsfähigkeit anzugeben.]

(§ 26a Abs. 2 Ziffer 2a.) (A) und (B) Die Kassenmitglieder sind verpflichtet, die durch Beschluß der Generalversammlung erlassenen Vorschriften (vgl. § 32 Abs. 1 Ziffer 6 und Abs. 4) über die Krankenmeldung, das Verhalten der Krankenmeldung, das Verhalten der Kranken und die Krankenaufsicht sowie die Anordnungen des behandelnden Arztes zu befolgen. Zuwiderhandlungen ziehen Ordnungsstrafe bis *zum dreifachen Betrage des täglichen Krankengeldes für jeden einzelnen Übertretungsfall* nach sich.

Zu § 10.

[1]) Sofern von einer Meldung jeder Krankheit beim Vorstand abgesehen werden und nur die ohnehin erforderliche Meldung beim Kassenarzte stattfinden soll — was meist von dem Umfange der Kasse und der beabsichtigten Regelung der Krankenkontrolle abhängen wird —, kann die Fassung unter B gewählt werden, welche eine einfachere Regelung enthält.

[2]) Diese Bescheinigung wird bei einfachen Verhältnissen, wo eine Legitimation des Mitglieds gegenüber dem Kassenarzte nicht erforderlich, wegfallen können.

§ 12.

Kürzung der Krankenunterstützung wegen Doppelversicherung.

(§ 26a Abs. 1 u. Abs. 2 Ziffer 1 u. 2a.) Einem Mitgliede, welches gleichzeitig anderweitig gegen Krankheit versichert ist, wird das Krankengeld soweit gekürzt, als dasselbe zusammen mit dem aus anderweiter Versicherung bezogenen Krankengelde den vollen Betrag seines durchschnittlichen Arbeitsverdienstes [1]) [um $^1/_5$] [2]) übersteigen würde.

[Die Mitglieder sind bei Vermeidung einer Ordnungsstrafe bis *zum dreifachen Betrage des täglichen Krankengeldes für jeden einzelnen Übertretungsfall* verpflichtet, andere von ihnen eingegangene Versicherungsverhältnisse, aus welchen ihnen Ansprüche auf Krankenunterstützung zustehen, sofern sie zur Zeit des Eintritts in die Kasse bereits bestanden, binnen einer Woche nach dem Eintritte, sofern sie später abgeschlossen werden, binnen einer Woche nach dem Abschlusse, dem Kassenvorstand anzuzeigen.]

Zu § 12.

[1]) Die Kürzung wegen Doppelversicherung tritt gesetzlich nur soweit ein, als die Gesamtunterstützung an Krankengeld den Betrag des durchschnittlichen Tagelohns des in Frage stehenden Mitglieds — nicht desjenigen durchschnittlichen Tagelohns, welcher den Maßstab des Krankengeldes bildet — übersteigt.

[2]) Die Kürzung kann durch das Statut ganz oder teilweise ausgeschlossen werden.

§ 13.

Sonstige Beschränkungen der Krankenunterstützung.

[Mitgliedern, welche die Kasse durch eine mit dem Verluste der bürgerlichen Ehrenrechte bedrohte strafbare Handlung geschädigt haben, wird für die Dauer von (§ 26a Abs 2 Ziffer 2.)

12 Monaten seit Begehung der Straftat ein Krankengeld [nicht] [nur im Betrage von [......... Pf.]] gewährt.

Dasselbe gilt für Mitglieder, welche sich eine Krankheit vorsätzlich oder durch schuldhafte Beteiligung bei Schlägereien oder Raufhändeln *oder* durch Trunkfälligkeit zugezogen haben, für die Dauer dieser Krankheit.]

(§ 26a Abs. 2 Ziffer 3.) [Mitgliedern, welche von der Kasse eine Krankenunterstützung ununterbrochen oder im Laufe eines Zeitraums von 12 Monaten für [*26*] [*39*][1]) Wochen bezogen haben, wird bei Eintritt eines neuen Unterstützungsfalls, sofern dieser durch die gleiche nicht gehobene Krankheitsursache veranlaßt worden ist, im Laufe der nächsten 12 Monate neben den im § 5 Abs. 1 Ziffer 1 bezeichneten Leistungen nur ein Krankengeld im Betrage der Hälfte des der Bemessung zu Grunde liegenden Betrags des durchschnittlichen Tagelohns [wirklichen Arbeitsverdienstes] und nur für die Gesamtdauer von 13 Wochen gewährt.]

Zu § 13.

[1]) Hier ist die im § 5 Abs. 3 festgesetzte Dauer der Unterstützung einzustellen.

[2]) Diese Bestimmung hat *wegen der Dauer der Unterstützung eine Bedeutung auch* bei solchen Kassen, welche als Krankenunterstützung *nicht mehr als* die Mindestleistung gewähren.

§ 14.

Unterstützung der Wöchnerinnen [*und Schwangeren*].

(§ 20 Abs. 1 Ziffer 2) Weiblichen Mitgliedern, welche innerhalb des letzten Jahres, vom Tage der Entbindung ab gerechnet, mindestens 6 Monate hindurch einer auf Grund des Krankenversicherungsgesetzes errichteten Kasse oder einer Gemeindekrankenversicherung angehört haben, wird im Falle der Entbindung auf die Dauer von 6 Wochen nach ihrer Niederkunft[1]) eine Unterstützung in Höhe des Krankengeldes[2]) gewährt. Erkrankungen, welche bei der Entbindung oder während der Dauer des Wochenbetts eintreten, begründen denselben Anspruch auf Unterstützung wie andere Erkrankungen.

Entweder:

[*Schwangeren,*[3]) *welche mindestens sechs Monate der Kasse angehören, wird wegen einer durch die Schwangerschaft verursachten Erwerbsunfähigkeit eine der Wöchnerinnen-Unterstützung (Abs. 1) gleiche Unterstützung bis zur Gesamtdauer von* [*sechs*] *Wochen gewährt.*] [*Auch werden ihnen die erforderlichen Hebammendienste*[4]) *und die ärztliche Behandlung der Schwangerschaftsbeschwerden*[4]) *frei gewährt.*] *(§ 21 Abs. 1 Ziffer 4.)*

oder:

[*Schwangeren, welche mindestens sechs Monate der Kasse angehören, werden die erforderlichen Hebammendienste*[4]) *und die ärztliche Behandlung der Schwangerschaftsbeschwerden*[4]) *frei gewährt.*]

[*Den Ehefrauen*[5]) *solcher Mitglieder, die mindestens 6 Monate der Kasse angehören,*[6]) *wird im Falle der Schwangerschaft wegen einer durch diese verursachten Erwerbsunfähigkeit bis zur Gesamtdauer von* [*sechs*] *Wochen eine der Wöchnerinnen-Unterstützung gleiche Unterstützung gewährt; auch werden* *(§ 21 Abs. 1 Ziffer 5.)*

ihnen die erforderlichen Hebammendienste[4]) *und die ärztliche Behandlung der Schwangerschaftsbeschwerden*[4]) *frei gewährt.*]

Die Wöchnerinnen-Unterstützung wird erstmalig an dem auf die Entbindung folgenden Sonnabend [gegen Einlieferung einer Bescheinigung des Standesamts über die Eintragung des Geburtsfalls] und demnächst an jedem folgenden Sonnabende für die abgelaufene Woche gezahlt.

Fällt der Sonnabend nicht auf einen Werktag, so erfolgt die Zahlung am nächstvorhergehenden Werktage.

[*Die Auszahlung der Unterstützung an Schwangere erfolgt in gleicher Weise wie diejenige des Krankengeldes (§ 5).*][7])

Zu § 14.

1) *Vgl. § 20 Abs. 1 Ziffer 2 des Gesetzes.*

2) Diese Unterstützung wird unter der Voraussetzung gewährt, daß die Wöchnerin nicht erkrankt ist.

3) ***Die Bestimmungen des zweiten Absatzes gelten nur im Falle der Aufnahme in das Statut; vgl. § 21 Abs. 1 Ziffer 4 des Gesetzes. Es kann die Gewährung einer der Wöchnerinnen-Unterstützung gleichen Unterstützung für 6 Wochen oder auch für eine geringere Dauer oder zugleich (oder auch für sich allein) die freie Gewährung der Hebammendienste und der ärztlichen Behandlung der Schwangerschaftsbeschwerden beschlossen werden. Je nachdem ist die eine oder die andere der angegebenen Fassungen zu wählen. In jedem Falle ist die Gewährung der Leistungen aus Abs. 2 (abweichend von denen aus Abs. 1) von der mindestens sechsmonatigen Zugehörigkeit zu der betreffenden Betriebs- (Fabrik-) Krankenkasse selbst abhängig zu machen.***

4) ***Zu den „Schwangerschaftsbeschwerden" ist die Entbindung selbst nicht zu rechnen. Dagegen umfasst die freie Gewährung der erforderlichen Hebammendienste auch die bei der Entbindung von der Hebamme zu leistenden Dienste.***

[5]) *Die Unterstützungen nach Abs. 3 sind an die Stelle der bisher nach § 21 Abs. 1 Ziffer 5 des Gesetzes zugelassenen Wöchnerinnen-Unterstützung getreten. Sie gehören nicht zu den notwendigen Leistungen der Kasse und können entweder allgemein oder nur auf besonderen Antrag (vgl. Bemerkung 1 zu § 8 und Bemerkung 3 zu § 19) gewährt werden.*

Die Dauer der Schwangeren-Unterstützung nicht selbstversicherter Ehefrauen kann kürzer bemessen werden als diejenige der selbstversicherten Ehefrauen. Ihre Höchstdauer beträgt ebenfalls 6 Wochen.

[6]) *Werden die im Abs. 3 bezeichneten Unterstützungen nur auf besonderen Antrag gewährt (vgl. Bemerkung 5) so werden sie zweckmässig nicht von der mindestens sechsmonatigen Zugehörigkeit des Mitglieds selbst zur Kasse abhängig zu machen, vielmehr wird die Karenzzeit auf 6 Monate von Stellung des Antrags ab festzusetzen sein.*

[7]) *Dieser Absatz gilt nur für den Fall der Aufnahme des Abs. 2 oder 3 in das Statut.*

§ 15.

Sterbegeld.

Für den Todesfall eines Mitglieds gewährt die Kasse ein Sterbegeld im [zwanzigfachen] Betrage des für die Bemessung des Krankengeldes nach den §§ 5 und 6 maßgebenden durchschnittlichen Tagelohns [wirklichen Arbeitsverdienstes] [, *mindestens aber im Betrage von fünfzig Mark*]. (§ 20 Abs. 1 Ziffer 3, Abs. 3 u. 5, § 21 Abs. 1 Ziffer 6.)

Verstirbt ein als Mitglied der Kasse Erkrankter nach Beendigung der Krankenunterstützung, so ist das Sterbegeld zu gewähren, wenn die Erwerbsunfähigkeit bis zum Tode fortgedauert hat und der Tod infolge derselben Krankheit vor Ablauf eines Jahres nach Beendigung der Krankenunterstützung eingetreten ist.

[Beim Tode der Ehefrau oder eines noch nicht [14]- (§ 21 Abs. 1 Ziffer 7.)

jährigen Kindes eines Mitglieds wird, falls diese Personen nicht selbst in einem gesetzlichen Versicherungsverhältnisse gestanden haben, auf Grund dessen ihren Hinterbliebenen ein Anspruch auf Sterbegeld zusteht, ein Sterbegeld, und zwar für die erstere im Betrage von [zwei Dritteln], für das letztere im [halben Betrage] des für das Mitglied festgestellten Sterbegeldes gewährt.][1])

(§ 20 Abs. 4.) Vom Sterbegelde wird gegen Einlieferung der standesamtlichen Sterbeurkunde der zur Deckung der Begräbniskosten aufgewendete Betrag demjenigen ausgezahlt, welcher das Begräbnis besorgt. Ein etwaiger Überschuß ist dem hinterbliebenen Ehegatten, in Ermangelung eines solchen den nächsten Erben auszuzahlen. Sind solche Personen nicht vorhanden, so verbleibt der Überschuß der Kasse.

[*In den Fällen, in welchen auf Grund der Reichsgesetze über Unfallversicherung gleichfalls ein Anspruch auf Sterbegeld begründet ist, hat die Kasse darauf Anspruch, dass ihr bis zur Höhe des von ihr gewährten Sterbegeldes dafür Ersatz durch Überweisung des auf Grund der Unfallversicherungsgesetze zu gewährenden Sterbegeldes geleistet wird.*][2])

Zu § 15.

[1]) Diese Unterstützungen gehören nicht zu den notwendigen Leistungen der Kasse.

[2]) ***Diese Bestimmung findet auch ohne Aufnahme in das Statut kraft § 20 Abs. 5 des Gesetzes Anwendung.***

§ 16.

Unterstützung bei Erwerbslosigkeit.

(§ 28.) Mitgliedern, welche infolge eintretender Erwerbslosigkeit aus der Kasse ausscheiden und sich im Gebiete des Deutschen Reichs aufhalten, verbleibt für ihre Person der Anspruch auf Krankenunterstützung, Wöchnerinnen-Unterstützung und Sterbegeld in solchen Unterstützungsfällen, welche während der Erwerbslosigkeit und innerhalb eines Zeitraums von 3 Wochen nach dem Ausscheiden aus der Kasse eintreten, wenn diese Personen vor ihrem Ausscheiden mindestens 3 Wochen ununterbrochen einer auf Grund des Krankenversicherungsgesetzes errichteten Krankenkasse angehört haben.

[In Fällen dieser Art wird die Krankenunterstützung bis zur Dauer von *26* Wochen nach näherer Bestimmung des § 6 Abs. 2 des Gesetzes, das Krankengeld im Betrage der Hälfte des der Bemessung zu Grunde liegenden durchschnittlichen Tagelohns [wirklichen Arbeitsverdienstes], das Sterbegeld im zwanzigfachen Betrage dieses Lohnsatzes gewährt.] [1])

Zu § 16.

[1]) Fällt fort, wenn und soweit die Kasse nur die gesetzlichen Mindestleistungen gewährt.

§ 17.

Beiträge.

Die Beiträge werden festgesetzt auf [3] [1]) Prozent (§ 22, § 20.)

(A) [2]) [des durchschnittlichen Tagelohns (§ 5 Ziffer 2).]

oder

(B) [des durchschnittlichen Tagelohns (§ 5 Ziffer 2) der dort bezeichneten Mitgliederklassen.]

oder

(C) des nach § 5 unter 2 ermittelten wirklichen Arbeits- (§ 26a Abs. [illegible] Ziffer 6.)

verdienstes, soweit derselbe 5 Mark für den Arbeitstag nicht übersteigt.]

(§ 65, § 27.) Die Beiträge sind an jedem [wöchentlichen] [vierzehntägigen] Löhnungstage für die abgelaufene Löhnungsperiode für die in der Fabrik beschäftigten versicherungspflichtigen Mitglieder von der Firma zur Kasse abzuführen. Die übrigen Mitglieder haben dieselben zu dem gleichen Termine kostenfrei bei dem Kassenführer einzuzahlen.

(§ 52 Abs. 3.) [Die Beiträge sind für jede Woche, innerhalb welcher der Versicherte der Kasse angehört hat, ihrem vollen Betrage nach zu entrichten. Dabei gilt als Woche der Zeitraum von Montag bis Sonntag einschließlich.]

(§ 54 a.) Im Falle der Erwerbsunfähigkeit werden für die Dauer der Krankenunterstützung Beiträge nicht entrichtet.

(§ 55.) Rückständige Beiträge werden in derselben Weise beigetrieben wie Gemeindeabgaben.

Zu § 17.

[1]) Höher als *vierundeinhalb* Prozent dürfen die Beiträge einschließlich des Arbeitgeberzuschusses bei Errichtung der Kasse nur dann festgesetzt werden, wenn es zur Deckung der Mindestleistung erforderlich ist. Eine niedrigere Bemessung ist nicht ausgeschlossen, sofern die Deckung der Mindestleistungen trotzdem gesichert erscheint.

[2]) Je nachdem im § 5 die Fassung A, B oder C gewählt ist, ist auch hier die Fassung A, B oder C zu wählen.

§ 18.

(§ 65, § 53.) Die Firma hat für die in der Fabrik beschäftigten versicherungspflichtigen Mitglieder ein Drittel der Beiträge aus eigenen Mitteln zu leisten. Dagegen sind diese Mitglieder verpflichtet, zwei Drittel der Beiträge bei den Lohnzahlungen sich einbehalten zu lassen. Die Firma darf nur auf diesem Wege den auf die Mitglieder entfallenden Betrag wieder einziehen. Die Abzüge für Beiträge sind auf die Lohnzahlungsperioden, auf welche sie entfallen, gleichmäßig zu verteilen. Diese Teilbeträge dürfen, ohne daß dadurch Mehrbelastungen der Mitglieder herbeigeführt werden, auf volle zehn Pfennig abgerundet werden. Sind Abzüge für eine Lohnzahlungsperiode unterblieben, so dürfen sie nur noch bei der Lohnzahlung für die nächstfolgende Lohnzahlungsperiode nachgeholt werden.

Hat die Firma Beiträge um deswillen nachzuzahlen, weil die Verpflichtung zur Entrichtung von Beiträgen zwar von ihr anerkannt, von dem Mitglied oder der Kasse aber bestritten wurde und erst durch einen Rechtsstreit (§ 33) hat festgestellt werden müssen, oder weil die im § 49a des Krankenversicherungsgesetzes vorgeschriebene Anzeige einer Hilfskasse über das Ausscheiden eines versicherungspflichtigen Mitglieds aus der Kasse oder das Übertreten eines solchen in eine niedrigere Mitgliederklasse erst nach Ablauf der im Abs. 1 bezeichneten Zeiträume oder gar nicht erstattet worden ist, so findet die Wiedereinziehung des auf das Mitglied entfallenden Teiles der Beiträge ohne die vorstehend aufgeführten Beschränkungen statt.

Streitigkeiten zwischen der Firma und den von ihr (§ 35a.)
beschäftigten Personen über die Berechnung und An-

rechnung der Beiträge [*und Eintrittsgelder*] der letzteren werden, sobald ein für die Fabrik *oder den Wohnsitz der Parteien* zuständiges Gewerbegericht errichtet werden sollte, von diesem, bis dahin aber auf Anrufen einer Partei vorläufig von dem Gemeindevorsteher, oder, sofern derselbe nicht angerufen wird, von dem ordentlichen Richter entschieden.[1])

[Gegen die Entscheidung des Gewerbegerichts finden die Rechtsmittel statt, welche in den zur Zuständigkeit der Amtsgerichte gehörigen bürgerlichen Rechtsstreitigkeiten zulässig sind. Die Berufung an das Landgericht ist jedoch nur zulässig, wenn der Wert des Streitgegenstandes den Betrag von 100 Mark übersteigt.]

[Die Entscheidung des Gemeindevorstehers wird rechtskräftig, wenn nicht binnen 10 Tagen nach der Verkündung von einer der anwesenden Parteien, oder binnen 10 Tagen nach der Behändigung von einer bei der Verkündung nicht zugegen gewesenen Partei, Klage bei dem ordentlichen Gericht erhoben wird.]

Zu § 18.

[1]) Diese Streitigkeiten sind nach den Vorschriften des *Gewerbegerichtsgesetzes* vom $\frac{\textit{29. Juli 1890}}{\textit{30. Juni 1901}}$ zu entscheiden. Zur Entscheidung sind auch die auf Grund des § *85* dieses Gesetzes fortbestehenden landesgesetzlichen Gewerbegerichte zuständig. Soweit hiernach ein zuständiges Gewerbegericht nicht vorhanden ist, wird auf das Verfahren vor dem Gemeindevorsteher *(§§ 76 ff.* des *Gewerbegerichtsgesetzes)* zu verweisen sein.

§ 20.

Besondere Rechte der Kasse.[1])

Die Kasse kann unter ihrem Namen Rechte erwerben und Verbindlichkeiten eingehen, vor Gericht klagen und verklagt werden. (§ 25.)

Für alle Verbindlichkeiten der Kasse haftet dem Kassengläubiger nur das Vermögen der Kasse.

Die Übertragung der dem Unterstützungsberechtigten zustehenden Ansprüche auf Dritte sowie die Verpfändung oder Pfändung hat nur insoweit rechtliche Wirkung, als sie erfolgt: (§ 56 Abs. 2 bis 4.)

1. *zur Deckung eines Vorschusses, welcher dem Berechtigten auf seine Ansprüche vor Anweisung der Unterstützung von dem Arbeitgeber oder einem Organe der Kasse oder dem Mitglied eines solchen Organs gegeben worden ist;*
2. *zur Deckung der im § 850 Abs. 4 der Civilprozessordnung bezeichneten Forderungen.*

Die Ansprüche dürfen auf geschuldete [Eintrittsgelder und] Beiträge, auf gezahlte Vorschüsse, auf zu Unrecht gezahlte Unterstützungsbeiträge und auf die von den Organen der Kasse verhängten Geldstrafen aufgerechnet werden. Die Ansprüche dürfen ferner aufgerechnet werden auf Ersatzforderungen für Beträge, welche der Unterstützungsberechtigte in den Fällen des § 57 Abs. 4 des Krankenversicherungsgesetzes oder auf Grund der Reichsgesetze über Unfallversicherung bezogen, aber an die

Kasse zu erstatten hat; Ansprüche auf Krankengeld dürfen jedoch nur bis zur Hälfte aufgerechnet werden.

Ausnahmsweise darf der Berechtigte den Anspruch ganz oder zum Teil auf andere übertragen, sofern dies von der unteren Verwaltungsbehörde genehmigt wird.

Zu § 20.

[1]) Die Bestimmungen dieses Paragraphen gelten kraft Gesetzes, brauchen demnach in das Statut nicht aufgenommen zu werden.

§ 21.

Kassenführung und Rechnungslage.

(§ 64 Ziffer 3.) Die Firma bestellt unter ihrer Verantwortlichkeit und auf ihre Kosten einen Rechnungs- und Kassenführer, welcher die gesamte Rechnungs- und Kassenführung wahrzunehmen hat.

(§ 40 Abs. 1.) Die Einnahmen und Ausgaben der Kasse sind von allen den Zwecken der Kasse fremden Vereinnahmungen und Verausgabungen getrennt festzustellen: ihre Bestände sind gesondert zu verwahren.

Der Rechnungs- und Kassenführer [1]) hat unter Beobachtung der auf Grund des § 41 Abs. 2 des Krankenversicherungsgesetzes erlassenen Vorschriften der höheren (§ 41 Abs. 1.) Verwaltungsbehörde über alle Einnahmen und Ausgaben der Kasse Buch und Rechnung zu führen. Er stellt den jährlichen Rechnungsabschluß und die vorgeschriebenen Übersichten über die Mitglieder, über Krankheits- und Sterbefälle, über die vereinnahmten Beiträge und die geleisteten Unterstützungen auf, welche sämtlich vom

Vorstande geprüft und festgestellt und der Aufsichtsbehörde eingereicht werden.

Der Vorstand hat die vom Kassenführer aufgestellte Jahresrechnung festzustellen, mit allen Belegen dem Revisionsausschusse (§ 32 Ziffer 1) zur Prüfung vorzulegen und spätestens bis zum [1. April] des nächsten Jahres die Abnahme der Jahresrechnung bei der Generlversammlung zu beantragen.

Zu § 21.

[1]) *Wegen der etwaigen Amtsenthebung des Rechnungs- und Kassenführers vgl. Bemerkung [2]) zu § 29.*

§ 24.

Erhöhung der Beiträge und Ermäßigung der Kassenleistungen.

Ergibt sich aus den Jahresabschlüssen, daß die Einnahmen der Kasse zur Deckung ihrer Ausgaben einschließlich der Rücklagen zur Ansammlung und Ergänzung des Reservefonds nicht ausreichen, so müssen [1]) [entweder die Kassenleistungen bis auf den Mindestbetrag des § 20 des Krankenversicherungsgesetzes gemindert oder] die Beiträge bis auf *6* Prozent des [durchschnittlichen Tagelohns] [Arbeitsverdienstes] (§ 5) erhöht werden. Dabei sind die Vorschriften des § 31 Abs. 7 zu beachten. (§ 33 Abs. 1.) (§ 31 Abs. 2.)

Werden die gesetzlichen Mindestleistungen der Kasse durch die Beiträge, nachdem dieses insgesamt *6* Prozent des [durchschnittlichen Tagelohns] [Arbeitsverdienstes] (§ 5) erreicht haben, nicht gedeckt, so hat die Firma die zur Deckung derselben erforderlichen Zuschüsse aus eigenen Mitteln zu leisten, für welche Zuschüsse sie auch bei (§ 65 Abs. 2.)

späterem besseren Stande der Kasse keine Rückerstattung fordern kann.

Zu § 24.

[1]) Die in Klammern eingeschlossenen Stellen dieses Absatzes haben Bedeutung nur für solche Kassen, deren Unterstützungen über die gesetzlichen Mindestleistungen hinausgehen.

§ 28.

Zusammensetzung des Vorstandes.

(§ 38 Abs. 1 u. 3.) Der Vorstand der Kasse besteht:[1])

(§ 64 Ziffer 2.) a) aus einem Vertreter der Firma als Vorsitzenden und dem Kassenführer, welcher zugleich Stellvertreter des Vorsitzenden ist; beide werden auf die Dauer von [2] Jahren von der Firma ernannt;

(§ 34.) b) aus [5][2]) von der Generalversammlung ohne Mitwirkung der Vertreter der Firma aus der Mitte der stimmberechtigten Kassenmitglieder auf die Dauer von [2] Jahren gewählten Beisitzern.

(§ 38 Abs. 2.) [Sobald die für Rechnung der Mitglieder zu zahlenden Beiträge $^5/_7$ der Gesamtbeiträge übersteigen, ist bei der nächsten Wahl[3]) ein sechster Beisitzer und, sobald sie $^6/_8$ übersteigen, ein siebenter Beisitzer zu wählen.]

Die Wahl der Beisitzer ist geheim[4]) und erfolgt durch verdeckte Stimmzettel in der Weise, daß jeder Wählende so viele Namen aufschreibt, wie Vorstandsmitglieder zu wählen sind. Gewählt sind diejenigen, welche die meisten Stimmen erhalten.[5]) Stimmen, welche auf nicht Wählbare fallen oder die Gewählten nicht deutlich bezeichnen, werden nicht mitgezählt. Bei Stimmengleichheit entscheidet das vom Vorsitzenden zu ziehende Los.

Die Wahl wird im Auftrage des Vorstandes von dessen Vorsitzenden oder von einem zu diesem Zwecke bestellten Vertreter geleitet. Nur die erste Wahl nach Errichtung der Kasse sowie spätere Wahlen, bei welchen ein Vorstand nicht vorhanden ist, werden von einem Beauftragten der Aufsichtsbehörde geleitet.

Die Ablehnung der Wahl zum Vorstandsmitglied ist (§ 34 a Abs. 2.) aus denselben Gründen zulässig, aus welchen das Amt eines Vormundes abgelehnt werden kann. Die Wahrnehmung eines auf Grund der Unfallversicherung und der *Invalidenversicherung* übernommenen Ehrenamts steht der Führung einer Vormundschaft gleich. Eine Wiederwahl kann nach mindestens zweijähriger Amtsführung für die nächste Wahlperiode abgelehnt werden. Kassenmitgliedern, welche eine Wahl ohne gesetzlichen Grund ablehnen, kann auf Beschluß der Generalversammlung für bestimmte Zeit, jedoch nicht über die Dauer der Wahlperiode, das Stimmrecht in der Generalversammlung entzogen werden.

[Jedes Jahr][6]) scheiden abwechselnd [3] und [2] Beisitzer aus. Die [3] Beisitzer, welche am Ende des ersten Kalenderjahrs ausscheiden, werden durch das Los bestimmt. Die Neuwahl findet im Dezember statt. Die Gewählten treten ihr Amt am 1. Januar des folgenden Jahres an. Bis zum Eintritte derselben haben die Ausscheidenden ihr Amt weiter zu führen.

Scheiden mehr wie zwei Beisitzer vor Ablauf ihrer Amtsdauer aus,[7]) so muß alsbald eine Generalversammlung zur Ersatzwahl für alle ausgeschiedenen Beisitzer berufen werden.[8]) Die Amtsdauer der Ersatzmänner erlischt mit dem Jahre, mit welchem diejenige der ausgeschiedenen Beisitzer erloschen sein würde.

Über jede Wahlverhandlung ist ein Protokoll aufzunehmen.

(§ 34 Abs. 2.) Der Vorstand hat über jede Änderung in seiner Zusammensetzung und über das Ergebnis jeder Wahl der Aufsichtsbehörde binnen einer Woche Anzeige zu erstatten.

[Ist die Anzeige nicht erstattet, so kann die Änderung dritten Personen nur dann entgegengesetzt werden, wenn bewiesen wird, daß sie letzteren bekannt war.]

Zu § 28.

[1]) Der Betriebsunternehmer hat Anspruch auf Vertretung im Vorstande nach dem Verhältnisse der von ihm aus eigenen Mitteln geleisteten Beiträge zur Gesamtsumme aller Beiträge. Mehr als ein Drittel der Stimmen darf ihm nicht eingeräumt werden. Ob er mit einer geringeren Vertretung im Vorstand, als der Summe der aus eigenen Mitteln geleisteten Beiträge entsprechen würde, vorlieb nehmen will, hängt von seiner Entschließung ab. Es empfiehlt sich, von vornherein ein Verhältnis der Vertretung festzusetzen, welches auch dann nicht geändert zu werden braucht, wenn die vom Unternehmer aus eigenen Mitteln zu zahlenden Beiträge infolge des Zutritts freiwilliger Mitglieder zur Kasse unter ein Drittel der Gesamtbeiträge sinken. Da die Kasse bei ihrer Begründung freiwillige Mitglieder in der Regel überhaupt nicht zählt, so wird es zulässig sein, für die Vertreter des Arbeitgebers und der Kassenmitglieder anfangs das Verhältnis von 2 zu 4 festzustellen und im Abs. 2 eine Vermehrung der Vertreter der letzteren auf 5 (also Verhältnis 2 zu 5) erst für den Fall anzuordnen, daß die Summe der Beiträge des Arbeitgebers bis

auf $^{4}/_{13}$ (das arithmetische Mittel zwischen $^{2}/_{6}$ und $^{2}/_{7}$) der Gesamtsumme aller Beiträge herabsinkt. Ebenso würde erst bei weiterer Verminderung der Beiträge des Arbeitgebers auf $^{4}/_{15}$ der Gesamtsumme der Beiträge (dem arithmetischen Mittel zwischen $^{2}/_{7}$ und $^{2}/_{8}$) die Zahl der Beisitzer auf 6 zu vermehren sein u. s. f.

[2]) Wird hier eine höhere Zahl festgesetzt, so kann auch für den Betriebsunternehmer unter a eine größere Zahl von Vertretern festgesetzt werden (also beispielsweise bei 7 unter b, 3 unter a).

[3]) Dem Gesetze wird genügt werden, wenn das von demselben geforderte Verhältnis bei der nächsten Wahl hergestellt wird. Ohne diese Einschränkung würde leicht Unsicherheit über die Gültigkeit der Beschlüsse des Vorstandes entstehen.

[4]) Wahl durch Akklamation erscheint hiernach ausgeschlossen. *Dagegen ist es zulässig, die Grundsätze des Verhältnis- (Proportional-) Wahlsystems im Statut anzunehmen, sofern dabei die Freiheit und Geheimheit der Wahl erhalten bleibt.*

[5]) Soll für die Gewählten absolute Stimmenmehrheit erforderlich sein, so müssen hier auch Bestimmungen über engere Wahl für den Fall, daß im ersten Wahlgang absolute Mehrheit nicht erreicht wird, getroffen werden.

[6]) Wird die Amtszeit der Vorstandsmitglieder unter a und b anders bestimmt, so werden auch die Perioden der Neuwahl anderweit festzusetzen sein.

[7]) *Hierher ist es auch zu rechnen, wenn Beisitzer nach § 42 Abs. 4 ff. des Gesetzes durch die Aufsichtsbehörde ihres Amtes enthoben werden (vgl. Bemerkung [2]) zu § 29). Wenn auch eine Anfechtung der die Amtsenthebung aussprechenden Entscheidung keine aufschiebende Wirkung hat, so empfiehlt es sich doch, die Ersatzwahl erst vorzunehmen, wenn die Entscheidung endgültig geworden ist.*

[8]) Ergänzung des Vorstandes durch Kooptation ist unzulässig, da nach dem Gesetze der Vorstand von der Generalversammlung gewählt sein muß.

§ 29.

Rechte und Pflichten des Vorstandes.

(§ 35 Abs. 1.) Der Vorstand vertritt die Kasse gerichtlich und außergerichtlich. Diese Vertretung erstreckt sich auch auf diejenigen Geschäfte und Rechtshandlungen, für welche nach den Gesetzen eine Spezialvollmacht erforderlich ist.

[Verträge werden namens der Kasse von dem Vorsitzenden des Vorstandes und zwei Beisitzern vollzogen. Bei allen übrigen Rechtsgeschäften und Erklärungen vertritt der Vorsitzende den Vorstand nach außen. Ge-
(§ 35 Abs. 2.) richtliche Zustellungen an den Vorstand können jedem Mitgliede desselben gemacht werden.][1]) Die Legitimation des Vorstandes oder seines Vorsitzenden bei allen Rechtsgeschäften wird durch eine Bescheinigung der Aufsichtsbehörde bewirkt.

Der Vorstand verwaltet alle Angelegenheiten der Kasse, soweit dieselben nicht durch Gesetz oder Statut ausdrücklich der Generalversammlung übertragen sind.

Der Vorsitzende beruft den Vorstand, so oft dies die Lage der Geschäfte erfordert. Er muß den Vorstand binnen 10 Tagen berufen, wenn [drei] Beisitzer dies beantragen. Die Berufung erfolgt durch Zirkular. Der Vorsitzende kann ein Vorstandsmitglied, welches ohne genügende Entschuldigung aus der Vorstandssitzung wegbleibt oder zu spät erscheint, in eine Ordnungsstrafe bis zu [3] Mark nehmen. Der Vorstand ist beschlußfähig, wenn der Vorsitzende oder sein Stellvertreter und mindestens drei Beisitzer anwesend sind. Die Beschlüsse werden mit einfacher Stimmenmehrheit gefaßt, bei Stimmengleichheit entscheidet der Vorsitzende. Die Beschlüsse sind in einem besonderen Buche zu protokollieren.

Die Vorstandsmitglieder versehen ihr Amt als Ehrenamt unentgeltlich; bare Auslagen werden ihnen von der Kasse ersetzt. (§ 34a Abs. 1.)

Die Mitglieder des Vorstandes haften der Kasse für pflichtmäßige Verwaltung wie Vormünder ihren Mündeln.[2]) (§ 42 Abs. 1.)

[*Der Vorsitzende des Vorstandes hat Beschlüsse der Kassenorgane, welche gegen die gesetzlichen oder statutarischen Vorschriften verstossen, unter Angabe der Gründe mit aufschiebender Wirkung zu beanstanden. Die Beanstandung erfolgt mittels Berichts an die Aufsichtsbehörde.*][3]) *(§ 35 Abs. 3.)*

Zu § 29.

[1]) Diese Bestimmungen sind nach § 35 des Gesetzes zulässig und empfehlen sich namentlich für umfangreichere Kassen zur Erleichterung der Geschäftsführung.

[2]) *Nach § 42 Abs. 4 bis 6 des Gesetzes kann ein Vorstandsmitglied (ebenso ein Kassen- und Rechnungsführer, der nicht Vorstandsmitglied ist), wenn es infolge gerichtlicher Anordnung in der Verfügung über sein Vermögen beschränkt ist oder wenn gegen dasselbe auf Verlust der Fähigkeit zur Bekleidung öffentlicher Ämter oder auf Verlust der bürgerlichen Ehrenrechte erkannt ist oder wenn hinsichtlich seiner Tatsachen bekannt werden, welche sich als grobe Verletzungen der Amtspflicht in Bezug auf die Kassenführung darstellen, durch die Aufsichtsbehörde seines Ämtes enthoben werden, nachdem ihm und dem Kassenvorstande Gelegenheit zur Äusserung gegeben worden ist. Ist gegen ein Vorstandsmitglied u. s. w. das Hauptverfahren wegen eines Verbrechens oder Vergehens eröffnet, das die Aberkennung der bürgerlichen Ehrenrechte oder der Fähigkeit zur Bekleidung öffentlicher Ämter zur Folge haben kann, so kann der betreffende bis zur Beendigung des Strafverfahrens durch die Aufsichtsbehörde seines*

Amtes enthoben werden. Die Entscheidung der Aufsichtsbehörde kann binnen vier Wochen nach deren Zustellung auf dem im § 58 Abs. 3 Satz 2 des Gesetzes bezeichneten Wege angefochten werden. Die Anfechtung hat keine aufschiebende Wirkung.

[3]) *Diese Bestimmung findet auch ohne Aufahme in das Statut kraft § 35 Abs. 3 des Gesetzes Anwendung.*

§ 31.

Geschäftsordnung der Generalversammlung.

Die Generalversammlung wird vom Vorstande unter Angabe der Verhandlungsgegenstände durch einen mindestens [3] Tage vorher zu bewirkenden Anschlag in den Fabrikräumen berufen.

Ordentliche Generalversammlungen finden statt:

1. im Dezember jeden Jahres zur Vornahme der Wahl des Revisionsausschusses und der erforderlichen Neuwahlen für den Vorstand,
2. im [April] jeden Jahres zur Beschlußfassung über die Abnahme der Jahresrechnung.

Außerordentliche Generalversammlungen beruft der Vorstand nach Bedürfnis. [Die Berufung der Generalversammlung muß binnen . . . Wochen erfolgen, wenn der [zehnte] Teil ihrer Mitglieder es beantragt.][1])

Jede vorschriftsmäßig berufene Generalversammlung ist beschlußfähig.

(§ 64 Ziffer 2.) Die Leitung der Generalversammlung steht dem [Vertreter der Firma] [von der Firma zu bezeichnenden Vertreter derselben] zu.

Beschlüsse der Generalversammlung werden, soweit für einzelne Gegenstände durch dieses Statut nicht etwas anderes bestimmt ist, mit einfacher Stimmenmehrheit der in der Versammlung vertretenen Stimmen gefaßt. Bei Stimmengleichheit entscheidet die Stimme des Vorsitzenden.

Getrennt von der Vertretung der Firma und den [Vertretern der] Kassenmitglieder[n] muß Beschluß gefaßt werden, wenn es sich handelt:

a) um eine Erhöhung der Gesamtbeiträge über 4 Prozent desjenigen Betrags, nach welchem die Unterstützungen zu bemessen sind (§ 5), sofern diese Erhöhung nicht zur Deckung der gesetzlichen Mindestleistungen erforderlich ist (§ 31 des Gesetzes);

b) um die Gewährung des Krankengeldes schon vom Tage des Eintritts der Erwerbsunfähigkeit ab sowie für Sonn- und Festtage (§ 21 Abs. 1 Ziffer 1 a des Gesetzes), sofern der Betrag des gesetzlich vorgeschriebenen Reservefonds nicht erreicht ist.

Zu § 31.

[1]) Diese Bestimmung ist nicht gesetzlich notwendig.

§ 34.

Beaufsichtigung der Kasse.

Die Aufsicht über die Kasse wird unter Oberaufsicht (§ 44.) [Bezeichnung der höheren Verwaltungsbehörde] zu N. [Bezeichnung der Aufsichtsbehörde] zu N. wahrgenommen.[1])[2])

Zu § 34.

[1]) Die Bezeichnung der zuständigen Aufsichtsbehörde und Oberaufsichtsbehörde im Statut empfiehlt sich, um jedem Kassenmitgliede Kenntnis davon zu geben, wohin etwaige Beschwerden über die Kassenverwaltung zu richten sind.

[2]) Über die Aufsichtsbefugnisse vgl. §§ 66 bis 67 b, 68 mit 42, 44, 45 des Gesetzes.

Register.

A.

H.

K.

M.

N.

O.

T.

U.

Z.

Herrosé & Ziemsen, Wittenberg.

Verzeichniß

der

Guttentag'schen Sammlung

Deutscher Reichsgesetze

und

Preußischer Gesetze.

Text-Ausgaben mit Anmerkungen
und Sachregister.

Taschenformat.

Berlin.
J. Guttentag, Verlagsbuchhandlung,
G. m. b. H.

Guttentag'sche Sammlung

Deutscher Reichsgesetze.

Text-Ausgaben mit Anmerkungen. Taschenformat.

1. **Verfassung** des Deutschen Reichs. Gegeben Berlin, den 16. April 1871. Von Dr. **L. von Rönne.** Achte neubearbeitete Auflage von **Paul von Rönne,** Landrath. 1 M. 60 Pf.

2. **Strafgesetzbuch** für das Deutsche Reich. Nebst den gebräuchlichsten Reichs-Strafgesetzen: Presse, Entziehung elektrischer Arbeit, Kranken-, Unfall-, Invalidenversicherung, Gewerbeordnung, unlauterer Wettbewerb, Depot- und Börsengesetz, gewerbliche Kinderarbeit u. s. w. Von Dr. **H. Rüdorff.** Einundzwanzigste Auflage von Dr. **H. Appelius,** Kammergerichtsrath. 1 M. 20 Pf.

3. **Militärstrafgerichtsordnung** nebst Einführungsgesetz und Gesetz, betreffend die Dienstvergehen der richterlichen Militärjustizbeamten und die unfreiwillige Versetzung derselben in eine andere Stelle oder in den Ruhestand. Bearbeitet von Dr. **Paul Herz,** Senatspräsident am Reichsmilitärgericht. Dritte Auflage. 4 M.

   Militär-**Strafgesetzbuch** s. RG. Nr. 67.

4. **Handelsgesetzbuch vom 10. Mai 1897** unter Ausschluß des Seerechts. Mit den ergänzenden Vorschriften des Bürgerlichen Gesetzbuchs und Erläuterungen herausgegeben von **F. Litthauer,** Justizrath. Zwölfte Auflage. 2 M. 80 Pf.

5. Allgemeine Deutsche **Wechselordnung.** Achte Auflage von Justizrath Dr. **J. Stranz** und Rechtsanwalt Dr. **M. Stranz,** und das Reichsgesetz über die **Wechselstempelsteuer.** Von Regierungsrath **P. Loeck.** Siebente Auflage. 3 M.

6. **Gewerbeordnung** für das Deutsche Reich nebst allen Ausführungsbestimmungen. Ursprünglich herausgegeben von **T. Ph. Berger** und Dr. **L. Wilhelmi.** Sechszehnte Auflage bearbeitet von Oberverwaltungsgerichtsrath **H. Spangenberg.** 3 M.

7. Die deutsche **Post- und Telegraphen-Gesetzgebung.** Nebst dem Weltpostvertrag und dem internationalen Telegraphenvertrag. Von Wirkl. Geh. Rath Dr. **Fischer.** Fünfte Auflage bearbeitet von Geh. Postrath Dr. **M. König.** 3 M.

8. Die Reichsgesetze über den **Unterstützungswohnsitz** in der Fassung der Novelle vom 12. März 1894, **die Freizügigkeit, den Erwerb und Verlust der Bundes- und Staatsangehörigkeit,** nebst allen landesgesetzlichen Bestimmungen. Von Geheimrath Dr. **J. Krech,** Mitglied des Bundesamtes für das Heimathwesen. Fünfte Auflage. 2 M. 70 Pf.

9a. Sammlung **kleinerer privatrechtlicher Reichsgesetze.** Von **F. Vierhaus.** Zweite Auflage in Vorbereitung.

9. Sammlung **kleinerer strafrechtlicher Reichsgesetze.** Mit den Entscheidungen des Reichsgerichts bearbeitet von **M. Werner,** Geh. Ober-Regierungsrath. Zweite Auflage. 3 M.

Inhalt: Inhaberpapiere — Presse — Personenstand — Urheberrechtsgesetzgebung — Rinderpest — Nahrungs- und Genußmittel — Sprengstoff — Feingehalt von Gold- und Silberwaaren — Patentgesetz — Handfeuerwaffen — Gebrauchsmusterschutz — Militärische Geheimnisse — Waarenbezeichnung — unlauterer Wettbewerb — Auswanderung — Margarine — Wein — Sklavenraub — Fleischbeschau — Reichsseuchengesetz — Süßstoff — Reichskassenscheine.

10. Das **Reichsbeamtengesetz** vom 31. März 1873 und seine Ergänzungen. Erläutert von **J. Pieper,** Geh. Ober-Regierungsrath. Zweite Auflage. 4 M. 50 Pf.

11. **Civilprozeßordnung mit Gerichtsverfassungsgesetz** und den Einführungsgesetzen. Unter besonderer Berücksichtigung der Entscheidungen des Reichsgerichts herausgegeben mit Anmerkungen von **R. Sydow,** Unterstaatssekretär und **L. Busch,** Kammergerichtsrath. Neunte Auflage. 8°. 5 M.

Dieser Band ist in größerem Format erschienen!

12. **Strafprozeßordnung und Gerichtsverfassungsgesetz** nebst dem Gesetz, betreffend die Entschädigung der im Wiederaufnahmeverfahren freigesprochenen Personen. Von **A. Hellweg,** Reichsgerichtsrath. Zwölfte Auflage. 2 M.

13. **Konkursordnung und Anfechtungsgesetz.** Unter besonderer Berücksichtigung der Entscheidungen des Reichsgerichts herausgegeben mit Anmerkungen von **R. Sydow** u. **L. Busch.** Neunte Auflage. 2 M. 25 Pf.

14. **Gerichtsverfassungsgesetz** mit Einführungsgesetz, Nebengesetzen und Ergänzungen. Herausgegeben von **R. Sydow** u. **L. Busch.** Achte Auflage. 1 M. 20 Pf.

15. Das **Deutsche Gerichtskostengesetz** nebst den Gebührenordnungen für Gerichtsvollzieher, Zeugen und Sachverständige. Herausgegeben mit Anmerkungen und Kostentabellen von **R. Sydow** u. **L. Busch.** Siebente Auflage. Im Druck.

16. **Rechtsanwaltsordnung.** Von **R. Sydow.** Vierte Auflage von Dr. **E. Mosler.** 1 M. 20 Pf.

17. Die **Deutsche Gebührenordnung für Rechtsanwälte und das Preußische Gebührengesetz** vom 27. September/6. Oktober 1899. Von **R. Sydow** und **L. Busch.** Siebente Auflage. 1 M. 60 Pf.

18. **Reichsstempelgesetz (Börsensteuergesetz)** v. 14. Juni 1900, mit den Ausführungsbestimmungen, einem Auszug aus den Gesetzes-Materialien und den Entscheidungen der Verwaltungsbehörden und des Reichsgerichts. Achte Auflage von **P. Loeck,** Regierungsrath. 3 M. 30 Pf.

19. Die **Seegesetzgebung.** Nebst den Entscheidungen des Reichsoberhandelsgerichts, des Reichsgerichts und der Seeämter. Von Dr. **W. E. Knitschky.** Dritte Auflage bearbeitet von Oberlandesgerichtsrath Dr. **Otto Rudorff** in Hamburg. 4 M. 50 Pf.

20. **Krankenversicherungsgesetz.** Von weil. Dr. **E. von Woedtke,** Direktor im Reichsamte des Innern. Zehnte Auflage bearbeitet von Dr. **G. Eucken-Addenhausen,** Geh. Reg.-Rath und vortr. Rat im Reichsamte des Innern. 3 M. 50 Pf.

21. Die **Konsulargesetzgebung.** Von Professor Dr. **Ph. Zorn.** Zweite Auflage. 3 M.

22a. **Patentgesetz.** Gesetz, betreffend den Schutz von Gebrauchsmustern. Gesetz, betreffend das Urheberrecht an Mustern und Modellen. Nebst Ausführungsbestimmungen unter Berücksichtigung der Rechtsprechung des Reichsgerichts und der Praxis des Patentamts. Erläutert von Dr. **R. Stephan,** Geh. Reg.-Rath, Mitglied des Kaiserlichen Patentamts. Fünfte Auflage. 2 M.

22b. Gesetz zum **Schutz der Waarenbezeichnungen.** Nebst Ausführungsbestimmungen. Von Dr. **R. Stephan,** Geh. Reg.-Rath, Mitglied des Kaiserlichen Patentamts. Vierte Auflage. 1 M.

23. **Gewerbe-Unfallversicherungsgesetz** und Gesetz, betr. die Abänderung der Unfallversicherungsgesetze vom 30. Juni 1900 nebst Ausführungsverordnungen. Von Dr. **E. v. Woedtke,** Präsident des Kaiserl. Aufsichtsamts für Privatversicherung. Siebente Auflage. 2 M. 50 Pf.

24. **Aktiengesellschaft und Kommanditgesellschaften auf Aktien.** (Handelsgesetzbuch, II. Buch, Abschnitt 3

und 4.) Mit Anmerkungen von **H. Keyssner,** Kammergerichtsrath und Dr. **H. Veit Simon,** Rechtsanwalt. Fünfte Auflage. Bearbeitet von Dr. **Hugo Keyssner** und **L. Keyssner.** 2 M. 25 Pf.

25. Reichsgesetz wegen **Erhebung der Brausteuer** vom 31. Mai 1872 mit Ausführungsvorschriften. Von **E. Bertho,** Regierungsrath. 1885. 1 M. 60 Pf.

26. Die Reichsgesetzgebung über **Münz- und Notenbankwesen,** Papiergeld, Prämienpapiere und Reichsschulden. Von Dr. jur. **R. Koch,** Präsident des Reichsbankdirektoriums. Vierte Auflage. 3 M.

27. Die Gesetzgebung, betr. das **Gesundheitswesen** im Deutschen Reich für Behörden, Aerzte 2c. Von Dr. jur. **C. Goesch** und Dr. med. **J. Karsten.** 1888. 1 M. 60 Pf.

28. **Bau-Unfallversicherungsgesetz.** Vom 30. Juni 1900. Von **R. Chrzescinski,** Kaiserl. Regierungsrath. Dritte Auflage. 2 M.

29. Reichsgesetz, betr. die **Erwerbs- und Wirthschaftsgenossenschaften.** Von **L. Parisius** und Dr. **H. Crüger.** Zehnte Auflage bearbeitet von Dr. **H. Crüger.** 1 M. 50 Pf.

30. **Invalidenversicherungsgesetz** vom 13. Juli 1899. Von Dr. **E. v. Woedtke,** Präsident des Kaiserlichen Aufsichtsamts für Privatversicherung. Neunte Auflage. 2 M. 50 Pf.

31. **Gewerbegerichtsgesetz.** Von Stadtrath **L. Mugdan.** Fünfte Auflage bearbeitet von **W. Cuno,** Erstem Bürgermeister zu Hagen i. W. 2 M.

32. Reichsgesetz, betr. die **Gesellschaften mit beschränkter Haftung.** Von **L. Parisius** und Dr. **H. Crüger.** Sechste Auflage. 1 M. 25 Pf.

33. Das **Vereins- und Versammlungsrecht** in Deutschland. Von Dr. **E. Ball,** Rechtsanwalt. 2 M. 25 Pf.

34. Reichsgesetz, betreffend die **Abzahlungsgeschäfte.** Vom 16. Mai 1894. Von **J. Hoffmann.** Zweite vermehrte Auflage besorgt von Dr. **E. Wilke,** Landgerichtsrath. 1 M. 20 Pf.

35. Die **Reichs-Eisenbahngesetzgebung.** Von **W. Coermann,** Kaiserl. Amtsrichter. 1895. 2 M. 25 Pf.

36. Gesetze, betr. die **privatrechtlichen Verhältnisse der Binnenschifffahrt und der Flößerei.** Erläutert von **H. Makower.** Dritte Auflage bearbeitet von **E. Löwe,** Landgerichtsrath.

37. Gesetz zur **Bekämpfung des unlauteren Wettbewerbes.** Vom 27. Mai 1896. Von Dr. **R. Stephan,** Geh. Regierungsrath. Dritte Auflage. 1 M.

38/39. **Bürgerliches Gesetzbuch nebst Einführungsgesetz.** Nach dem Tode des ursprünglichen Herausgebers Reichsgerichtsraths a. D. Dr. **A. Achilles** in Verbindung mit Professor Dr. **André,** Landrichter

Ritgen, Landrichter **Strecker,** Regierungsrath Dr. **Unzner** herausgegeben von Geh. Justizrath **Greiff.** Vierte Auflage. 8°. 6 M. 50 Pf.

Dieser Band ist in größerem Format erschienen!

40. Gesetz, betr. die **Pflichten der Kaufleute bei Aufbewahrung fremder Werthpapiere (Depotgesetz).** Mit Erläuterungen. Von **F. Lusensky,** Geh. Regierungsrath. 90 Pf.

41. **Börsengesetz.** Vom 22. Juni 1896. Nebst Ausführungsbestimmungen. Unter Mitwirkung des Direktors im Reichsamt des Innern **A. Wermuth** bearbeitet von Regierungsrath **H. Brendel.** 1 M. 50 Pf.

42. **Grundbuchordnung** nebst den preußischen Ausführungsbestimmungen. Mit Einleitung. Von Professor Dr. **O. Fischer.** Dritte Auflage 2 M. 25 Pf.

43. Die Gesetzgebung, betr. die **Zwangsvollstreckung in das unbewegliche Vermögen** im Reiche und in Preußen. Mit Einleitung, Kosten- und Gebührentabellen. Von Dr. **J. Krech,** Kaiserl. Geh. Regierungsrath und Professor Dr. **O. Fischer.** Vierte Auflage. 2 M.

44. Das Reichsgesetz über das **Auswanderungswesen** vom 9. Juni 1897 nebst Ausführungsverordnungen und Anlagen. Unter Benutzung amtlicher Quellen. Von Professor Dr. **Felix Stoerk.** 2 M. 25 Pf.

45. Das **Entmündigungsrecht** unter Berücksichtigung der für Preußen geltenden Vorschriften nebst der preußischen Justiz-Ministerial-Verfügung vom 28. November 1899. Text der civil- und prozeßrechtlichen Bestimmungen mit Erläuterungen von Landgerichtsrath Dr. **P. Koll** in Cöln. 1 M. 50 Pf.

46. Die Gesetze des Reiches und Preußens über die **freiwillige Gerichtsbarkeit.** Mit Einleitung von **Herm. Jastrow,** Amtsgerichtsrath. Dritte Auflage. 3 M.

47. Das **deutsche Vormundschaftsrecht** und das preuß. Gesetz über die Fürsorgeerziehung Minderjähriger nebst den dazu gehörigen preußischen Nebengesetzen. Mit Einleitung und Erläuterungen von **Max Schultzenstein,** Oberverwaltungsgerichtsrath und Amtsgerichtsrath Dr. **Paul Köhne.** Zweite Auflage. 3 M.

48. Gesetze und Verordnungen, betr. den **Drogen-, Gift- und Farbenhandel** außerhalb der Apotheken. Von Dr. **Broh,** Rechtsanwalt. 1 M. 25 Pf.

49. Deutsche **Kolonialgesetzgebung.** Von Professor Dr. **Philipp Zorn.** 4 M. 50 Pf.

50. Der **Viehkauf** (Viehgewährschaft) nach dem Bürgerlichen Gesetzbuche. Mit Erläuterungen von Rechtsanwalt Dr. **H. Stölzle.** Nebst Verordn. betr. die Hauptmängel und Gewährsfristen beim Viehhandel. Von **H. Weiskopf,** Königl. Kreisthierarzt in Augsburg. Zweite Auflage. 2 M.

51. **Hypothekenbankgesetz** vom 13. Juli 1899. Von Dr. **H. Göppert,** Gerichts-Assessor. 1 M. 80 Pf.

52. Gesetz, betreffend die gemeinsamen **Rechte der Besitzer von Schuldverschreibungen.** Von Dr. **Heinrich Göppert,** Gerichts-Assessor. 2 M.

53. **Reichspreßgesetz** vom 7. Mai 1874 nebst den einschlägigen Bestimmungen des Strafgesetzbuchs, der Gewerbeordnung &c. Kommentar von **A. Born,** Polizeiassessor. 1 M. 50 Pf.

54. Die Reichsgesetzgebung über den Verkehr mit **Nahrungsmitteln, Genußmitteln** und **Gebrauchsgegenständen.** Von Dr. **Georg Lebbin,** Nahrungsmittelchemiker. 2 M. 25 Pf.

55. Das Recht der **Beschlagnahme von Lohn- und Gehaltsforderungen.** Auf Grundlage der Reichsgesetze vom 21. Juni 1869 u. 29. März 1897 und der Civilprozeßordnung. Von Rechtsanwalt **Georg Meyer.** 1 M. 50 Pf.

56. Gesetz, betr. die **Bekämpfung gemeingefährlicher Krankheiten.** Nebst Ausführungsbestimmungen. Von Dr. **Bruno Burkhardt,** Regierungsrath, Mitglied des Kais. Gesundheitsamts. 1 M. 40 Pf.

57. **See-Unfallversicherungsgesetz.** Von **Dr. Max Mittelstein,** Oberlandesgerichtsrath in Hamburg. 2 M.

58. **Das Recht der unehelichen Kinder.** Ausgabe aller einschlägigen Bestimmungen des B.G.B. Von **Hermann Jastrow,** Amtsgerichtsrath. 1 M. 80 Pf.

59. Reichsgesetz über die **Beurkundung des Personenstandes und die Eheschließung.** Von Dr. **F. Fidler,** Amtsgerichtsrath. 1 M. 80 Pf.

60. Gesetz, betreffend das **Urheberrecht an Werken der Litteratur und der Tonkunst.** Von Gerichtsassessor **Otto Lindemann.** 1 M. 50 Pf.

61. Gesetz über das **Verlagsrecht.** Von Justizrath **Ernst Heinitz.** 1 M. 50 Pf.

62. Gesetz über die **privaten Versicherungsunternehmungen.** Von **H. Könige,** Ob.-Landsger.-Rath. 3 M.

63. **Gesetzestafel des Deutschen Reichsrechts.** Systematisch geordnete Nachweisung des z. Z. geltenden Reichsrechts. Ergänzungsband zu der Guttentag'schen Sammlung Deutscher Reichsgesetze. Von **Hugo Bruhns,** Syndikus. 2 M. 50 Pf.

64. Gesetzsammlung betr. den **Handel mit Drogen und Giften.** Reichsgesetzl. Bestimmungen und Anhang mit den landesgesetzl. Verordnungen sämmtlicher Bundesstaaten. Von Rechtsanwalt **H. Sonnenfeld,** Syndikus der Berliner Drogisten-Innung. 3 M.

65. Das **Weingesetz** vom 24. Mai 1901. Mit Ausführungsbestimmungen erläutert von Dr. **Georg Lebbin,** Handels- und Gerichtschemiker zu Berlin. 1 M. 50 Pf.

66. Die **Eisenbahn-Gesetzgebung** des Deutschen Reichs. Von **W. Pietsch,** Geh. exp. Sekretär im Reichs-Eisenbahn-Amt. 5 M.

67. **Militär-Strafgesetzbuch** für das Deutsche Reich. Unter Berücksichtigung der Entscheidungen des Reichs-Militärgerichts bearbeitet von Dr. **Paul Herz,** Senats-Präsident am Reichs-Militärgericht und Kriegsgerichtsrath Dr. **Georg Ernst.** 3 M.

68. Das **Fleischbeschaugesetz.** Vom 3. Juli 1900. Mit den ergangenen Ausführungsgesetzen und Verordnungen im Reiche und in Preußen. Erläutert von Dr. **Georg Lebbin,** Gerichtschemiker und Rechtsanwalt Dr. **Georg Baum.** 4 M.

69. Reichsgesetz über die **Naturalleistungen der bewaffneten Macht im Frieden** nebst den zugehörigen in Preußen geltenden Bestimmungen. Von Regierungsassessor Dr. **Walter v. Hippel.** 1 M. 25 Pf.

70. Das **Reichs-Haftpflichtgesetz,** betr. die Verbindlichkeit zum Schadensersatz für die bei dem Betriebe von Eisenbahnen, Bergwerken, Steinbrüchen, Gräbereien und Fabriken herbeigeführten Tödtungen und Körperverletzungen, vom 7. Juni 1871. Von Regierungsrath Dr. **G. Eger.** Preis 3 M.

71. Reichsgesetz, betr. die **Kinderarbeit in gewerblichen Betrieben,** vom 30. März 1903. Erläutert von Oberverwaltungsgerichtsrath **H. Spangenberg.** 1 M. 20 Pf.

Guttentag'sche Sammlung

Preußischer Gesetze.

Text-Ausgaben mit Anmerkungen. Taschenformat.

1. Die **Verfassungs-Urkunde** für den Preußischen Staat. Mit Einleitung, vollständigem Kommentar. Von Prof. Dr. **Adolf Arndt.** Vierte Auflage. 2 M. 50 Pf.

2. Preußische **Beamten-Gesetzgebung.** Enthaltend die wichtigsten Beamtengesetze in Preußen. Von **C. Pfafferoth.** Dritte Auflage. 1 M. 50 Pf.

3. Die **Zwangsvollstreckung in das unbewegliche Vermögen.** Von Dr. **J. Krech** und Prof. Dr. **O. Fischer.** Vergriffen. Siehe: Reichsgesetze Nr. 43.

4. **Gebührenordnung** für **Notare** vom 25. Juni 1895 nebst den einschlägigen Vorschriften des Preußischen Gerichtskostengesetzes. Von **R. Sydow.** Zweite Auflage bearbeitet von Dr. **E. Mosler,** Gerichtsassessor. 1 M. 50 Pf.

5. Gesetz vom **24. April 1854 (betr. die außereheliche Schwängerung).** Von Dr. **Schulze.** 75 Pf.
   Seit dem 1. Januar 1900 gültiges Recht siehe: Reichsgesetze Nr. 58.

6. Die Preuß. **Ausführungsgesetze und Verordnungen zu den Reichs-Justizgesetzen.** Von **R. Sydow.** Dritte vermehrte Auflage. 1895. 2 M. 40 Pf.
   Siehe Seite 21, Busch, Ausführungsgesetze.

7. **Allg. Gerichtsordnung** vom 6. Juli 1793 und Preuß. **Konkursordnung** vom 8. Mai 1885. Von **F. Vierhaus,** Geh. Ober-Justizrath. Vergriffen.

8. **Vormundschaftsordnung.** Von **F. Schultzenstein.** Gültiges Recht siehe: Reichsgesetze Nr. 47.

9. Die Preußische **Grundbuchgesetzgebung.** Von Prof. Dr. **Fischer.** Vergriffen. Siehe: Reichsgesetze Nr. 42.

10. **Einkommensteuergesetz.** Von **A. Fernow,** Geh. Finanzrath. Fünfte Auflage. 2 M. 50 Pf.

11. **Gewerbesteuergesetz.** Von **A. Fernow,** Geh. Finanzrath. Dritte Auflage. 1 M. 25 Pf.

12. **Allgemeines Berggesetz** für die preußischen Staaten und die auf dasselbe bezüglichen Gesetze und Verordnungen. Von **E. Engels.** Dritte Auflage. In Vorbereitung.

13. **Ergänzungssteuergesetz** (Vermögenssteuergesetz). Von **A. Fernow,** Geh. Finanzrath. Dritte vermehrte Auflage. 1 M. 50 Pf.

14. **Kommunalabgabengesetz.** Vom 14. Juli 1893 und Gesetz wegen Aufhebung direkter Staatssteuern. Von Dr. **F. Adickes,** Oberbürgermeister. Dritte Auflage. 1 M. 50 Pf.

15. Die **Kreisordnungen** für den Preußischen Staat. Von **O. Kolisch,** Landgerichtsrath. 1894. 4. M.

16. **Concessionirung gewerblicher Anlagen.** Preuß. Ausführungs-Anweisung zu §§. 16 u. ff. der Gewerbe-Ordnung. Von Dr. **W. v. Rüdiger,** Geh. Regierungs- u. Gewerberath. Zweite Auflage. 2 M.

17. Preußisches **Gerichtskostengesetz.** Mit Kostentabellen. Von Dr. **P. Siméon,** Landrichter. Dritte Auflage. 1 M. 80.

18. Preußisches **Stempelsteuergesetz** vom 31. Juli 1895. Mit den gesammten Ausführungsbestimmungen und vollständigen Tabellen. Von **P. Loeck,** Regierungs-rath. Fünfte Auflage. 5 M.

Dieser Band ist in größerem Format erschienen.

19. Das **Jagdscheingesetz.** Mit ausführlichen Erläuterungen nebst der Ausführungsverfügung. Von **F. Kunze,** Wirklichem Geh. Ober-Regierungsrath. Zweite Auflage. 2 M.

20. Gesetz, betr. die **Erbschaftssteuer.** Unter Berücksichtigung der Novelle vom 31. Juli 1895. Von Regierungsrath **P. Loeck.** 1 M. 80 Pf.

21. Gesetz über die **Handelskammern.** Vom 19. August 1897. Mit Erläuterungen von **F. Lusensky,** Geh. Regierungsrath. 3 M.

22. Gesetz, betr. **Anstellung und Versorgung der Kommunalbeamten.** Mit Ausführungsanweisung. Von Dr. **W. Ledermann,** Magistratsassessor zu Berlin. 1 M. 25 Pf.

23. **Ausführungsgesetz zum Bürgerlichen Gesetzbuche.** Von Landrichter Dr. **P. Siméon.** 1 M. 60 Pf.

24. Die **Hinterlegungsordnung** in der Fassung des Ausführungsgesetzes z. B.G.B. v. 20. Sept. 1899 nebst Ausführungsbestimmungen. Von Regierungsassessor Dr. **Georg Bartels.** 1 M. 50 Pf.

25. **Preußische Kommunalbeamtengesetzgebung.** Von Magistratsassessor Dr. **Fr. Kremski,** Berlin. 3 M.

26. Die Preußischen Gesetze über das **Diensteinkommen der Lehrer und Lehrerinnen, ihren Ruhegehalt und die Fürsorge für ihre Hinterbliebenen,** sowie einer Tabelle zur Berechnung der Ruhegehalts-, Wittwen- und Waisenbezüge. Von Dr. **Ed. Cremer,** Beigeordneter. 2 M. 40 Pf.

27. Gesetz, betreffend die **Waarenhaussteuer.** Von Geh. Ober-Finanzrath Dr. **G. Strutz.** 1 M. 20 Pf.

28. Gesetz über die **Fürsorgeerziehung Minderjähriger.** Nebst Ausführungsanweisungen. Von Landgerichtsrath Dr. **P. F. Aschrott.** 2 M. 80 Pf.

29. Gesetz, betr. **die ärztlichen Ehrengerichte, das Umlagerecht und die Kassen der Aerztekammern.** Von Amtsgerichtsrath Dr. **Fidler.** 1 M. 50 Pf.

30. Die das **Preußische Staatsschuldbuch** und **Reichsschuldbuch** betr. Gesetze nebst Ausführungsbestimmungen. Von Wirkl. Geh. Ober-Finanzrath **J. Mücke,** Mitglied der Staatsschuldenverwaltung. 2 M.

31 a. **Die geltenden Preußischen Gesindeordnungen.** Herausgegeben in zwei Bänden von **Stephan Gerhard,** Rechtsanwalt in Berlin.

Band I: Gesindeordnung für die altpreußischen Provinzen vom 8. XI. 1810, mit Erläuterungen unter Berücksichtigung der Ergänzungsgesetze und der Rechtsverhältnisse der Gesindevermiether, sowie die Gesindeordnung für Neuvorpommern und Rügen und für die Rheinprovinz. 2 M. 50 Pf.

31 b. **Band II:** Gesindeordnungen für Hannover, Schleswig-Holstein, Hessen-Nassau und den Regierungsbezirk Hohenzollern. 2 M. 50 Pf.

32. **Die Städteordnung für die sechs östlichen Provinzen** Preußens vom 30. Mai 1853 nebst ihren gesetzlichen Ergänzungen. Von **Dr. jur. Walter Ledermann,** Magistrats-Assessor zu Berlin. 6 M.

Dieser Band ist in größerem Format erschienen!

33. **Rentenguts- und Anerbenrechts-Gesetzgebung in Preußen.** Von Landgerichtsrath **M. Peltasohn** und Rechtsanwalt **Bruno Peltasohn.** 3 M.

34. Sammlung der wichtigsten **Preußischen Strafgesetze** nebst Anhang und Gesetz betr. polizeiliche Strafverfügungen vom 23. April 1883. Von **Otto Lindemann,** Amtsrichter. 2 M. 50 Pf.

Inhalt: Mobiliar-Feuerversicherung — Chausseegeld — Jagdpolizei — Jagdschein — Wild-Schonzeit — Fischerei — Versammlungs- u. Vereinigungsrecht — Belagerungszustand — Gesindedienstpflichten — Mineraliengewinnung und Aneignung — Schlachthäuser — Dampfkesselbetrieb — Wandergewerbebetrieb — Reblausverbreitung — Forstdiebstahl — Wald- u. Wassergenossenschaften — Feld- u. Forstpolizei — Lotteriespiel — Verkehrsabgaben — Landestrauer.

Guttentag'sche Sammlung von Text-Ausgaben mit Sachregister ohne Anmerkungen.

Taschenformat, elegant in Leinen gebunden.

Reichs-Justizgesetze:

Gerichtsverfassungsgesetz. Civilprozeßordnung. Konkursordnung. Strafprozeßordnung.

Zweite Auflage.

In einem Bande gebunden 3 M. 80 Pf.

Civilprozeßordnung mit **Gerichtsverfassungsgesetz** und **Einführungsgesetzen.** 2 M.

Konkursordnung mit **Einführungsgesetz.** 80 Pf.

Strafprozeßordnung nebst **Einführungsgesetz.** 1 M. 20 Pf.

Bürgerliches Gesetzbuch nebst **Einführungsgesetz.** Zehnter Abdruck. 2 M. 50 Pf.

Handelsgesetzbuch nebst **Einführungsgesetz** u. **Seerecht.** Sechster Abdruck. 1 M. 80 Pf.

Gewerbeordnung für das Deutsche Reich. Zweite Auflage. 1 M. 20 Pf.

Militär-Strafgesetzbuch mit Abdruck der angezogenen Bestimmungen des Reichs-Strafgesetzbuchs. 1 M.

Guttentag'sche Sammlung von Text-Ausgaben mit Sachregister ohne Anmerkungen.

Militärstrafgerichtsordnung für das Deutsche Reich, nebst **Einführungsgesetz** und Gesetz, betr. die Dienstvergehen der richterlichen Militärjustizbeamten und die unfreiwillige Versetzung derselben in eine andere Stelle oder in den Ruhestand. **Militär-Strafgesetzbuch** mit Abdruck der entsprechenden Bestimmungen des Reichs-Strafgesetzbuchs. Zweite Auflage. 1 M. 50 Pf.

Reichsstempelgesetz (Börsensteuergesetz). Mit Tabellen zur Berechnung der Reichsstempelabgaben. 1 M. 50 Pf.

Bürgerliches Gesetzbuch

nebst Einführungsgesetz

unter Einfügung der preußischen Ausführungsbestimmungen bearbeitet von Dr. **Paul Winter,** Landrichter. Zweite Ausgabe. 8°. Geb. Preis 3 M.

Handbuch des Testamentsrechts

mit zahlreichen Beispielen und Formularen.

Dargestellt von **Heinrich Peiser,** Landgerichtsrat in Danzig. gr. 8°. Preis 8 M., geb. in ganz Leinen 9 M.

Das Bürgerliche Recht Deutschlands

mit Einschluß des Handelsrechts

historisch und dogmatisch dargestellt von **A. Engelmann,** Oberlandesgerichtsrat. Zweite durchgearbeitete Auflage.

gr. 8°. Preis 14 M., geb. in Leinen 15 M.

Arndt, Dr. Adolf, Geheimer und Oberbergrath, Professor. Verfassung des Deutschen Reichs. Mit Einleitung und Kommentar. Zweite völlig neu bearbeitete Auflage. 8°. Geb. 4 M. 50 Pf.

Behrens, Paul, Handbuch für Vereine bei Aufstellung, Berathung und Aenderung der Vereins-Satzungen. Auf Grund der §§ 21 bis 79 des Bürgerlichen Gesetzbuchs. Mit erläuternden Anmerkungen, einer sachlichen Einleitung sowie einem Satzungsentwurf versehen. 8°. Preis geb. 1 M.

Beyendorff, Dr. R., Dozent der Staatswissenschaften am Höheren Technischen Institut zu Cöthen. Das System der Reichs-Gewerbeordnung. Für den akademischen und praktischen Gebrauch dargestellt. 8°. Preis 4 M., geb. 4 M. 60 Pf.

Born, A., Polizei-Assessor in Königsberg i. Pr. Das preußische Baupolizeirecht nebst den einschlägigen Bestimmungen des Ansiedelungs-, Feld- und Forstpolizei-, Waldschutz- und Deichgesetzes, sowie dem Fluchtlinien-, Rayongesetz und dem Gesetz über die Zulässigkeit des Rechtsweges gegen polizeiliche Verfügungen. Mit Kommentar. Unter eingehender Berücksichtigung der Entscheidungen. gr. 8°. Preis 10 M., geb. 11 M.

Delius, Dr. jur. H., Landgerichtsrath. Die Haftpflicht der Beamten. 8°. Preis geb. 2 M

Delius, Dr. jur. H., Landgerichtsrath. Die Rechtsverhältnisse der geschlossenen Gesellschaften und Vereine nach Preußischem Recht unter besonderer Berücksichtigung der Befugnisse der Polizeibehörden. 8°. Preis in Leinenband 1 M. 60 Pf.

Das Gesetz betreffend die Anlegung und Veränderung von Straßen und Plätzen in Städten und ländlichen Ortschaften vom 2. Juli 1875. Des Kommentars von weil. Oberverwaltungsgerichtsrath **R. Friedrichs** fünfte völlig neubearbeitete Auflage bearbeitet von Dr. jur. **Hugo v. Strauß und Torney,** Senatspräsident am Oberverwaltungsgericht. 8°. Geb. Im Druck.

Hauß, C., Geh. Ober-Reg.-Rath. Das Gesetz zur Bekämpfung des unlauteren Wettbewerbes. Vom 27. Mai 1896. Für die gerichtliche und gewerbliche Praxis erläutert. 8°. Geb. in Leinen 3 M.

Holtgreven, Dr. A., Präsident des Oberlandesgerichts in Hamm und Dr. **Th. Wolff,** Oberlandesgerichtsrath. Das Wildschadengesetz vom 11. Juli 1891. Kommentar. Vierte Auflage. 8°. Geb. 4 M. 50 Pf.

Kautz, Dr. jur. Georg, Ober-Regierungsrath und **F. Appelius,** Landesrath. Preußisches Kommunalbeamtenrecht. Darstellung und Erläuterung der gesammten, die Rechtsverhältnisse der Kommunalbeamten regelnden gesetzlichen und sonstigen Bestimmungen. 8°. Geb. in ganz Leinen. Preis 4 M. 20 Pf.

Könige, H., Oberlandesgerichtsrath. Handelsgesetzbuch vom 10 Mai 1897 nebst Abdruck des Gesetzes über die Angelegenheiten der freiwilligen Gerichtsbarkeit und Gerichtsverfassungsgesetz (Titel 7, Kammern für Handelssachen). 8°. Geb. in ganz Leinen 4 M. 50 Pf.

Laß, Dr. L., Kaiserl. Regierungsrath, Strafrecht der Berufsgenossenschaften nach den Unfallversicherungsgesetzen vom 30. Juni 1900. Unter Benutzung amtlichen Materials zum praktischen Gebrauche dargestellt. Geb. in ganz Leinen 3 M.

Laurisch, G., Königl. Gewerbeinspektor, Gewerberecht und Arbeiterschutz. Führer für Arbeitgeber und Arbeiter durch die Gewerbe- und Arbeiterschutz-Gesetze. Kartonnirt 1 M. 80 Pf.

Nußbaum, Dr. A., Die freiwillige Gerichtsbarkeit im Reiche und in Preußen. Ein Leitfaden. 8°. Geb. in ganz Leinen 4 M.

Oltermann, Carl, Stadtrath in Dortmund. Das Fluchtliniengesetz vom 2. Juli 1875. Erläuternde Abhandlung. 8°. 1 M. 25 Pf.

Telegraphenwege-Gesetz vom 18. Dezember 1899 nebst den vom Reichskanzler erlassenen Ausführungsbestimmungen vom 26. Januar 1900 und den Erläuterungen und Ausführungsanweisungen des Reichs-Postamts. Amtliche Ausgabe. 8°. Geb. in ganz Leinen 1 M.

Wilhelmi, Dr. L., Das Handwerkergesetz vom 26. Juli 1897. Mit Einleitung und Bemerkungen unter besonderer Berücksichtigung der Ausführungs-Anweisungen der größeren Bundesstaaten. Geb. in ganz Leinen 6 M.

Wittenberg, Dr. M., Dozent an der Humboldt-Akademie. Wegweiser durch das Aktienrecht, nach dem Wortlaut der seit dem 1. Januar 1900 gültigen Reichsgesetze. Taschenformat. Geb. in ganz Leinen 1 M.

Schlagwort-Register.

R. = Nummer der Sammlung Deutscher **Reichs**gesetze.
P. = Nummer der Sammlung **Preußischer** Gesetze.
S. = Seite.

FSC
www.fsc.org
MIX
Papier | Fördert gute Waldnutzung
FSC® C083411

Kolibri 360 GmbH
Ferdinand-Jühlke-Straße 7
99095 Erfurt, Deutschland
produktsicherheit@kolibri360.de